- 2017 年度河北省教育厅人文社会科学重大课题攻关项目"中华优秀传统文化涵育大学生社会主义核心价值观的实践路径研究"（ZD201724）的结项成果

- 2017年河北省社会发展重点课题"习近平治国理政中的空间正义思想研究"（201702010101）的成果之一

- 2017 年河北省社会发展研究课题"习近平的传统文化观研究"（201703010101）的成果之一

- 2016 年河北省高等教育教学改革与实践课题"史学致用人才互动培养模式研究"（2016-08）的成果之一

- 2016 年河北大学思想政治工作研究重大课题"基于师生互动模式的高校核心价值观教育影响力研究"（Z001）的成果之一

- 2017年河北大学学生处课题"中国历史涵育大学生核心价值观的路径研究"（2017XGKT11）的成果之一

- 本书获得河北大学历史学强势特色学科学术出版基金资助出版

中华优秀传统文化涵育
大学生社会主义核心价值观
实践路径研究

李维意　赵英杰◎著

人民出版社

目　录

绪　论

　　中华优秀传统文化是我们的生命之魂、精神之魄，它经过时代转换孕育生成的社会主义核心价值观是我们的精神旗帜、行动指南。培育社会主义核心价值观必须坚持以史为鉴、古为今用，植根中华优秀传统文化的丰厚沃土，汲取中华优秀传统文化的有益营养。全社会共同认可的核心价值观是一个国家、民族最深厚最持久的精神力量。党的十八大提出的"三个倡导"，事关社会主义意识形态的巩固与发展、事关中国特色社会主义文化软实力的提升、事关中华民族伟大复兴的实现。党的十八大以来，习近平总书记在多个场合多次阐述"三个倡导"与弘扬中华优秀传统文化、开展中国历史教育的关系。2014 年 2 月 24 日，在中央政治局第十三次集体学习时，习近平总书记强调，坚持"三个倡导"必须继承和发扬中华优秀传统文化和传统美德。[①] 5 月 4 日，在北京大学师生座谈会上，他指出，"三个倡导"体现了对中华优秀传统文化的传承与升华，明确了评判是非曲直的标准，承载着国家、民族的精神追求。[②] 9 月 24 日，在纪念孔子诞辰 2565 周年国际学术研讨会上，他指出，中国共产党是中华优秀传统文化的忠实继承者和弘扬者，中国人民的价值追求始终根植于中华优秀传统文化的沃土。[③] 由此，培育和践行社会主义核心价值观必须立稳脚跟、抓住根本。《中华优秀传统文化涵育大学生社会主义核心价值观的实践路径研究》（ZD201724）是 2017 年河北省教育厅人文社会科学研究重大课题攻关项目。本课题研究的着力点在于"实践路径"，培育和践行社会主义核心价值观，这既是一个理论问题，更是一个实践问题，把"三个

---

　　① 习近平：《把培育和弘扬社会主义核心价值观作为凝魂聚气强基固本的基础工程》，《人民日报》2014 年 2 月 26 日。

　　② 习近平：《青年要自觉践行社会主义核心价值观——在北京大学师生座谈会上的讲话》，《人民日报》2014 年 5 月 5 日。

　　③ 习近平：《在纪念孔子诞辰 2565 周年国际学术研讨会暨国际儒学联合会第五届会员大会开幕会上的讲话》，《人民日报》2014 年 9 月 25 日。

倡导"的发力点置于实践育人，符合马克思"改变世界"的哲学诉求。

第一节　本课题研究的重要意义

中华优秀传统文化源远流长、博大精深。从其文化特征看，它的内容丰富、学理完备、历史悠久、思想深邃；从其现实影响看，它已沉淀为中华民族绵延不绝的精神基因，"早已渗透到每一个中国人的为人、处世、做事和家道伦常之中"①。本课题的研究旨在探索实践育人的实现路径。中华优秀传统文化是中华民族的文化标志，是中国特色的文化资源，是中国道路的文化动力。在培育和践行社会主义核心价值观的过程中，要从传统与现代、民族与世界等角度把握它与中华优秀传统文化的相通性与差异性。结合河北大学实际看，本课题的研究意义重大。从理论意义看，有助于推进河北大学"滴灌式"思想政治教育研究向纵深发展，契合了河北大学加强和改进思想政治教育理论研究的需要。从现实意义看，有助于河北大学实现立德树人的根本任务，发挥对于社会发展的文化引领和智力支撑作用。

一、本课题研究的理论意义

（一）基于河北大学"滴灌式"思想政治教育的深入研究而提出

河北大学历来重视加强和改进思想政治教育工作，注重思想政治教育工作的创新。2009 年 11 月，《教育部简报》第 199 期单篇刊登了《河北大学努力创新思想政治教育模式》。简报主要介绍了河北大学的"滴灌式"思想政治教育工作模式。② 2010 年，河北政工网刊发了《探索"滴灌式"思想教育方式　努力开创思政新局面》，介绍了河北大学"滴灌式"思想政治教育的基本做法，即坚持"持久渗透，在潜移默化中铸就精神"；坚持"点滴指导，在解

---

① 贺文佳、李绍先：《中华优秀传统文化与社会主义核心价值观简明读本》，四川大学出版社 2015 年版，第 6 页。

② 河北大学党委办公室：《关于进一步推进"滴灌式"思想政治教育工作的通知》，2010 年 4 月 15 日，见 http://office.hbu.cn/edoas/website/level3.jsp? tablename = 23&infoid = 3953，2010 - 04 - 10。

难释疑中助推发展"。① 2010 年，笔者发表了《高校"滴灌式"思想政治教育的实现方式》一文，从教育理念、教育系统、教育方法等角度分析了"滴灌式"思想政治教育的特征，系统阐述了"滴灌"教育的实现方式。② 河北大学新闻与传播学院书记王景明教授发表了《河大探索"滴灌式"思想政治教育》一文，介绍了河北大学"坚持主动介入，持久渗透，点滴指导，点对点、面对面，有针对性地解决学生思想困惑"，通过"滴灌"方法提高了思想政治教育的实效。③ 河北大学马克思主义学院田海舰教授发表了《以"滴灌模式"培育核心价值体系》一文，首次把"滴灌"教育方法与核心价值体系建设结合起来。④ 2011 年，河北大学宣传部部长张秋山教授等发表了《基于文化传播范式的"滴灌式"思想教育研究》一文，分析了文化传播的辐射性，以及这种文化传播呈现出的持久渗透、润物无声特征，与"滴灌式"思想政治教育具有相通之处。⑤ 2014 年，河北大学党委办公室副主任王瑞等发表了《以"滴灌式"模式推进社会主义核心价值观教育》一文，首次把"滴灌"教育方法与"核心价值观"教育结合起来。⑥ 近几年来，"滴灌式"思想政治教育已经成为河北大学的特色品牌，这些探讨都是对河北大学思想政治教育实践的理论总结。自党的十八大提出"三个倡导"以来，社会主义核心价值观成为高校思想政治教育最重要的内容。因此，我们需要不断探索创新社会主义核心价值观的"滴灌"教育模式。用中华优秀传统文化涵育社会主义核心价值观，不仅要借鉴"滴灌"教育方法、丰富"滴灌"教育内容，而且要立足实践育人，不断创新切实可行的教育路径。

（二）基于加强和改进河北大学思想政治教育工作的背景而提出

2015 年 1 月 19 日，中办国办印发《关于进一步加强和改进新形势下高校宣传思想工作的意见》，其中谈到加强和改进新形势下高校宣传思想工作的主

---

① 河北大学党委:《"滴灌式"思想教育》，2010 年 12 月 23 日，见 http://siyanhui.wenming.cn/zhevgov/dianxivjivyan/201012/t20101223_36752.shtml，2010 - 12 - 23。

② 李维意、张春荣:《高校"滴灌式"思想政治教育的实现方式》，《河北大学成人教育学院学报》2010 年第 4 期。

③ 王景明:《河大探索"滴灌式"思想政治教育》，《河北日报》2010 年 2 月 23 日。

④ 田海舰:《以"滴灌模式"培育核心价值体系》，《思想政治工作研究》2010 年第 10 期。

⑤ 张秋山等:《基于文化传播范式的"滴灌式"思想教育研究》，《前沿》2011 年第 18 期。

⑥ 王瑞、王丽文:《以"滴灌式"模式推进社会主义核心价值观教育》，《思想理论教育导刊》2014 年第 9 期。

要任务时，提出"推动文化传承创新""继承和发扬中华优秀传统文化"，形成"实践育人"的长效机制等，① 为我们开展中华优秀传统文化教育，培育社会主义核心价值观，发挥实践育人功能等提供了理论和政策依据。为贯彻落实文件精神，2016 年 7 月 30 日，中共河北大学委员会颁布了《关于加强和改进新形势下宣传思想工作的意见》（校党字〔2016〕40 号文件），强调高校意识形态阵地建设是战略工程、固本工程、铸魂工程，培育和弘扬社会主义核心价值观是高校意识形态建设的重要内容，提出加强对思想政治理论课和日常思想政治教育的理论指导。中共河北大学委员会颁布了《关于加强思想教育工作理论研究和实践创新的意见》（校党字〔2016〕42 号文件），其基本精神是实现理论研究与实践创新的对接，在着力提升思想政治教育工作理论研究水平的基础上，坚持以理论研究促进实践创新。强调理论研究和实践创新的实质融合，从实践创新中丰富理论成果。在科学审视传统思想政治教育工作方式的基础上，开阔新思路，破解新难题，创新适合新形势下思想政治教育工作的理论和实践方法。2016 年 10 月 8 日，中共河北大学委员会颁布了《关于进一步加强和改进学生思想政治教育工作的意见》（校党字〔2016〕51 号文件），在指导思想中强调"积极培育和践行社会主义核心价值观"，不断坚定广大学生的"四个自信"；在教育原则中强调"把政治理论教育和社会实践活动结合起来"；在教育内容中强调"弘扬和培育民族精神""开展中华民族优良传统教育"；在教育途径上强调"深入开展社会实践活动，在实践中提高学生的政治素质和道德品质"。经过理论和政策的研读，结合河北大学历史学院学科特色，"中华优秀传统文化""培育社会主义核心价值观""实践育人""历史教育"等等，这样一些关键词便成为本课题研究的聚焦点。本课题研究能够总结河北大学思想政治教育工作的实践经验，极大地推进思想政治教育理论研究的发展。

二、本课题研究的现实意义

（一）有助于培养社会主义事业合格建设者和可靠接班人

培养什么样的人以及如何培养人是高校办学的根本问题。新中国成立后，

---

① 新华社：《中办国办印发〈关于进一步加强和改进新形势下高校宣传思想工作的意见〉》，《中国高等教育》2015 年 Z1 期。

我国高等教育就确立了"又红又专"的育人目标，强调"专业化"与"政治化"的统一，并且把"红"即"政治化"置于首位。"文革"时期，突出"政治挂帅"，反对"拉车不看路"的"专业化"，于是出现了"白卷英雄"的闹剧。改革开放之后，"又红又专"的人才培养目标重新得以确认，并且赋予"红"与"专"以新的时代内涵。1993年，国务院转发的《关于加快改革和积极发展高等教育的意见》，从政治、学术、经济三个角度确立了高校的人才培养目标。从政治目标看，就是"培养社会主义建设者和接班人"；从经济目标看，就是坚持"以经济建设为中心，促进经济和社会的全面发展"；从学术目标看，就是促进学生"德智体全面发展"。[①] 1998年8月颁布的《中华人民共和国高等教育法》中提出的育人目标是：坚持"德智体等方面全面发展"，培养"社会主义事业的建设者和接班人"。《国家中长期教育改革和发展规划纲要（2010—2020年）》坚持了《中华人民共和国高等教育法》关于育人目标的提法，同时，在谈到高等教育时，具体提法是"着力培养信念执著、品德优良、知识丰富、本领过硬的高素质专门人才和拔尖创新人才"[②]。其中，"信念执著、品德优良"显然是对大学生的"德性"要求。党的十八大报告指出，立德树人是高等教育的根本任务，文化建设和意识形态建设是实现立德树人目标的重要途径。如此，为高校培养社会主义合格建设者和可靠接班人指明了方向。党的十八大报告提出，"文化是民族的血脉，是人民的精神家园""建设社会主义文化强国，关键是增强全民族文化创造活力""大力弘扬民族精神和时代精神""弘扬中华优秀传统文化"，坚持"三个倡导"等。[③] 弘扬中华优秀传统文化是一个历久弥新的问题，培育社会主义核心价值观是一个全新的时代课题，它们都是我国全面推进改革开放过程中必须着力完成的重大历史任务。对于高等院校而言，用中华优秀传统文化涵育社会主义核心价值观直接关系着"为谁培养人才""培养什么样的人才"这一关键性、根本性问题的解决。

（二）有助于发挥高校的文化传承创新作用

人才培养、科学研究和社会服务是国际学界公认的高校三大基本职能。

---

① 郗海霞：《改革开放三十年我国高校人才培养目标的变迁》，《中国高教研究》2009年第3期。

② 《国家中长期教育改革和发展规划纲要（2012—2020年）》，《人民教育》2010年第17期。

③ 胡锦涛：《坚定不移沿着中国特色社会主义道路前进　为全面建成小康社会而奋斗》，《求是》2012年第22期。

2011 年，在庆祝清华大学百年校庆的讲话中，胡锦涛提出了高校的第四个职能，即"文化传承创新"，强调高等教育是优秀文化传承的重要载体，必须大力推进文化传承创新。2017 年，在《关于加强和改进新形势下高校思想政治工作的意见》中，又提出了高校的第五大职能即"国际交流合作"。用中华优秀传统文化涵育社会主义核心价值观，主要与高校的"人才培养"和"文化传承创新"职能有着直接的关联。对于"人才培养"职能，上面已经提到，主要是造就社会主义事业合格建设者和可靠接班人，落实立德树人的根本任务。这里主要是谈"文化传承创新"问题。党的十八大报告提出："理论创新永无止境""勇于推进实践基础上的理论创新""推进实践创新、理论创新、制度创新""建设优秀传统文化传承体系"。① 党的十八大之后，习近平总书记多次强调，要用中华优秀传统文化涵育社会主义核心价值观，强调文化自信是理论自信、道路自信和制度自信的坚实基础。高校的"文化传承创新"使命表现在三个方面：一是"净化社会文化、提升社会主义道德的重要使命"；二是培育和建设大学文化，"完成提炼、内化文化价值的使命"；三是"复兴中华文化"的重大使命。② 这三大使命的完成都与培育社会主义核心价值观有着直接的关系，第一个使命是高校引领社会文化发展的职能，目的是在全社会范围内弘扬社会主义核心价值观，提升文化软实力，巩固社会主义意识形态；第二个使命是校园文化的育人功能，大学是民族文化与世界文化、先进文化与大众文化汇集、交融、碰撞的集散地，只有始终弘扬主旋律、传播正能量，用社会主义核心价值观引领大学文化建设，才能发挥好大学文化的育人功能；第三个使命是文化复兴，具体表现就是推进中华优秀传统文化的现代化。高校有着丰富的传统文化资源，有着研究民族文化的专家队伍，是中华优秀传统文化研究、宣传、创新的高地，理应担当起复兴中华文化的神圣责任。对待中华优秀传统文化必须以社会主义核心价值观作为评判、取舍的价值标准。在高校人才培养过程中，要把中华优秀传统文化中蕴含的精神资源挖掘出来，进行优质高效的开发利用，从而助推社会主义核心价值观建设，实现社会主义核心价值观的内化于心、外化于行。

---

① 胡锦涛：《坚定不移沿着中国特色社会主义道路前进 为全面建成小康社会而奋斗》。
② 李建华：《文化传承：当代中国高等教育的功能创新》，《现代大学教育》2012 年第 6 期。

第二节　本课题的研究现状综述

2017 年 12 月 17 日，在读秀"书名"检索"社会主义核心价值观"有 642 部著作，集中在 2014—2016 年有 515 部，占 80.2%；检索"社会主义核心价值观＋传统文化"，代表性的著作有 5 部，即《兴国之魂：社会主义核心价值观与中华优秀传统文化》（居云飞著）、《社会主义核心价值观与中华传统文化》（房广顺主编）、《中华优秀传统文化与社会主义核心价值观简明读本》（贺文佳等编）、《传承与复兴：社会主义核心价值观的中华传统文化解读》（钟永圣著）、《社会主义核心价值观与传统文化》（许可著）。在中国知网"篇名"检索"社会主义核心价值观"共有 20253 篇论文。在中国知网"篇名"检索"社会主义核心价值观＋传统文化"共有 603 篇论文，"篇名"检索"社会主义核心价值观＋大学生"共有 4252 篇论文，"篇名"检索"大学生＋传统文化"共有 1916 篇论文。总体来看，围绕"中华优秀传统文化涵育大学生核心价值观"这一主题，理论诠释居多，实践探索较少。学者们主要围绕中华优秀传统文化与社会主义核心价值观的"关系"和"涵育"问题展开讨论。

一、中华优秀传统文化与社会主义核心价值观的"关系"问题研究

近年来，习近平总书记对于中华优秀传统文化、社会主义核心价值观以及二者的本质"关系"问题做过多次阐述。理论界围绕着习近平总书记的讲话展开了全面的探讨，围绕着二者的关系主要形成三个方面的观点，即"根基命脉论"、"传承发展论"和"内在契合论"。

（一）社会主义核心价值观以中华优秀传统文化为"根基命脉论"

"根基命脉论"认为，中华优秀传统文化是社会主义核心价值观的"根基""源泉""根本""命脉""立足点""根本点"。习近平总书记把中华优秀传统文化的"根基"概括为六条，即"讲仁爱、重民本、守诚信、崇正义、尚和合、求大同"，培育和践行社会主义核心价值观必须立足于中华优秀传统

文化的坚实土壤，把握好中华优秀传统文化的地位作用。陈来认为，传统文化中的主流治国理政理念包括以人为本、以德为本、以民为本、以合为本等，传统社会价值观的特点有"责任先于自由""义务先于权利""群体高于个人""和谐高于冲突""不患寡而患不均，不患贫而患不安"等，传统的主流价值观是社会主义核心价值观的基础和源泉，是立足点、根基、根本、命脉。① 陈泽环、马天元认为，中华优秀传统文化是培育社会主义核心价值观的四大支点之一，是最根本的立足点，"四个讲清楚"是立足中华优秀传统文化涵育社会主义核心价值观的基本方法。② 崔宜明认为，社会主义核心价值观的生成虽然以中华优秀传统文化为根基、土壤，但却包含着理论上的突破，表现在对利益关系的认识、对世界文明的借鉴和对历史把握等方面，把握二者的关系必须站在社会主义核心价值观的立场、高度，以中国近代的历史经验教训为背景，以西方优秀文化传统为参照。③

（二）社会主义核心价值观对中华优秀传统文化的"传承发展论"

"传承发展论"主要是从历史演进的维度，强调中华优秀传统文化是社会主义核心价值观的思想渊源和理论前提，而社会主义核心价值观是对中华优秀传统文化的继承发展和价值升华。中华优秀传统文化是社会主义核心价值观的"中国特色"，传承和弘扬中华优秀传统文化是培育和践行社会主义核心价值观的基本方式。王清玲、程美东认为，中华优秀传统文化是社会主义核心价值观的组成部分，并不能用它取代社会主义核心价值观，它是社会主义核心价值观滋养的沃土、涵养的源泉、培育的营养，社会主义核心价值观是它的传承发展，培育社会主义核心价值观需要对它进行创造性转化和创新性发展（以下简称"双创"），而且这一过程必须坚持社会主义核心价值观的方向引领。④ 居云飞认为，社会主义核心价值观与中华优秀传统文化是一脉相承的，涵育社会主义核心价值观要汲取富民强国的智慧，传承民主思想，展示文明古国的现代风采，弘扬传统的"和"文化；要传承传统文化的自由理念，

---

① 陈来：《中华传统文化与核心价值观》，《光明日报》2014年8月11日。
② 陈泽环、马天元：《社会主义核心价值观与中华优秀传统文化》，《毛泽东邓小平理论研究》2017年第7期。
③ 崔宜明：《社会主义核心价值观与中华传统文化的再认识》，《道德与文明》2014年第5期。
④ 王清玲、程美东：《论社会主义核心价值观与中华优秀传统文化的内在关系》，《学校党建与思想教育》2016年第11期。

领悟传统文化的平等思想，发扬传统文化的法治精神；要光大传统的爱国精神，继承敬业传统，弘扬诚信品德，发扬仁爱美德。[①] 马金祥认为，中华优秀传统文化是社会主义核心价值观的思想渊源，社会主义核心价值观是对它的传承和扬弃，社会主义核心价值观的思想来源是多元的、基本内涵是全面的、社会价值是时代的，因而不能把中华优秀传统文化等同于社会主义核心价值观，而是需要"双创"。社会主义核心价值观与中华优秀传统文化既一脉相承又与时俱进。[②]

（三）社会主义核心价值观与中华优秀传统文化的"内在契合论"

"内在契合论"主要是立足中华优秀传统文化与社会主义核心价值观相统一的立场，阐明了它们的内在契合关系，社会主义核心价值观"必须同这个民族、这个国家的历史文化相契合"[③]，基于这一原则，学者们探讨了现代与传统之间有着不可分割的联系，强调社会主义核心价值观建设离不开中华优秀传统文化的"双创"。房广顺认为，契合性是指社会主义核心价值观与中华优秀传统文化的相似、相容、相依，二者之间是经过历史碰撞、当代对话而形成的现实契合，它们的契合具有开放性前提、科学性基础和价值性源泉；要看到二者的差异性，把握二者的契合性，提升契合的自觉性。[④] 黎友认为，中华优秀传统文化与社会主义核心价值观是相吻合的，尤其是"和谐"理念和"平等"理念更是相吻合且能直接承接。[⑤] 王清玲、程美东认为，社会主义核心价值观与中华优秀传统文化的相通性是由文化的民族性决定的，差异性是由文化的时代性决定的。[⑥] 仲伟通认为，中华优秀传统文化是社会主义核心价值观的涵养之源，二者在逻辑运演和实践运行上体现出密不可分、水乳

① 居云飞：《兴国之魂：社会主义核心价值观与中华优秀传统文化》，中国社会科学出版社2016年版，第12—20页。

② 马金祥：《中华优秀传统文化与社会主义核心价值观内在逻辑管窥》，《思想教育研究》2016年第7期。

③ 《习近平谈治国理政》，外文出版社2014年版，第174页。

④ 房广顺、隗金成：《社会主义核心价值观与中华传统文化的契合性》，《马克思主义研究》2015年第10期。

⑤ 黎友：《中华优秀传统文化是涵养社会主义核心价值观的源泉》，《学术论坛》2014年第11期。

⑥ 王清玲、程美东：《论社会主义核心价值观与中华优秀传统文化的内在关系》，《学校党建与思想教育》2016年第11期。

交融的内在契合。① 李荣启认为，弘扬中华优秀传统文化与建设社会主义价值观是一体化的，不可分割的，弘扬的重点是自强不息的进取精神、忧国忧民的爱国精神、修身为本的重德精神、和而不同的宽容精神、天人合一的和谐精神，它们既是中华传统文化的精髓，又是社会主义核心价值观的民族文化基础。② 肖贵清认为，习近平总书记在阐述中华优秀传统文化与社会主义核心价值观的关系时，先后使用了内涵相近的"涵养""滋养""营养"三个词，社会主义核心价值观是中华优秀传统文化"涵养"的结果，培育社会主义核心价值观应当不断从中华优秀传统文化吸收"营养"，因为它是社会主义核心价值观的"滋养"沃土。③

二、中华优秀传统文化对社会主义核心价值观的"涵育"问题研究

关于用中华优秀传统文化"涵育"社会主义核心价值观问题，学者们比较全面地阐述了"涵育"的目的意义、源泉土壤、现实路径和实践方式等。

（一）涵育社会主义核心价值观的目的意义论

"涵育的目的意义论"主要阐明了涵育社会主义核心价值观的目的意义。这一观点认为，只有立足我国文化建设和意识形态建设的高度，才能真正把握涵育社会主义核心价值观的目的意义。涵育社会主义核心价值观有利于提升我国文化软实力，既契合延续中华优秀传统文化生命力的内在需要，又切中培育社会主义核心价值观的现实要求。王泽应认为，涵育的目的是双重的，即承继中华优秀传统文化和践行社会主义核心价值观，通过"双创"，彰显中华优秀传统文化的当代性，以期达到超越以往的新境界、新水平和创造中华文化的新形态、新辉煌。④ 宋乃庆、贾瑜、廖晓衡认为，涵育的目的在于增强文化自信、提升文化自觉和实现文化自强，文化自信源于对中华优秀传统文化的深度认同，文化自觉源于对中华优秀传统文化的创新发展，文化自强源

---

① 仲伟通：《中华优秀传统文化与社会主义核心价值观的内在契合》，《中国石油大学学报（社会科学版）》2016 年第 3 期。

② 李荣启：《弘扬中华优秀传统文化与建设社会主义核心价值观》，《中国文化研究》2014 年秋之卷。

③ 肖贵清：《中华优秀传统文化与社会主义核心价值观的内在联系》，《南京师大学报（社会科学版）》2015 年第 6 期。

④ 王泽应：《论承继中华优秀传统文化与践行社会主义核心价值观》，《伦理学研究》2015 年第 1 期。

于对中华优秀传统文化的弘扬。① 黄海认为，涵养社会主义核心价值观有三重目的，一是明确民族文魄和文化渊源，二是确立和增强文化自信和价值观自信，三是走好中国道路、讲好中国故事。② 仲伟通认为，用中华优秀传统文化涵养社会主义核心价值观需要实现二者的静态支撑、动态连缀，目的是为了构筑"四个全面"战略布局的价值向度，强力推进中华民族的伟大复兴。为此，需要正确处理社会主义核心价值观与中华优秀传统文化的接续、重构关系。③ 陈泽环、马天元认为，立足中华优秀传统文化培育社会主义核心价值观的意义在于增强"四个自信"，其中文化自信是基础，它依赖中华优秀传统文化的生命力培植和影响力发挥。④ 马金祥认为，立足中华优秀传统文化涵养社会主义核心价值观是推进马克思主义中国化的时代要求、建设社会主义文化强国的题中之义、实现中华民族伟大复兴的文化内核。⑤ 朱仁宝认为，中华优秀传统文化对建设社会主义核心价值观的启发意义在于要加强爱国情怀教育、尊民爱民教育、诚信教育，同时，坚持知行合一、行胜于言。⑥

（二）涵育社会主义核心价值观的源泉土壤论

"涵育的源泉土壤论"认为，涵育社会主义核心价值观的思想源泉和文化土壤是中华优秀传统文化，脱离这一源泉土壤，社会主义核心价值观便会成为无根之木、无源之水。围绕习近平总书记提出的"中华优秀传统文化是……涵养社会主义核心价值观的重要源泉""丢掉传统、丢掉根本，就等于割断了自己的精神命脉"⑦ 等，学者们展开了热烈的讨论，强调社会主义核心价值观的涵育需要吸收和利用好中华优秀传统文化。杜芳、陈金龙认为，对

---

① 宋乃庆等：《中华优秀传统文化与社会主义核心价值观的培育和践行》，《思想理论教育导刊》2015 年第 4 期。

② 黄海：《以中华优秀传统文化涵养社会主义核心价值观》，《光明日报》2015 年 10 月 21 日。

③ 仲伟通：《中华优秀传统文化与社会主义核心价值观的内在契合》。

④ 陈泽环、马天元：《社会主义核心价值观与中华优秀传统文化》，《毛泽东邓小平理论研究》2017 年第 7 期。

⑤ 马金祥：《中华优秀传统文化与社会主义核心价值观内在逻辑管窥》，《思想教育研究》2016 年第 7 期。

⑥ 朱仁宝：《中华优秀传统文化对培育和践行社会主义核心价值观的启迪》，《中国德育》2015 年第 1 期。

⑦ 《习近平在中共中央政治局第十三次集体学习时强调：把培育和弘扬社会主义核心价值观作为凝魂聚气强基固本的基础工程》，《人民日报》2014 年 2 月 26 日。

中华优秀传统文化的吸收利用，需要合理区分、精心筛选并积极推进"双创"。① 李春山、何京泽认为，"天下兴亡、匹夫有责"的家国情怀，"隆礼重法、民惟邦本"的思想理念，"刚健有为、自强不息"的民族精神，"公而忘私、勤俭廉政"的价值取向等对于涵育社会主义核心价值观具有重要的时代价值。② 黎友认为，中华优秀传统文化的精华是道德精神，具有真理性价值，是涵养社会主义核心价值观的源泉。③ 李慧敏认为，中华优秀传统文化为涵育社会主义核心价值观提供了思维范式，也为文化自信和价值观自信奠定了坚实基础。④ 文丰安认为，中华优秀传统文化是中华民族长期沉淀下来的物质和精神财富，是整合、凝聚和提升社会共识的精神力量，要不断丰富社会主义核心价值观的内涵就必须不断从中华优秀传统文化中汲取养分，培育和践行社会主义核心价值观，就必须积极发掘中华优秀传统文化的精神源泉。⑤ 张鹏宇认为，培育社会主义核心价值观必须萃取中华优秀传统文化的精华，赋予其新的时代内涵；大一统思想是中华优秀传统文化的重要组成部分，其蕴含着"一"与"多"的辩证法，是我们党民主集中制的思想源泉。⑥ 顾萍、袁久红认为，中华优秀传统文化应当从五个层面涵养社会价值核心价值观，即精神层面、思想观念层面、方法论层面、修养修行层面、主体意识层面等。⑦

（三）涵育社会主义核心价值观的现实路径论

"涵育的现实路径论"主要是对涵育社会主义核心价值观的基本途径进行了全面阐释，强调弘扬中华优秀传统文化与培育社会主义核心价值观应当有机融合、同步推进、相互响应、相互支持，积极拓展"涵养"多样化的现实路径。李春山、何京泽认为，与国民教育紧密结合可以夯实涵养的育人基础，优化对精神文明的引领可以搭建涵养的实践平台，实现与现代传媒的对接可

---

① 杜芳、陈金龙：《中华优秀传统文化与社会主义核心价值观的涵养》，《中国高等教育》2014年第23期。

② 李春山、何京泽：《中华优秀传统文化涵育社会主义核心价值观的时代意蕴与对策探析》，《思想教育研究》2015年第7期。

③ 黎友：《中华优秀传统文化是涵养社会主义核心价值观的源泉》，《学术论坛》2014年第11期。

④ 李慧敏：《中华优秀传统文化：社会主义核心价值观培育的基本立足点》，《毛泽东思想研究》2016年第5期。

⑤ 文丰安：《从中华优秀传统文化中汲取培育核心价值观的营养》，《光明日报》2014年11月16日。

⑥ 张鹏宇：《弘扬中华优秀传统文化 培育社会主义核心价值观》，《人民论坛》2016年第5期。

⑦ 顾萍、袁久红：《以中华优秀传统文化涵养社会主义核心价值观的前提与路径思考》，《思想理论教育导刊》2015年第10期。

以开辟多元的传播渠道，发挥好传统节日的怡情养志作用可以营造涵养的良好氛围。同时，要探索涵养的多维路径，包括发挥校园文化的正效应、新媒体对优秀传统文化的承载传播，拓展传统节日与民俗文化的丰富内涵等。① 刘芳认为，中华优秀传统文化是涵育社会主义核心价值观的"发达根基""肥沃土壤""丰厚营养""雨露阳光"，从涵养路径看，要立足人的价值主体地位，深入挖掘传统文化中的道德理念，贯穿于人们的日常生活世界。② 周若鹏认为，弘扬中华优秀传统文化是培育和践行社会主义核心价值观的基本遵循，当前的着力点是以克己思想加强道德主体的自我修养、以仁爱思想实现社会和谐的伦理诉求、以爱国思想实现国家的富强文明。③ 朱仁宝认为，传统文化中践行社会主义核心价值观的途径有："身体力行、克己自省""循序渐进、积善成德""环境塑造、学科渗透""知行统一、身教示范"。④ 马金祥认为，推进中华优秀传统文化"双创"的路径包括：坚持传统性与现代化，推动文化体制创新；坚持民族性与世界性，提高文化开放水平；坚持指导性与多样化，促进文化共同繁荣。⑤

（四）涵育社会主义核心价值观的教育实践论

"涵育的教育实践论"主要是结合教育实践探讨了高校用中华优秀传统文化涵育社会主义核心价值观的方式，实际上，学者们讨论最多的是用中华优秀传统文化涵育大学生的社会主义核心价值观问题，强调在高校思想政治教育中要实现中华优秀传统文化教育与社会主义核心价值观教育结盟。王凌宇、梁君、陈立国认为，全程育人、全方位育人是实现涵养目标的关键，为此，要融涵养于社会主义核心价值观培育的全过程、融涵养于社会主义核心价值观培育的全方位、融涵养于社会主义核心价值观培育的全员化。⑥ 焦连志、黄

---

① 李春山、何京泽：《中华优秀传统文化涵养社会主义核心价值观的现实困境与多维路径研究》，《思想教育研究》2016 年第 1 期。

② 刘芳：《中华优秀传统文化：社会主义核心价值观的精神滋养》，《思想理论教育》2015 年第 1 期。

③ 周若鹏：《借鉴中华优秀传统文化与培育核心价值观》，《光明日报》2014 年 11 月 5 日。

④ 朱仁宝：《中华优秀传统文化对培育和践行社会主义核心价值观的启迪》，《中国德育》2015 年第 1 期。

⑤ 马金祥：《中华优秀传统文化与社会主义核心价值观内在逻辑管窥》，《思想教育研究》2016 年第 7 期。

⑥ 王凌宇等：《中华优秀传统文化涵养大学生社会主义核心价值观的路径研究》，《思想教育研究》2017 年第 4 期。

一玲认为，中华优秀传统文化是涵养大学生的精神食粮，能够为大学生提供伦理道德导向、精神资源和价值引领，用中华优秀传统文化涵养大学生社会主义核心价值观要注重价值切入，提升大学生对中华优秀传统文化的认知认同，重视价值引领和大学生的接受内化，以及涵养社会主义核心价值观的方法指导。[①] 杨绍琼认为，中华优秀传统文化的熏陶和滋养是大学生养成和确立正确价值观的基础，从涵养路径看，要推动优秀传统文化进校园，培养大学生的文化自觉与自信，充分发挥实践的养成功能。[②] 陈征微等认为，弘扬中华优秀传统文化是培育社会主义核心价值观的重要抓手，为此，需要创新形式、丰富载体，在高校，要把中华优秀传统文化教育和传统节日教育相结合，与传统艺术教育相结合，与大学生网络思想政治教育相结合。[③] 顾萍、袁久红认为，涵养社会主义核心价值观的主要路径是搭建"四大平台"，即国家制度平台、国民教育平台、媒介传播平台和社会示范平台。[④] 杨晓蕾认为，用中华优秀传统文化浸润大学生社会主义核心价值观是一项系统又复杂的工程，需要具备"大德育"的视野，且需要通过课堂、校园文化、社会实践实现全面推进，共同营造中华传统文化传播渗透的良好环境。[⑤] 魏强认为，用传统文化推动社会主义核心价值观教育是必要的可行的，从教育路径看，要挖掘传统文化资源，重点加强诚信教育和爱国主义教育，要借鉴传统教育手段，增强学生主动性，要加强传统文化宣传，营造良好的校园文化氛围。[⑥] 房广顺认为，高校涵育社会主义核心价值观的路径包括：融入大学生思想政治教育、引领大众传媒、与网络文化的互惠共赢、创新传统文化教育方式等。[⑦]

---

① 焦连志、黄一玲：《以中华优秀传统文化涵养大学生社会主义核心价值观》，《教育探索》2015 年第 11 期。

② 杨绍琼：《中华优秀传统文化涵养大学生核心价值观的现实路径》，《教育探索》2016 年第 7 期。

③ 陈征微等：《试论中华优秀传统文化与大学生社会主义核心价值观教育》，《北京教育》2014 年第 12 期。

④ 顾萍、袁久红：《以中华优秀传统文化涵养社会主义核心价值观的前提与路径思考》，《思想理论教育导刊》2015 年第 10 期。

⑤ 杨晓蕾：《中华优秀传统文化浸润下的大学生社会主义核心价值观教育》，《教育教学论坛》2016 年第 35 期。

⑥ 魏强：《以传统文化推动大学生社会主义核心价值观教育的探究》，《高教论坛》2015 年第 5 期。

⑦ 房广顺：《社会主义核心价值观与中华传统文化》，人民出版社 2016 年版，第 267—299 页。

第三节　本课题研究的主要目标、
基本内容和子课题结构

党的十八大提出社会主义核心价值观的"三个倡导"之后，作为对社会主义核心价值体系的高度凝练和集中表达，社会主义核心价值观成为高校思想政治教育最重要的教育内容。中华优秀传统文化教育成为培育和践行社会主义核心价值观的重要抓手。用中华传统文化涵育社会主义核心价值观是完成高校立德树人根本任务的必然选择。为了落实中央《关于培育和弘扬社会主义核心价值观的意见》以及教育部《完善中华优秀传统文化教育指导纲要》的精神，河北大学历史学院充分发挥学科专业优势，凝魂聚气、强基固本，把继承发扬中华优秀传统文化，以及国学教育、史学教学等融会贯通于社会主义核心价值观教育，坚持以文化人、以文育人，将社会主义核心价值观细化为大学生的核心素养体系，依托"古礼文化展示""国学经典诵读""历史文化教育""红色精神传承"等活动载体的创新，构建理论武装、文化熏陶、精神塑造和行为养成"四位一体"的实践育人模式，唤醒大学生对中国历史的记忆，激活大学生对中华文化的情怀，实现社会主义核心价值观教育的落地生根、枝繁叶茂和开花结果。

一、本课题研究的主要目标

（一）诠释中华优秀传统文化涵养核心价值观的教育理念

培育和践行社会主义核心价值观是高校思想政治教育工作的主要任务之一。从"中华优秀传统文化涵育大学生社会主义核心价值观的实践路径"这一命题来看，"中华优秀传统文化"是我们所依托的教育内容和教育资源，"涵养"是一种教育养成的理念、原则和方法，"大学生"是我们的教育对象，树立社会主义核心价值观是我们教育活动所要达到的目标，"实践路径"是达到教育目标的方式。2013 年 8 月 19 日，习近平总书记在全国宣传思想工作会议上指出："要讲清楚每个国家和民族的历史传统、文化积淀、基本国情不同，其发展道路必然有着自己的特色；讲清楚中华文化积淀着中华民族最深沉的精神追求，是中华民族生生不息、发展壮大的丰厚滋养；讲清楚中华优秀传统文化是中华民族的突出优势，是我们最深厚的文化软实力；讲清楚中国特色社会主义植根于中华文化沃土、反映中国人民意愿、适应中国和时代发展进步要求，有着深厚历史渊源和广泛现实基础。"① 这里，从历史根基、当代价值、国际视野、人类高度等方面明确了对待中华优秀传统文化的原则，为涵育社会主义核心价值观奠定了基础。中华优秀传统文化教育是高校培育和践行社会主义核心价值观的重要且有效的方式。

（二）挖掘中华优秀传统文化涵养社会主义核心价值观的精神资源

中华传统文化以儒家为内核，还有道家、佛家等。挖掘社会主义核心价值观教育的中华优秀传统文化资源要把重点放在"以爱国主义为核心的民族精神"方面。同时，要重视挖掘国史、党史教育资源，尤其是红色文化教育资源。社会主义核心价值观与中华传统文化是一脉相承、内在契合和相互贯通的，弘扬中华优秀传统文化与培育社会主义核心价值观本质上是一个问题，中华传统文化为社会主义核心价值观提供了极为丰富的精神资源。社会主义核心价值观与中华传统文化具有高度的契合性，这种"契合"表现为相似、相容和相依，这种"契合"的形成经历了历史碰撞、当代对话和现实融通。中华优秀传统文化"是中华民族精神的历史积淀""是自古至今全社会共同认可的核心价值观"，是社会主义核心价值观的深厚土壤和精神源泉，它"蕴含着中华民族最根本的精神基因""滋养了世代绵延的伟大民族精神"。② 中华优秀传统文化是一个蕴含丰富精神资源的"富矿"，只要我们勤于开垦，高效运用，就能够极大地丰富人们对于社会主义核心价值观的认识和体悟。

（三）总结中华优秀传统文化涵养社会主义核心价值观的实践经验

《关于培育和践行社会主义核心价值观的意见》中强调，要开展涵养社会主义核心价值观的实践活动，包括"广泛开展道德实践活动""深化学雷锋志愿服务活动""深化群众性精神文明创建活动""发挥优秀传统文化怡情养

---

① 习近平：《胸怀大局把握大势着眼大事》，《人民日报》2013 年 8 月 21 日。
② 刘芳：《中华优秀传统文化：社会主义核心价值观的精神滋养》，《思想理论教育》2015 年第 1 期。

志、涵育文明的重要作用""发挥重要节庆日传播社会主流价值的独特优势"
等。① 培育和践行社会主义核心价值观需要经过一个由认识到践行的飞跃过
程。社会实践是中华优秀传统文化和社会主义核心价值观融通的重要载体。
在社会实践中，大学生对中华优秀传统文化和对社会主义核心价值观的现实
感知是一体化的。课堂教学、校园文化和网络传播同样是以中华传统文化培
育社会主义核心价值观的重要路径。② 近年来，不少高校开展了用中华传统文
化涵育社会主义核心价值观的实践探索。如常熟理工学院，坚持把优秀传统
文化融入校园文化，引领大学生自觉践行社会主义核心价值观，具体做法包
括：加强地方传统文化的研究并融入校园文化，利用校园社团繁荣传播优秀
传统文化，发挥图书馆在弘扬优秀传统文化中的作用。③ 又如北京交通大学，
以校园传统文化为载体，把社会主义核心价值观融入校园精神文化建设、校
园行为文化建设和校园景观文化建设，扩大了社会主义核心价值观教育的覆
盖面、传播力、影响力和感召力。④ 本课题的研究旨在对河北大学历史学院近
年来用中华传统文化培育社会主义核心价值观的实践活动进行总结，同时，
借鉴兄弟院校相关的经验，形成对中华优秀传统文化涵育社会主义核心价值
观的规律性认识，以期服务高校的社会主义意识形态建设。

二、本课题研究的基本内容

（一）古风沐染文墨香·礼仪传承气韵长——古礼文化展示研究

中国古代非常重视礼乐教化。中华民族是一个智慧民族、礼仪之邦，有
着发达的仪式文化和礼教传统。礼教能够充分发挥仪式活动日用而不知的潜
移默化作用。礼教的作用在于以礼规范言行，以礼修己安人。礼教借助一定
的仪式把社会所倡导的道德价值观潜移默化地内化为人们的思维习惯和行为

---

① 《中共中央办公厅印发〈关于培育和践行社会主义核心价值观的意见〉》，2013 年 12 月 23 日，
见 http：//cpc. people. com. cn/n/2013/1223/c64387 – 23924110. html。
② 王状：《论中华传统文化与大学生社会主义核心价值观的培育》，《高等农业教育》2015 年第
6 期。
③ 汪宁漪：《优秀传统文化融入校园文化推动高校践行社会主义核心价值观的实践与思考》，
《文教资料》2015 年第 33 期。
④ 安薇、杨一楠：《以校园传统文化建设促进社会主义核心价值观培育和践行的实践探索》，
《北京教育》2016 年第 4 期。

方式。以礼教化民众是中国古代统治者治国理政的重要方式。通过"齐之以礼"，让民众有归正之心、敬畏之心和规矩意识，实现人际和谐、社会有序。"礼"在《说文解字》中解释为"履也"。"礼"的本义就是知行合一、践履礼仪。礼教的本质在于涵养德性，培育文质彬彬的君子。中国古代有"道德仁义，非礼不成"（《礼记·曲礼上》）之说。把道德仁义转化为仪式规范的礼教是中国古代统治者进行意识形态掌控的最直接最有效的方式。对于当代大学生而言，其文明素质是实现民族复兴的软实力，昔日礼仪之邦辉煌的再造、今朝民族文明素质的提升，都需要从礼教抓起。在社会主义核心价值观教育过程中，河北大学历史学院结合自身专业优势，大力弘扬古礼文化，从2009 年开始，定期组织古礼文化展演活动，主题涵盖婚丧嫁娶、饮食居住、修己立人、忠孝节悌、明礼诚信等。礼教活动立足于弘扬传统文化，凝聚其"神"，传递其"魂"。本课题研究的内容之一就是总结古礼文化展演活动的经验教训，借鉴古代礼教的方式方法，彰显古代礼教的现代价值。

（二）经典品读忆风尚·馥郁国学传四方——国学经典诵读研究

国学是中华民族传统文化学术的总称。国学教育是"指用中国传统优秀文化去教育、影响受教育者，使之……增强民族意识，培养民族凝聚力、自豪感和自信心"①。《国家"十一五"时期文化发展规划纲要》中提出："高等学校要创造条件……加强传统文化教学与研究基地建设。"《国家中长期教育改革和发展规划纲要（2010—2020 年)》提出，大力弘扬中华优秀传统文化，加强中华优秀传统文化教育。国学教育担当着传承民族文化基因、增强中华民族内聚力的责任，担当着培育大学生文化自信与自觉的使命。国学教育与传统文化教育的不同应当侧重于科学的价值教育理念与方法。国学"带有强烈的救国、兴国与强国的价值诉求""所承载的爱国情感是我们传承文化的动力源泉"②。然而，国学资源的潜能还远远没有释放，国学教育的价值负载也远远没有得到人们的真正理解。国学教育是我国社会主义教育体系的重要组成部分，旨在培育民族意识和民族精神，传承中华民族的思想文化和学术传

---

① 张加明：《高校国学教育的路径探讨》，《高教探索》2012 年第 3 期。
② 王熙等：《从国学之"国"看国学教育的当代价值》，《北京师范大学学报（社会科学版）》2014 年第 4 期。

统。① 在社会主义核心价值观教育过程中，河北大学历史学院通过开设国学课程、组建莲池国学社和举办国学经典诵读等活动，坚持培育大学生国学素养，增强文化自信。先后开设《国学基础》《中国古代礼文化》《燕赵文化》等课程，把国学教育融入课堂教学。同时，整理、编排和表演国学经典诵读作品《秦风汉韵流千古》等。本课题研究的内容之一就是探究大学生接受国学熏陶，以及参加国学经典诵读活动的教育成效。

（三）风云变幻话历史·钟灵毓秀聚讲坛——历史教育研究

中华民族历来有重视历史教育的传统。重视历史学习是我们党能够领导中国革命、建设和改革取得胜利的重要原因。习近平总书记说："历史是最好的教科书，也是最好的清醒剂。"② 他认为，历史教育重在达成三个"全面把握"：即全面把握"当代中国的社会状况""当代中国人民的抱负和梦想""中国人民选择的发展道路"。③ 高校开展历史教育，旨在增强大学生的爱国主义思想和民族凝聚力。"历史教育是素质教育的重要基础"④。历史教育对于国家复兴、民族发展和大学生的人生追求都有重要意义。大学生是我们开展历史教育的主要对象，历史教育有助于促进大学生全面、健康发展。错误的历史认知会导致错误的现实价值取向，进而影响全民族的精神面貌。历史教育应当以历史认知为基础、以价值引导为旨归。河北大学历史学院重视把历史教育与社会主义核心价值观培育结合起来，提出了"以史养德，以史明志，以史谋事和以史立业"的办学理念，强调历史是生命的根基、历史是智慧的源泉、历史是事业的支点，积极推进历史教育。本课题的研究内容之一就是探讨运用中国历史文化资源、中国历史文献资源等涵养社会主义核心价值观的路径。具体而言，就是总结历史学院开展"毓秀史学讲坛"、"毓秀史学论文大赛"和"百部史书，百年寻梦"读史明志活动等历史教育的效果。

（四）红色文化印于心·社会实践践于行——红色精神传承研究

红色文化资源是中华民族卓越精神和我党我军优良传统的体现，蕴含着

---

① 毕天璋：《国学教育热——对中国思想文化传统的新的认同》，《河南教育学院学报》2006 年第 4 期。

② 习近平：《在纪念全民族抗战爆发七十七周年仪式上的讲话》，《人民日报》2014 年 7 月 8 日。

③ 习近平：《致第二十二届国际历史科学大会的贺信》，《人民日报》2015 年 8 月 24 日。

④ 刘文沛：《重视历史教育 提高民族素质》，《光明日报》2002 年 8 月 6 日。

"核心价值观"的诸多元素，包括"共产主义信仰""实事求是的品格""艰苦奋斗的作风""全心全意为人民服务的人生观""爱国主义情怀"等等，具有引导性、渗透性和教育性价值。[①] 作为中国特色社会主义先进文化的有机组成部分，红色精神对于涵育大学生社会主义核心价值观具有重要意义，是大学生"精神成人"[②] 的纽带和依托。以红色精神涵育大学生社会主义核心价值观应与"当代大学生的成长特点相结合"与"大学生关注的热点难点相结合"，"探索红色精神教育的新方法、新途径和新载体"。[③] 河北大学历史学院注重弘扬红色精神，重视保护红色资源，系统开展了以"发扬红色精神，挖掘传统文化"为主题的调研、寻访和志愿活动。组织开展寻访红色人物、挖掘红色资源、记载红色历史等教育活动，同时，以"延安精神研究分会"为抓手，组织学生到西柏坡、狼牙山、白洋淀、冉庄地道战等革命圣地参观学习。本课题的研究内容之一就是总结红色精神传承的规律性、有效性，同时，结合历史学院开展文化实践和志愿服务活动的经验，引导大学生汲取红色文化的精华，践行社会主义核心价值观。

三、本课题的子课题结构

（一）中华优秀传统文化涵育社会主义核心价值观的活动载体研究

本课题研究重在实践活动载体的创新，为此，要高度重视以行为养成为特征的实践育人，力求实现"内化于心"向"外化于行"的飞跃。本课题的子课题之一是拟对河北大学历史学院开展的历史教育、国学经典教育、礼仪文明教育、红色精神教育等活动进行深入研究。需要说明的是，红色精神教育与传统文化教育的关系问题。我们认为，从广义上讲，红色精神是中华传统文化的重要组成部分；从狭义上讲，红色精神又是对中华传统文化的超越，艰苦奋斗、自强不息的创业精神是对"刚健有为"道德追求的传承，"全心全意为人民服务的宗旨是对传统文化中'民本主义'的革命性转换""党员的

---

① 陈新、曾耀荣：《试论红色精神与党的思想建设之关系》，《江西社会科学》2011 年第 2 期。

② 黄遵斌：《论红色精神与大学生精神成人》，《江西师范大学学报（哲学社会科学版）》2012年第 6 期。

③ 田永静、颜吾佴：《以红色精神教育坚定大学生的理想信念》，《思想理论教育导刊》2016 年第 2 期。

廉洁自律精神是对人格'内圣'的追求"。① 红色精神是对中华民族精神的发扬光大，是对中华优秀传统文化的凝聚和沉淀。因而，我们在探讨中华优秀传统文化涵育社会主义核心价值观的过程中，把红色精神教育作为一个重要的方面进行了探讨。本子课题以本土化的地域历史文化资源挖掘、开发和利用为着力点，通过弘扬中华优秀传统文化的活动载体创新，探讨大学生从文化认同到价值认同的转化规律，以及"外化于行"对于"内化于心"的强化作用。

（二）社会主义核心价值观融入中华历史教育教学实践研究

教书育人是培育和践行社会主义核心价值观的实践路径之一。《关于培育和践行社会主义核心价值观的意见》指出，要"把培育和践行核心价值观融入国民教育全过程""贯穿于基础教育、高等教育……落实到教育教学和管理服务各环节……形成课堂教学、社会实践、校园文化多位一体的育人平台，不断完善中华优秀传统文化教育""推动社会主义核心价值观进教材、进课堂、进学生头脑"。② 河北大学历史学院具有培育社会主义核心价值观的学科专业优势，为此，我们结合实际，通过整合教学资源，发挥专业优势，把"滴灌式"思想政治教育理念融通到专业课教学全过程，用知识教育人、用文化熏陶人、用精神塑造人，唤醒大学生脑海中沉睡的中国历史文化记忆，让大学生形成基于正确历史认知的价值认同。本课题的子课题之一就是总结河北大学历史学院开展历史教育教学的经验。近年来，河北大学历史学院专门组织师资力量，致力于国学与传统文化的教学工作，先后开设《国学基础》《中国传统文化》《中国古代礼文化》《燕赵文化》《中国饮食文化史》等课程，教学内容涵盖礼仪、服饰、武术、戏曲、音乐、建筑、饮食等。通过分析研究，系统阐发历史教育教学的思想政治教育功能。

（三）社会主义核心价值观的精神文化资源研究

精神文化资源是中华民族生生不息的动力源泉。培育和践行社会主义核心价值观，必须要开发利用好中华民族的精神文化资源。2015 年，笔者在《南方论刊》第 12 期发表了"论社会主义核心价值观的精神资源"一文，从

---

① 张建龙、韩阳：《论红色精神与中国传统文化的关系》，《辽宁工业大学学报（社会科学版）》2009 年第 5 期。

② 《中共中央办公厅印发〈关于培育和践行社会主义核心价值观的意见〉》，《党建》2014 年第 1 期。

"传统美德资源、红色文化资源、时代精神资源、价值理论资源和世界文化资源"① 五个方面系统阐述了培育社会主义核心价值观过程中应当重点挖掘的精神资源。本课题的子课题之一就是深入挖掘社会主义核心价值观的中华传统文化资源，因为它是涵育社会主义核心价值观的精神宝库。当我们立足现时代、保持现代性的时候，能否从传统文化中获得精神资源来滋育自身，并且获得安身立命的基石呢？这个问题虽然有着不同的认识，但毫无疑问，回答是肯定的。虽然，在传统与现代的冲突中，我们会时常生出一种"花果飘零"的无奈、失落和无根的伤感。但是，我们绝不能把弘扬传统与面向未来、面向现代化对立起来，否则，我们便会变成无根的浮萍。中华优秀传统文化蕴含着丰富的精神宝藏，是培育和弘扬社会主义核心价值观的立足点，只要我们能够认真开垦，便能够获得对社会主义核心价值观的丰富认知和深刻体悟。著名作家王蒙说："人心可用，世道可兴，传统可取，开拓可新。"其中，"传统可取"就是"要通过发掘传统文化资源，充实、丰富我们对于社会主义核心价值的认知"。②

第四节　本课题拟突破的重点难点及主要创新之处

开发利用好中华优秀传统文化资源，巩固社会主义意识形态阵地，才能完成好高校立德树人的根本任务。本课题研究拟突破的重点是社会主义核心价值观内化于心和外化于行的实践发生机制。培育和践行社会主义核心价值观，基础在教育，关键在行动。"内化于心"主要是让社会主义核心价值观真正成为大学生的理想信仰；"外化于行"就是要让大学生在实践活动中自觉遵循社会主义核心价值观。本课题研究拟突破的难点包括以下两个方面：一是中华优秀传统文化与社会主义核心价值观的"耦合"问题；二是中华优秀传统文化对市场功利文化冲击和网络快餐文化冲击的消解。本课题的主要创新之处是将"把握'根'的教育""陶冶'心'的情怀""凝聚'正'的能量"

---

① 李维意、刘光乐：《论社会主义核心价值观的精神资源》，《南方论刊》2015 年第 12 期。
② 王蒙：《从传统文化中挖掘精神资源》，《当代贵州》2016 年第 5 期。

融为一体，即以文化实践活动为载体积极涵育社会主义核心价值观。

一、本课题研究拟突破的重点难点

（一）本课题研究拟突破的重点

本课题研究拟突破的重点是社会主义核心价值观内化于心和外化于行的实践发生机制，把大学生实践与认识的互动过程转化为价值认同过程。"内化于心"和"外化于行"是培育和践行社会主义核心价值观不可分割、有机统一的两个方面。培育和践行社会主义核心价值观，基础在教育，在"内化于心"；关键在行动，在"外化于行"。"内化于心"是大学生个体接受和认同社会主义核心价值观的过程，"这个过程伴随着认知的价值指向、思维的实践辨析及特定的情感附着"①。"内化于心"主要是让社会主义核心价值观进教材、进课堂、进头脑，真正成为大学生的理想信仰。"外化于行"就是要推动大学生全员投入到价值实践，在实践中彰显社会主义核心价值观的生命力，这种生命力表现为它"是引领当代中国发展进步的精神旗帜"②，也是引领大学生健康成长的精神力量。培育和践行社会主义核心价值观重在"内化于心"，贵在"外化于行"，"内化于心"和"外化于行"是辩证统一的。因此，在培育中践行，在践行中培育，社会主义核心价值观便能够融入大学生的学习生活和精神世界，从而，让大学生的心灵之镜更明亮、精神家园更美好。

（二）本课题研究拟突破的难点

本课题研究拟突破的难点包括以下两个方面：一是中华优秀传统文化与社会主义核心价值观的"耦合"问题。《实施中华优秀传统文化传承发展工程的意见》的发布充分表明，传承发展中华优秀传统文化已经纳入国家文化发展的顶层设计。作为中华民族的"民族之根"，国家文化的"安全之本"，它是社会主义核心价值观的基本内容。对待中华优秀传统文化，我们要坚持"薪火相传"和"推陈出新"。那么，如何实现中华优秀传统文化与社会主义核心价值观的"耦合"是解决问题的关键。二是中华优秀传统文化对市场功利文化冲击和网络快餐文化冲击的消解。为了把中华优秀传统文化中所蕴含

---

① 王庆五：《社会主义核心价值观研究丛书 平等篇》，江苏人民出版社 2015 年版，第 293 页。
② 江西日报评论员：《重在"内化于心"贵在"外化于行"》，《江西日报》2014 年 3 月 9 日。

的价值理念转化成为大学生的理想信念，就要积极探索中华优秀传统文化教育的实践路径。一方面，我们可以直接继承优秀传统文化的精华，如"天下兴亡，匹夫有责"的爱国情怀，"敬业乐群""无信不立"的圣贤古训等，可以直接吸收，把它们变成涵养大学生社会主义核心价值观的精神食粮。另一方面，积极摒弃传统文化的糟粕，以开放的心态进行融合创新，尤其是要积极应对市场功利文化和网络快餐文化的冲击。

二、本课题研究的主要创新之处

（一）把握"根"的教育

中华优秀传统文化教育就是"根"的教育。在大学生中开展中华历史文化教育，是培育社会主义核心价值观的必然选择。天地万物皆有根。《素问·五常政大论》载："根于中者，命曰神机，神去则机息。根于外者，命曰气立，气止则化绝。"人之根本在于"精气神"。按照归根心理学，神守和归宗是人的根结的集中表现。"于个体而言，神守在于守形；于群体而言，神守在于守根、守祖。血脉相传，根系相连。此根系家族之根，宗族之根，系民族之魂"①。《道德经》载："致虚极，守静笃，万物并作，吾以观复。夫物芸芸，各复归其根。归根曰静，是曰复命。"归根复命、回归本源方能健康生长。人之根"不仅是个体生命之'核'，也是世界变革和发展的力量之'泉'。真正意义上的教学，应该瞄准学生生命中的心根"②。抓住"归根"情结，在大学生灵魂深处滴灌中华优秀传统文化，是培育民族自豪感和民族自信心的根本途径。不弘扬中华优秀传统文化，便无以实现中华民族的伟大复兴。不论高等教育如何改革与发展，时代如何变化，我们都不能数典忘祖。让教育回归本真就必须深入开展"根"的教育。而"中华优秀传统文化教育就是中国根的教育"③。"根"的教育抓住了人的精神本质，回归到了教育的本源。

（二）陶冶"心"的情怀

中华优秀传统文化是我们的民族"魂"、中国"心"。培育社会主义核心

① 曲丽芳等：《中医神志病学 供中医类专业用》，上海科学技术出版社2015年版，第27页。
② 刘云生编：《心根课堂 让教育随学生心灵起》，西南师范大学出版社2012年版，第1页。
③ 李明新：《传统文化教育就是中国根的教育》，《中国教育报》2017年4月5日。

价值观是一项筑魂、修心的事业。人之"心"是与生命本源相关的存在，与本源之"根"相关的存在都能激发人们内心的归属感、依赖感、敬畏感、崇拜感。人的双亲情结、故乡情结、祖先情结、民族情结和宗教情结等都是人之"心结"。只有抓住人的"心结"，在大学生的灵魂深处滴灌社会主义核心价值观，才能收到事半功倍的效果，从而坚定大学生对理想信念的追求。要实现立德树人的目标，就必须让社会主义核心价值观在大学生"心"中扎根，因此，培育社会主义核心价值观的问题是一个心性修养问题。要相信人心可用，人心之中能够挖掘出美好的东西，它们与社会主义核心价值观是相通的。社会主义核心价值观教育是一种心性教育，只有把大学生的心性培养好，才能使他们形成基于社会主义核心价值观的价值选择和价值追求，达到一种独善其身的状态。培育社会主义核心价值观功夫应当花在"内化于心"方面，因为，"内化于心"是"外化于行"的前提和基础，"外化于行"是"内化于心"的目的和归宿。"内化于心"的义理论证和心理基础源于中华优秀传统文化，"外化于行"的礼仪规范和行为范式也源于中华优秀传统文化。

（三）凝聚"正"的能量

中华传统文化是延绵持续、不曾断绝的伟大文明，其治国理政的经验具有内在的历史合理性。实现中华民族的伟大复兴必须"从传统文化中汲取前进的力量和方法"[①]。全面推进改革开放需要正确处理汲取传统文化内在力量与吸收西方文化外在力量的关系，坚持"以我为主，为我所用"的原则，"以我为主"就是坚持中国特色社会主义先进文化的主导地位，"为我所用"就是古为今用、洋为中用。培育大学生社会主义核心价值观需要不断吸收"正能量"。什么是"正能量"？它泛指"一切给予人希望、促使人积极向上、不断追求以让生活变得圆满幸福的动力和感情"[②]。"正能量"具有明显的时代和文化特征。它不是凭空产生的，而是一个民族长期积淀和培育而形成的。中华优秀传统文化蕴含着丰富的"正能量"，是涵养大学生社会主义核心价值观的能量宝库。2014 年，教育部颁布的《完善中华优秀传统文化教育指导纲要》对中华传统文化的"正能量"做出了明确概括，即"以天下兴亡、匹夫

---

① 刘维涛：《从传统文化中汲取前进力量》，《人民日报》2014 年 12 月 3 日。
② 刘宏森：《"正能量"与青少年传统文化教育》，《广西青年干部学院学报》2014 年第 4 期。

有责为重点的家国情怀""以仁爱共济、立己达人为重点的社会关爱""以正心笃志、崇德弘毅为重点的人格修养".① 通过中华优秀传统文化的滋养,借助中华优秀传统文化的能量释放,社会主义核心价值观必将在大学生心中生根发芽、开花结果。

第五节　本课题的研究方法和研究手段

开垦他人尚未开垦的领域,填补前人没有研究过的空白区,往往难度很大。用中华优秀传统文化涵育社会主义核心价值观的问题,已经有许多专家学者和实际工作者在分析研究。然而,理论是"一",实践是"多"。学理阐释与实践教育是根本不同的,中华传统文化涵育社会主义核心价值观的"实践路径"是复杂多样的。基于这种认识,在研究方法的选择上,我们突出"实践第一",坚持运用"理论研究与实践研究相结合的方法""教师主导与学生主体共成长的方法""项目合作与实践育人相融合的方法",而在研究手段的选择上,我们重点使用了"情境模拟手段"和"网络技术手段"。

一、本课题的研究方法

(一)理论研究与实践研究相结合的方法

本课题把实践研究作为最为重要的方法,但是,实践研究与理论研究是不可分割的。实践研究是科学研究的旨归,理论研究是科学研究的基石,为科学研究提供分析视角和理论方法。在研究过程中,坚持以马克思主义灌输理论、个性化教育理论、传播学理论、社会学理论等为支撑,对中华优秀传统文化资源进行诊断性分析,选择大学生易于接受的教育元素,融入实践教育过程,积极构建中华传统文化涵育社会主义核心价值观的理论框架,同时,通过活动载体创新检验教育效果。专家学者的理论研究与宣传工作者的教育实践往往存在着"两张皮"现象,其结果,常常说起来头头是道,做起来无所适从。理论研究和实践研究相结合的方法,既反对理论研究对实践活动的

---

① 《完善中华优秀传统文化教育指导纲要》,《中国教育报》2014 年 4 月 2 日。

不闻不问，又反对轻视理论研究，不问原理，"头痛医头，脚痛医脚"，其根本目的就是克服"两张皮"现象。为此，要在培育和践行社会主义核心价值观的教育活动中提炼出真问题，反对走过场、假繁荣的形式主义。单纯的理论研究或实践研究都是苍白无力的，因而，要实现理论研究与实践研究的有机统一。培育社会主义核心价值观主要是一个"学理学识"问题，践行社会主义核心价值观则是以"学理学识"指导实践的问题。培育和践行社会主义核心价值观要求理论研究与实践研究的有机结合。

（二）教师主导与学生主体共成长的方法

大学生是学习活动的主体，大学教师是学生学习活动的组织者、参与者和促进者。在培育和践行社会主义核心价值观过程中，教师和学生的关系或者说教育者与教育对象的关系是最基本的关系。"教师中心"是赫尔巴特经典教学理论的核心思想，"学生中心"是杜威进步主义教育理论的核心思想，而我国现代教育教学理论更多地主张"以教师为主导，以学生为主体"[1]，这本身符合"重点论"与"两点论"相统一的辩证法。在教育实践活动中，既要反对重教轻学、片面理解教师的主导作用，又要反对重学轻教，片面理解学生的主体地位。只有处理好教与学的关系，发挥好教师的主导作用，才能做到教学相长。《礼记》载："是故学然后知不足，教然后知困。知不足，然后能自反也；知困，然后能自强也。故曰教学相长也。"[2] 在教与学的互动中，人们得以知困惑、知不足，而后反省自强，不断提升自己。教育的过程是师生共同成长、共同进步的过程。培育和践行社会主义核心价值观必须运用教学相长的理论方法。本课题的研究，坚持以河北大学历史学院"莲池国学社"、国学教学系列课程和河北大学思想政治理论课教学等作为观察、思考和研究的范本，认真总结教学相长的共性规律。

（三）项目合作与实践育人相融合的方法

"项目化教学"在国外称为"项目课程"，起源于美国，在国内称为"探究式学习"。"项目"一般指为实现一定的目标，对要解决的问题进行细化分解，通过群体组织的分工合作，在有效利用资源的前提下，完成特定任务或

---

① 张奠宙、于波：《数学教育的中国道路》，上海教育出版社 2013 年版，第 88 页。
② 刘建龙编著：《古文类鉴》，中国文史出版社 2015 年版，第 148 页。

生产特定产品。"项目课程"说到底就是让大学生参与教师的研究项目，或者在教师的指导下，大学生自己主持有关项目的研究。在开展项目研究过程中，通过师生的互动互促和密切合作，实现教书育人的目的。"实践育人"的理论方法以马克思主义实践论和认识论为基础。"实践育人"就是充分发挥社会实践所担当的育人功能。马克思主义认为，社会实践是形成正确认识和能力的根本途径，人们主观世界的改造以客观世界的改造为基础。社会实践也是人们价值观念形成发展的动力。培育社会主义核心价值观必须注重"实践育人"。一方面，通过指导大学生参加社会实践，通过实践的感同身受，更加坚定社会主义的理想信念；另外一方面，通过社会实践升华思想，使大学生自觉践行社会主义核心价值观。项目合作与实践育人具有极大的关联性。本课题的研究重在实践育人，而与企事业单位的项目合作可以为实践育人提供良好的平台。为此，应当积极介入环京津文化产业隆起带，分析研究河北省乃至华北区域社会文化发展的特色和趋势，注重中华传统文化和红色文化资源挖掘项目的深度合作。利用假期和课余时间，组织大学生开展地域性中华优秀传统文化资源和红色文化教育资源的调查活动等。

二、本课题的研究手段

（一）情境模拟手段

情境模拟以情境学习理论为基础。这一理论认为，价值认知具有情境性，在一定的活动情境中更容易形成深刻持久的价值认知。大学生的情境活动使他们相互接受和理解，进而形成相同的价值观念。一方面，通过社会实践的方式，引领大学生参观考察博物馆、烈士陵园、文物古迹，让大学生身临其境，增强感性认识；另一方面，组织大学生自主编排传统文化情景剧，让大学生扮演历史人物，增强对历史的体认，领悟其中的价值观念。通过中华传统文化教育情境的创设，可以用生动形象的方式展示中华优秀传统文化的丰富内涵，让大学生融入情境之中，接受潜移默化的教育影响。

（二）网络技术手段

随着网络技术的迅猛发展，数字化、网络化、电子化等已经成为人们的基本生活方式。在复杂的社会交往和社会互动中，网络技术正在潜移默化地改变着人类的认知方式和价值观念。网络技术已经成为影响大学生物质生活和精神生活的重大力量。一方面，我们要看到网络技术作为工具性手段的价值，借助计算机和互联网进行文字、图片、录音报告等学术资源、活动资源的搜集整理；另一方面，我们更应该看到网络技术作为价值性载体的意义，网络空间已经成为意识形态争夺的重要阵地，用社会主义意识形态占领网络空间是培育和践行社会主义核心价值观的必然选择。

第一章　历史文献涵育大学生社会主义核心价值观的实践路径

社会主义核心价值观是中华民族共同的价值追求和精神信仰，是新时代中国特色社会主义思想的内容之一。作为文化强国的旗帜和方向，社会主义核心价值观是当代中国社会和中国人民价值追求的集中体现。在庆祝中国共产党成立 95 周年大会上，习近平总书记指出，中国共产党人要"不忘初心，继续前行"，坚持道路自信、理论自信、制度自信、文化自信。其中，文化自信更为基础、更为广泛、更为深厚。文化自信的核心是价值观自信，自信才会执着坚守和自觉践行。中华民族的悠久历史是文化自信的根基。中华民族是具有非凡创造力的民族，历史文献更是浩如烟海。文献是记录知识的一切载体。广义的历史文献是指一切文献；狭义的历史文献指的是历史学科史料文献。我们这里讲的涵育大学生社会主义核心价值观的历史文献，一是指作为社会主义核心价值观思想文化基础的历史文化经典著作；二是指由河北大学历史学院所开列的百部史学经典著作。在我们培育大学生社会主义核心价值观的过程中，这些历史文献发挥了重要作用。从历史文献涵育大学生社会主义核心价值观实践探索看，我们开展了"毓秀史学"系列活动，包括"毓秀史学"学术论坛、大讲堂、学术论文大赛、"百部史书，百年寻梦"读史明志等实践教育活动，收到了比较好的教育效果。

第一节　社会主义核心价值观的中国历史文献基础

中华民族的独特之处在于我们与时俱进且独具特色的精神世界和价值追求。中国历史文献是中华民族为人类文明发展作出的璀璨贡献，是中华民族雄距于世界民族之林的标识，是中华民族 5000 多年来接力发展、不断创新的精神文化成果。作为中华民族的精神命脉和在世界文化激荡中站稳脚跟的坚实根基，中国历史文献是涵育社会主义核心价值观的宝贵资源。社会主义核心价值观与中国历史文化一脉相承、与时俱进，彰显着它的中国特色，但它却"不是对中华优秀传统文化的简单复制"①，而是对它的升华与创新。不忘初心才能坚守本心，不忘历史才能开辟未来。"三个倡导"充分体现了对中国历史文化的传承与升华。历史是最好的教科书。培育和践行社会主义核心价值观必须要充分利用好中国历史文献资源。

一、富强民主文明和谐的中国历史文献基础

富强民主文明和谐是我国经济、政治、文化和社会建设的目标。作为国家层面的价值追求，富强民主文明和谐有着鲜明的时代特色和坚实的历史文化基础。如"富强"包含坚持"以经济建设为中心"，建设社会主义物质文明的内涵；"民主"包含着推进民主政治建设，实现社会主义政治文明的内涵；"文明"包含着更加自觉、更加主动推动文化大发展大繁荣，建设社会主义精神文明的内涵；"和谐"包含把民生建设放在重要位置，建设生态文明的内涵。② 富强民主文明和谐作为我们党完整的治国目标体系是一个相互依存的有机整体，它们代表了"中华民族的最高利益和根本利益"③。其中，富强是基础，民主是保障，文明是灵魂，和谐是本质。富强民主文明和谐"具有深厚的历史渊源""与中华民族5000多年的文明史紧密相连""与中华民族百年屈辱史和奋斗史紧密相连""与中国共产党90多年的奋斗史、新中国成立60多年的发展史、改革开放30多年的探索史紧密相连"。④ 富强民主文明和谐承载着中华民族的价值追求，是每一个华夏儿女的中国梦。

（一）"富强"理念的中国历史文献基础

"富强"本义是富裕而强盛，"富"与"贫"相对，"强"与"弱"相对。在中国历史文化经典文献中，"富"与"强"时常单独出现。《尚书·皋

① 周若鹏：《借鉴中华优秀传统文化与培育核心价值观》，《光明日报》2014年11月5日。
② 戴木才、黄士安：《论富强民主文明和谐》，《马克思主义研究》2010年第5期。
③ 习近平：《青年要自觉践行社会主义核心价值观——在北京大学师生座谈会上的讲话》，《人民日报》2014年5月5日。
④ 田海舰：《富强民主文明和谐何以成为国家层面的价值目标》，《齐鲁学刊》2015年第4期。

陶谟》载，"强而义"是皋陶的"九德"之一，"义"是"强"的本质内涵，"强而不义"便是暴虐。《周礼·天官·冢宰》载，国家"六典"之中的"事典"指"以富得民""以富邦国"，体现了求"富"的价值追求。《周礼·地官·司徒》载，大司徒有六种职责，即"慈幼""养老""振穷""恤民""宽疾""安富"。也就是恤贫赈困、扶持幼弱，使国家和人民富裕起来。管子在他的《形势解》中较早地把"富"与"强"统一思考，提出了"国富兵强"的主张，"国富兵强"可以使"诸侯服其政，邻敌畏其威"；"国贫兵弱"的话，即便以宝事邻也难逃覆灭的命运。

中国在鸦片战争之前，曾以世界第一富强大国"独领风骚"数千年。战国时期，"富国强兵"成为法家的主要主张。魏国宰相李悝主张"富国强兵"，商鞅早期受到了他的重要影响。《商君书·算地》载："利出于地，则民尽力；名出于战，则民致死。"意思是说，欲富国须实施奖励农耕的政治制度，欲强国须建立奖励作战的军事制度。让努力耕作的人获得利益，让勇敢打仗的人获得功名，这样才能实现国家富强。《史记·商君列传》载，商鞅给秦孝公献计"帝道""王道""霸道"都没有受到重视，当献计"强国之术"时，秦孝公与他"语数日不厌"。"帝道"乃大同之道，重在天下为公。"王道"乃德治之道，重在"天下为家"的框架下，吃苦在前，享乐在后，体恤百姓，服务万民。"霸道"乃五霸仁政，重在王者特权与善待生民的兼顾。"强国之术"乃专制之道，突出君权至上。帝道、王道、霸道、强国之术的目标都是实现国家富强，但却经历了由民本向君本的蜕化。对于商鞅而言，"强国之术"不过是等而下之的政策策略，但对于秦孝公而言，"强国之术"却能够实现自身利益的最大化。

与法家治国策略根本不同，儒家认为，"君主应该以全体民众的幸福和权利为最大利益"①。法家以君为本，儒家以民为本。孔子强调"为政以德"，"道之以德，齐之以礼，有耻且格。"也就是说，追求国家富强的前提是仁义。《论语·里仁》载："不义富且贵，于我如浮云。"在孔子及原始儒家看来，富强的灵魂是仁义，富强包含着"国富民富""国强民强""民富国强"等多重内涵，而不像法家那样仅仅强调"国富兵强"。孔子的主张是"君子之

---

① 方铭、富强：《以中华传统文化为基础》，《群言》2015 年第 1 期。

强"，旨在坚守正道，不屈服于权势。《礼记·表记》载："君子庄敬曰强。"《礼记·聘义》载："故强有力者，将以行礼也。……天下无事，则用于礼义；天下有事，则用之于战胜。"对于勇敢强力者而言，应当坚韧地持守礼义，而不应当争强斗勇。《论语·子路》载，孔子的治国路线是"庶之""富之""教之"。既要让百姓过富裕生活，又要让百姓过文明生活。在孔子看来，追求富贵是人的天性，但是，君子爱财必须得之以道，"富与贵……不以其道得之，不处也。"《论语·季氏》载："不患寡而患不均；不患贫而患不安。"孔子认为，富裕虽重要但公平更重要。《论语·学而》载，"贫而无谄，富而无骄"不如"贫而乐，富而好礼"。安贫乐道要比富而无骄更难做到。

总之，富强是中国古代仁人志士一直追逐的梦想。楚国屈原诗曰："国富强而法立兮，属贞臣而日娭。"他既渴望国富兵强，又希冀政治清明。从中国的历史文化传统看，"富强之义：食货为本，教化随之""富强之要：富民为重，民富国强""富强之道：民生为上，家国两足"。[①] 富强是社会主义核心价值观的首要目标，中国历史文献中的富强思想丰富，蕴含着今天富强中国的思想资源和历史经验。富强既贯穿着中华文明史的精神内涵，又承载着当今时代中华民族伟大复兴的梦想。

（二）"民主"理念的中国历史文献基础

"民主"即人民当家作主。民主就要坚持主权在民，坚持人民利益至上、贯彻多数人决定的原则。社会主义核心价值观倡导的民主是人民民主，它是社会主义的生命。马克思认为，民主制是一种国家组织形式，即"人民的国家制度"[②]。作为国家层面的民主价值观是中国特色社会主义"民主价值的系统的根本的观点"[③]。它不仅把民主理解为国家政治制度而且把民主理解为国家意识形态。

中国很早就有了"民主"的传统。《尚书·多方》载："天惟时求民主，乃大降显休命于成汤。"这里，成汤就是民主，也就是"为民作主"和"民的主人"。尧舜为了维护天下为公的政治文化，防止自己儿子夺权，很早就排除了儿子的继承权。《史记·五帝本纪》载，尧否决了众人推举自己儿子接班

---

①　刁生虎、郭岚宁：《中华传统的富强思想及其当代意义》，《学习与实践》2015 年第 8 期。

②　《马克思恩格斯全集》第 3 卷，人民出版社 2002 年版，第 390 页。

③　梅荣政：《对社会主义民主核心价值观的两点探求》，《南京政治学院学报》2015 年第 1 期。

的提议。后四岳推举舜，尧避位28年培养舜。舜继位后，否决了自己的儿子，推举禹继位。禹死后，夏后启篡权，开启了世袭制度，天下为公被天下为家所取代，终结了中国古代的民主政治。夏之后，虽然实行了世袭制度，然而，普遍的观念仍然认为天下是全体人民的，而不是一人或一家之天下。为了实行民主，成汤率领四方贤达之士取代了夏桀。这里所说的"民主"，其实是君主。他是为民作主的贤德之人，那些丧失贤德的人必受天惩而失去"民主"的资格。苍天遵从人民的意志，只有全心全意为民，才能获得苍天的支持，否则必受苍天惩罚。《左传·文公十七年》载："民主偷必死。"意思是说，领导者不为民作主，不恪守善道，必招覆亡之灾。《左传·昭公五年》，晏子说："能手善人，民之主也。"这里的"民主"是说，有能力且遵守善道的人，才能真正为民作主。当然，这种"民主"和我们今天所讲的民主还有很大差别。

中国早期的"民主"观念与天下为公的大同理想有着直接的关联。在孔子看来，中国古代社会经历"大同"—"小康"—"乱世"的退化过程，身处礼崩乐坏之"乱世"的孔子希冀恢复商周时期的"小康"进而达到五帝时期的"大同"。他主张"克己复礼"，最早提出了中华民族伟大复兴的梦想。"大同"时代，要通过选举贤德之人治理国家。《论语·泰伯》载："巍巍乎！唯天为大，唯尧则之。"又说："巍巍乎，舜、禹之有天下也而不与焉！"孔子盛赞尧舜禹，是因为他们以天下为己任，把万民利益放在首位。孔子及原始儒家，还有《墨子》《吕氏春秋》等，都把选贤授能的方式看成是最好的制度。在《论语》中，孔子多次谈到"博施于民而能济众""己欲立而立人，己欲达而达人""修己以安百姓"等，都与赞扬尧舜全心全意解决民有、民享问题有关。

古代民主文化的思想根源是儒家的民贵君轻思想。《孟子·尽心下》载："民为贵，社稷次之，君为轻。"得民心者得天下，失民心者失天下，彰显了多数人决定的民选原则。在孟子看来，为君者应当"乐民之乐，忧民之忧；乐以天下，忧以天下"，让天下之士、商、旅、农"皆悦""同乐"。民心得失事关天下兴亡，失民心必然改朝换代。因此，武王伐纣不是"以臣弑君"而是诛一独夫，也就是说，杀掉暴君是救民于水火的正义之举。当然，民主需要保护言论自由。《国语·周语上》载："防民之口，甚于防川。"周厉王暴虐，国人多有谴责，他则暗中派人探寻批评者并将其杀害。召公警告他不听，后国人暴动将其流放。

总之，中国在尧舜禹时期就已经有了"民主"的成功实践。然而，随着天下为公向天下为家的退化，"民主"逐渐被"专制"取代，并演变成为中央集权体制，但是，中国历史文化中有着民主的基因和传统，看不到这一点就是历史虚无主义。民主是我们党一以贯之的价值追求，也是社会主义的本质要求。民主既是我国政治建设的目标，又是实现富强文明和谐的政治保障。当然，我国的民主"本质上是对人民实行民主，对敌人实行专政"[1]。

（三）"文明"理念的中国历史文献基础

文明包括物质、制度、精神等多个层面。在社会主义核心价值观中，文明指的是文化价值目标，是精神文明的价值追求，是"最广大人民的核心价值追求"，是对人类"最先进、最科学文明形态"的向往。[2] 中国是一个有着5000多年历史文化的文明古国，是世界上保存完整的原初文明形态之一。

文明是与野蛮相对应的，它体现为人与自然、人与人、人与社会之间善意、和谐的关系。"中华民族为人类文明进步作出了不可磨灭的贡献。"[3] 孔颖达的《尚书正义》载："经纬天地曰文，照临四方曰明。"舜之所以能够达到"文明"，在于参透和把握了天地万物的本质，具备了协和四方、引领社会向善的能力。朱熹在解释"大学之道"时说，"明明德"是知，"止于至善"是守，文明则是达到了知之守之的境界。《中庸》载"择善固守"，"择善"是理会知之事，"固守"是理会行之事。尧在评价舜时，"浚哲文明"是说他懂得知的道理，"温恭允塞"是说他懂得守的道理。择而固守"善道"，实现由知到行，就能够达成文明。《语语·泰伯》载："笃信好学，守死善道。""笃信好学"是文明之认知，"守死善道"是文明之坚守。"笃信好学，守死善道"是文明与野蛮的分水岭。《周易》载："潜龙勿用"，即君子生不逢时，只能隐居深地，又载："天龙在田，天下文明"。天下文明，君子出世。文明与选贤举能、人尽其才互为条件。文明之际，君子道长、小人道消，万物蓬

---

①　韩兵：《社会主义核心价值观内容解读之民主》，《思想政治教育研究》2014 年第 5 期。

②　韩振峰：《文明：社会主义核心价值观的文化价值目标》，《社会主义核心价值观研究》2016 年第 4 期。

③　《习近平谈治国理政》，外文出版社 2014 年版，第 3 页。

勃生长，人际关系和谐。鲍照《河清颂》载："大人在上，区宇文明。"意思是说，只有贤德之人执政，社会才能呈现文明景象。西汉焦延寿《易林》载："文明之世，销锋铸镝。"文明时代没有战争，不需要暴力，天下太平，政治昌明，人人乐得其所。这些论述表明，文明是对野蛮的超越，文明代表着理性和人道，野蛮代表着暴力、掠夺、杀戮等。

在中华文明发展史上，孔子的巨大贡献是公认的。《孟子·公孙丑上》载："自生民以来，未有盛于孔子也。"意思是说，自有生民以来，孔子的出类拔萃是无人能及的。《史记·孔子世家》载："孔子布衣，传十余世，学者宗之。自天子王侯……可谓至圣矣！"孔子被尊崇为"至圣"，是因为他是中华文明的集大成者。正如《孟子·万章下》载："孔子之谓集大成。""后世独裁者尊奉孔子为'大成至圣先师'……承认了孔子作为中华文明象征的事实"。① 孔子所追求的"文明"是天下大同。《礼记·礼运》载："大道之行也，天下为公。选贤与能，讲信修睦。……鳏、寡、孤、独、废、疾者有所养……是谓大同。"这种天下为公的"大同"理想，是孔子及原始儒家最早提出的中华民族伟大复兴的中国梦，也是对中华文明的最高期许。

人类的历史是文明不断发展的历史。《管子·牧民》载："政之所兴，在顺民心；政之所废，在逆民心。"《尚书·大禹谟》载："德惟善政，政在养民。"国富民穷，并非文明。顺乎民心，养民富民，是政治文明的基本要求，也是建立文明社会的关键。《管子·牧民》载："仓廪实则知礼节，衣食足则知荣辱。"粮仓充实是百姓知晓礼仪规矩的前提，衣食富足是百姓知晓荣誉耻辱的基础。用现在的话说，就是物质文明是精神文明的基础。中华文明既具有普世性又具有超越性，对世界文明的发展产生过重大影响。《汉书·地理志下》载："箕子去之朝鲜，教其民以礼义。"武王灭商后，封箕子去治理朝鲜，在他的治理下，朝鲜呈现出了文明景象，他把中华文明带到了朝鲜，在半岛上建立了第一个政权。

总之，把中华传统美德转化为鼓舞新时代全体人民前进的强大精神动力，就要对它进行"双创"。② 作为国家层面所倡导的文明价值观植根于"世界历

---

① 方铭：《文明：以中国传统文化为基础》，《群言》2015 年第 3 期。

② 《习近平在中共中央政治局第十二次集体学习时强调 建设社会主义文化强国 着力提高国家文化软实力》，《人民日报》2014 年 1 月 1 日。

史进程的时代要求""中华民族的深厚历史文化传统"和"当前中国特色社会主义的改革实践",① 具有鲜明的时代特色、民族特色和实践特色。

(四)"和谐"理念的中国历史文献基础

和谐是社会主义社会的核心价值追求。它是对马克思主义的坚持和发展,是对西方思想文化的批判和借鉴,是对中国历史文化的超越和创新。把握和谐价值的社会属性要立足社会主义本质高度,把握和谐思想的核心内涵要立足传承、借鉴和发展的维度,把握和谐社会的建设途径,要着眼于个人、社会和国家三个层面。②

和谐价值观有着中国历史文化的坚实基础,和谐思想在中国历史文献中有着诸多的记载。《礼记·中庸》载,"中"为"天下之大本","和"为"天下之达道"。"中"与"和"是评价社会文明程度的重要标尺,是中华文明的核心价值追求。其中,"和"的本义为应和、唱和,引申为和顺、和谐、协调等。"和谐"的核心在于"和",因为"谐"有"和"的意思,即谐和。《尚书·尧典》载:"百姓昭明,协和万邦。"意思是说,尧做到了选贤举能,讲信修睦,不谋私利,结果,日月普照,社会和谐。《尚书》中谈论"和"最多,孔子把尧舜禹的天下为公视为理想的社会蓝图。他编纂《尚书》的旨趣就在于垂世立教,恢弘至道,示人主以轨范。

在中华文明史上有着追求和谐的传统和基因,如在治国理政方面,《论语》载:"四海之内,皆兄弟也。"《孟子》载:"天时不如地利,地利不如人和。"在干事业、做生意方面,古人提出了"亲仁善邻"与"和气生财"的观点。一部中华民族文明史证明,文明发展离不开和谐的社会环境。和睦相处是中华民族的传统美德,"和为贵"始终是连接中华民族大家庭的精神纽带。"和谐"要坚持以人为本的政治立场。《尚书·皋陶谟》载,人有九德,其中,"柔而立""直而温""简而廉"等强调了领导应当在百姓面前谦虚、温和、廉洁等,要一心为民,以民为本。《尚书》载:"民惟邦本,本固邦宁。"强调民是邦国之根本,根本牢固邦国才得安宁。"和谐"要通过以德治国来实现。为此,执政者要"吃苦在前,享受在后""乐以天下,忧以天

---

① 郑建:《论文明——社会主义核心价值观系列谈三》,《前线》2015 年第 9 期。
② 孟宪生:《社会主义核心价值观中和谐的内涵及建设》,《思想理论教育导刊》2015 年第 7 期。

下"。《尚书·大禹谟》载："正德、利用、厚生、惟和。""正德"是说要用仁德引导、教化万民；"利用"是说要用科学方法发展生产，使民以时；"厚生"是说要坚持以民为本，藏富于民。"正德""利用""厚生"的目的是"惟和"即实现社会和谐。《论语·季氏》载："盖均无贫，和无寡，安无倾。""和谐"要以公平公正为基础。《乾文言》载："利者，义之和也。"正义是和谐的基础。《蔡仲之命》载："以和兄弟，康济小民。"《周官》载："庶政惟和，万国咸宁""推贤让能，庶官乃和。"君主自律，推行德治，选贤举能，一心为民，是实现社会和谐的前提。

和谐最为核心的是人与自然和人与人关系的和谐。其实，在中华民族文明发展史上，一直重视天道与人事的和谐。《汉书·司马迁传》载："究天人之际，通古今之变。"天道与人道密切关联，弄懂了"天人之际"才能通晓"古今之变"，因为，"天人感应""天人合一"。天道与人道关系涉及自然环境与社会发展最本质的关系。它所关涉的"和谐"理念是古代先贤一直思考和关注的问题。《汉书·王吉传》载："百里不同风，千里不同俗，户异政，人殊服。"人与自然的关系影响人与人的关系，影响人的价值观念，因而不能用单一的模式或方法去考察人地和人人关系，研究和处理天道与人道的关系必须充分考虑民族差异和地域差异。当然，对人地和人人关系的影响，最根本的是社会生产力的发展，同时也要充分考虑政治体制、经济制度、思想观念、文化习俗的影响。

总之，"和谐"作为社会主义核心价值追求，不仅是中国的传统价值观念，也是人类共同关注的价值观念。"和谐"的提出，体现了对中西普世文明的共同追认。"和谐是最具中华民族特色的核心价值观"①，追求和谐是中华历史文化传统，当然，在我们进行社会主义核心价值观建设中，要不断赋予和谐以新的时代内涵，积极培育和践行社会主义和谐价值观。

二、自由平等公正法治的中国历史文献基础

自由平等公正法治作为一个有机统一的整体，表达了凝聚共识的社会核心价值追求。其中，自由是社会主义社会首要的价值目标。自由是社会主义

---

① 韩震：《论作为社会主义核心价值观的和谐》，《高校理论战线》2012 年第 4 期。

社会的价值理想，它体现了人的社会本性，因为每个人都渴望自由呼吸、自由生活；平等是社会主义社会的价值准则，它要求社会提供一个公平竞争的平台，让每一个公民都有机会通过自己的努力获得成功；公正是社会主义社会的内在要求，它要求社会的道德取向、评价和法律制定、执行必须立足公正立场，维护社会正义；法治是社会主义社会的制度保障，它旨在通过国家公权保障公民能够实现自由、平等和公正。自由平等公正法治汲取了中国历史文化的精髓，反映了社会主义的本质特征。培育自由平等公正法治的社会主义核心价值观，必须立足于中国历史文化的坚实土壤，坚持从中国历史文献中汲取精神资源。

（一）"自由"理念的中国历史文献基础

自由是全人类共同追求的美好梦想，但是，"自由一直被资本主义所绑架"[1]。社会主义核心价值观倡导的自由与资本主义的自由有着根本的差别。它坚持了马克思主义的自由观，认为个人自由和政治自由必须历史地呈现，自由是对必然的认识和对世界的改造，自由实现的根本途径是以生产实践为主的历史活动。

自由价值观有着中国历史文化根基，一部中华民族文明史就是中华儿女执着追求自由的历史。中国古代很早就有了"自由"观念。在庄子的《逍遥游》中，借助寓言故事，表达了人类追求顺应自然的天性，是一种浪漫主义的自由观。庄子主张行为自由受限制时追求精神自由，企望用无己、无功、无名的精神逍遥对抗"有为"社会的罪恶。"自由"概念最早出现在东汉郑玄对《礼记》作出的解释。《礼记正义》载："去止不敢自由。"[2] 当时人们的言谈举止必须符合"礼"的要求，尤其是在尊长面前，去留不敢自作主张。

孔子对于"自由"有着透彻的理解，这从他的"恕道"中可以体现出来，"恕道"之一在于"己所不欲，勿施于人"；"恕道"之二在于"己欲立而立人，己欲达而达人"。孔子站在黎民百姓的立场上，提出了限制君主和政府权力的主张，以便让黎民百姓能够自由自在地生活。《论语·学而》载："节用而爱人，使民以时。""节用"就是控制欲望，"爱人"就是爱护百姓，

---

[1]　谌林：《两种自由的定义——社会主义核心价值观的自由和自由主义的自由的根本区别》，《哲学研究》2015 年第 4 期。

[2]　李学勤：《十三经注疏·礼记正义》，北京大学出版社 1999 年版，第 1023 页。

"使民以时"就是使用民力时要有所节制，让百姓能有更多自由发展的空间。《论语·卫灵公》载："无为而治，其舜也与！夫何为哉，恭己正南面而已矣。"作为领导者要做好表率，既不能骑在人民头上作威作福，又不能胡作非为、瞎折腾，以便让人民群众自由自在地生活。

自由的基本含义就是自由主宰自己的言行。《后汉纪·灵帝纪》载："上不自由，政出左右。"意思是说，东汉时的汉灵帝，由于被权贵绑架，自己不能主政，变成了傀儡，政令出自于权贵。在古代文献中，"自由"有时有"反自由"之义。《后汉书·皇后纪》载，皇后阎姬任人唯亲，其"兄弟权要，威福自由"。这里是说，阎姬的兄弟占据要职，胡作非为、作威作福。这种恣意妄为、胡作非为的"自由"与孔子的"七十而从心所欲，不逾矩"有着根本区别，它必然地表现为权力的任性，限制人民的自由，损害百姓和国家的利益。在封建专制的背景下，人们通过不同的方式强烈地表达着对于自由的追求和向往。中国古代社会对于限制言论自由的危害是有共识的。如秦始皇焚书坑儒，禁绝人民群众的反对意见，秦二世时更是有赵高指鹿为马，逼迫人们说假话，最终导致了秦朝的覆灭。

自由是与专制和暴虐相对立的，倡导自由就要保护每一个人的天赋权力。《孟子·尽心上》载："居仁由义，大人之事备矣。"这里，强调了人们对于行为自由的追求必须合乎正义。《荀子》载："行一不义，杀一无罪，而得天下，仁者不为也。"也就是说，自由是对仁义的践行，自由必然是建立在善言善行的基础之上。仁者不能做任何违背正义之事。战国时期，杨朱和庄子都大力倡导自由，他们提出了"个人自由"的观念。《孟子·滕文公下》中批评杨朱的"为我"是禽兽行为，因为，他的"为我"在维护"个人自由"的同时却妨害了"他人自由"，那些富贵者的"个人自由"导致"鳏寡孤独废疾者"无所养无所助。然而，孔子及原始儒家提出的"老吾老以及人之老，幼吾幼以及人之幼"的推恩方式则兼顾了"个人自由"和"他人自由"。

总之，自由是社会主义核心价值观的最高价值追求，自由的核心内涵是人的自由全面发展，把自由作为社会主义核心价值追求，既源于对马克思主义的科学诠释，又源于中国民主主义革命和社会主义革命的历史经验，既根植于中华民族文明史的历史渊源，又根植于中国国情和时代特征的现实分析。实现自由的物质基础是解放和发展生产力，实现自由的政治前提是加强民主法治建设，实现自由的文化准备是推进社会主义文化发展。

（二）"平等"理念的中国历史文献基础

"平等"即均等、无差别，"平""等"都有均平、齐整之意。作为社会层面所倡导的平等价值观体现了中国特色社会主义的内在本质和中华民族优秀传统文化的价值诉求。[①] 平等表现为政治上的平等地位，经济上各尽所能之义务和按劳取酬之权利的平等，以及社会保障的真正平等。

作为社会层面所倡导的平等"是中国传统平等思想的理论升华"[②]。中国有着悠久封建等级社会的历史传统，古代贤达很早就开始思考平等问题。"平等"源于早期佛教经典传入中国时对"三世"及"六道"轮回众生无差别理念的解释。"平等"意味着众生之间法性、际遇和地位的无差别。《金刚经·心行善分》载："是法平等，无有高下。"众生的法性本来没有高下，但因为善业、恶业的不同便出现了差别。其实，中国古代的"平等"并非始于佛教。孔子的"忠恕、均平、仁义"比西方的"自由、平等、博爱"内涵更为丰富和深刻。他的"不患寡而患不均"的平等权利理念、"有教无类"的平等教化思想、"以德求位"的平等政治参与权等，都体现了平等的价值追求。

《说文解字》载："公，平分也。"《周礼·地官·司徒》载："辨其物而均平之。"古人所讲的"均平"既包括经济权利又包括政治权利。孟子曾劝齐宣王，欣赏音乐"与民同乐"、田野打猎"与民同之"，君与民应当平等相处。《皇朝通鉴长编纪事本末》载，王小波、李顺起义之时，提出了"吾疾贫富不均，今为汝均之"的口号。《续资治通鉴》载，南宋钟相提出了"法分贵贱贫富，非善法也。""均贫富，等贵贱"是孔子为代表的儒家一以贯之的主张。孔子的"均平"主张是与他的"大同"理想紧密相连的，他的"均无贫，和无寡，安无倾"便是大同世界的平等价值追求。在他看来，平等是一个终极价值追求和动态发展过程。孔子追求的理想社会是一个由"乱世"到"小康"再到"大同"的过程。实现"大同"要经历"小康"，这一时期要实行德治，以"克己复礼"来消解"礼崩乐坏"。要"复礼"就要承认差别、讲求秩序。即"男女有别""长幼有序""亲亲尊尊长长""君君臣臣父父子

[①]　郑流云：《试论社会主义核心价值观中的平等理念》，《学术论坛》2016 年第 10 期。

[②]　贾英健：《论作为社会主义核心价值观的平等》，《北京师范大学学报（社会科学版）》2015 年第 3 期。

子"。在孔子看来，既要承认"礼"的差别，又要始终把"同"作为终极关怀，且将"仁"贯穿始终。否则就会走向平等的反面。《礼记·礼运》中的"大同"理想体现了最彻底最根本的平等追求。平等的价值准则既能保证让贤能的人为社会创造更大的价值，又能保证社会弱势群体有尊严的生活。

中国古代思想家在阐述"均平"思想时，往往从"天道"之中寻找构建"平等"观念的合法性，把"平等"理解为一种天道。如《道德经》载："天之道，其犹张弓，高者抑之，下者举之，有余者损之，不足者补之。"天道是公平的，它遵从平等理念，摒弃"损不足以奉有余"之恶习。《文子·符言》载："天道无亲，唯德是与。"《说苑·谈丛》载："天地无亲，常与善人。天道有常，不为尧存，不为桀亡。"《关尹子·三极》载："天无不覆""日无不照"。这些都在强调，平等是天道原则。庄子的"齐物论"阐述了世间万物没有差别的平等。名家惠施的"合同异"阐述了是非、善恶、美丑等万事万物不分彼此，没有分别。庄子的"齐物论"和惠施的"合同异"已经认识到，世间万物虽有差别，但却有着共性的本质，相敌对的事物可以相互转化，它们的本质和归宿是一致的，只有认识到这一点才能超越世俗的名利是非之累。

总之，社会主义核心价值观倡导的平等吸取了中国历史文献中的平等价值观，以及空想社会主义平等观和资本主义平等观的合理成分。① 它是马克思主义与中国特色社会主义伟大实践相结合的思想结晶，体现了社会主义的本质。平等是检验社会主义现代化事业成败的关键。实现平等是中国共产党领导人民建设中国特色社会主义的价值目标。

（三）"公正"理念的中国历史文献基础

公正即公平、正直。社会主义核心价值观倡导的公正是"实现共享发展、共同富裕的基本要求"②，它的内在本质是以人为本，价值旨归是实现人的自由全面发展，现实重点是分配公正。社会层面公正价值观的思想来源是"马克思主义""中华优秀传统文化"和"国外哲学社会科学"。③ 在中国历史文献中，"公正"作为一种道德规范一脉相承。千百年来，人们普遍认为："公

---

① 尹江燕：《社会主义核心价值观之平等》，《当代中国价值观研究》2016 年第 5 期。

② 段妍：《社会主义核心价值观中"公正"真谛及其实现路径》，《思想理论教育导刊》2016 年第 4 期。

③ 蓝天：《社会主义核心价值观中公正观的思想渊源》，《中共南昌市委党校学报》2017 年第 3 期。

正自在人心""不偏不倚，公私公明，就是公正"。

《说文解字》载："正，是也""公，平分也"。作为一种价值取向，公正是"一种'不偏不倚'的行为"①。《礼记·礼运》载："大道之行也，天下为公。"公正源于"天下为公"的理念，天下为公的基础是无私。孔子盛赞"三王"之"三无私"即"天无私覆，地无私载，日月无私照。奉斯三者以劳天下。"在中国古人看来，在制度设计上只有立于公正立场才能实现政治文明。《尚书·周官》载："以公灭私，民乃允怀""议事以制，政乃不迷"。领导者制定政策或制度不能从一己私利或小团体利益出发，需要有一颗公心，私心过重必然招致灾祸。《吕氏春秋·序意》载："私视使目盲，私听使耳聋，私虑使心狂"。不公的结果必然是"福日衰，灾日隆"。

《吕氏春秋·去私》中有"公"和"至公"之分。不徇私枉法、不徇私舞弊即为"公"，选贤与能、任人唯贤也为"公"。《论语·为政》载："举直错诸枉，则民服；举枉错诸直，则民不服。"任用那些正直、仁德之人则百姓佩服，则天下人将争着为善人。何为"至公"？尧"不与其子而授舜"、舜"不与其子而授禹"皆为"至公"，至公是公正的最高典范。《吕氏春秋》中盛赞商汤伐桀是"至公"，商汤与伊尹约定伐桀，机会来时，恰好遇到大旱，他为了践行承诺，兴兵伐桀。这种不为自身利益，只为解民于倒悬的行为就是"至公"。

中国古代传统的公平正义，在费孝通那里被称为"差序格式"，在学者何怀宏教授那里被称为"差序的正义"②。一方面，是"天下为公，选贤与能"，这是出于政治考虑而对高层乃至最高层的关注，"天下为公"即"禅位授圣，不家之。"唐代孔颖达解释说，"天下为公"即"揖让而授圣德，不私传子孙。"也就是说，"天下为公"讲的是天下的最高统治者应由"选举"产生而不能"世及"。"天下大同"所描述的是一种有差异的政治秩序，在这里，最高统治者应当选"圣德"之人。当然，最高统治者之下的官员更应当遵循"选贤与能"的原则。从西汉的察举制度到唐代的科举制度，中国政治社会统治阶级的再生产实现了"血而优则仕"向"学而优则仕"的转型。因此，西

---

① 肖林：《论公正——社会主义核心价值观系列谈七》，《前线》2016 年第 1 期。

② 何怀宏：《正义在中国：历史的与现实的——一个初步的思路》，《公共行政评论》2011 年第 1 期。

周至春秋可以称之为"世袭社会"，秦汉至晚清可以称之为"选举社会"。①另一方面，是"鳏寡孤独废疾者皆有所养"，这是出于经济考虑而对底层民众的关注。这种公平正义体现为对生活困难的弱势人群的关注，对此，中国历朝历代的政府还是做了相当的努力。关注贫民、救济饥荒、抚恤孤寡更是被认为是政府的分内之事。"大同世界"所主张的还不是一切平等的大同，而是既承认差异，又主张所有人拥有平等的生命和发展权，达到一种"老有所终，壮有所用，幼有所长""男有分，女有归"。这种各得其所的境界，是高端的"选贤与能"与低端的"皆有所养"的统一，虽然是一个官民两分的等级社会，但是，荐官选官机制构建了一个由下层走向上层的稳定通道。然而，古代先贤追求公平正义的"大同"理想在历史演进中却日益走向君尊臣卑、权力集中的"天下为家"。

总之，"公正是中华民族精神和当今时代精神的基本内涵和重要体现"②。"公平正义是中国特色社会主义的内在要求"③，也是中华民族生生不息的精神动力。倡导公正，有利于规范社会成员的行为选择，有利于推进政治文明建设进程，有利于彰显中国道路的影响力，有利于增强民族凝聚力和向心力。

（四）"法治"理念的中国历史文献基础

法治即依法治国，具体包括法律至上、法律面前人人平等、依法保护公民的权利和自由等，还包括立法、司法、行政三权分置，依法行政、公正执法、文明执法等。卢梭在《社会契约论·论法律》中把实行法治的国家称之为"共和国"。社会主义核心价值观把"法治"作为目标之一，是为共和制政体"正名"的必然选择。

《说文解字》曰："灋，刑也。平之如水。廌，所以触不直者，去之。""法"有刑罚之意，它代表着公正，"一碗水端平"是其基本的价值追求。"廌"是一种能够分辨善恶的神兽。《尔雅·释诂》说刑、宪、律皆法也。商鞅变法，称法为律。《管子·七臣七主》载："法律政令者，吏民规矩绳墨也。"中国早期的"法"更接近于今日的刑法，主要是用来惩处犯罪的。《盐

---

① 何怀宏：《正义在中国：历史的与现实的——一个初步的思路》，《公共行政评论》2011 年第 1 期。

② 陈延斌：《公正观：社会主义核心价值观体系建设的着力点》，《马克思主义与现实》2013 年第 3 期。

③ 《中国共产党第十八次全国代表大会文件汇编》，人民出版社 2012 年版，第 13 页。

铁论·诏圣》载："法者刑罚也，所以禁强暴也。"原始儒家把"礼"视为
"法"即礼法。礼是调节君臣、父子、夫妇等权利义务关系的法度。《史记·
太史公自序》载："礼禁未然之前，法施已然之后。"在儒家的早期文献中，
"《周礼》是组织法，《仪礼》是实体法和程度法，《礼记》是实体法和程度法
之外还有关于立法原则的论述"①。《大戴礼记·本命》规定了妇女有"七去"
和"三不去"。"七去"即"不顺父母去，无子去，淫去，妒去，有恶疾去，
多言去，窃盗去。""三不去"即"有所娶无所归""与更三年丧""前贫贱后
富贵"。这里明确规定了夫妻是否仳离的要件，是典型的实体法。礼与法有着
密切关联，因而，古人经常将它们连在一起使用，所表达的意思与现在的法
律十分接近。如《列子·周穆王》载："礼法相持"；《荀子·王霸》载："礼
法之大分"；《庄子·天道》载："礼法数度"等。

战国时期的法家把法的作用推崇到了极致。如商鞅强调"明法"（让百姓
知晓法律）、"胜法"（强调法律的重要性）和"严法"（轻罪重刑）。韩非子
强调法、术、势相结合。法家强调严肃法律，坚持法律面前人人平等，但其
目的是为了维护君主专制，因而，其严刑峻法的观点是社会逆流。如商鞅的
连坐法"造参夷之诛"，他还增加了许多酷刑。韩非子认为，君主为了实现独
尊，可以使用人质、特务、暗杀等手段，而不顾程序正义。《韩非子·六反》
载："君不仁，臣不忠，则可以霸王矣。"法家为了功名富贵，投君主所好，
突破价值底线，因而后患无穷。《汉书·艺文志》说法家"无教化，去仁
爱"。司马谈《论六家要旨》说法家"严而少恩"。

与法家不同，孔子及原始儒家却提出了和现代法治观念相一致的思想，
他们坚守仁政底线，不因穷达而改变。在立法方面，强调制定善法，立法为
民。如《论语·季氏》载："天下有道，则礼乐征伐自天子出。"善法的关键
是体现仁心，执法要宽容，疑而不作有罪推定，同时，强调立法应吸收百姓
意见，君臣共立。如《管子·七臣七主》载："法令者，君臣之所共立也。"

善法是实现依法治国的基础，善法重在公正执法。《尚书·舜典》载：
"汝作士……惟明克允！"虞舜对皋陶说，你作为法官，一定要做到公平公正。
《论语·子路》载："名不正，则言不顺"，"刑罚否，则民无所措手足"。"正

---

① 方铭：《法治：以中国传统文化为基础》，《群言》2015 年第 8 期。

名"旨在用礼法来规范礼崩乐坏的体制，最终使百姓有规矩可依。孔子既重视礼法规范又重视百姓教化，兼顾"道之以德"和"齐之以礼"。他非常重视程序正义，强调法律面前人人平等。《论语·子罕》载："可与立，未可与权。"也就是说，一切行为都应当遵守礼法制度，求道过程必须保障程序正义。

总之，法治是中华民族文明史的重要成果，中国历史文献中蕴含法治的精神资源。社会主义法治价值观的"文化基源"是中国历史文化中的法治思想。① 推进全面依法治国既要植根于中国历史文化，又要立足于改革开放时代。推进国家治理体系现代化建设则需要社会主义法治价值观与中国历史蕴含的法治思想的有机融合与传承创新。

三、爱国敬业诚信友善的中国历史文献基础

作为公民个人层面的社会主义核心价值观，爱国敬业诚信友善体现了当今时代中华儿女应有的精神风采和价值准则，凝聚着千百年来中国历史文化的精神追求和道德价值。爱国敬业诚信友善既是国家走向繁荣昌盛的精神条件和民气支撑，又是公民立身处世、建功立业的价值航标和精神动力。"爱国是核心价值观的核心，是每个公民的义务和责任""敬业是公民的基本职业要求""诚信是个人的立身之本和必备的道德品格""友善包含善待亲友、他人、社会、自然等，是中华民族的传统美德之一"。② 爱国敬业诚信友善是民族精神和时代精神的统一。作为当代中国公民的核心价值准则，它们传承了中华民族历史积淀的精神追求，体现了当今时代中国公民的精神风采。③ 培育公民个人层面的社会主义核心价值观，既要汲取中国历史文化的思想精髓，又要把握改革开放的时代脉搏。

（一）"爱国"理念的中国历史文献基础

爱国就是热爱自己的祖国，表现为对自己国家人民群众、文化习俗的依恋和认同。社会主义核心价值观倡导的爱国，坚持了民族情怀与世界立场的

① 胡凤飞、陈燕秋：《传统文化法治思想与社会主义核心价值观法治的关联探析》，《黑龙江高教研究》2015 年第 10 期。

② 张丰清：《以"爱国敬业诚信友善"为基础构建核心价值观》，《南方日报》2013 年 1 月 14 日。

③ 沈壮海：《爱国、敬业、诚信、友善：公民的价值准则》，《湖北社会科学》2014 年第 10 期。

统一。倘若仅仅立于民族主义的立场，"爱国"便会误入歧途。爱国需要与正义相结合，需要基于一定的利益共同体。爱国是狭隘的民族主义、大国沙文主义、种族主义、专制主义的天敌。

中国古人的理想社会是天下大同。大同世界奉行的原则是天下为公。人人无私利私心，没有国家也就不需要"爱国"理念。《战国策·西周》载，秦国派车百乘入周，西周君恭敬迎接，楚王很愤怒。游腾对楚王说：秦乃虎狼之国，有吞周之意，今日秦王派兵入周，西周君害怕而已，"周君岂能无爱国哉？"这里是中国古代文献中第一次出现"爱国"一词。西周君的"爱国"就是爱他的领地。《道德经》上描绘了"小国寡民"的安逸美好景象，百姓"甘其食，美其服，安其居，乐其俗，邻国相望，鸡犬之声相闻，民至老死而不相往来。"《庄子·胠箧》称这种"小国寡民"的境界是一种"至德之世""若此之时，则至治已。"道家所讲的"国"更多的是地域性概念，与现在的国家概念根本不同。《礼记·礼运》载："今大道既隐，天下为家。"随着私有制的产生，天下为公被天下为家所取代，便产生了早期的国家概念。

孔子及原始儒家非常重视正确处理君与民的关系。《孟子·尽心下》载："民为贵，社稷次之，君为轻。"民贵君轻是儒家处理君民关系的基本原则。君主应当以仁德之心治理国家，否则就会威胁国家的生存；君王如果无道，就会天降惩罚，民不聊生，国家就丧失了存在的合法性。民是国家的核心，是国家的主体，爱国最根本的是爱民。荀悦《汉纪》载："昔圣王之有天下，非所以自为，所以为民也""唯义而已，无私焉。封建诸侯，各世其位，欲使亲民如子，爱国如家"。周朝时期，天子统领的地域为"天下"，诸侯的领地为"国"，大夫的领地为"家"。"保家卫国的责任在士大夫阶层，而平民并不承担拱卫诸侯之国和大夫之家的责任"①。

孔颖达《周易正义》载，一次楚王出游把弓丢了，左右问怎么办。楚王说："楚人亡弓，楚得之。"孔子不以为然，他的观点是："人亡弓，人得之。"楚王的"爱国"体现了小共同体的境界，是一种狭隘的民族主义情怀；孔子的"爱国"体现了大共同体的境界。基于小共同体利益往往"爱国愈甚，益为它灾"，容易打着"爱国"幌子侵扰他邦，破坏和平，带来灾难。《墨

---

① 方铭：《爱国：以中华传统文化为基础》，《群言》2015 年第 9 期。

子·兼爱上》载:"视人国若其国。"达到这样的境界,便不再会有那么多的攻伐了。在孔子看来,不论是周文王恪守臣道、不兴兵灭商,还是周武王兴兵伐纣、解民倒悬,都是为天下苍生计的爱国情怀。《孟子·梁惠王下》载:"闻诛一地夫纣矣,未闻弑君也。"孟子也认为,武王伐纣是诛杀独夫民贼,是一种心怀天下的爱国情怀,是为了人民利益的最大化。

古代圣贤因为胸怀天下苍生,因而能够放眼四海,他们以天下为己任,鞠躬尽瘁,融会贯通而后已,是一种崇高的爱国情怀。而我们今天的"爱国"实际上等同于古代的"爱天下"即尊重文明的成果。顾炎武在《日知录·正始》中区分了"亡国"与"亡天下"的不同。亡国即"易姓改号";"亡天下"即"仁义充塞,而至于率兽食人,人将相食。""亡国"是君臣的事,"亡天下"是天下人的事,也就是"天下兴亡,匹夫有责"。梁启超在《爱国论》中说:"爱国者何? 民自爱其身也。故民权兴则国权立,民权灭则国权亡。"[1] 公民爱国如同爱自身,因为国家保障公民的权利,民权是爱国的前提和基础,如果国家不能保障公民的权利,则公民便会自弃其国。

总之,爱国自古以来是中华民族的传统美德,爱国主义是在我国长期历史发展中形成的民族精神的核心。祖国的直接体现是同胞,国家的直接体现是政权。因此,爱国直接表现为爱人民、爱国家。爱国是公民与祖国、国家之间最为牢固的情感纽带,同时具有政治内涵。

(二)"敬业"理念的中国历史文献基础

敬业就是敬重自己从事的职业,热爱自己的本职工作。敬业有四层含义:一是从业态度应当"干一行爱一行";二是从业效果应当"兢兢业业、尽职尽责";三是职业发展应当"开拓进取、创新创业";四是职业信仰应当是"为人民工作、为大众谋幸福",由"要我干"转为"我要干"。[2] 社会主义的敬业价值观体现了"价值自觉向行为自觉的转化""道德他律向道德自律的提升""个人理想与民族梦想的融合"。[3]

敬业是中华民族的优秀传统美德。正是依靠敬业奉献,中华民族创造了灿烂的文明。"敬业"出自《礼记·学记》中的"敬业乐群"。按照朱熹解

---

① 孙宝山:《中国近现代哲学思潮及思想》,中国财富出版社 2014 年版,第 57 页。
② 杨业华等:《社会主义核心价值观之敬业探析》,《思想理论教育导刊》2015 年第 10 期。
③ 李丽丽:《论社会主义核心价值观之敬业》,《中国特色社会主义研究》2015 年第 5 期。

释，敬业者，专心致志以事其业也；乐群者，乐于取益以辅其仁也。《易传·乾·文言》载："君子进德修业。""进德，指孝、悌、仁、义的品德；修业，指写诗、作文、写字的本领"①。《论语·子张》载："言忠信，行笃敬。"就是说，言行应当忠信笃敬。

在中华文明发展史上，我们的祖先凭借敬业精神创造了延绵不绝的文明。《帝王世纪》载，医药学家岐伯"尝味百草，典医疗疾"，对中国医学发展做出了杰出的贡献。战国时期的著名工匠鲁班，被后世奉为土木行业的祖师。他发明了钻、铲、刨子、曲尺、墨斗等，还制造过云梯。《史记·周本纪》载，后稷是一个敬业的农民，也是一个敬业的管理农业生产的官员。他"好耕农""宜谷者稼穑焉，民皆法则之"。

敬业不仅是对工农商学兵的要求，也是对国家公职人员的要求。《论语·学而》载："敬事而信。"这是孔子对治国者的要求。在他看来，勤奋是敬业的基础，对于敬业还要从手段与目标、过程与结果的统一来考量。不仅"敬事而信"，而且应当"节用爱人"，更是反对铺张浪费、好大喜功的瞎折腾。也就是说，考量敬业的标准是能否"济众""安人""安百姓"。《史记·夏本纪》载，夏禹任治水官时，"劳身焦思，居外十三年，过家门不敢入"，最后完成治水大业，成为贤臣敬业的楷模。周文王为中国古代为数不多的圣人之一。曹操在《短歌行》中说："山不厌高，海不厌深。周公吐哺，天下归心。"曹操盛赞姬旦的胸怀和品质，他如此敬业，必然会天下归心、世界安宁。《论语·颜渊》载："居之无倦，行之以忠。"《论语·子路》载："先之，劳之。"在孔子看来，国家公职人员的敬业有两个方面的要求：一是要率先垂范、以身作则，忧以天下、乐以天下；二是要吃苦在前、坚持不懈，忠诚守信、恪尽职守。

《晏子春秋·内篇问上》载，晏婴认为，对君王应"择臣而使"，对臣子应"择君而事"；君王有道应"顺其令"，君王无道应"争其不义"。《史记·管晏列传》载，晏婴主张"国有道，即顺命；无道，即衡命。"晏婴任宰之职时，能够做到兢兢业业、鞠躬尽瘁，他如此敬业，是因为奉道而行。也就是说，大臣敬业乃是从道而不从君。《礼记·泰伯》载："士不可以不弘毅，任

---

① （清）曾国藩：《曾国藩家书》，中国长安出版社 2015 年版，第 7 页。

重而道远。"治国者敬业应当关心民瘼，勤勉任事，以天下为己任，公而忘私。

中国历史文化中的敬业精神，从本质特征来看，主要来源于儒家的社会责任感，这种世俗文化从先秦到近代一脉相承。孔子及原始儒家所提倡的敬业侧重于为学或为官过程中的求道精神，其核心内涵就是"敬业乐群"，把敬业理解为专心致志做好应当做的事情。社会主义核心价值观倡导的敬业，有了更加丰富的时代内涵。一方面，"敬业是职业道德中的核心和灵魂"，表现着个人"服务社会、造福社会和发展社会的功能"①；另一方面，敬业与人的存在方式、与人的实践活动、与整个社会的发展进步密切关联。

总之，敬业从职业道德升华为社会主义核心价值观契合了马克思主义的职业追求，继承了中华民族敬业精神的精华。习近平总书记说："中华民族是勤于劳动、善于创造的民族。"② 中华民族的历史辉煌和今日成就都源于中华儿女的劳动创造。敬业是中华民族传统美德，实现中华民族的伟大复兴的中国梦必须大力弘扬敬业精神。

（三）"诚信"理念的中国历史文献基础

诚信在"三个倡导"中"最具基础性地位"，是"实现其他价值诉求的基本前提""是最具中国特色的价值观念"。③ 习近平总书记说："不忘历史才能开辟未来。"④ 诚信价值观根植于中国历史文化，它"是个人人格完善和社会道德评价的核心内容"⑤。培育和践行诚信价值观不能丢掉中华传统的诚信追求，丢掉了，就割断了精神命脉。

诚信是中华文化千百年来的传统美德和基本道德要求，故有"人无信不立，业无信不兴"的古训。《说文解字·言部》载："信，诚也。"又载："诚，信也。"这里，"诚"与"信"互训，表达了诚实守信的含义。诚信具有天道的特点，人们追求诚信便是人道与天道的一致。诚与信虽然互训，但

---

① 王磊：《敬业价值观的马克思主义理论意蕴与当代弘扬》，《学术论坛》2016 年第 2 期。

② 习近平：《在庆祝"五一"国际劳动节暨表彰全国劳动模范和先进工作者大会上的讲话》，《中国工运》2015 年第 5 期。

③ 陶悦：《社会主义核心价值观之诚信的传统文化根源》，《学术交流》2015 年第 12 期。

④ 习近平：《在纪念孔子诞辰 2565 周年国际学术研讨会暨国际儒学联合会第五届会员大会开幕会上的讲话》，《人民日报》2014 年 9 月 25 日。

⑤ 金民卿：《诚信在社会主义核心价值观建构中的意义》，《前线》2014 年第 11 期。

语义重点不同。"诚"重在真心，即心正与心诚。"信"重在践行，即守信与践约。贾谊《新书·道术》载："志操精果谓之诚，反诚为殆。"诚的意思就是在内心中守住实有和承诺。又载："期果言当谓之信，反信为慢。"信的意思就是强调言行一致，就是守信，不食言。

《周易·乾卦传》载："忠信，所以进德也；修辞立其诚，所以居业也。"诚与信是敬业精神的基本内涵，进德修业离不开诚信。诚信可以教化邦国，坚守诚信符合天道。《论语·卫灵公》载："言忠信，行笃敬。"诚信必须发乎于心，是真情实感的表达。《礼记·檀弓上》载丧葬"必诚必信"。《礼记·曲礼上》载："祷祠祭祀，供给鬼神，非礼不诚不庄。"祭祀活动要出于真心，奉之以礼。《礼记·祭统》载："贤者之祭也，致其诚信与其忠敬。"《论语·八佾》载："祭神如神在。"祭祀活动必须基于对鬼神真诚的敬仰，祭祀神祇的时候要像神祇在现场一样，对神祇要有发自内心的敬畏。《礼记·礼器》载："致其敬而诚若。"《礼记·郊特牲》载："贵诚之义也。"意思是说，礼义必须出于诚信，发自肺腑。

孔子培养学生有"四教"即文、行、忠、信。其中"信"就是诚实守信。《礼记·学记》批评说，今之教者"使人不由其诚"。不以诚信教育人，于是背离了教育的本质。《论语·学而》载："谨而信""主忠信"。《论语·阳货》载："信则人任焉。"《论语·为政》载："人而无信，不知其可也。"人而无信，将寸步难行。《论语·颜渊》载，当"足食""足兵"和"民信"必须舍弃其一时，孔子的选择是先"去兵"后"去食"，因为"自古皆有死，民无信不立。"仁义是诚信的前提。《礼记·中庸》载："诚之者，择善而固执之者也。"诚信旨在固守善道。《荀子·不苟》载："养心莫善于诚。"修养身心重在落脚于善行，善行即诚。当诚信与仁义发生冲突时，应当选择仁义。《论语·子路》载："言必信，行必果，硁硁然，小人哉！"在孔子看来，背离至善、至仁、至义的"言信"和"行果"，不过是小人行径罢了。孔子重视诚信，但认为违背仁义则无诚信可言。《孟子·离娄下》载："言不必信，行不必果，唯义所在。"孟子同样把仁义置于诚信之上，当诚信与仁义发生冲突之时，应当选择仁义。诚信虽然要求实话实说、实事求是，但是却以明天理、守善道为前提。否则的话，其诚也愚，其信也昧。①

总之，中国历史文献中的诚信思想为社会主义诚信价值观建设提供了源头活水。诚信既根植于传统历史文化的深厚土壤，又体现着中国特色的伟大实践。对于培育和践行诚信价值观而言，中华传统历史文化的启示在于：一是诚信贯通国家、社会和个人三个层面。传统的诚信既是做人根本又是为政原则。《傅子·义信》载："王者体信，而成国以安；诸侯秉信，而境内以和。"二是伦理层面与治理层面双向互动。传统的诚信强调不欺人与不自欺的统一。现代则强调自律与他律、德治与法治的统一。三是现实性层面向超越性层面的必要拓展。②传统的诚信强调天道与人道的统一、形下与形上的贯通。即"诚者，天之道也；思诚者，人之道也。"诚信价值观建设既要体现时代精神又要从中国历史文化中寻找价值根基。

（四）"友善"理念的中国历史文献基础

友善是指人和人之间友好和善的关系。友善是一种道德、气质和文化。作为社会主义核心价值观的友善，强调的是人和人之间应当构建一种友好、亲善、温暖、互助的关系。友善像社会主义核心价值观其他范畴一样，继承了中华优秀传统文化，体现了社会主义的本质要求。

中国历史文献中有着极为丰富的关于"友善"的思想资源。先秦时期，友善并非一个固定搭配的词组。如《论语·季氏》中提到了"损者三友"即"友便辟，友善柔，友便佞"。"友"是主语，"善柔"是用来修饰"友"的，"善柔"是指那些以和颜悦色诱人者。《管子·四称》载，无道之臣"倨傲不恭，不友善士"。《荀子·大略》载："取友善人，不可不慎。"这里的"友善士""友善人"是一种动宾结构，"友"作动词。

汉代之后，"友善"开始作为一个固定搭配的词汇被广泛使用。《初学记·人部·交友》载，子高游历赵国之时，遇到了平原君的门客邹文节，"与子高相友善"。这里，"友善"用以表达邹文节与子高两个人的好友关系。《汉书·段会宗传》载："会宗为人好大节，矜功名，与谷永相友善。"这里，"友善"也是表达了会宗和谷永两个人的好友关系。汉代之后，"友善"更多

---

① 沈壮海：《爱国、敬业、诚信、友善：公民的价值准则》，《湖北社会科学》2014年第10期。
② 陶悦：《社会主义核心价值观之诚信的传统文化根源》，《学术交流》2015年第12期。

是强调两人的亲密，大多不涉及双方德行。然而，在孔子及原始儒家的价值观念中，"友善"不仅有亲密、友好的含义，更有"以善为友"的价值取向。这一传统，在社会主义核心价值观建设中必须珍视。

何以为"友"？《说文解字·又部》载："同志为友。从二又，相交为友。"友者就是志同道合的人。《释名·释言语》载："友，有也，相保有也。"友者就是相互保全、相互扶持、相互促进。《荀子·大略》载："友者，所以善有也。道不同，何以相有也？"《论语·卫灵公》载："道不同，不相为谋。"这些表明，"友"是一种志同道合的关系。"友"与"朋"最为相近。孔颖达《周易正义》载："同门曰朋，同志曰友。""朋"与"友"一起用时，意思是相通。孔子说："有朋自远方来，不亦乐乎！"曾参说："与朋友交而不信乎？""朋"指"朋党"之时，意为不善之人狼狈为奸。

何以为"善"？《广雅·释诂三》载："友，亲也。"友包含着亲善、友善之意。友是指人与人之间一种"善"的关系。《孟子·万章下》载："友也者，友其德也，不可以有挟也。"友是人们之间共同的道德追求，而不能夹杂其他东西。《荀子·性恶》载："择良友而友之""得良友而友之"。良友可以共同奉行忠信敬让，友人之道在于尽其善、尽其美。《正字通·口部》载："善，与人交欢曰友善。"这里，"善"就是喜欢之意，而"不善"则是讨厌、不喜欢之意。

在孔子及原始儒家的思想体系中，"善"承载着终极价值追求。《论语·述而》载："择其善者而从之，其不善者而改之。"《尚书·商书·伊训》载："作善降之百祥，作不善降之百殃。"弃恶扬善、求善戒恶也是孔子一以贯之的价值追求。《易传·大有卦》载："君子以遏恶扬善。"《易传·坤文言》载："积善之家必有余庆，积不善之家必有余殃。"《易传·系辞上传》载，君子"出其言善，则千里之外应之""出其言不善，则千里之外违之"。君子应该谨言慎行，因为，善言善行，天下响应；恶言恶行，人神共弃。原始儒家追求的是君子之交，重在与人为善和成人之美。《孟子·公孙丑上》载："君子莫大乎与人为善。"《论语·颜渊》载："君子成人之美。"

总之，"友善"从古代圣贤对美好人际关系的希冀，到规范人们日常生活的道德规范，再到社会主义核心价值观，一直是人们在社会交往中"实现自我价值与公共价值的完美交汇点"①。当今时代，友善对于和谐的公民关系、社会关系、代际关系和国际关系意义重大。

第二节 "百部史书，百年寻梦"读史明志活动

　　中华文化源远流长、博大精深，历史经典长河流淌，需要当代大学生史海泛舟，接力中华民族璀璨的历史文化。学习和总结历史文化，借鉴和运用历史经验，是我党一贯重视和倡导的思想方法和工作方法。习近平总书记在中共中央党校讲话中曾强调领导干部要读点历史。中国历史包含着国家与民族、社会与个人的成败、兴衰、安危、正邪、荣辱、义利、廉贪等方面的经验教训，包含着中华民族的精神追求、道德情操、思想境界和优良品格，是培育大学生社会主义核心价值观取之不尽的精神宝库。习近平总书记指出："充分发挥党的历史以史鉴今、资政育人的作用，是党和国家工作大局中一项十分重要的工作。"②"重视历史、研究历史、借鉴历史，可以给人类带来很多了解昨天、把握今天、开创明天的智慧。"③ 习近平总书记在讲话中还多次引用历史经典，为我们树立了学习中国历史、传承中华文化的榜样。当代大学生需要"读史明志"，以此开阔视野、增长学识，从阅读中获取新的知识，挖掘自身潜在的能力，为以后适应社会、担当使命做好准备。读点历史对大学生价值观的构建和个性的塑造具有重要意义。作为当代大学生，思维模式需要转变，独立思考的能力与自我判断的能力需要提高，道德情操需要陶冶，而历史就是最好的教科书，通过阅读史书汲取营养，能够提升大学生的文化品质、道德素质和思想智慧。为此，河北大学历史学院组织策划了"百部史书，百年寻梦"读史明志活动，坚持用中国历史涵育大学生的文化自信，培育大学生的社会主义核心价值观。

---

　　① 李楠、王磊：《深入解读社会主义核心价值观——友善价值观的传统价值和现代意涵》，《学术论坛》2015 年第 2 期。
　　② 习近平：《在全国党史工作会议上的讲话（摘要）》，《中共党史研究》2010 年第 8 期。
　　③ 习近平：《观察历史中国是观察当代中国的重要角度》，《西安晚报》2015 年 8 月 24 日。

一、"百部史书，百年寻梦"读史明志策划方案

（一）"百部史书，百年寻梦"读史明志活动的意义

习近平总书记强调，干部要"爱读书读好书善读书"，其中，至少有三个方面的重要意义：第一，它是重塑官员"学德"的需要。在这种语境下，大力倡导"爱读书读好书善读书"，不仅对促进学生读书大有裨益，而且，对重新塑造学生"学德"很有必要，也很有现实针对性。第二，如何提高能力和水平？最重要的办法是读书。通过读书增强发展经济的能力、提高决策水平、提高处理突发事件的能力、增强解决具体问题的能力。第三，应对危机需要有非凡的执政智慧和高超的应对能力。如何培养这一能力？当然是读书。

"百部史书，百年寻梦"读史明志活动，可以敦促大学生重读经典名篇，深刻理解经典作家的重要思想，在此基础上，掌握马克思主义的立场、观点和方法，同时，结合当代社会状况，深刻理解历史，以史为鉴、服务社会。读史明志活动能够提高大学生综合素质。阅读史书能使当代大学生更好地理解社会现象，同时也使价值观得以升华，大学生可以从阅读经典史书中了解历史，学习历史，弘扬历史，有利于其发展成为爱祖国、爱人民、爱社会主义，有文化有纪律的社会主义事业的合格建设者和可靠接班人。

文化自信是理论自信、制度自信和道路自信的基础，而文化自信又奠立在历史自信基础之上。因此，学一点中国历史特别是学一点近现代中国人民反抗帝国主义侵略斗争的历史，可以弘扬民族精神，凝聚民族力量，增强"四个自信"。

百年的渴望、千年的回响，演绎着中华民族伟大复兴的中国梦。近代以前，悠久灿烂的中华文明长期居于世界文明发展的先进行列，"近代以来，在西方坚船利炮的侵略下，中华民族遭受了沉重苦难、付出了重大牺牲，辉煌不再，尊严难立，中华儿女也从此开始了百年中国梦的辛苦求索、艰难追寻"[1]。

"学好历史一定可以使自己的世界观和方法论有更扎实的基础，有更充实的内核"[2]。一般地说，每一个在校大学生都应当学习和研究我们民族的历史。

---

[1]　本书编写组编写：《中国梦 伴我成长的正能量青少年读本 初中版》，华文出版社 2013 年版，第 1 页。

[2]　王雄友：《枣花集》，华艺出版社 1993 年版，第 162 页。

古往今来，凡是有成就的政治家、思想家，大都知晓历史，注重学习和研究历史。

（二）"百部史书，百年寻梦"读史明志活动的主旨

本次活动的主题是"百部史书，百年寻梦"读史明志活动。之所以选择这样的主题，一个重要的考虑就是引导学生对历史经典文献进行有选择性的"精读"，借以消解当代大学生手机阅读造成的思维扁平化问题。

（三）"百部史书，百年寻梦"读史明志活动的对象

以河北大学历史学院全体在校的本科生、研究生，以及宋史中心的研究生为基础，面向全校各学院、各学科专业的史学爱好者，在倡导大学生广泛深入阅读的基础上，重点选拔百名左右学生，进行立项管理，聘请部分专业教师进行指导，引领大学生有针对性地阅读并且撰写读书报告。

我们希望参加本次"百部史书，百年寻梦"读史明志活动的热心学生，能够持续保持阅读历史经典的兴趣，持之以恒，养成习惯；我们也希望越来越多的学生参加到"百部史书，百年寻梦"读史明志活动中来，学史明理，读史明志，努力成长为德智体全面发展的社会主义合格建设者和可靠接班人。

（四）"百部史书，百年寻梦"读史明志活动的运作

第一阶段（2016 年 11 月 15 日—2016 年 12 月 10 日）

1. 项目宣传

在传统宣传方式的基础上，结合网络媒体进行积极宣传，主要通过以下方式：（1）各班学委发班级通知，通知到全院各班；（2）通过本学院微信公众号、官方网站发布活动详情，进行活动宣传；（3）联系校园各大媒体如青年通讯社、红色战线等，向校园媒体发送活动宣传材料，在各大校园媒体刊物、官网积极宣传，提高本次活动的校园影响力。

2. 项目报名

报名方式：包括短信、QQ、微信公众号报名等。

报名要求：历史学院在校生要求必须报名参加，其他学院学生自愿参加；报名须注明个人信息＋所选书籍；提交的作品为某部史学著作的读后感。

成果要求：文章成果要求依托个人所选书籍结合个人学习生活，紧扣主题、语言生动形象，主旨突出。坚持正确的政治方向，理论联系实际，主题

突出、立场鲜明、观点正确、逻辑严谨。要能体现史学类学生的时代性、进步性、先进性。必须是原创作品且未公开发表过。严禁抄袭、剽窃。字数要求在 4000—5000 字。

第二阶段（2016 年 12 月 11 日—2017 年 2 月 25 日）

1. 诵读史书

选读史书：分发百本必读书目清单，要求参加学生根据自身兴趣选择所读书目，并统计学生所选书目。12 月 20 日前完成。

成立专题读书班：根据不同学生所选书目，按中国史、世界史及考古文博三大主题划分形成专题读书班。邀请相应专业老师担任读书班导员，成立读书班讨论 QQ 群，便于师生、同学之间进行读书交流。12 月 30 日前完成。

组织读书交流会：以读书班为单位，每两周定期组织读书交流会，形式为小组讨论，共同分享读书心得体会，邀请读书班导员在读书交流会上对普遍的知识问题进行讲解。

2. 撰写报告

结合读书收获和体会，撰写读书报告、书评、读书心得或学术论文，并于 2 月 25 日之前提交电子版和纸质版。

第三阶段（2017 年 2 月 26 日—2017 年 4 月 30 日）

1. 作品审核

邀请学院专业老师组成评审小组，对汇总后的文章进行质量审核筛选，评选出"百部史书，百年寻梦"读史明志优秀作品。

2. 成果展示

评选"百部史书、百名学子"读史明志活动之"读书达人"。

开展"百部史书、百名学子"读史明志之分享交流活动，对优秀作品进行编辑整理和出版。

（五）"百部史书，百年寻梦"读史明志活动的指导

1. 读史明志活动指导团队

活动团队计划由 10 人组成，一般不超过 10 人，由学院教师自愿报名组织，成立读史明志活动指导主席团。主席团实行执行主席负责制。主席团指导教师轮流担任执行主席。

2. 读史明志活动指导团队职责

指导团队成员主要负责指导报名学生的读书活动，以及学生读后感、读书报告的评阅活动等。依据报名情况进行分组，每一小组安排一名指导教师。

（六）"百部史书，百年寻梦"读史明志活动的经费支持

"百部史书，百年寻梦"读史明志活动所需经费从历史学强势特色学科经费列支。每个读书小组为一个项目组，每个项目组给予一定的活动经费，活动经费由指导教师统一支配，主要用于购买图书资料、查阅资料的交通费、研究活动的文具费、资料打印费等开支。

二、"百部史书，百年寻梦"历史学科本科生必读经典书目

（一）中国史书目

1. 钱穆：《国史大纲》，商务印书馆 2002 年版；

2. 张荫麟：《中国史纲》，上海古籍出版社 2006 年版；

3. 王家范：《中国历史通论》，生活·读书·新知三联书店 2012 年版；

4. 黄仁宇：《中国大历史》，生活·读书·新知三联书店 2007 年版；

5. 崔瑞德等：《剑桥中国史》（套装 11 卷），中国社会科学出版社 1992 年版；

6. ［英］约翰·托什：《史学导论：现代历史学的目标、方法和新方向》，吴英译，北京大学出版社 2007 年版；

7. 严耕望：《治史三书》，上海人民出版社 2011 年版；

8. 张舜徽：《中国文献学》，中州古籍出版社 1982 年版；

9. ［美］柯文：《在中国发现历史：中国中心观在美国的兴起》（增订本），林同奇译，中华书局 2002 年版；

10. ［英］彼得·伯克：《历史学与社会理论》，姚朋等译，上海人民出版社 2010 年版；

11. 荣新江：《学术训练与学术规范——中国古代史入门》，北京大学出版社 2011 年版；

12. 冯天瑜等：《中华文化史》（上下），上海人民出版社 1990 年版；

13. 金毓黻：《中国史学史》，商务印书馆 2010 年版；

14. 邹逸麟主编：《中国历史人文地理》，科学出版社 2000 年版；

15. 葛兆光：《中国思想史》，复旦大学出版社 2001 年版；

16. 余英时：《士与中国文化》，上海人民出版社 2013 年版；

17. ［英］戈登·柴尔德：《考古学导论》，安志敏、安家瑗译，上海三联书店 2013 年版；

18. 陈淳：《考古学研究入门》，北京大学出版社 2009 年版；

19. 李济：《中国早期文明》，上海人民出版社 2007 年版；

20. 夏鼐：《中国文明的起源》，中华书局 2009 年版；

21. 苏秉琦：《中国文明起源新探》，人民出版社 2013 年版；

22. 张忠培：《中国考古学：走向与推进文明的历程》，紫禁城出版社 2004 年版；

23. 李学勤：《走出疑古时代》，辽宁大学出版社 1994 年版；

24. 徐旭生：《中国古代的传说时代》，科学出版社 1961 年版；

25. 张光直：《中国青铜时代》，生活·读书·新知三联书店 2013 年版；

26. 张光直：《美术、神话与祭祀》，生活·读书·新知三联书店 2013 年版；

27. 郭静云：《夏商周：从神话到史实》，上海古籍出版社 2013 年版；

28. ［英］戈登·柴尔德：《历史的重建：考古材料的阐释》，方辉、方堃杨译，上海三联书店 2012 年版；

29. ［德］格林·丹尼尔：《考古学一百五十年》，黄其煦译，文物出版社 2009 年版；

30. 荣新江：《敦煌学十八讲》，北京大学出版社 2001 年版；

31. 蒲慕州：《墓葬与生死·中国古代宗教之省思》，中华书局 2008 年版；

32. 巫鸿：《武梁祠：中国古代画像艺术的思想性》，生活·读书·新知三联书店 2006 年版；

33. 邢义田：《画为心声：画像石、画像砖与壁画》，中华书局 2011 年版；

34. 杨晓能：《另一种古史：青铜器纹饰、图形文字与图像铭文的解读》，三联书店 2008 年版；

35. 孙机：《中国古舆服论丛》（增订本），上海古籍出版社 2013 年版；

36. 张光直：《商文明》，生活·读书·新知三联书店 2013 年版；

37. 许倬云：《西周史》，生活·读书·新知三联书店 2012 年版；

38. 许倬云：《中国古代社会史论：春秋战国时期的社会流动》，广西师范大学出版社 2006 年版；

39. 顾颉刚：《秦汉的方士与儒生》，上海古籍出版社 2007 年版；

40. 田余庆：《秦汉魏晋史探微》，中华书局 1993 年版；

41. 阎步克：《士大夫政治演生史稿》，北京大学出版社 1996 年版；

42. 唐长孺：《魏晋南北朝史论丛》，商务印书馆 2010 年版；

43. 田余庆：《东晋门阀政治》，北京大学出版社 2012 年版；

44. 黄永年：《六至九世纪中国政治史》，上海书店出版社 2004 年版；

45. 甘怀真：《皇权、礼仪与经典诠释：中国古代政治史研究》，华东师范大学出版社 2008 年版；

46. 许理和：《佛教征服中国：佛教在中国中古早期的传播与适应》，江苏人民出版社 2005 年版；

47. ［日］谷川道雄：《隋唐帝国形成史论》，李济沧译，上海古籍出版社 2011 年版；

48. 陈寅恪：《隋唐制度渊源略论稿 唐代政治史述论稿》，商务印书馆 2011 年版；

49. 余英时：《朱熹的历史世界：宋代士大夫政治文化的研究》，生活·读书·新知三联书店 2011 年版；

50. 韩儒林：《元朝史》（上下），人民出版社 1986 年版；

51. 萧启庆：《内北国而外中国：蒙元史研究》，中华书局 2007 年版；

52. 傅衣凌：《明清社会经济变迁论》，人民出版社 1989 年版；

53. 卜正民：《纵乐的困惑：明代的商业与文化》，生活·读书·新知三联书店 2004 年版；

54. 孟森：《明清史讲义》，商务印书馆 2011 年版；

55. 黄仁宇：《万历十五年》，生活·读书·新知三联书店 2006 年版；

56. 戴逸主编：《简明清史》（上下），人民出版社 1980、1984 年版；

57. 史景迁：《王氏之死：大历史背后的小人物命运》，广西师范大学出版社 2011 年版；

58. 孔飞力：《叫魂：1768 年中国妖术大恐慌》，生活·读书·新知三联书店 2014 年版；

59. 蒋廷黻：《中国近代史》，上海古籍出版社 2010 年版；

60. 陈旭麓：《近代中国社会的新陈代谢》，中国人民大学出版社 2012 年版；

61. 茅海建：《天朝的崩溃——鸦片战争再研究》，生活·读书·新知三联书店 2005 年版；

62. ［美］孔飞力著：《中华帝国晚期的叛乱及其敌人》，谢生亮等译，中国社会科学出版社 2002 年版；

63. 罗尔纲：《太平天国史》（四卷），中华书局 1991 年版；

64. 戚其章：《国际法视角下的甲午战争》，人民出版社 2001 年版；

65. 黄彰健：《戊戌变法史研究（上下）》，上海书店出版社 2007 年版；

66. 章开沅、林增平主编：《辛亥革命史》（三卷），人民出版社 1980—1981 年版；

67. 来新夏：《北洋军阀史》（上下），南开大学出版社 2000 年版；

68. 周策纵：《五四运动：现代中国的思想革命》，江苏人民出版社 1999 年版；

69. 陈志让：《军绅政权——近代中国的军阀时期》，广西师范大学出版社 2008 年版；

70. 费约翰：《唤醒中国：国民革命中的政治、文化与阶级》，生活·读书·新知三联书店 2004 年版；

71. 王奇生：《党员、党权与党争 1924—1949 年中国国民党的组织形态》，华文出版社 2010 年版；

72. 黄道炫：《张力与限界：中央苏区的革命》，社会科学文献出版社 2011 年版；

73. 邓野：《联合政府与一党训政：1944—1946 年间国共政争》，社会科学文献出版社 2011 年版；

74. 罗志田：《权势转移：近代中国的思想与社会（修订版）》，北京师范大学出版社 2014 年版；

75. 王笛：《街头文化——成都公共空间、下层民众与地方政治，1870—1930》，中国人民大学出版社 2006 年版；

（二）世界史书目

76. ［英］阿诺德·汤因比：《历史研究》，郭小凌、王皖强译，上海人民出版社 2010 年版；

77. ［美］贾雷德·戴蒙德：《枪炮、病菌与钢铁：人类社会的命运》，谢延光译，上海译文出版社 2006 年版；

78. ［美］雅克·巴尔赞：《从黎明到衰落：西方文化生活五百年》，林华译，世界知识出版社 2002 年版；

79. ［德］韦伯：《新教伦理与资本主义精神》，于晓、陈维纲等译，广西师范大学出版社 2007 年版；

80. ［法］布罗代尔：《菲利普二世时代的地中海和地中海世界》，唐家龙、吴模信等译，商务印书馆 1996 年版；

81. ［英］爱德华·吉本：《罗马帝国衰亡史》，黄宜思，黄雨石译，商务印书馆 2012 年版；

82. ［法］马克·布洛赫：《封建社会》，李增洪、侯树栋、张绪山译，商务印书馆 2004 年版；

83. ［法］托克维尔：《旧制度与大革命》，冯棠译，商务印书馆 1992 年版；

84. ［日］坂本太郎：《日本史》，汪向荣、武寅、韩铁英译，中国社会科学出版社 2008 年版；

85. ［法］皮埃尔·米盖尔：《法国史》，黄鸿滨等译，中国社会科学出版社 2010 年版；

86. ［英］大卫·休谟：《英国史》，刘仲敬译，吉林出版集团有限责任公司 2013 年版；

87. 丁建弘：《德国通史》，上海社会科学院出版社 2012 年版；

88. 刘绪贻、杨生茂主编：《美国通史》，人民出版社 2002 年版；

89. ［古希腊］色诺芬：《希腊史》，徐松岩译，上海三联书店 2013 年版；

90. ［美］汤普逊著：《中世纪晚期欧洲经济社会史》，徐家玲等译，商务印书馆 1996 年版；

91. ［瑞士］雅各布·布克哈特：《意大利文艺复兴时期的文化》，何新译，商务印书馆 1997 年版；

92. 马克垚：《西欧封建社会经济形态研究》，人民出版社 2001 年版；

93. 高毅：《法兰西风格：大革命的政治文化》，北京师范大学出版社 2013 年版；

94. ［英］E. P. 汤普森：《英国工人阶级的形成》，钱秉旦译，译林出版社 2001 年版；

95. ［美］娜塔莉·泽蒙·戴维斯：《马丁·盖尔归来》，刘永华译，北京大学出版社 2009 年版；

96. ［美］罗伯特·达恩顿：《屠猫记·法国文化史钩沉》，吕健忠译，新星出版社 2006 年版；

97. ［意］金斯伯格：《夜间的战斗：16、17 世纪的巫术和农业崇拜》，朱歌殊译，上海人民出版社 2005 年版；

98. ［美］塞缪尔·亨廷顿著：《文明的冲突与世界秩序的重建》，周琪等译，新华出版社 1998 年版；

99. ［比利时］皮雷纳著：《中世纪的城市》，陈国梁译，商务印书馆 1985 年版；

100. 李剑鸣：《美国的奠基时代（1585—1775）》，中国人民大学出版社 2011 年版。

三、"百部史书，百年寻梦"读史明志作品简介

历史是最好的教科书。一部中国历史，充满着丰富的营养剂和清醒剂，有我们取之不尽、用之不竭的精神资源和智慧资源。从历史中汲取智慧，可以"更好地认识世界""更好地理解中国""更好地把握当下"。[①] 习近平总书记指出，历史上发生的很多事情可以作为今天的镜鉴。因此，我们必须让大学生懂得从历史角度理解和把握中国，包括立足中国历史和世界历史。历史包含着治乱安危兴废存亡之理。了解中国历史和文化是全面把握当代中国社会状况、全面了解中国人民选择发展道路等问题的基础。历史是最好的老师。培育大学生社会主义核心价值观，实现立德树人的目标，必须坚持以史为师。

---

① 丁国强：《从历史中汲取智慧——学习习近平总书记致第二十二届国际历史科学大会的贺信》，《青岛日报》2015 年 10 月 6 日。

在推进社会主义核心价值观建设过程中，河北大学历史学院充分发挥自身历史教育的优势，在大学生中广泛开展了"百部史书，百年寻梦"读史明志活动，积极引导大学生开展史学经典著作阅读活动，为学生开列了 100 部史学名著。组织起读书小组，鼓励老师指导学生读书活动。自读书活动实施以来，除了历史学院学生积极参加外，还吸引了政法学院、经济学院、教育学院的学生参与。这里选编了 8 篇大学生的读书报告，其中，历史学院 4 篇，其他学院 4 篇（包括政法学院 3 篇，经济学院 1 篇）。

（一）门阀政治是皇权政治的变态形式——读田余庆的《东晋门阀政治》

阅读书目： 田余庆：《东晋门阀政治》，北京大学出版社 2012 年版。

书目序号： 43。

阅读学生： 历史学院 2016 级历史学专业李嘉怡

报告选编：

田余庆先生的《东晋门阀政治》一书，阐述了一个重要观点，即"门阀政治——皇权政治的变态"。作者认为，严格意义的门阀政治只存在于江左的东晋时期。门阀政治是皇权政治发展的一个"变态"时期。李嘉怡同学认为，这一观点比"寡头政治说""贵族政治说"等更具合理性。这种观点立足皇权视角，根据其发展的长线脉络分析，并非截取历史的某一阶段评价，更能反映其中的动态发展变化。门阀政治并未否定皇权，而是士族与皇权的共治。门阀士族既谋求自身利益又竭力维持东晋政治的不坠。皇权与士族之间的微妙平衡是门阀制度的特有现象，皇权在其中并非毫无作为，在权利博弈和维持社会稳定中，皇权发挥着不可替代的作用。当然，如何定义和理解门阀制度，长期以来争论不休。唐长孺先生认为，门阀制度的经济基础是"部曲佃客生产制"，政治基础是九品中正制。这两种制度是门阀政治存在的基础；这两种制度破坏了，门阀政治也随之衰落了。陈苏镇则提出了对如何定义"门阀政治"与"士族政治"的疑问。如果说"门阀制度"只存在于东晋，之后属于皇权政治，那么在隋唐时期的士族又该如何定义，对"士族政治"又该如何理解？所以对如何定义"门阀政治"仍有许多疑问。作者在"祭则司马、政在士族"的时代背景下，将各大士族的政治斗争与博弈描述得淋漓尽致，让人读完有一种畅然之感，同时，又不失细致的史料考据。祝总斌先生评价此书"有宏观方面的理论概括和创造性见解""有微观方面的严谨处理与史料的细致考证和巧妙运用"。

作者探讨了关于高平郗氏的问题，尤其是对郗鉴在东晋初年中发挥的作用和影响做出了肯定性评价。郗鉴是早期东晋政治中起平衡稳定作用的重要人物。郗鉴虽然卷入流民势力、皇权、士族三方面的势力斗争之中，但是，他以自己一定的门户背景和社会地位，以及与士族无多关联和效忠朝廷的举措，取得皇权认可，加之以讨伐王敦之乱的功绩，上升为第一流侨姓士族。并在之后陶王矛盾和庾王矛盾中，进行了有效的调解，对东晋政权的稳定有重要的积极作用，也使得自己有了与之后其他流民帅不同的地位。对郗鉴京口经营的分析，作者从三吴的战略地位、会稽的核心地位等角度论证了京口的战略地位和郗氏在京口经营的合理性，让读者对这一事件的全貌有了更为宏观的认识。

对于颍川庾氏，作者分析了它在琅琊王氏与谯郡桓氏之间承上启下的作用。它的兴起原因主要有二，一是庾氏的家族联姻，二为庾亮出入玄儒的个人素质。在这一时期，门阀政治格局在王导与庾亮两大家族的合力下得到巩固，进而使门阀士族之间的矛盾超越皇帝与门阀士族的矛盾，成为社会发展的主流趋向，即门户矛盾。门阀士族之间的斗争具体则表现在上下游之争和朝堂之争。由于苏峻之乱，庾亮引咎出都，主要在上下游之争中发力，与在朝的王导相抗。王导看似在这一较量中占得优势，而实际庾亮有意制造"居上制下"的形势，从地理优势进而争得军事、政治上的优势，"名为藩镇，实际上却能够掌握朝权"。而王导也不甘示弱，派出王允之与庾氏进行江州之争。作者在论述江州之争时，对史料的分析十分细致，从细节入手，清晰地剖析，阐明了江州之争表面看似温和，但是却暗藏着汹涌的政治斗争。与论述郗鉴的"京口经营"相同，作者先说明了江州对于上下游的重要性，同时，围绕着庾氏和王氏的江州之争，对王导、庾亮、王允之、庾怿、庾冰、何充、褚裒先后的较量一一叙述，可以看出作者对史料的宏观和细节把握都十分到位，对史料的揣摩之细让人叹服。

本书的最后一章，作者从北府兵入手叙述、谢氏主动让权、北府日益凋零、相权落入司马道子之手、门阀制度开始逐渐消亡，同时，刘牢之地位上升，开始扮演重要角色。表明北府兵也开始逐步脱离了士族控制，转变成为一支独立的力量。士族专兵的条件已不再存在，军事上的变化也使得政治上平衡被打破。到刘裕代晋自立，北府兵才真正成为一支忠于皇权的军事力量，维护皇权政治的发展。同时，以孙恩为代表的次等士族以道术为手段来显示自己的存在，以求替代门阀士族。作者详细阐述了统治集团的权力变更过程中，掌握一支坚强的军队的至关重要性。孙恩对东晋门阀政治表示决裂，刘裕紧随其后的"造宋"等活动，使其成为门阀政治的"掘墓人"。最后，作者总结晋末历史认为，某一时代的主要矛盾从根本上制约着其他矛盾的发展，经过复杂的斗争，到晋末之后，最终还是回归了皇权政治。

综观全书，李嘉怡同学认为，很值得学习的地方就是田余庆先生对文献的分析和把握，从丰富的材料中，进行严密又详细的论证，对每个问题的论述从事件的起源至结果、利害冲突都十分清晰且透彻。如《不与刘、石通使》《桓温先世的推测》等论证都十分有理有据。同时，行文的结构完整，上下贯通又层次清晰，把复杂的矛盾清晰地进行了论述。

（二）梦境、谎言与现实——读茅海建的《天朝的崩溃——鸦片战争再研究》

阅读书目：茅海建：《天朝的崩溃——鸦片战争再研究》，生活·读书·新知三联书店 2005 年版。

书目序号：61。

阅读学生：历史学院 2016 级历史学专业赵薇

报告选编：

正如茅海建先生在自序中所说："'鸦片战争再研究'，即包含对已往的研究进行批判的意味。"在本书中，茅海建先生主要针对已往历史学家对鸦片战争相关研究中的疑点和不足进行批判，从而提出新的观点，从新的角度向我们解析鸦片战争。

对于"中国能否在当时取得战争胜利？战争是否可操控？是否必定失败？如果必败，我们又该如何评价这段史实……"这一系列的问题，不同的历史学家有不同的观点和看法。但是，历史不会改变，战争的结局也不会改变。然而，历史学的价值是"以史为鉴"，提供错误即失败的教训是历史学最基本的价值。赵薇同学认为，阅读此书，看到了时人时事的窘迫与无奈，痛感"落后就要挨打"的同时又深感民族的自我批判与成长。以下主要从鸦片战争中道光帝态度变化及部分主要涉事官员据实以报到隐匿事实、谎报奏折来谈谈感悟。

由"剿—抚—剿—抚"的变化可以看到，无论是身为"独裁者"的道光帝，还是主要涉事官员，都好像是在向我们演绎着一场"梦境与现实"的闹剧——梦境中，是道光帝的鄙夷、剿夷，及其对战争的乐观态度和必胜幻想；现实中，是主要涉事官员惧夷、趋夷，及其对战争悲观、必败的心态。梦境与现实强烈鲜明的对比，除了包含现存制度的局限、传统与现实观念的碰撞，更多的是主要涉事官员在上级（道光帝）与英方夹缝中的苟且与生存。双层的压力——上级迫切的盼胜；战争形势的悲观与无奈，尤其英方的步步紧逼。时代的背景，规定了他们的思想，而他们的思想，又制约了他们的行为举止。以下，仅从"剿—抚"线索，简单列举主要涉事官员从据实以报到隐匿事实、谎报奏折的大致过程。赵薇同学主要列举的人物有：琦善、伊里布、杨芳、奕山、颜伯焘、奕经。经过对他们捏谎事件的简单摘要和概括，或许给大家一种官员腐败致使战争失败的印象，这确实是战败的部分原因，但也仅是占一小部分，一个战争成败由很多因素构成。但是，我们更应该放在大的时代背景下，通过这些谎言去思考谎言背后时人当时面临的窘迫。正所谓时代的背景，规定了他们的思想，而他们的思想，又制约了他们的举止。正如茅海建先生在绪论中为对"琦善卖国说"的纠正，为琦善正名。赵薇同学说，自己很赞同这种想法，琦善、伊里布等人确实有着谎报的事实，对战局确实有很大影响，但是我们也应该看到捏谎的背后，难以抑制的战败局面。

战争不会因为官员的谎报而战败，我们应该全方位地分析。赵薇同学从政治、经济、军事、思想等方面进行了分析解剖。从政治上来说，专制主义中央集权制，必然会造成皇帝一人的独断专制，以至于在战争中，面对现实中的战争悲观局面，再加上官员谎报，必然造成像道光帝这样不顾实情、不顾官员面临的窘况，而一再施压"进剿"，"不仅不许败，而且不许言败"，而现实中英军的坚船利炮，官员只能处于夹缝中，也只能在夹缝中求得生存与苟且，这反过来又会促成他们的谎言。从经济上来说，自给自足的自然经济与西方工业革命形成了鲜明的对比，战争首要因素必然是经济，经济强大，才有可能会在战争中占据主动权。而鸦片战争中，包括沿海军事的防御及战争工事的筑建，或多或少受到经济影响。包括后期因军费而撤回部分沿海驻军，而道光个人又生性苟俭，不爱听用银之事。从军事上来说，军事技术、装备落后，包括武器制作过程中的偷工减料，质量差问题。当然如果将这些与朝鲜战争中美军事技术、武器差别做类比，显然技术、装备的差距都不足为惧，但最可怕的是军事思想、战略的差距。不管是战争中对沿海的布防思想及战略，还是类似奕经的"五虎制敌"的迷信思想，都仿佛让我们看到这场战争的结局。再加上部分官员的军事思想仍停留在战前水平，并没有从一系列的战事中总结出真正的经验教训，以至于多次在一个地方碰钉子。从思想上来说，天朝观念、理学观念对战争的影响较为突出。在天朝观念驱使下的各种鄙夷，盲目自信，对英方实力的错误估计。理学观念下，虽有清代"汉学"兴起，但其指导地位一直未被动摇。可怕的教条，使战争中"一切决策的依据，似乎不再是事实本身，而是先哲们的教诲"。当然此时那些掌握战争实情的人必然也敌不过掌握理学真谛的人。无论是伊里布、林则徐，还是杨芳等人，他们的决策都仍依据前人先哲或是自己在内的作战经验，显然忽略了真理的历史性和社会性。历史在向前发展，若思想止步不前，思想就应当变成糟粕了。除以上原因，当然还有各种如地理位置、海陆作战，通信速度及官员、独裁者包括前线指挥者性格等因素的影响。

　　战争已经发生，已经成为历史，作为今人，我们不可能身临其境；对于战败，我们更不应过多地批判责备某个人或某件事，更不能站在今天的思想策略，武器装备的高度来对其进行批判。今时不同往日，我们应该放在当时的时代背景下来观之。作为今人，我们不能重演历史，但是我们却可以并且必须以史为鉴，深刻反思。一个民族要避免重蹈历史覆辙就必须善于对自己的历史进行自我批判。无论是对于近代化，军事思想、策略、装备的反思，对民族观念、国家观念的重新认识，还是对于国际观念的深度认知，都可以成为我们国家强大、民族复兴的坚强壁垒。历史已经成为历史，我们已不能改变战争的结局。梦境与现实之中固然是哭笑不得，但更多的应该是警醒与前进！

　　（三）日本在列强间的活动及舆论操控——读戚其章的《国际法视角下的甲午战争》

　　阅读书目：戚其章:《国际法视角下的甲午战争》，人民出版社2001年版。

　　书目序号：64。

　　阅读学生：历史学院2015级历史学专业王键超

　　报告选编：

　　中日学界对甲午战争的研究一直有着浓厚的热情，两国学界对于甲午战争的研究成果颇丰，国内如戚其章先生的《甲午战争史》《甲午战争国际关系史》、戴东阳的《晚清驻日使团与甲午战前的中日关系（1876—1894）》，国外的如信夫清三郎《甲午日本外交内幕》、大谷正的《日清战争——近代日本初期的对外战争实像》等。对甲午战争中的国际法争端进行研究的，国内戚其章先生的《国际法视角下的甲午战争》是一部十分优秀的分析甲午战争的学术著作，同时也是国内第一部对当时的国际法争端进行研究的学术著作。书中，戚先生深度剖析了甲午战争的前因后果，其着眼点起至日本近代征韩论的谋划甚至追溯到织丰时代丰臣秀吉的侵略战争，止于《马关条约》的签订，揭示了日本是如何一步一步利用外交层面以及国际法上的空子来获取在远东利益以及发动战争的。甲午战争是近代影响东亚格局走向发生巨大转变的一场战争，清帝国以北洋水师全军覆没的惨败宣告了战争的结束，开始陷入被列强瓜分的狂潮，而日本则在这场战争中取得了胜利，避免了自己走向与清国一样的命运。被这场战争所牵涉的国家并不仅仅是与中、日、朝三个直接参战的国家，还有远在欧洲的英国，在北方虎视眈眈的沙俄等国。可以说，甲午战争的结果并不是简单的武器装备、军队素质等因素所致，列强于19世纪中后期在远东的政治博弈对这场战争起到了很大的影响。王键超同学认为，应当从中日两国对国际法的认知、英俄两国对远东事端的介入等方面审视甲午战争，进而深刻揭示日本发动甲午战争非法性和侵略性本质。

关于中日两国对国际法的认知。《万国公法》是近代介绍到中国的以《国际法原理》为蓝本翻译过来的第一部完整的西方国际法著作，是近代欧美外交官必须重点阅读的书籍之一。中日两国人都在不同程度上认识到了这部著作的重要性，但日本对它的认识更为透彻。日本是一个善于主动学习的国家，他们对《万国公法》有更为深刻的认识。早期维新派代表王韬认为，"彼之所谓万国公法者，必先兵强国富，势盛力敌，而后可入乎此"，这说明当时的洋务派及早期维新派等认识到了弱国无外交的道理。而在《万国公法》传入日本之后，日本政府认为，国际法的效力取决于强权政治，或者说是为强权政治服务的。他们看到，国际法在列强手中只是攫取弱国利益的工具而已。我们看到，日后日本在朝鲜半岛以及中国东北的一系列侵略活动都是违背国际法的，日本之所以如此嚣张大胆，是因为他们把国际法看作是列强操纵地区局势的工具，他们从一开始就没有打算遵守国际法。对于中国，则更强调遵守国际法，即"各国君长奉为经典，和战交接之事，据此以定曲直"，中国更希望以此争取国际舆论，博取世界强国的支持。然而，中国期望通过国际法所换来的调停等行动并未得到实质性成果，不过是被英俄等国当作了牺牲品。

关于日本在列强之间的活动与结果。甲午战争前后，日本之所以能够顺利完成它的一系列计划，最关键的是日本摸透了英俄的战略构想，在拉拢俄国的同时，离间了中国与英国，使中国失去了外援。在当时，英国对于远东的政策是想要继续维持它在远东的既得利益，因而不希望这一国际格局被任何国家打破，但又担心沙俄南下与英国在远东进行争霸，损害英国自身在远东的既得利益和地位以及现存格局。如戚先生在书中所说，英国过于相信自己在远东地区的控制力和影响力，结果没想到日本引来了俄国的插手调停。日本打出让朝鲜独立的口号在朝鲜驻军，朝鲜独立，中国失去宗主权，这正是俄国想要的结果。而日本对付英国的策略则是利用英国对俄国的担忧以及贿赂英国记者和报纸媒体等，为自己做舆论宣传，极力摆脱自己行动的非法性，当时的日本利用英俄两强的矛盾和心理，为自己赢取了俄国的默认甚至是支持，也获得了英国在战争初期对日本非法行为的选择性无视，日本在这其中所作的对中俄英三国的周旋以及钳制，虽然非常卑鄙，但是却体现了对国际形势的深刻认识和外交水平。再看中国，由于在此前一直有中英同盟的传闻，中英同盟对于中英日俄四国在远东局势的博弈极其重要，这是一个极有可能改变中日未来战争局势的盟约。就如后来日俄战争中，高桥是清所促成的日英同盟条约的签订以及通过犹太人所获得的贷款让日本在与俄国的作战中获得了足够的支持和资金援助，使得日本最终战胜了俄国。然而中国和英国的关系一直很暧昧。可以说中英同盟是很多人都渴望签订的盟约，但是中国当时所采取的那种以夷制夷策略使得它失去了一个争取到英国这一强力盟友的机会。在当时，中国与英国的关系比起日本和英国关系来说相对要更近一些，英国在当时所提出来的一些主张也是类似于调停，然而日本引来了俄国的介入，以及中国暧昧不清的态度，还有中国的腐败，让英国对中国失去了信心，在英国对中国和日本的抉择中，英国开始逐渐远离中国，转而选择日本，以此来争取自己在远东地区利益的保持和防止俄国南下。

戚先生的《国际法视角下的甲午战争》是我国学界甲午战争史方面的一部必读的佳作。历史是一面镜子，回头来看现在的国际形势，尤其是亚洲形势，我们不得不时刻警惕日本右翼政府的威胁，在中国与其他大国进行政治博弈时，不要让日本再钻空子。

（四）法国大革命的前因后果——读托克维尔的《旧制度与大革命》

阅读书目：托克维尔：《旧制度与大革命》，商务印书馆 1992 年版。

书目序号：83。

阅读学生：历史学院 2016 级历史学专业季婷

报告选编：

法国大革命，如戏剧般跌宕起伏，如史诗般恢宏磅礴，其影响之广泛、深刻遍及欧洲乃至全世界。它如一股洪流，席卷一切；它如一泓清泉，荡涤尘埃；它如耀眼的阳光，赐予光明却炙烤众生；它如澎湃的潮水，淘尽黄沙才始见真金。

《旧制度与大革命》中的"旧制度"，法语的原意是，以法国大革命为时间参照物，就是"法国大革命之前的制度"。大革命之前的法国，路易十六在位时期是旧王朝繁荣的时期，但是，它的繁荣却加速了王朝的灭亡。那时一切看似平静，虽然有政治家、哲学家甚至许多尊贵的欧洲君主们都知道会有一场暴风雨来临，但让他们想不到的是一切发生得这么突然、漫长，与之前预料的那么不一样。

季婷同学认为，研读法国大革命，就离不开托克维尔的《旧制度与大革命》一书，托克维尔出生于一个古老的法国贵族家庭，这使他论述贵族的历史作用时，无法摆脱贵族出身的束缚。了不起的是，他所接受的思想，他的经历、远见，他对法国旧制度的调研和对大革命的评析，非常的全面、准确、深刻。在《旧制度与大革命》中，他利用前人未搜集的资料，对大革命的原因、性质、影响、意义进行研究，努力找寻旧制度与大革命的内在关联。这本书很薄，但当我第一遍读完时，合上书，一头雾水，以自己浅薄的史学知识、史学观念，读懂很难。读懂它还需要有点世界近代史、法国革命史的知识储备，而且它微言大义，内涵极深，逻辑性极强，只有静下心来阅读，才可能略知一二。于是，当我读完第三遍时，才有所领悟，写下这篇读后感。在写之前，我不得不惊叹托克维尔的才华，他超前的预见性和卓越的分析能力。《旧制度与大革命》虽然在说法国大革命，但作者并未对这场波澜壮阔、影响深远的大革命给予笔墨。反而对大革命爆发之前的旧制度进行分析来阐释爆发大革命的原因，又以精准的语言对法国大革命做出了前无古人的评价。托克维尔指出，他写这本书的旨趣是对法国大革命史的研究，而不是要写一部法国大革命史。全书分为三编，季婷同学从三个方面谈了自己的感受与体会。

第一编主要内容是论述大革命的终极目的，大革命在宗教形式掩盖下的政治革命本质，以及法国大革命特有的功绩。托克维尔认为，再也没有像法国大革命那样让人无法预料的事了。谁会想到法国大革命爆发的标志是攻占巴士底狱，而巴士底狱关押的只有 7 个人！在此之前，人们似乎预料到法国要有革命发生，很多人是恐惧的，他们害怕失败，王权会继续压倒一切，甚至剥夺他们更多权力。然而在革命发生的时候，大革命按照自己的进程，摧毁封建王权，摧毁旧的政治机构，改变了人们的思想，改变了社会习俗。加之拿破仑的努力，使它波及更广，影响更深。这一切的变化，让托克维尔认为该是研究它的时刻了。法国大革命像宗教一样传播迅速，不需要语言，只需要共同信仰，宗教强调死后的幸福，而大革命强调的是现实的幸福和权利，由此把人们聚集在一起。

第二编主要讲的是在欧洲各国制度如此相似，为何偏偏法国的封建制度更令人憎恶？托克维尔的答案是：不彻底的公平，不彻底的平等。托克维尔在本编卓越地展现了自己的考据能力，尽量对大革命的研究做到客观细致。他详细考察了旧制度下人民、贵族、资产阶级、教会的变化。旧制度似乎已不陈旧，贵族的权利在减少，但仍有许多。对比于德国，法国的贵族无权无势，为何农民在自己热衷的土地上耕耘却要向贵族缴纳赋税，这种情况下，不彻底的平等，或是不彻底的不平等，危害是极大的。当欧洲想要改变，若欧洲改变得不彻底，必然会有人努力去摧毁剩下的不一样。因此，农民的怨恨便越来越深。托克维尔不停地强调，法国已经有民主与自由，在启蒙思想推动下，法国已经在向民主迈进。但它是不彻底的民主，人们渴望改变这一现状，达到他们的目标。这便需要一场革命。

第三编讲的是在那段时期为何文人成为国家重要的政治家，为何法国人先改革，后要自由，为什么路易十六想要减轻人民的负担反而激怒了人民，最后是托克维尔的总结。托克维尔认为，法国大革命的直接原因是启蒙思想家们作用的结果。大革命之前，路易十六不断在改革，而这一切太过于缓慢，又少有成效，非宗教思想的传播，法国人民思想的快速接受与改变，与之所不匹配的是陈旧制度与不平等、不自由的现状。这便需要一场革命。托克维尔最后将大革命发生的直接原因归之精神原因，特别是归之于法兰西的民族性。

季婷同学认为，托克维尔的分析带有唯心主义的成分，难以令人赞同。他认为，法国大革命呈现的种种特点是由大革命所面临的特殊任务和环境所决定的，仅仅从精神原因来解释难以令人信服。他山之石可以攻玉。托克维尔的《旧制度与大革命》虽讲述的是法国大革命的历史，但是对于今天的中国仍有很多现实的启发，值得我们认真研读。

（五）权相与国是：南宋士大夫的政治冲突

阅读书目：余英时：《朱熹的历史世界：宋代士大夫政治文化的研究》，生活·读书·新知三联书店 2011 年版。

书目序号：49。

阅读学生：政法学院 2015 级法学二班关东强

报告选编：

宋朝推行"以文治国"的方针，重文抑武。因此，柏杨先生在《中国人史纲》中称，宋朝是"士大夫的乐园"。文官政治经历了北宋发展后，到南宋时期出现了权相政治。与之相伴的有"国是"的争论与反复。由此，改变了宋朝的发展脉络，导致宋朝灭亡。关东强同学从权相与国是的关系入手，结合阅读余英时先生的《朱熹的历史世界：宋代士大夫政治文化的研究》一书，探讨了南宋士大夫的政治心理冲突。

关于"权相政治"问题。关东强同学认为，宋代朝政，权相层出不穷。特别是南宋，先后出现了秦桧、韩侂胄、史弥远和贾似道四大权相。权相地位高、封号大、权力大、影响广，在南宋中后期甚至可以决定皇位的继承，他们对朝政的把握令人触目惊心。关东强同学认为，权相政治有四个特点：一是权相拥有的权力并不一定非常大，但却在掌握朝政过程中逐步扩大；二是权相一般拥有广泛的人脉，在朝堂上遍布党羽；三是权相一般出身士大夫；四是权相对朝政的把持，盘根错节，根深蒂固。权相政治的这些特征，使其成为南宋朝堂的毒瘤，加速了南宋王朝的灭亡。如高宗时期的秦桧，掌握朝政 19 年，迫害岳飞，与金人和议等。权相掌握权力，往往会造成巨大的破坏力。士大夫在拥有权力后，对权力贪婪与留恋，往往使其不择手段地为自己扫除障碍。以史弥远为例——宋宁宗九子，但全部夭折。起先立宗室赵询为太子，但于嘉定十三年（1220）病死，后宁宗又在嘉定十四年（1221）立赵竑为太子。赵竑对待史弥远的态度较为强硬，声称要将他"决配八千里"。于是，史弥远为了维护自己的相位，将宁宗毒死并派人接赵昀继位。关东强同学认为，对于科举中第的期盼以及对权力把握的留恋追求，使得部分士大夫刻意依附权相，导致南宋党争的进一步激烈。这种士大夫心理是科举制度下追名逐利心理的扭曲释放，它是"读书人无耻"的表现。

对于权相政治存在的必要性，有人支持"战时经济说"，也有人支持"文人当权说"。关东强同学认为，权相政治的存在有三个方面的原因：一是帝王因素。南宋的帝王，大多软弱，缺乏处理政事的胆略和气魄，从而文人权相得以揽权。当然，秦桧与汪伯彦等当属例外，因为主和派的上风地位源于皇帝的支持。二是平衡朝廷势力的需要。宋朝士大夫参政的最大特点是容易结党争斗。柏杨先生称宋代士大夫的特质是"勇于内斗"。而权相政治压制党争，利于朝政稳定。三是对外政策与统治的需要。权相的出现有一部分是考虑到国内外形势的变化与自身统治维系的需要。以金为主的外在环境的改变影响着朝臣的改变与政局的变换，同时，也是权相接踵上台的重要因素。

关于"国是"争论问题。关东强同学认为，国是主要指治国的大政方针。在南宋，国是的体现就是在和与战之间不断跳转。国是的争论与权相政治纠缠在一起。对于南宋国是争论的影响，关东强同学认为，主要体现在两个方面：一是宋代士大夫矛盾的政治心理冲突的猛烈体现。士大夫参政，看似文人聚集，喋喋不休，实际上，士大夫党争，从深层来看，却是文人的政治心理和个人的价值追求的冲突与较量。宋代是一个儒家文化发展的黄金时期。伴随着文人地位的提高，儒家文化特别是理学得以长足发展。国是争论清晰体现了士大夫的心理矛盾。一方面，出于对"靖康之耻"的无颜，面对偏安一隅遥望中原、远望故乡而不可归的伤感痛楚，士大夫内心中主战雪耻的施政理想一次次被激活；另一方面，面对当权者，特别是权相与君王之间的主和联合之声，迫于两者的强大权势，又不得不去考虑以和避战的施政方针。南宋士大夫在一次次党争中，经历着内心的拷问与冲突。二是国是争论加速了南宋衰败亡国。宋朝灭亡，有人说罪在权臣，过在帝王。其实，更多的是士大夫的责任。为何说宋亡于国是争论呢？宁宗时期，韩侂胄主张对金持强硬态度。这对主和派来说无疑是晴天霹雳；同时，为了巩固相位，实现争权夺利的目的，韩侂胄开动了庆元党禁，为自己在国内的统治打下基础。这一次党禁，被后来的历史学家称为宋朝历史的一大转折点。不仅仅是文化意义上的，更是在政权归属和国是治国政策上的一个转折。再看宋末，贾似道在理宗和度宗两朝把弄大权，国是也在这个时期显得混乱不堪。对外宋元战争一直持续了约 45 年，这场对峙战，宋元双方时战时和，时打时停，这其中包括了贾似道私下的求和，也包括了元人的一种吞并策略。但此时国是争论仍在继续。在之前贾似道通过暗中和谈不成后强力作战而又失利的情况下大败而逃，最终在度宗之后，被罢职流放。但罢职流放所带来的并不是力战到底的决心，而是最终的恭帝请降媾和成为最终的国是。而与这一国是的确立紧接着的，便是宋朝士大夫乐园的覆灭。

总之，帝王的平庸、国是争论和权相代出的混乱统治，导致了曾经繁荣富庶的宋王朝最终走向没落和灭亡。

（六）弘历清剿的必要性与结果——读孔飞力的《叫魂：1768 年中国妖术大恐慌》

阅读书目：孔飞力：《叫魂：1768 年中国妖术大恐慌》，生活·读书·新知三联书店 2014 年版。

书目序号：58。

阅读学生：政法学院 2015 级政治学与行政学专业王浦

报告选编：

1768 年春天，从浙江德清县开始的叫魂案不断发酵，从江南地区迅速蔓延到中部和北方地区。弘历在得知这一事件后，出于维护社会安定、保持自身政治合法性等种种原因，发动了大规模的清剿，以期缓解百姓的恐慌，维护朝廷的权威，但清剿结果却出人意料，看似已然威胁到朝廷的叫魂案，却最终以屈打成招、妖首案犯逃脱在外收场，但清剿却有它的必然性，这是官僚、百姓和君主共同作用的结果。

关于弘历发动清剿的必要性分析。弘历在得知叫魂案发生时已经是夏季了，第一起叫魂案发生在 2 月份，几个月内妖术已经蔓延到多个省份，叫魂犯们依然流窜在各个省，而他的下属官员既没有上报又没能遏制叫魂案的发展，面对这种境况，弘历决定发动清剿，他这样大动干戈是否有必要呢？王浦同学认为，原因有四个方面：一是影响的扩大化。叫魂并不是在清朝才出现的。在其他朝代没有发生类似的清剿，主要原因是它的影响范围小，官方对于只存在于小范围的妖术往往视而不见。然而，当它从小范围事件上升到社会性恐慌时，朝廷如若置之不理，就等于放弃了自己的统治权，民间有可能发生暴动。显然，这是作为统治者的弘历所不允许的，因而，开始发动各省清剿。二是维护官方的权威与正统性。君权神授在汉朝时成为官方正统的重要条件。与神界的交流是皇室独有的能力，君主在上天的庇护下维护着社会的安定和百姓生活的安稳。而社会的动荡与恐慌则预示着上天发怒或不再庇护这个王朝，这对于皇权是一种威胁，借此机会百姓就有可能揭竿而起。所以，当发生天灾人祸时，君主们一定会站出来祈求上天保护他的子民，以显示他的正统地位。因此，当弘历看到社会竟出现乞丐、游方和尚等人通过剪人发辫叫魂从而偷取钱财或致人死亡等妖术在各省肆虐时，他必定想到了民间动乱预示着上天的不快，如若有不法分子借此事宣扬出不利于朝廷的言论，就会给轻信的百姓心中种下一颗疑虑的种子。所以必须把这样的威胁扼杀在摇篮里。三是社会道德基础的崩塌。社会道德的存在与否是君主治理好坏的一个重要标准，也是其政治合法性的重要条件。德治历来被各朝各代的君主重视，但当一个国家的社会道德遭到妖术挑战时，这个国家治国理政的基础也在遭受毁坏。妖术的蔓延助长了社会道德基础的沦丧，人们希望通过这种方式实现个人的目的，因此对妖术的打击也能让他们放弃这种在人们看来最恶劣的利己方式。社会没有道德支撑是件可怕的事。在当代社会，这样的事近几年也凸显出来，老人扶不扶问题，小悦悦事件等，还有网络暴力的产生，本来不需要犹疑的事，却让人们备受困扰，政府必然需要站出来宣扬社会价值观。因而，当清朝遭遇道德沦丧的社会现状时，就必须通过清剿妖术这一形式来惩治使用妖术害人之人或者利用剪辫行鼠窃伎俩的人，建立良好的社会风尚。四是剪辫的特殊含义。满族入关后，颁布剃发令，但汉人自古以来就坚信身体发肤受之父母，且头发有着重要的意义，所以这一政策在最初遭到了汉人的抵制。如今妖术以剪人发辫来偷取人的魂，就容易让人联想到发辫对于清廷的特殊含义，这代表着满族的尊严。但弘历并没有提及，提到反而会让百姓心生疑虑，即便在光绪年间，发生了同样的妖术恐慌，剪辫的意图已经十分明确就是反对清朝的统治，但光绪等人仍然没有将剪辫纳入反清的考虑，这就充分说明了清统治者对于剪辫的避讳。没有提及剪辫的政治意义不代表没有考虑这方面的因素，他发动这么大规模的清剿必定考虑到有不法分子借剪辫来反抗清廷进行谋反。因此，弘历发动各省清剿，多次下御诏督促警告官员必定要查找到妖首案犯，防止别有用心之人借此谋反。

关于弘历发动清剿的结果分析。王浦同学认为，这场清剿本应该在弘历的主持下迎来圆满的结局，但现实却让人大跌眼镜。犯人们押到承德行宫由军机大臣们审理过后，都翻供了，称当初都是严刑逼供的结果，自己并不会妖术，也从没剪人发辫。案子就这样荒诞地了结了，皇帝撤了某些办事不力的官员的职。我们可以看到一件本可以简单解决的案件却在清剿过程中不断地扩大化，这值得我们分析其中缘由。从皇帝角度看，皇帝是这场清剿的终极推动者，也是叫魂案扩大化的推动者，弘历本人好大喜功，面对这样一场社会动荡，他极力推动这场清剿，但不承想由于自己增大力度既给了百姓机会又给了官员压力，从而导致这样一场闹剧不断地扩大化。从百姓角度看，在古代专制社会中，百姓是没有权利可言的，当出现纠纷或者危害自己利益的情况时，官府的作用有时又很渺小。但此时的妖术清剿给了这些人机会，因为官府的打击力度很大，而且这样的妖术有时并不需要多少实质的证据，只要有人举报，被举报人就很难辩解清楚。因此在清剿叫魂案的同时，掺进了许多由于其他纠纷而产生的案件。从官僚角度看，官僚面对着来自百姓和皇帝的双重压力，起初，百姓歇斯底里的爆发让官员重视这一事件的发生，但没有确凿的证据证明嫌疑人的罪行，无罪释放又会引起百姓不满。官员模糊不清的态度导致了案件的不断发酵，甚至还有钓鱼执法的小吏，使得叫魂案进一步扩展。从叫魂这一案件中反映出很多社会问题，有的问题当代社会同样存在，值得我们反思。

（七）中国青铜时代的宗教现象——读张光直的《美术、神话与祭祀》等

阅读书目：张光直：《美术、神话与祭祀》，三联书店 2013 年版；张光直：《中国青铜时代》，生活·读书·新知三联书店 2013 年版。

书目序号：25—26。

阅读学生：政法学院 2016 级哲学专业郝爽

报告选编：

青铜时代指夏、商、周三代，处于新石器时代和铁器时代的过渡期。青铜时代的文明，特别是宗教活动，是中华民族史上一朵典雅而袅娜的花。青铜时代的宗教现象异彩纷呈，表现形式多样，以美术、神话、祭祀与饮食等

为主要表现形式，其背后蕴含的丰富而深刻的宗教思想有着极其深远的影响。

关于美术。首先是动物纹样。动物纹样是殷商和西周初期青铜艺术的典型特征，动物纹样可分为两类：写实的动物和古文献中的神话动物。商周铜器中有人与动物同时出现的图案，且形态不一。动物以神兽居多，有的两兽张开大口，把一个人头夹在中间；有的兽形张开大口，人头在兽口下；有的是人兽相拥；甚至是人与动物之间的转形。作者从两方面入手，一是动物纹样的演变，二是研讨并证明它的意义。《左传·宣公三年》中提到："铸鼎象物，百物而为之备，使民知神奸。""象物"是便于民神沟通，神属天，民属地，以动物祭祀，协助巫觋通天地。商周时期美术风格的变化体现了人对于动物态度的转变。动物作为巫师沟通民神的助手兼使者，正是由日常生活中的普通动物或由普通动物转化而成，属于写实风格。那么它既然是写实派，就必定影射了现实。前期，人类敬畏动物。后期生产力不断发展，人类具备了更强大的能力来抵抗动物，甚至征服动物。美术风格的演变恰恰反映了人类与动物关系的变化。

关于神话。作者认为，商周神话史虽然不完备，但有丰富的材料，这些材料多来自于卜辞和古文献，他把商周神话分为四类：一是自然神话。自然天象具有超自然力，可以对人类活动产生直接或间接的影响。如创世神话的分离说和化生说。二是神仙世界及其与人间世界分裂的神话。商人认为祖先与神的世界是连通的，但人与祖先或人与神则要靠巫觋仪式来沟通；东周时期，生人与祖先沟通较近，但生人与祖先都无法直接与神沟通。三是天灾与救世的神话。东周的神话对上帝的权威提出挑战，认为天常常降祸于人间，而祖先中的英雄人物可以解救人类。最著名的神话有"夸父逐日"和"后羿射日"，前者是失败的人神之争，而后者战胜了旱灾。四是英雄世系。有些氏族把本族的祖先当作氏族象征，并把它当作本族的图腾。不同的氏族有不同的图腾，拥有同一图腾的氏族后裔必有同一个氏族始祖。祭祀时，巫觋也会赞扬祖先的功德，以维护统治地位。神话涉及的人物和事件是超自然的、神圣的或神秘的。以如今的知识来看，神话故事是虚构的，而在当时的人们看来，神话都是事实且值得称颂，并以神话作为日常行为规范的标准。到了东周至汉代，新儒学兴起，民众普遍注重知识学习，神话统治的力量被削弱。作者提到，现存文献中恐怕不存在真正的商代文献，而卜辞记录了商人的心理活动，是商人直接记录在上面的，更有说服力，直接表达了古人的思想观念，为祭祀提供了理论支撑。

关于祭祀。从"巫"的来源看，《说文解字》有言："工，巧饰也，象人有规矩也，与巫同意。"矩是用来画方画圆的，而"天圆地方"的观念自古以来便根深蒂固，用矩之人，即巫，便是知天知地的智者。巫是专职人员，有巫医、巫婆等类别。殷商时代只有王室才有权力沟通天地，巫师可能都出自王室。这便是政教合一，用宗教来巩固统治地位，让宗教为政治服务。巫师的职务是举行降陟神的仪式。《楚辞·九歌》里描写了人神沟通的情节，涉及的神包括天神、地神和人鬼三类，其中人们最熟悉的是河伯和湘夫人。旱涝灾害对人类生存威胁最大，人们为河伯娶妻，祈求河伯平息怒火，来年风调雨顺，不至于颗粒无收。弗雷泽认为，巫术不是宗教现象，认为宗教是向神灵"邀宠"，通过谄媚和讨好神来祈求获得庇护；巫术企图"操纵"超自然力来达到某种目的。而巫术与宗教在本质上是相通的，都相信超自然力量的存在，并企图通过某种手段利用超自然力量达到自身目的。

关于青铜器。青铜主要用于仪式和战争，用来做兵器、礼器和装饰品，而不是农业生产。青铜器本身就是财富，象征着财富、仪式，象征着沟通天地权力的独占和政治权力的独占。商代迁都与探求金属资源有着直接关联，青铜器是沟通天地的工具，掌握了金属资源，也就掌握了青铜器，掌握了财富集中，掌握了礼法，掌握了国家。陶器可为社会所有阶级享用，而青铜器的使用权和所有权则是上层阶级的福利。

关于饮食。饮食也是宗教的重要内容之一。不同的宗教信仰有不同的饮食礼节与禁忌，《诗经》《论语》中有许多关于饮食的描写。作者认为，古代的中国人是世界上最讲究饮食的民族之一。其实，不只是青铜时代，自从人类使用火的那一天起，乃至今天，中国都可以称得上是"舌尖上的中国"。《中国青铜时代》的第十六章从食物原料分类、烹调方法到菜肴种类、饮食器具，甚至包括饮食观念和宴席餐饭，事无巨细，全面系统地论述了古代饮食文化。饮食是一种情怀。饮食也是一种礼节。商周时，每人每顿只吃四碗饭，但菜肴的数目各不相同，从天子到士，从年长者到年幼者，依次减少，不仅如此，宴席入座顺序也要按照等级高低和长幼来有序排列。士大夫们对菜肴有着严格要求，"色恶，不食。臭恶，不食。失饪，不食。不时，不食。割不正，不食。不得其酱，不食。"①

总之，通过研究青铜时代的宗教活动，从器物到思想，从现象到本质，我们可以了解到青铜时代神秘而又典雅的时代特色，甚至从今天的某些现象和根深蒂固的思想观念中都可以看到那个时代的缩影：美术、神话、祭祀、饮食等，无一不是与生活息息相关。由此可见，青铜时代宗教的本质不是对生活的推翻和颠覆，而是对生活的提炼和升华。

（八）一本良好的读物——读张荫麟的《中国史纲》

阅读书目：张荫麟：《中国史纲》，上海古籍出版社 2006 年版。

书目序号：2。

阅读学生：经济学院 2014 级市场营销专业李霞

报告选编：

清末民初几十年间，乃学问盛世，大师辈出。自梁任公、陈寅恪二先生以降，窃谓可称大史学家者有三：一曰钱宾四（穆），一曰吕诚之（思勉），一曰张荫麟。三者皆著有中国通史传世。钱著《国史大纲》，至今广受各阶层欢迎，时有人置于案头翻阅；吕著《中国通史》，尤为专业研究人员推重，亦颇有口碑；张荫麟君于国难之时草撰《中国史纲》，书未竟而身先去，留下薄薄一册石印本，竟渐渐远离了后人的视野。如今翻开这部几乎早为世人淡忘的中国史著作，只需细看几页，必先惊叹于其文笔的流畅粹美，深可玩味，阅之不倦；复讶异于作者对中国纷繁复杂的历史天才的把握力和敏锐的洞察力。王国维先生曾说，品读诗歌讲究知人论世，要结合诗的写作背景，诗人的人生经历，诗人作诗时的心态等等方面来赏析诗歌，方能知其内蕴，掌其脉搏，不堕囫囵吞枣，一知半解之窘境。对于文学书籍，也是这个道理。从阅读《中国史纲》开始，张荫麟先生的影子就若隐若现，仿佛就像一位指引者，带着读者从先秦到东汉一路走来。而先生也由陌生到熟悉，由敬佩到感动。

张荫麟先生所编《中国史纲》是 20 世纪 30 年代为高中学生编写的历史教材，被学界称为"一本良好的读物"。《中国史纲》是一部别具一格的通史，它以丰富的文史资料和自由的行文风格阐释主题。这本课本既不重考证，

---

① 周依朋：《论语的人生修身课》，中国纺织出版社 2016 年版，第 126 页。

也不引原文，而是用"讲故事"的笔法来"画"历史，因此，形象生动，易读易解，但不失其思想内涵和理论深度。该书文笔流畅，语言平实，虽其学识渊博但并不炫耀摆弄以致文章晦涩难懂。时而引入史据而证其实，而非莫名叙出结论。通俗之处夹杂古言，二者相互映衬，慢慢引导读者进入历史的气氛。正如，"授人以鱼不如授人以渔。"张荫麟先生为编纂书籍而所做的准备，真是难以小量，值得我们敬佩。该书的着眼点在于社会组织的变迁，思想和文物的创辟，以及伟人的性格和活动，多以笔墨述写重大事件，虽少于细节，但作为一本教材却恰到好处地增长了学生的知识见闻。

王家范先生曾说："泱泱大国数千年，多少人事，多少典故，通史不可能细大不捐，应有尽有地写进去。"张荫麟自己也说："写通史永远是一种冒险。"况且写一本给高中生当作教材的通史，则是难上加难。这么一项困难的冒险的事，却在张先生眼中变得不得不为，究其原因，皆为启蒙二字。十七八岁的中学生正是朝气蓬勃、乐于接受新鲜事物的时期，正在形成自己世界观价值观的年纪，正若一株刚刚展平叶片的树，要经过细心的灌溉、耐心的扶持、正确的引导，才能中通外直，长成参天巨擘。而学习历史，则是其中清除侧枝侧丫，使之周正之必想需途径。

中国社会从远古延续至今，千古风流多少事，万古长青多少人，在历史的画卷中留下自己的留白。读史，明兴衰交替，懂得国家之争弱肉强食；读史，品世态炎凉，晓魑魅魍魉，尸位素餐之人多若浩海，但终究只有浩然正气，傲骨长存之辈才可清史流芳，遗香万年。写一本给高中生的历史教材，将自己的思想蕴寓其中，不仅教会他们残酷的国家法则，更向他们传达一种坚持奋斗、努力进取，像夏商周秦汉的先人们一般进行艰苦卓绝的斗争却不放弃的精神。再者张先生文笔简洁优美，说理平易生动，青年读者展开书，一股久违的醇香就会迎面扑来。但举一例，在讲到夏商之间时，曾有短短一段：在讲述商朝灭亡的经过之前，让我们来回溯商朝所继承的历史线索。简单的陈述，平和的语调，似说书先生般娓娓道来，不疾不徐地面带微笑地引诱着你。这样平稳过渡的语句数不胜数，读上去便让人思维清晰，明了结构。更为可贵的是，张先生不仅将书写得浅显易懂，条理明晰，更是能将读者带入其中，阐发思考。如之言及周朝，先说这是最后一个封建制度国家，开门见山，让人的思绪连绵欲以究其所缘。

　　司马迁曾说，究天人之际，通古今之变，成一家之言。张荫麟先生编撰《中国史纲》，确实是达到了成一家之言的境界。读罢，虽然为其仅写到东汉扼腕，但是也不得不赞叹张先生的才学。他将一个个晦涩专业的概念，叙述得清晰直白，又留给读者充分的思考空间，不仅告诉你历史是什么，而且启发你历史为什么。再联系他所处之时代，深感张先生所说的"现在发表一部新的中国通史……是恰当其时。"李霞同学认为，战乱时期的高中生们，即使战事连绵，看着这本写着中华千年传承的通史，也不会再对祖国的未来有太多的心虚了。故言一个时代，需要有一些人，指引出路，更需要一些人，回顾往昔，给出历史的建议。作为青年的诸君与我，尽管生逢盛世，但是通晓历史，居安思危，以史为鉴正自己作为是应做之事，再者，中华文化的传承，历史的延续更该视为每个人的应尽义务，以期中华之通史，永无完结的一天。正如该书前言中王家范先生所说："文笔流畅优美，运思遣事之情深意远，举重若轻，在通史著作中当时称绝，后也罕见。"这一评价可谓恰如其分。

第三节　"毓秀史学"主题学术论文竞赛活动

　　马克思的唯物史观和方法论表现为对历史的"宏大叙事"，而以史料、考据为基础的历史研究则表现为"细小叙事"。对"宏大叙事"的背离使唯物史观面临深刻、严峻的合法性危机，那么，"唯物史观作为一种学术理论到底还有无生命力，还有多少生命力？"[①] 这种疑问和论争，看似学派的偏好，实则历史观的根本对立。放弃马克思主义历史观，历史研究就会被非马克思主义历史观所支配。实际上，历史研究担当着"为天地立心"的使命，所以，"就不能为考据而考据、不能把史料学当历史学，而要研究历史趋势、历史规律，确立价值尺度，推动历史和文化发展"[②]。为培养大学生历史研究的兴趣和学术创新能力，帮助大学生掌握马克思主义历史研究理论与方法，河北大学历史学院组织开展了"毓秀史学"主题学术论文竞赛活动。2013 年，举办

---

①　王学典：《近 20 年间中国大陆史学的几种主要趋势》，《山东社会科学》2002 年第 1 期。
②　侯惠勤：《学习理论文库 侯惠勤自选集》，学习出版社 2012 年版，第 208 页。

了第一届"毓秀史学"学术论文竞赛活动;2016 年,举办了第二届"毓秀史学"学术论文竞赛活动。学生通过参加学术论文竞赛活动,查阅了大量的历史文献,提升了历史研究的兴趣和能力。历史尤其是中国历史是一个精神和智慧的宝库,历史的熏陶涵养了大学生的社会主义核心价值观。"毓秀史学"主题学术论文竞赛活动也成为科研反哺教学的一项重要举措。

一、第一届"毓秀史学"学术论文竞赛获奖作品简介

青年大学生是时代的先锋,是时代精神的承载者和践行者。改革创新是我国当今的时代精神。为了培育大学生的创新精神和实践能力,2013 年,河北大学历史学院举办了第一届"毓秀史学"学术论文竞赛活动,活动从 3 月份启动,6 月组织老师评奖,共收到学生撰写的学术论文 40 多篇,评出了一等奖 1 名,题目是"从强权到公理的演变"(作者是本科 2010 级历史班李君生);评出了二等奖 4 名,题目分别是"鄂尔泰朋党兴衰考"(作者是本科 2009 级历史班吕晓青)、"由'读书'到'打鬼'——《读书杂志》旨趣的转变及原因"(作者是本科 2009 级历史班闫振宇)、"保定古代名人墓葬与人文精神"(作者是专门史研究生宋媛媛)、"民族危机下知识分子的国家观——浅析《独立评论》学人对'九一八'后地方异动的态度"(作者是本科 2011 级历史班郭子健);评出了三等奖 6 名,题目分别是"抗拒与依存——《玲珑》女作家笔下的男性形象"(作者是本科 2009 级历史班孙娟)、"论二程的历史思想与治国之道"(作者是本科 2009 级历史班孙晓旭)、"宁河王氏家族与晚清中国"(作者是近现代史研究生赵亚军)、"张伯苓清末民初的禁烟活动"(作者是本科 2009 级历史班王艳超)、"普罗科匹厄斯《秘史》人物初探"(作者是本科 2009 级历史班石昀峰)、"关于穆斯林占伊比利亚半岛相关问题原因考"(作者是本科 2009 级历史班王烨)。

(一)李君生《从强权到公理的演变——论析欧战对民初思想界的影响》简介

李君生,历史学院历史学专业本科生,《从强权到公理的演变——论析欧战对民初思想界的影响》(共 11513 字符)一文是他参赛河北大学历史学院第一届"毓秀史学"论文大赛作品。该作品荣获一等奖,指导老师为河北大学历史学院郭晓勇副教授。

　　作者以第一次世界大战协约国战胜之后，人们沉浸在"公理战胜强权"的喜悦之中所表现出来的"随班逐队，欢呼万岁，采烈兴高"之态为引子引出问题，那种掩藏不住的欢喜，那种迫不及待，表现为急急忙忙地将北京东单北大街象征耻辱的"克林德碑"改为了"公理战胜强权碑"。由此，人们开始相信世界会进入一个"新纪元"，在这个"新纪元"里，"公理"将成为世界的新潮流。欧战前盛行一时的"否认公理的强权主义"在战后得到了大翻盘。欧战后"公理战胜强权"所引发的充满"世界主义"理想的博大情怀，自协约国战胜开始一直到五四时期，其经历的时间尽管短暂，但仍是一个值得瞩目的时期。此时，人们虽然因巴黎和会失败而特别失落，但却没有重拾晚清时期对强权的推崇。

　　作者把中国知识分子对公理与强权信念的演变置于一战胜利到五四运动这段特殊时期来考察，揭示了"公理战胜强权"的历史趋势。把这一时期从崇拜"强权"到信奉"公理"的转变分为三个时期，对每个时期的特征进行了具体分析。

　　第一个时期，欧战前强权崇拜的狂飙时代。作者认为，面对鸦片战争后中国社会的危局，清末知识分子开始质疑传统儒家的德治和仁政，特别是西方列强凭借强力将不平等条约加诸中国，使他们看到了"强权"的威力。此时，严复所译赫胥黎的《天演论》出版，其中"弱肉强食""物竞天择"的社会达尔文思想，迎合了清末知识分子求变、图强的心态。严复借《天演论》而鼓吹"强权"和"竞争"，强调面对中国"积弱不振之势"，当以求强为先。[①] 他的思想影响了一批人，如麦孟华提出，"和平者，脆人之骨"，是"亡人家国"的不祥之物，中国想要不失国权，当奋腕力防守。与之相比，梁启超的强权崇拜更是毫不隐晦，"两不平等者相遇，无所谓道理，权力即道理也"[②]。他的这种强权非公理而不得不成为公理的思想，是基于现实做出的判断，与杜亚泉所批评的"以强力压倒一切主义"的主张有相通之处。杨度认为，欧美国家对外推行强权至上的野蛮政策，对此，必须以"金铁主义"相抗衡，以文明对文明，以强权对强权。当然，一个国家的富强，不单是"拳头"问题，但是，晚清救亡图存的压力，却始终让求强成为压倒一切的时代

　　① 王栻主编：《严复集》第 1 册诗文集（上），中华书局 1986 年版，第 5 页。
　　② 梁启超：《梁启超全集》第 2 册，北京出版社 1999 年版，第 459 页。

重任。正如梁启超所说："世界主义，属于将来，国家主义，属于现在。"①
搁置世界主义，推崇国家主义和强权，成为当时很多中国知识分子的共识。

第二个时期，欧战期间对强权主义的重新审视。作者认为，对强权主义
的反思在欧战之前即已出现，1913 年杜亚泉就对"进化论"发出了批评之
声，认为它使国民思想"陷入危笃之病态""投入生存竞争之旋涡中，不能自
拔"。他所批判的"进化论"，实际是一种主张竞争、推崇强权的"进化论"。
因为它变成了极端国家主义与军国主义的保护伞。一战的爆发不仅震惊了世
界，也引起中国知识分子的广泛关注，认为这是欧洲各国"百年以来之大
变"，对于中国来说"亦将为十年中之小变"。如梁启超说："欧战骤起，西
海沸腾，于是庙堂之士，阛阓之夫，每相见必以欧战为一谈资。"② 这些"谈
资"就包括对强权主义的反思。卫金桂认为，"欧战使中国人对进化论在西方
被利用为战争工具的事实真相有了比较清醒的认识，从而对其提出了质疑"③。
曾经在少年时代迷信进化、天演的胡适，此时也开始批判社会达尔文主义。
在他看来，弱肉强食的强权主义"真今日之大患"④。与达尔文同命运的，还
有尼采。尼采的哲学也被当作推崇强权主义的代表而遭到了批评。如蔡元培
在介绍欧战时，把它看作了帝国主义与人道主义的斗争，而尼采发明的"强
存弱亡"的理论，将"物竞争存、优胜劣败"的生物竞争应用于人群，使强
权变成了公理，导致了军国主义盛行。

第三个时期，公理的战胜与世界主义的勃兴。作者认为，什么是公理，
什么是强权呢？陈独秀在《每周评论》发刊词上解释说："凡合乎平等自由
的，就是公理；依仗自家强力，侵害他人平等自由的，就是强权。"⑤ 一战的
胜利让人们看到了"公理战胜强权"，让世人明白了"强权是靠不住的"。因
此，开始乐观地以为公理的"新纪元"开始了。在庆祝协约国胜利大会上，
蔡元培就乐观地认为，公理是"世界大势"，强权论是一种应当抛弃的黑暗主
义。严复晚年在论及欧战时，指责德国"汰弱存强"而适得其反。此时，强
权代表了邪恶，公理代表了光明。蔡元培把"光明主义"寄托给了协约国，

① 梁启超：《梁启超全集》第 1 册，北京出版社 1999 年版，第 357 页。
② 梁启超：《欧战蠡测·小叙》，《大中华》1915 年第 1 卷第 1 期。
③ 卫金桂：《欧战与中国社会文化思潮变动研究》，香港拓文出版社 2003 年版，第 65 页。
④ 胡适：《胡适留学日记：上册》，安徽教育出版社 1999 年版，第 413 页。
⑤ 任建树等编：《陈独秀著作选》第 1 卷，上海人民出版社 1993 年版，第 427 页。

希望协约国能将从前的强权观念打翻在地，重新将以公理为核心的世界新秩序托起。梁启超则希望构建一个"没有远近亲疏的世界"，反映了他对"新纪元"的渴望。他把公理与正义寄希望于国际大同盟，鼓吹"广博的世界主义"，代表了战后的一种潮流。在这次大潮中，士人们普遍将公理与正义推向了前所未有的高度，这种高度恰恰反映了一种"世界主义"的胸怀。这种"世界主义"的乌托邦此刻似乎就在李大钊的眼前。这种"大同的景运"①，把晚清的士人们从强权崇拜中脱离出来，带到了一个花团锦簇的"大同"时代。在这个"新时代"，充满了对世界未来的浪漫主义幻想。

（二）吕晓青《鄂尔泰朋党兴衰考》简介

吕晓青，历史学院历史学专业本科生，《鄂尔泰朋党兴衰考》（共 13634字符）一文是她参赛河北大学历史学院第一届"毓秀史学"论文大赛作品。该作品荣获二等奖，指导老师为河北大学历史学院衣长春教授。

作者从考察鄂尔泰本人的出身、个性特征等入手，分析了鄂尔泰朋党的形成及其构成、鄂尔泰朋党的主要活动、乾隆帝对鄂尔泰朋党的惩治等。鄂尔泰，姓西林觉罗氏，满洲镶蓝旗人。他出身满洲世家，虽不高贵，但祖辈世代尽忠守孝，家族确有忠孝传统。他本人生性秉直，"自幼言笑不苟，动履必中矩度，宛若成人者"。其文章"不依傍时趋""笔力坚劲"。在处理事情上"公性耿直"。此外，鄂尔泰的最大特点便是重视人才，虽有傲气，却求才若渴，且有识人之能。当然，作为雍正帝的宠臣，鄂尔泰除了需要具有超凡的能力、尽职的精神和大胆的谋略外，也需要有几分逢迎的能力。他忠诚秉直、重视人才、谨慎小心但又不乏俟机逢迎，这些共同促使鄂尔泰得到了雍正帝的厚爱，再加上他在西南地区的功绩，更使其成为朝廷的股肱之臣。

关于鄂尔泰势力的形成。作者认为，鄂尔泰的重要特点之一便是重视人才，这一点在他与雍正帝君臣之间的交流中也有所体现。鄂尔泰曾上奏谈及如何用人，雍正帝对他大加赞赏道："亦未有如此令人悦目爽快之论之理。"②鄂尔泰的朋党势力主要由三部分构成：一是文人相附——鄂尔泰势力的骨干。在鄂尔泰的政治势力中，门人是很重要的一部分。究其一生，鄂尔泰通过科

---

① 中国李大钊研究会编注：《李大钊全集》第 3 卷，人民出版社 2006 年版，第 167 页。
② 张书才：《雍正朝汉文朱批奏折汇编》，江苏古籍出版社 1989 年版，第 452 页。

举取士等方式网罗了大批门人。如袁枚、仲永檀、胡中藻等，这些人或受鄂尔泰的知遇之恩或与鄂尔泰有师生之谊，这些门人是他政治势力的骨干，并且构成了他的政治势力网络。二是军事部下——鄂尔泰势力的中坚。除门人外，鄂尔泰在西南地区推行改土归流时，也提拔了很多部下。如他所提拔的哈元生，可谓相当谨慎且独具慧眼，而哈元生因受提拔之恩，更加忠心鄂尔泰。此外，他在边疆时还提拔过很多有能力的人。他有识人之能，深受部下忠心拥戴。这些部下构成他军事势力的中坚。三是家族姻亲——鄂尔泰势力的核心。鄂尔泰之时，鄂尔泰一门可谓显赫一时。雍正曾赐匾"公忠弼亮"，其家族屡受恩赐。如其侄鄂昌和鄂乐舜，其子鄂容安、鄂实先后担任重职，尤其是长子鄂容安更是屡受殊遇。此外，从鄂尔泰家族的姻亲关系看，可谓地位显赫、门当户对，且与皇族建立了姻亲关系。鄂尔泰的家族成为他社会势力的坚强后盾。鄂尔泰势力中文武兼备——门人的依附，部下的隶属，家人的重用，这些共同促使鄂尔泰朝中地位的上升。他的势力在朝中盘根错节，其属下手握重兵，这些为其朋党的形成奠定了基础。

关于鄂尔泰朋党活动举例。乾隆二十年（1755年），即鄂尔泰死后十年，鄂尔泰被撤出了贤良祠，此事在文献中多有记载。生前的鄂尔泰可谓享尽了殊荣，在乾隆朝之时，曾任经筵讲官、太傅、保和殿大学士、领侍卫内大臣、翰林院掌院学士等职。死后却遭劫难，其中原因便是乾隆帝所谓的结党。作者认为，自古以来，政治上朋党的存在是常有之事，而朋党之争的危害有三：一是谋取私利，往往因团伙的利益损害社会利益；二是排斥异己，攻击与之利益不同的团体；三是威胁皇权，更有甚者以致政权覆灭。然而，与年羹尧不同的是，在鄂尔泰的相关史料中，并未给鄂尔泰清晰地陈列罪名。在鄂尔泰史料的相关记载中，有关鄂尔泰因朋党而被乾隆帝定罪的大致有两个案例，一是乾隆七年的仲永檀、鄂容安一案，二是乾隆二十年的胡中藻、鄂昌一案。

关于乾隆帝惩治鄂尔泰朋党。作者认为，乾隆初年鄂尔泰势力已然很大，且由于雍正帝临终前嘱托鄂尔泰辅政，因而，乾隆帝只能表面上重用鄂尔泰，对他很多行为隐忍退让。对于鄂尔泰来说，本系忠心之人，受到雍正帝的知遇之恩，因而，对雍正帝临终辅政的遗嘱自当竭心效力。此时，他身为清廷重臣，其家族成员也多担任要职，为了巩固自己的地位以及保障家族荣誉也要为皇帝倾心效力。此外，他虽有傲气但在皇帝面前仍能谨小慎微，掌握分寸。他的处事谨慎再加上他的利用价值，所以很长时间里并未被惩治。但随着乾隆帝皇位的巩固，鄂尔泰势力影响了乾隆帝的专政，所以乾隆帝便开始对鄂尔泰势力进行打击，而这一过程又是循序渐进的。作者大体上把它划分成了三个阶段：第一阶段，心知其意，缄默不语；第二阶段，敲响警钟，暗自布局；第三阶段，时机成熟，斩绝后患。

最后，作者总结道，有清以前，很多朝代的朋党之争都带来了严重的后果，有的甚至危及社稷，所以清朝的统治者们对此很警惕，并吸取前朝教训对朋党进行规诫和打击。雍正帝认为，好为朋党者逆天悖义，必陷于诛绝之罪。乾隆帝也曾在谕旨中提及特因朝纲整肃，势不能成党援门户之渐。然自来外吏，畛域相持，久成恶习，不可不深引为顾戒也。实际上，康熙朝便存在朋党问题，这就使得乾隆帝对朋党问题过于敏感，在清朝这种对朋党高度警惕的环境下，鄂尔泰朋党的失败是必然的。鄂尔泰西南改土归流功劳过大，又是清朝政治的核心人物，再加上他重视人才不分满汉，一时有识之士争相依附，这股势力便在朝中形成了较大的影响力，对皇权构成了巨大的威胁。鄂尔泰是雍正帝的宠臣，乾隆帝初年根基不稳，重用深谙政治的鄂尔泰等老臣是必需的，但随着政权的稳固，鄂尔泰等人便成了乾隆帝独断专权的障碍。乾隆帝若想专政必须重新重用自己的势力，而并非先皇的重臣，所以乾隆帝惩治鄂尔泰朋党势力是必然的。

（三）闫振宇《由"读书"到"打鬼"——〈读书杂志〉旨趣的转变及原因》简介

闫振宇，历史学院历史学专业本科生，《由"读书"到"打鬼"——〈读书杂志〉旨趣的转变及原因》（共 11307 字符）一文是他参赛河北大学历史学院第一届"毓秀史学"论文大赛作品，该作品荣获二等奖，指导老师为河北大学历史学院彭小舟副教授。

《读书杂志》是由胡适、顾颉刚等人编辑的，作为《努力周报》（以下简称《努力》）增刊发行的一种专谈思想文艺的杂志。它是在中国自由主义知识分子身处议政与从文歧路背景下，以国故学研究为主要内容的刊物。其对古代人物、古典名著的考证，尤其是中期以后的古史辩论，对之后中国的思想文艺产生了推动疑古辨伪的巨大作用。作者从杂志创办时代背景、主编的人事变动及思想波动等进行考察，分析阐述了《读书杂志》从前期的"读书"

旨趣向后期"打鬼"旨趣转变的四个方面的原因。

第一个原因，杂志主编的人事变动。作者认为，主编的思想对杂志的旨趣有关键性的影响。《读书杂志》中期主编的变换，当是其旨趣转变的重要原因。《读书杂志》前8期都由胡适主编，然而，1923年4月21日胡适离京南下养病，直到12月5日。用他自己的话说，"这一年可算是在病中过了的"。在此期间，《读书杂志》交托给了顾颉刚编辑。顾颉刚回忆，当胡适把编辑《读书杂志》的任务交托他时，由于自己年刚三十、精力充足，"就大胆答应了下来"①。顾颉刚对古史及国故有自己的理解，一直积而未发。用章清先生的话说就是"顾当时对古史正有许多话不吐不快"。《读书杂志》易手半年多，使顾颉刚有机会掌握一段较长时间的报刊话语控制权，自己"终至放大了胆子而叫喊出来"。这正是公开"引爆炸弹"的好时候，因为自己的主编地位可以很大程度上主持和引导讨论。顾氏自己也坦白："希望因发表这篇，引起了阅者的教导和讨论!"② 可见，古史讨论是顾颉刚有意为之。

第二个原因，《读书杂志》古史讨论的发展。作者认为，从第9期至第16期，《读书杂志》的旨趣是追随顾颉刚的。第9期《与钱玄同先生论古史书》一文开启了谈论古史的序幕。顾氏亮出了自己的中心论点，即"层累地造成的中国古史"。吴虞对此观点非常欣赏，在日记中道："胡适之最称崔氏，予读其书，终不满意。今被颉刚明快揭出，非常佩服。"③ 胡适后来把顾颉刚的观点叫作"剥皮主义"④。其后，《读书杂志》每期均刊登古史辩论的文字，顾颉刚和钱玄同的观点相近，主张彻底地疑古和颠覆，而胡董人和刘掞藜则提出质疑，进行反驳。尤其顾氏与刘氏来往交锋多个回合。顾颉刚回忆说："笔墨官司足足打了半年。"⑤ 其间讨论热烈，褒贬不一。这场以《读书杂志》为阵地的古史辩论历时共九个月，它所产生的巨大社会反响是胡适始料未及的。此时他开始热情赞扬"这两组的文章是《努力》出世以来最有永久价值的文章"⑥。胡适突出了思想革命，突出了《读书杂志》研究国学的社会功

---

① 顾颉刚：《古史辨》第1册，上海古籍出版社1982年版，第17页。
② 顾颉刚：《与钱玄同先生论古史书》，《读书杂志》1923年第9期。
③ 吴虞：《吴虞日记》下，四川人民出版社1986年版，第113页。
④ 胡适：《古史讨论的读后感》，《读书杂志》1924年版，第18页。
⑤ 顾颉刚：《古史辨》第1册，上海古籍出版社1982年版，第18页。
⑥ 胡适：《古史讨论的读后感》。顾颉刚《古史辨》第1册，朴社出版1926年，第192页。

用。由此，"打鬼"旨趣受到了重视，"读书"的旨趣冷淡下来。

第三个原因，顾颉刚的思想及对胡适的超越。作者认为，顾颉刚曾是一个热心的革命者，"打鬼"体现了他的革命主张。他把古史研究看作自己"唯一的救国事业"①。顾颉刚承认胡适对自己的巨大影响，将他作为"最企服的师"。他的"打鬼"想法，最初受了康有为的影响。胡适之任教北大后，是顾氏的当然导师。胡适的论文给他研究古史以启迪。但是，胡适长于哲学与文学，对政治历史用功不多，顾颉刚则从考伪经伪书引申到考伪史。虽然他从胡适处获益良多，但在研究国故的着力方向及对旧事物打击力度上，已经超越了胡适。此外，由于《努力》的存在，当时的胡适更多将心力投到议政上，甚至面对了更多政界的应酬，其着力于思想文化的倾向受到了抑制。或者说，胡适希望改弦更张，以"议政"代替"从文"作当下救国的主要方式。顾颉刚并未加入议政，他对思想文化的救国作用看得很重。当然，胡适的思想在《读书杂志》后期也发生了转变，这与当时局势环境的变化及《努力》的破产有关。

第四个原因，政治局势的变化与《努力》的破产。作者认为，《读书杂志》是作为《努力》的增刊而创办和存在的。《努力》侧重政论见解，《读书杂志》侧重学术文章。但是，两者是捆绑在一起的，因而，《努力》的破产必然殃及《读书杂志》。第一次直奉战争是《努力》创办的直接背景。直系军阀取胜后，胡适等看到了践行"好政府主义"的希望，《努力》也如火如荼起来。其间，《努力》同人在直系军阀支持下组建"好人内阁"，《努力》与初创的《读书杂志》也得到了支持。"好人内阁"的倒台导致了《努力》的破产。此时，《读书杂志》的古史讨论依然在继续，但日渐显露的"打鬼"旨趣则使它因《努力》的破产而加强。《努力》和《读书杂志》的并存是胡适等人追求"讲学复议政"相平衡的产物，反映了胡适等知识分子文化救国的社会诉求。胡适本来意欲将"议政"与"从文"分开，让《读书杂志》只去谈"读书"，不必承担启蒙、解放的责任。但是，《努力》的破产，强化了《读书杂志》的"议政"功能，使其最后走上了"打鬼"之路。

最后，作者总结道，《读书杂志》作为《努力》的增刊，其旨趣经历了

① 顾颉刚：《古史辨》第1册，上海古籍出版社1982年版，第90页。

由最初的"读书"到后来"打鬼"的转变。对这一转变，前人并未引起足够的重视，实际上，它是以胡适为代表的现代意义上的知识分子，受国家、民族危机的感召和西学的影响，对传统文化态度的步步转化，甚至出现扬中抑中的多次反复，并站在"议政"与"从文"的歧路上彷徨的一个缩影。

（四）宋媛媛的《保定古代名人墓葬与人文精神》简介

宋媛媛，河北大学历史学院专门史专业研究生，《保定古代名人墓葬与人文精神》（约6403字符）一文是其参赛河北大学历史学院第一届"毓秀史学"论文大赛作品，该作品荣获二等奖，指导老师为河北大学历史学院衣长春教授。

作者从保定地区古墓资源的分析研究着手，系统梳理了保定历史文化名人及其生活轨迹，重点从历史文化名人的事迹之中挖掘精神风范，以期为延续保定历史文脉、弘扬传统文化有所贡献。据清代方志记载，保定辖二州、十四县。"这二州十四县存留了大量的名人墓葬，其中既有王侯将相又有文人、隐士"①，是非常珍贵的历史文化资源。据统计，保定地区古墓葬有253处。"从墓葬时代看，以宋代以后，金、元、明、清四个时期的官员墓葬居多，这表明，保定是民族融合的重要地区。从墓主官职看，上到中央丞相、尚书，下到地方巡抚、县令，类型从文官、谏臣到武将等"②。大多官员为官清廉、精忠报国、为民称颂。此外，还有一批魏晋以来的文人、隐士墓葬，他们在诗、词、歌、赋等方面成绩斐然，彰显了保定的历史文化底蕴。

作者认为，墓葬文化是物质文化和精神文化的共同载体，尤其是其精神文化，经过历史的沉淀，已经成为保定人文精神的历史基因。墓葬文化是保定文化建设的历史渊源。挖掘和利用、保护和传承这些墓葬资源蕴含的优秀人文精神，将有助于推进保定文化建设的发展。现根据保定各个时期墓葬的墓主事迹，归纳其令后世传诵的精神如下：一是廉政爱民，耿直忠义。耿直为民、廉政奉公是公认的官德。《礼记训纂》中说："大臣法，小臣廉，官职相序，君臣相正，国之肥也。"③ 因此，耿直为民、廉政奉公者往往能够青史留名。据《保定府志》记载，明代著名谏臣杨继盛的墓，位于定兴县城北河

---

①　衣长春：《保定古代名人墓葬与人文精神》，《党史博采》2012年第11期。

②　衣长春：《保定古代名人墓葬与人文精神》。

③　（清）朱彬：《礼记训纂》，中华书局2007年版，第354页。

照村西，"继盛官兵部主事，封太常寺少卿，谥忠愍。"① 杨继盛曾因弹劾权臣严嵩，被处以廷杖一百。有人送给杨继盛蚺蛇胆一具，说是可以解血毒，杨继盛拒绝并说道："椒山自有胆，何必蚺蛇哉！"杨继盛受尽三年狱中折磨，后严嵩授意死党将杨继盛处决，弃尸于市。杨继盛在临刑之时有诗曰："浩气还太虚，丹心照千古；生前未了事，留于后人补！"② 民众敬仰杨继盛不畏强权、忠心为国的品质，将他的故居改为庙堂供奉。二是威武不屈，精忠报国。在保定地区的古代墓葬中，不乏古代军队中的武将。这些武将生前多是骁勇善战、战功卓著。在戎马生涯中，他们或高瞻远瞩，提出富有远见的国防建议；或殊死奋战，保卫家园，抗击侵略者；或动员百姓，巩固国防。这些都体现着武将对于国家的忠诚与热爱。如唐代将领张兴，墓在东鹿县城北，史料记载张兴为饶阳裨将，殉城而死，《保定府志》记载其"墓草独红，相传为忠血所化"③。明末将领孙承宗，其墓在高阳县西庄。明崇祯十一年，多尔衮率军南下。被排挤出朝廷回到高阳的孙承宗率领全家及高阳民众奋起抵抗，后高阳城被攻破，孙承宗全家40多人遇难。这些武将的忠义爱国之情，受到世人的推崇和敬仰，在世代传承中，沉淀成为保定精神。三是探求思想、勇于创新。保定是一个具有悠久历史的古城，历史上不乏学者文人。与文官武将相比，他们更明显地体现出一种独有的人文情怀，这是一种勇于创新、锐意进取的精神。《保定府志》载，"刘因墓在容城沟市村，因官右赞善，追封容城郡公，谥文靖。"④ 刘因是元代著名的理学家、诗人，他聪颖好学，才华出众，一生著作甚丰。清代学者尹会终身钦慕颜、李之学，但言义理仍宗程朱。反对守书本、奉语录。他在学术方面崇尚实用和践行，反对高谈阔论，忘记现实。理解和传承这些墓主的高尚精神，是推动保定文化建设的必然选择。

最后，作者总结道，忠诚、坚毅、勤勉、耿直是保定古墓墓主人格精神的集中体现，是保定文化精神中不可或缺的部分。保定市一直都致力于古文物遗址保护，并取得了相当大的成绩，很多名人墓葬遗迹得到了挖掘、保护

① 傅璇琮：《华北稀见方志文献》，中华书局1985年版，第52页。
② 张国钧：《中国古代俭奢故事》下，中国法制出版社2015年版，第163页。
③ 傅璇琮：《华北稀见方志文献》，中华书局1985年版，第44页。
④ 傅璇琮：《华北稀见方志文献》。

和开发。如满城汉墓群、曲阳县田庄村千年大墓、清西陵等都得到了较好的开发和利用。保定市政府还提出了建设文化名城的整体规划，提出了新时期保定精神：崇信、重义、尚和、争先。当然，当前的墓葬保护、开发、利用工作还存在着许多不足之处，加强墓葬的保护工作，依旧任重道远。针对于此，作者提出了四条建议：一是进一步整理和挖掘保定文化名人的墓葬遗迹。二是采取多种形式的宣传教育。三是实现物质文化遗产保护的多元化。四是加大对古墓保护的经费投入，使濒临损毁的古墓得到及时、有效的保护和管理。

（五）郭子健《民族危机下知识分子的国家观》简介

郭子健，河北大学历史学院历史学专业本科生，《民族危机下知识分子的国家观——浅析〈独立评论〉学人对"九一八"后地方异动的态度》（共6195 字符）一文是他参赛河北大学历史学院第一届"毓秀史学"论文大赛作品，该作品荣获二等奖，指导老师为河北大学历史学院郭晓勇副教授。

作者认为，"九一八"事变之后，南京政府与地方势力的矛盾逐渐成为知识分子所关注的一个重要话题。面对亡国的危机，以《独立评论》学人为代表的知识分子站在国家的立场主张国家的统一完整、反对地方势力的异动，努力维护南京的合法性。他们做出的这一选择是其自由主义立场在现实政治之下的一种权宜之计。

九一八事变之后，中日民族矛盾上升。在内忧外患的压力下，知识分子普遍希望出现一个强有力的统一政府来应对危机。在这个过程中，舆论界对南京政府与地方割据势力的矛盾也给予了充分关注，大都站在国家的立场上，希望树立中央的绝对权威，消除地方割据，建立一个统一的现代政府。对于这时期地方势力的一些对抗中央的活动，他们一般都持批评、谴责的态度。作者通过《独立评论》学人对地方势力异动的一些评论，考察了自由知识分子在民族危机的大背景下，对中央与地方关系的认知与思考，从社会舆论角度探究了《独立评论》学人价值观的张力所在。

关于《独立评论》学人的政治吁求。作者认为，《独立评论》学人的政治吁求概括起来就是他们渴望一个强有力的政府，借此来应对当下的民族危机。《独立评论》是由胡适、蒋廷黻、丁文江等自由主义知识分子创办的政论刊物，自1932 年5 月创刊至1937 年7 月终刊，共存在了五年多的时间。在创刊号的《引言》中，他们标榜"希望永远保持一点独立的精神。不依傍任何党派，不迷信任何成见，用负责任的言论来发表我们个人思考的结果：这是独立的精神"①。此刊创办时，正值日本对华侵略加剧，民族危机不断加深，刚刚发生不久的九一八事变，还在脑海中挥之不去。对于日本的侵华，他们提出的应对方针是"保存国家领土和行政的完整这是丝毫不可减少的最低限度。与日本和而能达此目的当然是和；不能呢，当然是战"②。在对日思考的同时，《独立评论》学人也对国内政治格局有所考察，并提出自己的主张。自南京国民政府建立以来，中央政权只是名义上实现了对全国的统治，各地的地方势力始终存在，且不断与中央发生冲突与矛盾。这中间，最为突出的就是两广、福建、四川等地地方力量与南京的对峙。九一八事变以后，民族危机加深，作为当时中国唯一被承认的政府，南京国民政府被他们寄予了厚望，他们希望出现一个统一、强力的中央政府来应对危局。

　　关于《独立评论》对地方异动的态度。作者认为，北伐成功之后，南京国民政府成为名义上的中央，但是一直到抗战爆发前夕，蒋介石始终未能彻底清理地方的军阀势力，这其中包括东北、西北、四川、两广、福建等地。这些地方派系与南京无利害关系时便可拥护中央，而当中央与地方发生利害冲突时，他们便会与南京对抗。面对地方势力反蒋的举动，《独立评论》学人"站在国家的立场"，主张"先要保存这个国家"。而其眼中国家的唯一合法代表，就是南京国民政府，在此前提之下才可以谈抗日救亡抑或国家建设。凡武力讨蒋的行为，"无论什么金字招牌，都不能解除内战的大罪恶"③。对于九一八事变之后发生的几起地方异动的事件，《独立评论》都有着鲜明而一致的立场，那就是强烈地斥责、坚决地反对。他们"站在国家的立场"，认为凡有悖于中央而擅自异动的都是对国家的不负责。胡适说："近几年来，大家滥用名词；明明是内战，偏叫做护什么的革命，或叫做倒什么的革命。"④ 在此期间，《独立评论》分别刊登了关于四川、福建、粤桂等地战事的时评，且基本都对地方的军阀或领导者进行了不同角度的批评。

---

① 《引言》，独立评论第 1 号，1932 年 5 月 22 日。
② 蒋廷黻：《参加国难会议之回顾》，独立评论第 1 号，1932 年 5 月 22 日。
③ 胡适：《福建的大变局》，独立评论第 79 号，1933 年 12 月 3 日。
④ 胡适：《废止内战大同盟》，独立评论第 3 号，1932 年 6 月 5 日。

关于《独立评论》学人在"政治统一"与"武力统一"方面的分歧。作者认为，《独立评论》学人在思考如何实现国家统一时，形成了以蒋廷黻为代表的武力统一论和以胡适为代表的政治统一论。以蒋廷黻为代表的一方支持中央政府通过"专制"使国家建立并强大，运用武力消灭地方割据，统一全国。针对福建事变，他指出，"中国现在谈革命，就离不开内战""有内乱而无革命"。① 他主张，必须经历专制方能革命成功，地方军阀"既以握兵柄而割据地方，那么，唯独更大的武力能打倒他们"②。吴景超也认为："除却武力统一的方式之外，我们看不出还有什么别的方式。"③ 相比之下，胡适等人则主张中国仍应逐步实行民主制度，并且反对武力统一论，主张渐进的相对温和的政治统一。他认为："一个国家的统一，决不能单靠武力一项把持各部分，使他们不分崩。"④ 不过，值得注意的是，胡适也主张中央在政治手段失效之后对地方势力的讨伐。但这并不代表胡适与蒋廷黻所言的武力统一是同质的概念，胡适总的倾向是维持现状并一点点保持增量，可以理解为一种通过政治手段对既有的守成与缓进；而蒋廷黻的武力统一乃是主动征伐地方军阀，积极创造统一的局势。

最后，作者总结道，《独立评论》学人面临民族危机的压力，站在民族利益的角度对时局发出自己的声音，并尽力在自由主义与民族主义之间寻求兼顾与平衡。他们虽然不乏对国民政府的种种批评，但在亡国的危机之下，他们又只好搁置对南京政府的非难，努力保全其中央的地位。他们此时的心态是"必须先要保存这个国家；别的等到将来再说！"⑤ 就是说，《独立评论》学人已经将民族危机看作最迫切的问题了，而"统一"则是解决下一步所有问题的前提。《独立评论》的"统一观"源于胡适等人自由主义政治思想中的"改良"立场，这也注定其对南京政府的批判是出于促使它改善而非推翻它的动机，从而决定了其在国难之际做出维护南京政府的选择。同时，在民族危机下"统一重于改革"的立场也是其对自由主义价值观本身的一种调适，由此也可以解释为什么从表面上看这些自由主义知识分子在努力"维护"独

---

① 蒋廷黻：《革命与专制》，独立评论第 80 号，1933 年 12 月 10 日。
② 蒋廷黻：《论专制并答胡适之先生》，独立评论第 83 号，1933 年 12 月 31 日。
③ 吴景超：《革命与建国》，独立评论第 84 号，1934 年 1 月 7 日。
④ 胡适：《政治统一的意义》，独立评论第 123 号，1934 年 10 月 21 日。
⑤ 胡适：《福建的大变局》，独立评论第 79 号，1933 年 12 月 3 日。

裁的南京政府。这并非是他们背叛了自由主义，而是面对现实危机做出的权宜选择。

（六）孙娟《抗拒与依存——〈玲珑〉女作家笔下的男性形象》简介

孙娟，河北大学历史学院历史学专业本科生，《抗拒与依存——〈玲珑〉女作家笔下的男性形象》（共 9260 字符）一文是其参赛河北大学历史学院第一届"毓秀史学"论文大赛作品，该作品荣获三等奖，指导老师为河北大学历史学院郭晓勇副教授。

作者以 20 世纪 30 年代流行沪上的女性杂志《玲珑》为研究个案，探讨了以女性为主要编辑群与撰稿群的杂志对于男性形象的建构，以及对两性关系的看法。一方面，女性作者们对男权社会报以坚决抗拒；另一方面，她们又无法摆脱对男性的依附。这一时期女性内心的矛盾与挣扎在杂志中表现得淋漓尽致。

《玲珑》杂志，1931 年 3 月 18 日创刊于上海，外观娇小玲珑，采用 64 开本的独特版式，内容几乎涵盖了女性生活的方方面面，如妇女消息、生活常识、科学育儿、时尚娱乐等等。因其撰稿人多为女性，是故它能够更全面更真实地反映出当时处于"新旧交替之际"的女性对于两性关系的看法。20 世纪 30 年代的中国，女性意识刚刚觉醒，男性观念仍为主导。当时的女性处于对男权社会抗拒与依存的矛盾之中。这种矛盾的心态在《玲珑》之中有突出的表现。作者对其中的"抗拒"和"依存"现象进行了剖析。

关于《玲珑》中的"抗拒"。作者认为，20 世纪 30 年代，中国女性意识渐渐觉醒，这种觉醒表现为平等意识、解放意识和主体意识的增强。"男尊女卑"的传统观念被打破。女性认识到自己是拥有独立人格的主体，是应该与男子处于平等地位、享有同等权利的社会一分子。她们打破了过去依附于男性视角的价值观，逐渐形成了自己的观念体系，并开始重新审视男权社会。《玲珑》杂志中许多文章都反映了女性对当时社会的观察与思考，而这其中充斥着她们对男权社会的批判与攻击。觉醒了的新女性深刻认识到，女子在男权社会中承受着种种压迫与不公。女性逐渐为自己所受的压迫与不公而感到不满，这就决定了她们对男权社会的批判态度。同时，20 世纪 30 年代的中国正值战火纷飞之际，时局动荡，民众不安。在新女性看来，这更是男权社会的罪恶所在。"男子的世界乃是残杀的世界，乃是强吞弱肉的世界……乃是魔鬼的世界，杀人盈万，血流成河，折臂断胸，一切凶残的行为，胥尽是见。"①
而处于社会主导地位的男子，无疑就是男权社会的"罪恶之源"。《玲珑》杂志的女作者们对男性的批判主要指向四个方面：一是婚恋生活。《玲珑》杂志的主要读者是那些受过教育，家境中产的女性，对于她们来说，婚恋是一生中最重要、最冒险的事情。②《玲珑》杂志刊登了大量有关婚恋问题的文章，如始乱终弃、玩弄女性、移情别恋等，这些不仅出现在包办婚姻中，在自由恋爱中同样经常发生。二是社交生活。在中国传统社会中，女性一直作为男性的附属品出现，根本没有公开参加社交的权利。20 世纪 30 年代，男女交往上的界限被打破。《玲珑》杂志刊登的文章分析了女性初涉社交生活的不适与无措等。三是职业生活。这一时期的新女性，主体意识觉醒，作为与男子平等的社会一员，她们希望与男性一同服务社会。同时，她们认识到要摆脱男性压迫，寻求自身社会价值的实现，最重要的是实现经济独立。由此，职业女性登上了时代舞台。四是公共舆论。传统社会中，话语权一直由男子掌握，对于男性的攻击，女性没有机会辩解和反击。而《玲珑》作为一本真正由女性编辑女性执笔的杂志，使得女子的声音能够通过媒介为大众所知。同时，女性也通过这一平台针对男子的攻击进行了强有力的回应。总之，在《玲珑》杂志中，男性是被批判被怀疑的对象。男性是恶的，是最不可相信的。"世界上坏男子极多，他们一得机会就会来诱惑蹂躏女性。"③诸如此类的描述在《玲珑》中随处可见。

关于《玲珑》中的"依存"。作者主要从情感依存和经济依存两个方面进行了分析阐释。从情感依存来看，虽然这一时期女性积极寻求与男性在各方面的平等，但是当涉及情感生活时，女子便不自觉得将自己摆在弱者的地位。"爱者，常是强者优者，被爱者，常是弱者劣者。体力、智力、财力上都是强者优者的男子，爱弱者劣者的女子；弱者劣者的女子，为强者优者的男子所爱，这是自然的强实。"④女性把男子作为爱的主动"施与者"，自己则是爱的被动"接受者"。作为女性爱情施与者的男性，无疑成为她们情感生活

---

① 《畏羞而想交际》，《玲珑》1936 年第 19 期，第 1443—1444 页。
② 何楠：《〈玲珑〉杂志中的 30 年代都市女性生活》，吉林大学博士学位论文，2010 年，第 81 页。
③ 《畏羞而想交际》，《玲珑》。
④ 《爱及被爱》，《玲珑》1931 年第 41 期，第 1607 页。

的支柱。于是当时的新女性们一方面在与男权社会做斗争，试图挣脱男权传统的桎梏，追求个性独立；一方面又在内心深处渴望"理想的他"，希望能有一个坚强有力的臂膀可供依靠。《玲珑》中许多女性作者都提出了自己的择偶观，其中不乏理想主义者。从经济依存来看，20世纪30年代，越来越多的新女性走入原本属于男性的职业领域谋求经济独立。但是，女性职业发展十分缓慢。原因之一是外界有重重阻力。许多供职者认为，男女一同工作，会使男职员的工作效率降低。同时，由于女性对于工作岗位的挤占增加了男性的就业压力，因此男性对女性就业持反对态度。除了外部阻力，女性自身的问题也限制了女性职业的发展。许多女性只是把工作当成一种暂且栖身的事情。有的女性"对于待遇问题也不十分苛求"。同时由于女性都需要管理家政，这样便"不能以全力集中于工作上，因此对工作的态度也不积极起来了。"① 此外，女性所面临的职业与婚姻、生育的矛盾也使女性就业困难重重。因此，通过职业来实现经济独立的女子还是少数，所以女性在经济上仍需要依附于男子。这导致有的女性虽然想脱离男子，却由于经济问题而不得不放弃。

（七）孙晓旭《论二程的历史思想与治国之道》

孙晓旭，河北大学历史学院历史学专业本科生，《论二程的历史思想与治国之道》（共6526字符）一文是其参赛河北大学历史学院第一届"毓秀史学"论文大赛作品，该作品荣获三等奖，指导老师为河北大学历史学院申慧青副教授。

作者认为，程颢、程颐从他们的天理观出发，强调万物一理，理在天为命，在人为性。理是天地万物的总根源和最高准则。二程的正统观、君臣观、华夷观等历史观都体现出了天理思想。他们以理学思想为依据，从历史出发对时局进行议论，提出了自己的治国方略，对当时和后世产生了重要的影响。二程是北宋理学发展过程中的代表性人物，他们针对嫡庶关系、君臣相处、王朝法统等问题都有所议论，阐述了他们的正统观、君臣观、华夷观等。关于二程理学思想，前人已有深入研究，但对其历史思想与治国之道的探讨还有所不足。该文作者重点探讨了二程的正统论、君臣论、华夷论和治国论。

关于二程的正统论。作者认为，自西周以来，嫡长子继承制一直是古代

---

① 《女子职业发展迟缓之原因》，《玲珑》1933年第36期，第1928—1929页。

王朝的正统，这一制度有利于王朝的稳定。二程的正统论是极力维护嫡长子继承制的。对于唐太宗与太子建成争位一事，二程的看法十分明确：太宗佐父平天下，论其功不过做得一功臣，岂可夺元良之位？太子之与功臣，自不相干。唐之纪纲，自太宗乱之。终唐之世无三纲者，自太宗始也。① 由此可见，二程对李世民通过玄武门之变夺嫡一事非常反感。对于李世民，历史上基本持褒奖态度，称之为圣明之主。对于玄武门之变，一般认为，这是李世民为求自保而采取的非常行动。但二程在这件事上明显是同情太子建成的。二程认为，李世民辅佐高祖平定天下，即使功劳再大，也是尽得臣子的本分，只能做个功臣，而不能争太子位。太子之所以要杀李世民，原因有二：他发现李世民有谋反之心；李世民故意逼太子出手。因此李世民的继位是有阴谋、有私心的篡位，是对正统的嫡长子继承制的破坏。二程甚至要在史书中为唐太宗正篡名。二程的思想对正统观念的发展产生了重要作用。

关于二程的华夷论。作者认为，由于北宋王朝奉行"守内虚外"的政策，国内又积贫积弱，导致它在与辽、西夏等少数民族政权的战争中频频失利，被迫输金纳帛。二程时代发生的永乐城之战和宋与安南（今越南）之战，都以失败而告终，边患问题突出。二程非常关注北宋与少数民族的关系问题，积极地出谋划策。二程认为："戎狄强盛，古未有比，岁输金帛以修好，而好不可恃；穷天下之力以养兵，而兵不足用。……若其连衡而来，则必兴数十万之众，宿于边境，馈饷不继，财用不充，将何以济？"② 他们认为，靠输纳金帛的结盟只能维持暂时的和平。二程从他们的正统论出发，阐述了其华夷论。他们认为："若与之和好，以苟免侵暴，则乱华之道也。"③ 可见，在对待少数民族问题上，一方面，他们心存轻视、鄙夷态度，认为夷狄是不能与中原王朝相比的，不赞成与夷狄修好，认为这是乱华。但事实是少数民族不仅能与汉政权相抗衡，还往往处于优势，这就迫使汉政权不得不重视与少数民族的关系，转变对少数民族的态度。

关于二程的君臣论。作者认为，二程的忠君思想根深蒂固，他们认为，君臣之间以义相连，臣不忠君，就违背了"义"。二程多次谈论管仲事桓公和

---

① （宋）程颢、程颐：《二程集》，《河南程氏遗书》卷第十八，中华书局1981年版，第235页。

② （宋）程颢、程颐：《二程集》，《河南程氏遗书》卷第五，中华书局1981年版，第520页。

③ （宋）程颢、程颐：《二程集》，《河南程氏粹言》卷第一，中华书局1981年版，第1214页。

魏徵事太宗的史事，来表述他们对君臣关系的看法，如管仲始事纠，不正也，终从于正，义也。①他们认为，作为臣子一定要尽臣子的本分，周公尽心尽力辅佐成王就是臣子们学习的榜样。二程十分贬低被历史标榜为圣明之主的唐太宗。他们认为："唐有天下，如贞观、开元间，虽号治平，然亦有夷狄之风，三纲不正，无父子君臣夫妇，其原始于太宗也。"②在他们看来，唐代三纲不正，无父子君臣夫妇，是太宗开启的。二程对诤臣魏徵也是极其鄙视的，认为他是个不忠不义之人，"天下宁无魏公之忠亮，而不可无君臣之义。昔事建成而今事太宗，可乎？"③魏徵先事太子，后从秦王，按王法当诛。在二程眼里，君是君，臣是臣，臣子功劳再大也不能出现僭越之事。他们认为，作为臣子居其位，食君禄，一定要竭其忠诚，致其才力报答君主，而不可阿谀逢迎。君主有过，臣子要以理开导他，并且要在君主当面进谏。

关于二程的治国论。作者认为，二程的治国之论，大多是基于他们对历史的分析，与他们的历史思想有关。在二程生活的年代，北宋朝廷已经面临空前的社会危机。曾担任过地方官员的二程看到了这种形势，多次上书皇帝希望朝廷采取措施，革除弊端，同时提出了自己的治国之道。他们认为："唐尚能有口分授田之制，今则荡然无法。"④针对北宋朝廷内忧外患的局面，他们赞成改革。王安石推行变法，程颢是他的下属官，参与了"新政"的初期工作。只是由于后来"青苗法"的实施，才导致程颢反对新政。对于朝廷积贫积弱问题，他们提出了解决方法：军事上，裁汰冗兵，择其精良，边境上置帅府，内郡养耕，外郡御守，行兵不失家计，骑兵与步兵相互配合；对少数民族政权，在备于我而图其后；对流民，要禁其末，让他们从事农业生产；对无用的上供，要杜绝其源，减少它的数量。在君臣方面，他们认为，为君尽君道，为臣尽臣道；对上一定要尽忠，对下要有所恕。另外，统治者应该使百姓安居乐业，而不强征百姓土地。统治者一定要爱惜民力，让百姓休养生息。

（八）赵亚军《宁河王氏家族与晚清中国》简介

赵亚军，河北大学历史学院研究生，《宁河王氏家族与晚清中国》（共

①（宋）程颢、程颐：《二程集》，《河南程氏遗书》卷第六，中华书局1981年版，第387页。
②（宋）程颢、程颐：《二程集》，《河南程氏遗书》卷第十八，中华书局1981年版，第236页。
③（宋）程颢、程颐：《二程集》，《河南程氏外书》卷第十，中华书局1981年版，第405页。
④（宋）程颢、程颐：《二程集》，《河南程氏文集》卷第一，第453页。

7765 字符）一文是他参赛河北大学历史学院第一届"毓秀史学"论文大赛作品，该作品荣获三等奖，指导老师为河北大学历史学院彭小舟副教授。

作者分析了从鸦片战争到八国联军侵华、从太平天国运动到戊戌变法等重大历史事件中直隶宁河王氏家族的重要影响。直隶宁河王氏家族以军事武功传世，代代有传人，在军事、政治与文化方面，做出了很大的贡献，实为晚清中国的一朵奇葩。直隶宁河为京畿古邑，海防重地。王氏家族是这里的望族之一。王锡朋的儿子是王承泗、王承瀚，孙子是王楫，重孙王燮、王照、王焯。王承瀚被赐文举人，任工部主事，王焯也是进士，但关于他们的资料不多。王楫是太学生，因为活得不长，资料也不多。此文之中，作者主要介绍了王氏自王锡朋始的四个人，即王锡朋、王承泗、王燮、王照。

第一，民族英雄王锡朋。王锡朋是中国近代史上的民族英雄、爱国将领。他文武兼资，战功卓著，1841 年 9 月在定海殉难。[①] 王锡朋祖上是山西太原县人。到曾祖王秀生时已编入直隶宁河籍。他的父亲王者佐，艰苦创业，乐善好施，凡负债不能偿者，必抚慰以焚其券。王者佐有三个儿子，王锡朋排行第二。王锡朋从小受到良好的儒学教育，初业儒，工书法，博览典籍。他的文学素养很高，但却选择了一条戎马疆场的道路，因战功卓著而威名远播，奠定了在王氏家族的地位。鸦片战争爆发后，王锡朋担任定海三总兵之一。据《天国的崩溃》记载："在双方炮战的同时，英军登陆部队之左纵队约1500 人，避开土城防御工事，在晓峰岭以西海岸登陆。第一批登陆的英军第55 团即向晓峰岭方向进攻，王锡朋督部迎战而不支，英军攻占晓峰岭，王锡朋战死。"[②] 清著名词人，周闲在词《大酺·陪葛云飞、王锡朋、郑国鸿三帅在定海夜饯定海城楼》中描述道："对龙渊试剑，豹枝横戟。况猿臂当歌，虎头能舞，壮哉今夕。"[③] 词中描述了定海三总兵威武儒雅的形象。在《宁河县志》中对王锡朋的记载有："雄于将略，而卒于勇义，成忠于礼，战功为多。"定海之战，英军伤亡很小，以王锡朋为代表的三总兵为捍卫国土，献出了宝贵的生命。王锡朋是为国献身的民族英雄，由此，奠定了他在王氏家族的崇高地位。

---

① 赵尔巽等：《清史稿》第 38 册，中华书局 1977 年版，第 132 页。
② 茅海建：《天朝的崩溃：鸦片战争再研究》，生活·读书·新知三联书店 1995 年版，第 356 页。
③ 严迪昌：《清词史》，江苏古籍出版社 1990 年版，第 468 页。

　　第二，文武兼资的王承泗、王燮。作者认为，王承泗与王燮文武兼备，把王氏家族的优秀传统全部继承且发扬光大。王承泗是一位允孝允廉的地方官，是王锡朋的长子，道光年间的举人。据《宁河县志》载，作为名门忠烈之后，王承泗非常孝顺，笃于亲情，性至孝，侍母疾，恒终夜不寝。他为官清廉，秉公办案，秉承武学家风而富有勇略，临阵不畏。在代州卸任时，羁留代郡，不得归，弟寄资助之，始得族里。足见其清廉。他身为名门之后，心怀坦荡，为国家保一方平安，为当地百姓谋一地之福做出了贡献。在王氏家族的传承中，他起着承上启下的重要作用。王燮是一位悲情的诗人和武官，袭骑都尉世职，在八国联军进北京时阵亡，有《秦园诗钞》152首传世。按照当时人的评价是："爱其文而悲其意。"① 王燮是载澜的部下，战乱之时，被洋人所杀。据同僚唐烜的日记载：王燮在甲午战争中支持李鸿章的主张，非常有远见卓识。王燮文武全才，见识不凡，既传承了家族的武功，同时留下诗集，在家族史上留下重要一笔。

　　第三，名扬中外的王照。作者认为，王照，清咸丰九年生，幼年丧父，由叔父收养。王照因为关心国家命运，积极参与了戊戌变法。政治失意之后，又搞汉语拼音运动，以期教育救国，在中华文化的传承与交流以及文化教育的普及上做出重要贡献。王照在总结戊戌变法失败原因时说："戊戌变法内容十有六七，皆争利争权之事，假政见以济之。根不坚实，故易成恶果。"变法失败后，王照独树一帜，极力倡导官话合声字母运动，创制"官话合声字母"，出版《官话合声字母》一书，于1904年在保定创办了拼音官话书报社。王照属于维新派，却与新文化运动中享有盛名的胡适结下了深厚友情，令人惊奇。他所写的《小航文集》，由胡适为之作序，赞扬了他肯说老实话的精神和普及教育的主张。从王照与胡适的往来信件可以看出二人交情很深。晚年的王照甘于寂寞，潜心于学。

　　最后，作者总结道，宁河王氏家族，其发达兴旺源自于治家之道和优秀的家风传统，概括来说，大体有四个方面：一是重视教育，文武兼备。这方面王照是典范，王照弟弟王焯也是进士，在吏部任职。王照后来著书立说，其作品成为非常重要的研究其时代的史料。王燮虽任武职也留有诗稿，有诗

---

　　① 徐世昌：《大清畿辅先哲传》上册，北京古籍出版社1993年版，第1360页。

82 首。二是为人正直，精忠报国。甲午之后，面对亡国灭种的危局，王照上书请求维新变法。而王锡朋、王燮则为保家卫国而壮烈牺牲。三是居官清廉，均有政绩。王承泗是榜样，这样传至数代，能维持数世的繁荣和大家之风，并非偶然，必有其道。四是敢于担当的使命意识。自从儒家贤哲将齐家治国平天下作为士人实现人生价值的目标之后，传统士大夫便责无旁贷地将家国天下的责任系在了自己的身上，所谓天下兴亡，匹夫有责。到了晚清时期，世逢千古未有之劫变，王氏一门在反侵略斗争中以及后来的维新运动中都挺身而出，做出牺牲，受到后人的敬仰与怀念。

（九）王艳超《张伯苓清末民初的禁烟活动》简介

王艳超，河北大学历史学院历史学专业本科生，《张伯苓清末民初的禁烟活动》（共 6600 字符）一文是其参赛河北大学历史学院第一届"毓秀史学"论文大赛作品，该作品荣获三等奖，指导老师为河北大学历史学院肖红松教授。

张伯苓是我国近代著名的爱国主义教育家，对中国教育文化事业做出了卓越贡献。作者认为，张伯苓是清末民间禁烟力量的杰出代表之一，他积极投身禁烟拒毒活动，成立了专门的禁烟团体，宣传烟毒危害，打击烟毒犯罪，帮助烟民戒烟等。他曾积极组织禁烟活动，担任中国国民顺直禁烟会会长，天津拒土会会正，中华国民拒毒会特约委员等，他的禁烟活动主要有以下方面：

第一，以学校为阵地开展禁烟宣传。作者认为，清末，政府积极鼓动民间力量参与禁烟。1906 年，拟定《禁烟章程》，鼓励民间创建禁烟团体，开展禁烟活动。作为教育家的张伯苓，非常重视品行修养。"先生鉴于民族精神颓靡，个人生活习惯不良，欲矫时弊，凡饮酒、赌博、冶游、吸烟、早婚等事，均悬厉禁犯者退学，绝不宽假。"[1] 他从自我做起，从小事做起，奉行戒除陋习。作为私立南开中学的校长，张伯苓具有崇高的威望、感召力和人格魅力。他曾经说过一句话："大家都说中国有我，中国就有办法了。"正是秉持着这种爱国热忱以及强烈的责任意识，在清末民间禁烟力量兴起之时，他成为禁烟禁毒运动的倡导者，影响和带动了众多士绅民众的参与。他积极呼

---

[1] 梁吉生：《张伯苓年谱长编》下卷，人民教育出版社 2001 年版，第 409 页。

吁禁烟禁毒，利用各种方式揭露鸦片的邪恶、宣传禁烟理念等，"天津基督教青年会郝瑞满在给北美协会的报告中云，中国人有积极性，最近的一个例子是用私立第一中学的学生乐队吸引听众到天津市的一个讲演所来听讲座。每星期一次，一个讲演所的社员给出下列题目的讲座：鸦片的邪恶、赌博、社会的纯洁性、缠足、香烟的使用、奢侈的葬礼和中国社会的其他弱点。张伯苓先生现在是基督教青年教的一个主任。"① 从这份报告中，我们不难看出张先生对禁烟运动的开展发挥了积极作用。

第二，以顺直禁烟会为阵地，积极践行禁烟禁毒。作者认为，正当中国禁烟禁毒取得一定成果的时候，印度鸦片仍大量走私输入中国，英国的这一举措阻碍了中国禁烟运动的开展。《中英禁烟条约》侵犯了中国的禁烟主权。为了尽快收回中国禁烟主权，天津士绅首先组织成立了"恢复禁烟主权会"。1910 年 11 月 8 日，天津各界代表在私立南开第一中学堂召开成立大会，公举该学堂监督张伯苓为会长。为了扩大影响，该会派遣丁义华、吴子舟进京开展联络宣传活动。最终组建了中国国民禁烟总会，随后各地纷纷成立分会。张伯苓积极呼吁废除烟约，恢复中国禁烟主权，禁止外国鸦片输入直隶。通过宣传鼓动、上书建言、焚烧烟具等方式开展禁烟活动。顺直禁烟会会员们在报刊上发表文章，散发白话传单，组织名流演说等，宣传恢复禁烟主权的意义，得到了广大民众的响应和支持。他积极响应政府的号召，宣传禁烟危害，劝导烟民戒烟；与租界当局交涉，督促其配合直隶禁烟；以及督促其他省区的禁烟活动。在张伯苓的积极倡导下，顺直禁烟会还积极与租界当局进行接触，以便在租界推行中国禁烟章程。他还积极主动地联合其他团体开展禁烟。"禁烟一事，为吾国现今当务之急，本省已设立中国国民顺直禁烟会，补助官府办理禁烟各事，期在今年年终一律禁绝。吾全国同志理宜联合一气共襄斯举。"② 1910 年 12 月，天津普育女学校安桐君、张祝春两女士发起中国女子禁烟会。禁烟会会长张伯苓在该会成立之际到会祝贺演说，顺直禁烟会热心帮助女子禁烟会，共谋发展。1912 年 4 月，顺直禁烟会召开会议，会长张伯苓重申禁烟会进行之必要，声明该会继续履行职能。禁烟会监督官方禁烟工作。1912 年 5 月，张伯苓揭发前直隶禁烟总局总办苏品仁徇私舞弊案，

---

① 梁吉生：《张伯苓年谱长编》上卷，人民教育出版社 2001 年版，第 81 页。
② 梁吉生、张兰普：《张伯苓私档全宗》上卷，中国档案出版社 2009 年版，第 3 页。

受到官方重视并展开调查随后禁烟局改组。顺直禁烟会通过焚烧烟土向社会各界宣传戒烟。1913 年 10 月 20 日，该会在南开中学焚烧烟土、吗啡、烟具等物。1916 年，中英禁烟条约即将到期，顺直禁烟会召开全体大会，动员禁绝鸦片。10 月 18 日，张伯苓谒见省长朱家宝，陈述禁烟一事尤当务之急。

第三，他是一个矢志不渝的禁烟拒毒坚持者。作者认为，1918 年 10 月 13 日，为了反对政府收买存土的行为，天津各机关、团体代表集会，成立拒土会，公推张伯苓为会正。拒土会慷慨陈词，呼吁"大总统立即将指销存土原案完全取消"①。民众的力量最后使总统徐世昌焚毁存土，标志着清末民初中国禁烟运动的伟大胜利。拒土会后更名为拒毒会。张伯苓被推举为中华国民拒毒会特约委员，可见他仍在为禁烟拒毒服务。张伯苓作为天津基督教青年会成员，其反鸦片的行动受到表扬。南京国民政府时期的张伯苓依然活跃在禁烟拒毒的第一线。从以下电报信函中可见一斑："天津，南开大学张委员伯苓、《大公报》馆张委员季鸾均鉴：禁烟总会已由渝迁京，定于二月一日开会，请届时到会，并将提案先期交会为盼。"②"全国统一，伟业告成，仰佩茂筹，欢祝无似。客冬重庆禁烟会议，苓奉召到渝，嗣以会议改到首都，延期举行，苓遂乘便视察川中教育情况。"③ 以上记录张伯苓应邀出席全国禁烟会议。最后会议达成一致宣言："鸦片遗毒垂九十余年，屡次倡禁未底于成。此次政府下最大决心，作最后奋斗，离六年禁绝烟毒之划，绝无犹疑余地。本会同人奉军委会委员长兼禁烟总监之命，于二月一日开会首都，计期三日，详研方案，确定步骤。兹会期已毕，特标三项，昭告国人。"④

（十）石昀峰《普罗科匹厄斯〈秘史〉人物初探》简介

石昀峰，河北大学历史学院历史学专业本科生，《普罗科匹厄斯〈秘史〉人物初探》（共 7744 字符）一文是他参赛河北大学历史学院第一届"毓秀史学"论文大赛作品，该作品荣获三等奖，指导老师为河北大学历史学院陈杰珍讲师。

作者认为，普罗科匹厄斯是拜占庭帝国著名的学者，被公认为是最后一

---

① 《拒土会慷慨陈词》，《益世报》1918 年 11 月 2 日。
② 梁吉生、张兰普：《张伯苓私档全宗》中卷，中国档案出版社 2009 年版，第 941 页。
③ 梁吉生、张兰普：《张伯苓私档全宗》中卷，第 981 页。
④ 梁吉生：《张伯苓年谱长编》中卷，人民教育出版社 2001 年版，第 413 页。

位重要的古代史学家。他的著作和书信成为后世研究查士丁尼时代的关键资料。他的《秘史》一书主要揭露了贝利撒留夫妇、查士丁尼及其皇后塞奥多拉的种种丑闻和秽行，言语中流露出了强烈的愤慨与憎恨之情。现代的研究证明，《秘史》确为普罗科匹厄斯的作品，具有极高的史料价值。通过这部作品，我们可以全面和深入地了解查士丁尼一世等人物的性格特点以及 6 世纪中期拜占庭帝国宫廷的一些内幕。作者重点对《秘史》中的主要人物形象进行了全面分析，他们是贝利撒留、塞奥多拉和查士丁尼。

第一，关于贝利撒留。作者认为，他是查士丁尼的得力干将，早年曾参加过拜占庭与波斯的战争，于公元 532 年指挥军队镇压了尼卡起义。他转战帝国各地，远征北非汪达尔王国和位于现在西班牙、意大利的哥特王国，立下赫赫战功。后来，查士丁尼知道了在自己病重期间有人散布皇帝已病死的谣言，怀疑并审讯了贝利撒留，虽然所有的指控均不成立，但他仍被免去了职务，赋闲在家。不过，贝利撒留最后总算得以善终。功勋卓著的贝利撒留在民众和士兵心中享有极高的地位，他关心士兵，从不吝惜赏赐，军队所到之处能做到秋毫无犯，甚至被俘虏的蛮族人都会加入他的麾下为其卖命。他本人自制力强，个性纯朴，不近酒色；在战争中能做到临危不惧，勇谋兼备。吉本称赞道："他的武德不仅可以媲美古代的兵学大师……是罗马臣民中第一号人物。"① 经过他的东征西讨，拜占庭帝国收复了先前罗马帝国的大部分领土，使地中海重新成为帝国的内湖。他是查士丁尼成就霸业的第一功臣。他和妻子安东尼娜曾收养了一个名为塞奥多西的色雷斯青年，但他做梦都没有想到的是自己的妻子竟然疯狂地爱上了这个养子。塞奥多西为了不使丑事闹得尽人皆知而在以弗所（位于今土耳其西部）的修道院出家。

第二，关于塞奥多拉。作者认为，塞奥多拉年幼时曾跟随作为交际花的姐姐四处活动，但遭受过恶徒们的强暴，这无疑在她的心灵深处留下了阴影。她年轻时曾是一名滑稽戏演员，由于缺乏音乐和舞蹈方面的素养，她只能靠怪诞的打扮和放荡的表演动作来吸引观众。后来，她嫁给了一名总督，但最终被抛弃。缺少谋生手段的她只得以卖淫维持生计，游历了整个东方后她回到了君士坦丁堡，其命运也随之改变。身居高位的查士丁尼疯狂地爱上了她，

---

① ［英］爱德华·吉本：《罗马帝国衰亡史》第 4 卷，席代岳译，吉林出版集团有限责任公司 2011 年版，第 142 页。

并为了娶她而不惜修改法律。作为皇后的塞奥多拉与安东尼娜狼狈为奸，曾公开插手贝利撒留的家务事并狠狠地羞辱了他。她与查士丁尼一唱一和，表面上支持不同的派别，实际上所有事情的实施都是他们协商一致的结果。通过这种制造假对立的方式，皇帝与皇后建立起了一个牢固的专制政权。公元532年，拜占庭帝国首都爆发了尼卡起义，查士丁尼十分恐慌，准备逃离皇宫。危急时刻，塞奥多拉挺身而出，指出："逃跑是不适当的，尽管它可以带来安全……我就绝对不想放弃这种尊贵的地位……我同意一句古老的格言，即王位是一块好的裹尸布。"[①] 听了她的一番劝诫，皇帝留下来，并将希望寄托在贝利撒留及其副将身上。最后，他俩不负重托，成功地镇压了暴乱，恢复了原有的统治秩序。

第三，关于查士丁尼。作者认为，查士丁尼是前任皇帝查士丁的外甥，通过威胁选举的方式成为帝国的共治皇帝，在其舅舅病逝后正式即位。为了缓和尖锐的社会矛盾，他进行了一系列的改革，例如禁止卖官鬻爵、惩治贪污、限制贵族特权、实行长子继承制、撤销执政官制度等。但在《秘史》中，普罗科匹厄斯对这位君主的所作所为进行了大力抨击，说他"不喜欢遵守现存的习俗，总是热衷于尝试新办法"，甚至用"万事颠倒，古风不存"来形容当时的社会状态，并以极其恶毒的语言评价他的品性。普罗科匹厄斯用该书书的大部分篇章对查士丁尼统治期间的所作所为进行了揭露与批判，涉及多个方面。政治方面，皇帝曾支持蓝党胡作非为，使国家陷于混乱与动荡，后来又对他们进行了惩罚。他废除现行官职，设立了管理公共事务的新官职，但只是更换名字而已。皇帝事必躬亲，自己起草各种文件。他还更改君臣之礼，使之充满了奴性。经济方面，查士丁尼与塞奥多拉通过干预诉讼、伪造信件和遗嘱、权钱交易、官职出售、罗织罪名、直接处死等形形色色的卑劣手段直接或间接地剥夺罗马公民的财产。他想方设法从国家的经济生活中谋取私利。除了用尽各种敛财方法之外，他还想方设法"节流"，即剥夺律师的诉讼费用、医生和教师的津贴；将用于公众和娱乐的税收上缴国库；向面包销售者征收常年税（面包质量急剧下降）；拒绝维修高架引水桥。这些措施不仅降低了百姓的生活水平，而且使人们的吃饭、饮水和洗浴都成了问题。宗

---

① ［拜占庭］普罗科匹厄斯：《战争史》第1卷，王以铸、崔妙因译，商务印书馆2011年版，第94页。

教信仰方面，查士丁尼下令取缔被视为异端的教派，如孟他努派，强迫教徒改变信仰并剥夺其财产。但当基督徒受到其他教派人士的迫害时，他所做的就是罚钱了事。军事方面，查士丁尼命令军需官们尽量拖延士兵的军饷，废除了他们的津贴，不把阵亡将士的名单删除，也不添补名册中的空缺，使幸存下来的士兵丧失了晋升的机会。年老无用者则被剔除出军队，沦为乞丐。对外关系方面，查士丁尼给予蛮族大笔金钱以期得到和平。这种做法非但没有让他们停止残杀，反而刺激了各个部落的侵略欲望，导致战争持续不断。《秘史》对查士丁尼的刻画完全颠覆了人们传统印象中"查士丁尼大帝"的形象。以至于阿勒曼尼在阅读这本书的时候感到十分痛苦，整日愁眉苦脸，郁郁寡欢。

（十一）王烨《关于穆斯林占伊比利亚岛相关问题原因考》简介

王烨，河北大学历史学院历史学专业本科生，《关于穆斯林占伊比利亚岛相关问题原因考》（共 5802 字符）一文是他参赛河北大学历史学院第一届"毓秀史学"论文大赛作品，该作品荣获三等奖，指导老师为河北大学历史学院刘研讲师。

该文作者重点分析研究了两个问题：一是 8 世纪之初，穆斯林占领了伊比利亚半岛的大部分地区，但未能攻陷半岛北部被基督徒守护的小部分山区地带，其原因是什么？二是伊比利亚半岛的光复运动历时七个多世纪，其过程漫长且艰辛，直至 15 世纪末，基督教国家将穆斯林赶走，开始对半岛的统治。那么，半岛光复漫长且艰辛的原因是什么？

公元 711 年，阿拉伯人开始征服伊比利亚半岛，数年时间，占据面积达整个半岛的 3/4，将西哥特人、苏维汇人及汪达尔人等驱赶到半岛北部的坎塔布连山区以及比利牛斯山区一带。阿拉伯帝国在半岛设首府科尔多瓦，建立了自己的统治，从而西班牙开始了为期近 800 年的伊斯兰统治，作为阿拉伯帝国的一个行省，由倭马亚王朝哈里发任命的总督治理。然而，西班牙的基督徒开始反抗阿拉伯人统治的"收复失地运动"，从 8 世纪开始至 15 世纪末结束，经历七个多世纪之久。该文作者主要分析研究了两个问题：

第一，关于穆斯林未能占领全部伊比利亚半岛的原因。作者认为，穆斯林入侵伊比利亚半岛之初，几乎横扫整个半岛，但是被基督徒占领的西北部山区却一直没能被占据，这主要有六个方面的原因：一是法兰克人的阻碍。

公元 732 年，穆斯林被法兰克人击败，阿拉伯帝国止步于比利牛斯山以南。此后，穆斯林一直陆续对比利牛斯山北部作出攻势，但都没有成功，只能止步比利牛斯山南，法军对阿拉伯军队战争的胜利成功阻止了阿拉伯穆斯林军向北扩展的野心。"阿拉伯人的进攻受阻，不得不于 759 年全部退出法兰克王国。"[①] 二是北部基督徒的反抗。伊比利亚半岛北部基督徒对阿拉伯人统治的反抗和斗争。被穆斯林驱逐的基督徒在北部山地形成了很多基督教国家和势力中心，他们以此为基地，展开了大规模、持久的"收复失地运动"。三是骑兵征服过程中的不完全性。当时进攻伊比利亚半岛的主要是由柏柏尔人组成的轻骑兵。伊比利亚半岛西北部主要为山脉，地形复杂多样，谷地、河流众多，森林密布，不利于骑兵作战，客观上阻止了阿拉伯帝国向北扩展。四是北方与南方形成边境地带。在北方基督教国家与南部穆斯林统治地带先后形成边境地带，成功地阻挡了阿拉伯帝国向北入侵的进程。五是阿拉伯帝国内部的分化与对立。阿拉伯帝国内部的教派分化与对立导致帝国内部分裂与内斗，政权更迭，消耗了国家兵力，导致阿拉伯帝国无力进行征伐斗争。六是阿拉伯帝国多线作战。由于版图辽阔、多线作战，阿拉伯帝国对伊比利亚半岛等多地同时进行侵略战争，导致其兵力不能集中，因此大大削弱了作战能力。

关于基督徒在 15 世纪末占领半岛的原因。作者认为，"就收复失地运动的进程和规模而论，主要可分为三个阶段：8 至 10 世纪为第一阶段，即运动的准备阶段。半岛西北部诸王国如雷翁和卡提斯，不断扩展为收复失地积蓄力量，到 10 世纪，势力已经达到杜罗河流域。11 至 13 世纪为第二阶段，即运动的高潮阶段，双方的斗争最为激烈。11 世纪后半期，雷翁、卡提斯和阿拉冈的势力都壮大起来。1081 年，卡提斯王国占领托勒多城，把运动推向高潮。14 至 15 世纪为第三阶段，即收尾阶段。到 15 世纪末（1492 年）收复了阿拉伯人占领的最后一块领土——格兰纳达。收复失地运动彻底完成。"[②] 运动在 15 世纪末得以最终完成并非偶然，是多方面因素综合作用的结果，其原因主要有以下方面：一是国家情感和宗教认知。这是支持基督徒不断坚持反抗斗争的精神力量。"在阿拉伯人入侵西班牙的时候，西班牙人意识到的民族

① 朱寰主编：《世界中古史》，吉林文史出版社 1981 年版，第 100 页。

② 朱寰主编：《世界中古史》，第 103 页。

危机是与异教紧密相连的。"① 二是北部半岛国家坚持联合。半岛北部基督教国家坚持联合，长期进行反抗斗争，并先后形成几个斗争中心。这种联合的力量，对于收复失地起到了决定性的作用。三是十字军征伐。十字军的征伐削弱了阿拉伯帝国的统治力量。四是阿拉伯帝国的衰落。同罗马帝国一样，阿拉伯帝国内部也存在着开支问题，就当时的经济和技术而言，帝国的开支显然过大，无力补偿。② 由于人民起义的不断，沉重打击了阿拉伯帝国的统治。五是阿拉伯帝国的开明政策。阿拉伯帝国在伊比利亚半岛实行了比较开明的政策延缓了收复失地运动进程。后倭马亚王朝对被征服者采取宗教宽容政策，对没有改奉伊斯兰教的基督徒，只须担负少量的人头税和其他封建义务，对犹太人也给予一定的宽厚待遇。六是基督教国家自身的发展。12 世纪以后基督教国家自身政治、阶级和社会经济的发展为其进行收复运动提供了较好的基础和保证。12 世纪以后，随着收复失地运动的节节胜利，大大促进了城市经济的发展。七是基督教国家之间相互征伐。基督教国家之间的相互争夺和斗争阻碍了收复失地运动的进程。

最后，作者总结道，纵然阿拉伯帝国兵力强盛，在伊比利亚半岛的统治也十分长久，但是在反对阿拉伯人侵略的"收复失地运动"旗帜下，实现了北方基督教国家的联合斗争，经过 700 多年的浴血奋战，最终取得胜利。穆斯林在伊比利亚半岛曾经创造了高度发展的文明，其功绩不应被抹杀。半岛的统一以及西班牙和葡萄牙两个国家的形成对日后的人类历史产生了巨大的影响。

二、第二届"毓秀史学"学术论文竞赛获奖作品简介

青年大学生是时代的先锋，是时代精神的承载者和践行者。改革创新是我国当今的时代精神。为了培育大学生的创新精神和实践能力，2016 年，河北大学历史学院举办了第二届"毓秀史学"学术论文竞赛活动，活动从 3 月份开始启动，6 月组织老师评奖，共收到学生撰写的学术论文 50 多篇，评出

---

① 左皓劼:《从对峙到统一——中世纪西班牙的民族进程》，华东师范大学硕士学位论文，2005年，第 17 页。

② ［美］斯塔夫里阿诺斯:《全球通史：1500 年以前的世界》，吴象婴、梁赤民译，上海社会科学院出版社 1988 年版，第 400 页。

了一等奖 1 名，题目是"何以'劣绅'：从劣绅到'劣绅'现象的考察"（作者是历史学院历史学专业本科生王泽军）；评出了二等奖 2 名，题目分别是"楚墓'镇墓兽'管窥"（作者是历史学院历史学专业本科生艾虹）、"西洋药品在明清社会的流转"（作者是历史学院历史学专业本科生郭蒙蒙）；评出了三等奖 4 名，题目分别是"盛世华裳——唐人笔记中的唐代宫廷服饰"（作者是历史学院历史学专业本科生周智慧）、"性别、毒品、社会风化——晚清《申报》视野中的女堂倌研究"（作者是历史学院历史学专业本科生王婷）、"集中居住与文化适应——以邯郸市肥乡县三里堤为例"（作者是历史学院历史学专业本科生贺胜楠）、"浅析寇松与英属印度的西藏政策"（作者是历史学院历史学专业本科生郭元博）。

（一）王泽军《何以"劣绅"：从劣绅到"劣绅"现象的考察》简介

王泽军，河北大学历史学院历史学专业本科生，《何以"劣绅"：从劣绅到"劣绅"现象的考察》（共 25237 字符）一文是他参赛河北大学历史学院第二届"毓秀史学"论文大赛作品，该作品荣获一等奖，指导老师为河北大学历史学院郭晓勇副教授。

作者认为，20 世纪 20 年代以后，"土豪劣绅"概念作为一种晚近的革命话语、革命宣传手段，在国、共两党的革命斗争中都见到了身影。然而，研究发现，"土豪劣绅"的概念浮泛，原先仅仅是指谓劣绅，之后，作为绅士阶层整体的代名词，有一个从他指到后认的逐渐变化过程。这一概念在数十年的革命宣传后，俨然已经内化为一种思想资源而根深蒂固。

根据明恩溥的描述，中国乡村属于微型城市。由微观来看，则为中国人个体的放大。在这个自治王国中，地方上的重大事务交由少数人处理。明恩溥所理解的乡绅，大体是乡村的"头面人物"[①]。绅士概念的界定纷繁复杂，要因时因地去区分。太平天国运动以前的士绅群体、清末民初的绅士阶层乃至其后"土豪劣绅"的出现，不断涌现的新名词令人困惑。虽然总体来看，近代绅士集团是逐渐走向没落的，但民初士绅与"土豪劣绅"的关系究竟如何呢？这正是该文作者关心的问题。

作者认为，资本一般有三种最根本的形式即物质资本、人力资本与社会

---

① ［美］明恩溥：《中国乡村生活》，午晴、唐军译，时事出版社 1998 年版，第 99—100 页。

资本。简而言之，通过对血缘和地域网络的掌控，绅士群体自身能紧紧地团结在一起，加之其拥有的物质资本优势，利用赈灾等平台，极易转换为较高的社会声望，强化原有的社会关系，从而进一步提升已有的社会资本。地方望族和乡绅是借助"修族谱、建家庙、设义田等"及"二族之间的世代联姻"以建立并维系严密的宗族组织，除此之外，以"修建桥梁、创立会馆、举办赈灾活动、建立仓储制度等方式"控制地方社会。①

如何认识 20 世纪二三十年代"打倒土豪劣绅""有土皆豪，无绅不劣"等政治口号及相关绅士"劣化"问题，有如下几种主要观点：其一，以杜赞奇为首，强调"国家内卷化"的作用。认为该运动与"乡村中的政权内卷化"造成的一种恶性循环关联较深。同时，他认为，共产党在 20 世纪二三十年代的打土豪等动员民众的口号是因为长期存在的国家政权"内卷化"的事实导致的，而"共产党政权的建立标志着国家政权'内卷化'扩张的终结"②。其二，有学者从晚清的"清末新政"时期开始爬梳，提出"新政"给传统士绅权力提供了合法性基础，诱使绅民矛盾激化。其着重强调"绅"的"权绅化""劣绅化"趋势与乡村社会公共利益和权力的制度性变迁密切相关。其三，绅士的传统"继替常轨"消失即科举废停，加诸种种原因，政府并没有能够妥善处理大批及既无法通过科举取得功名，又无法进入新式学堂接受新教育的"过渡群体"问题，从而致使乡绅裂变与劣化。

那么，究竟什么算是"土豪劣绅"？作者认为，对"土豪劣绅"的指谓并不一致，侧重点也各有不同。政党大体上是将"土豪劣绅"归为政治打击对象，而普通民众则多是将其列为道德批判对象。除语义概念的界定多种多样之外，"土豪劣绅"词汇在不同语境下的使用也较为丰富。一是根据不同语境背景，作为与被打压对象的类比或其同一阵营而存在。大革命时期，多将土豪劣绅与帝国主义、军阀等词语连接在一起，称其为帝国主义的走狗或爪牙。抗日战争期间，农村工作讨论会第一次讨论题目为"土豪劣绅问题"，认为抗战以来，全民族到了生死存亡的时刻，需要动员群众，因此必须清除平

---

① 衷海燕：《清代江西的乡绅、望族与地方社会——新城县中田镇的个案研究》，《清史研究》2003 年第 2 期。

② ［美］杜赞奇：《权力、文化与国家：1900—1942 年的华北农村》，王福明译，江苏人民出版社 2003 年版，第 213—214 页。

日里对上侵蚀国家收入、对下吸吮老百姓血汗的"土豪劣绅"。二是"土豪劣绅"也时常被作为泛化概念为更广意义上"绅士"群体的代表出现。五卅运动时，共产党与共青团就直接将"绅士、大商、学者、军阀"等归为背叛民族利益的人加以批判。大革命初期，共产党打算联合全体农民，团结佃农、雇农、自耕农与中小地主，提出打倒土豪劣绅的口号，事实上是打倒大地主。

目前的研究认为，土豪劣绅所倚仗的资源基础是武力与财力。除此之外，还认为近代以来，士绅阶层扮演着赢利型经纪人的角色，并且其在"知识储备、专业职能等方面"难以胜任乡村改造的角色，与国家在现代化场域中的角力失败，从而导致农村破产、士绅形象负面化。但如若仅仅如此，那根本无法解释一些相当繁复的问题。但如果我们将"土豪劣绅"纳入革命动员宣传的角度观察，就会发现以下有趣的现象：一是应该利用革命宣传改变长期形成的农民意识。以往绅士作为乡间名流，颇受一般民众的爱戴，如果这个旧"偶像"被推翻，取而代之的是新"领袖"，那么革命就很容易被动员起来的。二是需要将具体的现象与抽象的革命理念相结合，其要点在于强调农民贫穷的生活环境。因为，贫苦农民要摆脱穷困和痛苦的境遇，就必须起来革命。三是革命动员宣传是为更有效的革命斗争作铺垫。反对"土豪劣绅"是开展工农群众土地革命的诉求之一。打倒"土豪劣绅"极大地适应了宣传动员农民参加革命的需要。

最后，作者总结道，民国以来，绅士阶层的传统资本优势的或缺使得整个绅士阶层脱离了原先的定义范畴，加之时人有意无意地引导，致使整个"绅士"语境逐渐开始歪曲本来面貌。其中"土豪劣绅"的概念则大体上为他指后认，其内涵外延基本上会发生因时因主体而异的衍化。虽然有其渊源流变，但对于学人而言，必须剥离后人强加的"外衣"，方可认清原有的本质。打倒"土豪劣绅"既是一种革命话语、革命动员宣传手段，也是一种革命斗争策略。对于打倒"土豪劣绅"运动的考察如若是从起初政党发展、争逐权力中心、树立在乡土社会的权威等角度看，无疑是成功的。

（二）艾虹《楚墓"镇墓兽"管窥》简介

艾虹，河北大学历史学院历史学专业本科生，《楚墓"镇墓兽"管窥》（共 5869 字符）一文是其参赛河北大学历史学院第二届"毓秀史学"论文大赛作品，该作品荣获二等奖，指导老师为河北大学历史学院衣长春教授。

作者认为，镇墓兽的发现最早见于战国时期的楚墓，它反映了楚文化的特征，是我国后世镇墓明器的重要源流。作者以楚墓镇墓兽为研究对象，通过对镇墓兽材质、形制、使用规制的研究，揭示了楚文化中镇墓明器的使用制度。由于楚地手工业发展，镇墓兽经历了由兽面兽身向人面兽身的演变，反映了楚人思想观念的变化。

关于镇墓兽的考古出土情况。作者认为，镇墓兽是先秦楚墓中最典型的器物，自20世纪30年代以来，在先秦楚国地域范围先后出土镇墓兽300多件，范围遍及今湖北、湖南、安徽、河南及陕西等，其中，湖北江陵地区最为集中，河南、安徽两地数量较少。这成为东周时期颇具地方特色的丧葬文化。

1937年，长沙地区大量楚墓被盗，被盗楚墓中的"镇墓兽"开始出现在世人眼前，引起了人们的关注和研究。由于造型怪异、形象恐怖，日本学者称这种随葬品为"镇墓兽""山神像"等，中国学者称这种随葬品为"楚漆蛇""木鬼方座"等。"镇墓兽"之所以被广泛使用和认同，主要是它能更形象地表现这种随葬品的特征与功能。随着楚地考古的推进，一批富有地域特色的镇墓兽相继出土。其中，以楚国故都纪南城为中心的江陵地区出土的楚墓镇墓兽最为集中。

从发掘情况看，镇墓兽在大中型楚墓中较为常见，镇墓兽的使用阶层多为士阶层以上的楚国人群。一般而言，每座墓中有一件镇墓兽，出土位置大多在头箱内或棺椁之间的头端。"镇墓兽的基本材质是木料，多由木质底座、兽身和麋鹿鹿角三部分组成"①。

关于类型学分析与年代分期。作者认为，"在考古发掘所见的楚墓镇墓兽中，可分为单头单身镇墓兽、双头双身镇墓兽两种形制。除此之外，还有较为原始的镇墓兽和难以分类的异形镇墓兽。一是原始镇墓兽，称为'祖型'。这一类型发现较少，以湖北当阳赵巷M4和当阳曹家岗M5出土镇墓兽最为代表"②。此类镇墓兽仅有底座和头身两部分，较为原始。二是A型单头单身镇墓兽，由木质兽身、底座和鹿角组成，此类镇墓兽出土最多，相对复杂，可分为四式。三是B型双头双身镇墓兽。由兽身、底座和鹿角构成，可视为两

---

① 艾虹：《楚墓镇墓兽管窥》，《文物春秋》第5期。

② 艾虹：《楚墓镇墓兽管窥》。

个单头单身镇墓兽的结合体，此类镇墓兽形制相对简单，形制大体相同，差别不大。四是异形镇墓兽。此类镇墓兽数量相对较少，难以归类，但却富有特色。

通过对楚墓镇墓兽进行类型学分析和出土年代排序，按照春秋中期至末期、战国初期至中期、战国晚期三个阶段，对镇墓兽进行了年代划分。

对于相关问题讨论。作者通过对楚墓镇墓兽的类型分析，对以下三个问题展开了讨论：一是形制演变规律。"镇墓兽在尺寸上出现了小—大—小的演变过程；兽身出现了简单的单头单身到复杂的双头双身，再至类人面的演变过程"①。二是使用阶层情况。楚墓镇墓兽为一棺一椁以上葬具的大中型墓葬，最多达两椁三棺，其墓主的等级为士到封君之间。三是时空差异。"在时间上，以春秋中期到末期为镇墓兽文化的诞生阶段，战国初期至中期为繁盛阶段，晚期为颓废期，镇墓兽文化是伴随楚国国力与楚文化的影响而兴废的"②。

最后，作者总结道，楚文化是一种神秘和浪漫的考古学文化，"镇墓兽是楚文化的典型器物，是当时楚地社会上层丧葬文化的组成部分"③，是我们研究楚国思想文化和生死观念的重要材料。

（三）郭蒙蒙《西洋药品在明清社会的流转》简介

郭蒙蒙，河北大学历史学院历史学专业本科生，《西洋药品在明清社会的流转》（共22573字符）一文是她参赛河北大学历史学院第二届"毓秀史学"论文大赛作品，该作品荣获二等奖，指导老师为河北大学历史学院崔军锋讲师。

作者认为，16世纪的西人来华，以及伴随而来的西方文化入华，对中国以及中华文明来说，都是一件不容忽视的历史事件。西方医药学也随西人而入华，对中国医药学的发展产生了一定的影响。西药入华的背后，承载的是西方文明与东方文明的交流碰撞，研究西药入华也就成为中西文化交流研究的一个重要问题。西药入华后，以其治病救人之效用流传于中国社会特别是上层社会，对许多疾病的治疗产生了重要作用。西药之于中国医学史的意义，对于中国医学的影响需要引起重视和思考。关于早期西医入华史的研究，概

① 艾虹：《楚墓镇墓兽管窥》。
② 艾虹：《楚墓镇墓兽管窥》。
③ 艾虹：《楚墓镇墓兽管窥》。

况性的著作主要有马伯英《中外医学文化交流史》、李经纬《中外医学交流史》和邓铁涛、程之范主编的《中国医学史》等。在前人研究的基础上，作者对明末至1840年以前西药的入华途径、传入种类和地域特征等进行了系统探讨。

关于西药的传入。作者认为，主要有四种途径：一是远航与商贸。十五六世纪，欧洲人的远洋航行是充满风险的，尤其是疾病在船上的流行夺走了许多人的生命。后来，远航船配备了药房和药剂师，情况才大为好转。就中国而言，远航船队到达澳门，船上所带的药品也随之进入中国。新航路开辟以后，西方航海国家迅速在东方建立了很多据点。嘉靖年间，葡人"租借"澳门之后，澳门也成为葡萄牙在东方建立的一个据点。之后，中西贸易不断发展，西洋诸国借航海之便，将大批货物运至中国，诸如鼻烟等西洋药品也随着这些货物入华。二是传教。在整个近代中西文化交流过程中，传教士一直是一个重要桥梁。尽管行医传教与天主教会的教义有许多不符之处，尽管天主教"官方"并未明确表示教士能够行医，但事实上，明清间传教士为了达到自己传教的目的，经常采用行医施药的方式，而这种方式也被证明是有效的。传教士在中国行医传教主要有两条路径，第一条是针对包括皇帝在内的上层路线，第二条是广泛接触平民百姓的下层路线。传教士在明清之际西药进入中国进程中的贡献甚至超过了同时期的殖民者和商人，正是由于他们的努力，西药才得以在中国流传开来，进入宫廷与民间。三是使团。明清之际，西洋诸国也开始和中国有了交流。至于双方这种类似于朝贡贸易（即使西方国家或许并不认同这种关系）的交往始于何时，《澳门纪略》中有"国初顺治十年，称'荷兰'，一曰'贺兰'，始通朝贡"。[①] "康熙中，西洋始通贡。"[②] 但查诸史料，双方之间的官方交往最迟应推至明末。早在清军入关之前，葡萄牙政府就曾派葡国士兵入华，并携带三门火炮，帮助明军抗清。清朝入主中原以后，并未因此与西人结怨，反而准许洋人在广东澳门地区居住，并在禁海之际恩准洋人不必内迁。为了与中国政府建立良好的关系，西方国家曾多次派遣使团进京贡献方物。统治者，特别是热心于西学的康熙帝，曾多次命人寻找西药。在中国的洋人组织和个人，为了取悦朝廷，方便贸易、

---

① 印光任、张汝霖：《澳门纪略》，赵春晨点校，广东高等教育出版社1988年版，第53页。
② 印光任、张汝霖：《澳门纪略》，第57页。

传教事业的开展，也乐于迎合统治者的喜好，将自己手中的药品进献。四是台湾。台湾是中国范围内较早有西洋人进入、传播西学的地区之一，西药之入台湾也是西药入华的一个途径。17 世纪，荷兰从西班牙获得独立，并迅速成长为航海和贸易强国。荷兰人远渡重洋到达台湾，两地气候殊异，来台的荷兰殖民者多有水土不服之症，加上台湾既已成为荷兰的一个据点，赖之以发展贸易、促进商业发展，就不可避免地要对据点中的基础设施进行完善和建设，医院、药房、医生，不可或缺。在荷兰据台的三十八年中，荷兰东印度时常派遣医生进入台湾，当然，主要从事的只是对荷兰人的保健工作。由于早期进入中国的西人对中医、中药的不信任和排斥，因此他们所使用的药品多为从欧洲带来的西药。

关于西药在中国社会的传播。作者主要分析了药物学著作及在华西药，西药在宫廷、在民间的传播情况，西药在明清小说中的描述等。一是药物学著作及在华西药。伴随着西药在中国社会的传播，中西学人关于西药的著作也开始出现。今日尚可见到的有关西药的著作主要有：《西洋药书》《本草补》《〈本草纲目〉拾遗》。二是西药在民间。西药在民间的传播并不像在宫廷中的有大量史料可供参考。西药在民间的使用流转情况主要散见于传教士的作品中。三是明清小说中的西药。如《红楼梦》第三十四回中，宝玉遭父亲毒打之后，王夫人给他两瓶膏药："袭人看时，只见两个玻璃小瓶，却有三寸大小，上面螺丝银盖，鹅黄笺上写着'木樨清露'，那一个写着'玫瑰清露'。袭人笑道：'好金贵的东西！这么个小瓶儿，能有多少？'王夫人道：'那是进上的，你没看见鹅黄笺子？你好生替他收着，别糟蹋了。'"[1] 引文中提到的两种药露，"据方豪先生考证，应是西洋药品。"[2] 同时，作者还分析了西药在中国使用的个案，如金鸡纳霜、胭脂红酒和葡萄酒等。

最后，作者总结道，明清之际，西洋药品随西人航海而来，经传教士之手，在中国传播开来。但是，这一时期进入中国的西药，种类少，数量有限，也并未得到广泛流传。特别是在民间社会，百姓的排斥、经济条件的限制，都使得西药在中国流传的过程不甚平坦。在上层社会，康熙朝西药的使用可谓进入一个黄金时代，但随后各朝的禁教闭关政策，又使得西药流传不能延

---

① （清）曹雪芹、高鹗：《红楼梦》，人民文学出版社 2005 年版，第 453 页。
② 方豪：《六十自定稿》，台湾学生书局 1969 年版，第 434 页。

续那个短暂的黄金时代。明清时期，西药入华的规模有限，进入中国以后，对中国社会产生的影响也极其有限，但却不能否认其历史功绩。早期西药入华，给中国平静已久的医学界带来了一丝震动，也成为中西文化交流史上的一个重要事件。

（四）周智慧《盛世华裳——唐人笔记中的唐代宫廷服饰》简介

周智慧，河北大学历史学院历史学专业本科生，《盛世华裳——唐人笔记中的唐代宫廷服饰》（共 11732 字符）一文是她参赛河北大学历史学院第二届"毓秀史学"论文大赛作品，该作品荣获三等奖，指导老师为河北大学历史学院申慧青副教授。

服饰，代表着一定时期的社会文化。宫廷服饰则是一定历史时期社会文化的集中体现，它们处于整个社会服饰的最前沿，引领着当时人们的服饰潮流。有关唐代宫廷服饰的描述，正史里有一定的记载，但较少细节性的描述。而唐人笔记中有不少关于宫廷服饰的记载，可以补正史之阙。该文作者通过对笔记的归纳和整理，从四个方面叙述了唐代宫廷服饰的特色。

关于皇帝和其亲随宦官的宫廷男性服饰。作者认为，李渊父子于公元 618 年灭隋建唐，中国逐步进入古代历史上辉煌灿烂的盛唐时期。中国自古以来就是衣冠大国、礼仪之邦。翻看《礼记》，里面分门别类地记载着各方各面的繁缛礼节，尤其在服饰方面，有着一套严格的规范。经过长期的继承、演变和发展，唐代的服饰制度在整个中国古代服饰制度的演变中起着承上启下的重要作用。"唐初受命，车、服皆因隋旧。武德四年，始著车舆、衣服之令，上得兼下，下不得拟上。"[1] 唐初规定，唐朝的衣冠制度大都沿袭隋朝旧制，并且有着严格的等级划分，以表示人们高低不同的社会身份。《隋唐嘉话》载："三品以上服紫，四品以上朱，六品七品绿，八品九品以青焉。"[2] 官员品级高低不同，服色要求亦不相同，以此来彰显人们社会地位的高低。官员服饰尚且如此，宫闱之内对服饰的要求则更为严格。宫廷是国家最高统治者生活的地方，这里除了居住着当朝天子之外，还有其身边的亲随宦官；此外还有女性成员，其中包括皇后、六宫妃嫔及侍奉其生活的女官和侍女。他们

---

[1] （宋）欧阳修、宋祁：《新唐书》，中华书局 1975 年版，第 511 页。
[2] 刘餗：《隋唐嘉话》，中华书局 1979 年版，第 19 页。

对衣着打扮的取舍，一方面是社会审美的具体反映，另一方面也受到礼教与风俗的影响。

关于宫廷女性的服饰。作者认为，在唐代的宫廷中，除最高统治者皇帝及其侍从外，还有一批生活在宫中的上层女性成员。其中主要有皇后、嫔妃、公主、女官、侍女等女性。她们的衣着配饰亦是当时上层社会女性的潮流指南。如皇后的服饰，皇后为后宫之首母仪天下。皇后贵为一国之母，其服有"袆衣、鞠衣、钿钗礼衣之服"①。"袆衣者，受册、助祭、朝会大事之服也；鞠衣者，亲蚕之服也；钿钗礼衣者，燕见宾客之服也。"②这三种服饰均是皇后在礼节性场合所穿的礼服。袆衣，是皇后在受册、助祭、朝会之大事时所穿戴服饰。由深青色的布料罗织而成，且该衣上绣有五彩翚翟的图案，翚翟原指野鸡，后比喻妇女有美好的德行。鞠衣，是皇后在躬亲蚕事时所穿礼服。《旧唐书》载：鞠衣，由黄罗织成为黄色，其蔽膝、大带及衣革带、舄的颜色也与衣服相同，其他配饰和袆衣一样，唯独没有花样装饰。③钿钗礼衣，皇后在燕见宾客之时所穿之服。《旧唐书》载：钿钗礼衣，为杂色布料织成，和鞠衣的样式基本相同，只是衣服上没有图案和佩绶，脚穿履而非舄。④再如命妇的服饰，唐制内命妇为贵妃、淑妃、德妃等为夫人，正一品；昭仪、昭容等为嫔，正二品等等。外命妇为皇帝的姑姑为大长公主，帝之姊妹为长公主，帝之女为公主，正一品等等。⑤关于命妇的衣冠配饰，据《旧唐书》可知，五品以上内外命妇服钿钗礼衣，制同翟衣，品级不同，相应的钿数亦不相同。六尚、宝林、御女、采女、女官在重大场合服有礼衣，颜色为杂色，和钿钗礼衣基本相同，只是没有首饰装饰。

关于宫人服饰中的胡化现象。作者认为，唐朝宫人的服饰深受胡化影响，此现象在唐人笔记小说中深有反映。《大唐新语》载："武德、贞观之代，宫人骑马者，依《周礼》旧仪多着幂罗，虽发自戎夷，而全身障蔽。"⑥幂罗，形制长而大，起源于西域少数民族。《通典》载：附国，即西汉之夷，其俗有

---

① （后晋）刘昫：《旧唐书》，中华书局1975年版，第1955页。
② （宋）欧阳修、宋祁：《新唐书》，第516页。
③ （后晋）刘昫：《旧唐书》，第1955页。
④ （后晋）刘昫：《旧唐书》，第1955页。
⑤ 周锡保：《中国古代服饰史》，中国戏剧出版社1984年版，第195页。
⑥ 刘肃：《大唐新语》，中华书局1984年版，第151页。

"多以幂罗为冠"。从头而下，直至两膝，为遮蔽全身之用。幂罗多用黑色轻薄的纱罗制成，给人以若隐若现之感，当妇女想要见人视物时，可用手拨开。直到神龙末年，幂罗才逐渐消失。在唐代的服饰中，只有幂罗的记载而没有画像。在永徽之后，帷帽开始流行。《大唐新语》载：永徽之后，皆用帷帽施裙，到颈为浅露。帷帽，如今席帽，周围有垂网。根据唐代绘画和出土的唐俑分析，宫人妇女骑马时所戴帷帽，是一种斗笠状的帽子，四周有纱网遮盖至颈肩部，比幂罗形制小，都是遮掩之物，至开元时帷帽被废止。至玄宗朝时，胡帽、胡妆、胡骑、女着男装尤为盛行。可以看出，当时宫人服饰所受胡服影响之深，从武德、贞观年间，幂罗在宫中广为流行；则天之后帷帽盛行，幂罗渐渐消失；至开元天宝时，胡帽、胡妆、衣男子装成为流行。宫人的服饰亦从武德、贞观时全身障蔽，永徽之后的渐为浅露，至开元初的靓妆露面，无复障蔽，衣男子装，可见当时整个社会风气的开放。

最后，作者总结道，在中国古代社会中，服饰不仅仅是当时社会文化的一种反映，它同时也发挥着区分人群、强化权力与分配利益的功能。历朝都有一套严格的服制规定以加强皇权，唐朝也不例外。《服周之冕》中唐初君臣冕服倒置问题的解决，就体现出服饰为政治权力服务的特点，事关君臣名分。《周礼》作为经典也得做出让步。对各个阶层的人们在不同的场合做不同的服饰要求，就是要人们老实本分地生活在统治者为其规范好的社会秩序内，而对于宫廷成员而言更是要严格地遵循这种秩序。

（五）王婷《性别、毒品、社会风化——晚清〈申报〉视野的女堂倌研究》简介

王婷，河北大学历史学院历史学专业本科生，《性别、毒品、社会风化——晚清〈申报〉视野的女堂倌研究》（共14821字符）一文是她参赛河北大学历史学院第二届"毓秀史学"论文大赛作品，该作品荣获三等奖，指导老师为河北大学历史学院郭晓勇副教授。

该文作者以《申报》中对中国最早的自由女性职业——女堂倌的刊载为研究题材，透过女堂倌的缘起、发展、禁止等现象，对女堂倌当时所处的社会环境与社会风化进行了细致研读，揭示了晚清上海社会变革中女性扮演角色与传统伦理道德的矛盾冲突。

关于女堂倌的兴起与兴盛。作者认为，鸦片战争以来，毒品肆意涂流，

特别是处于通商口岸的租界上海，消闲娱乐服务业日益兴旺，烟馆业也不例外。由于烟馆数量的繁多，烟馆主为拉揽顾客，增强竞争力，便开始雇佣年轻女子为跑堂，为客人端茶倒水，称为"女堂倌"。1872年在《洋场竹枝词》中有一句："设得迷人新局阵，烟楼添有女堂倌。"这一新兴女性服务，从它一出现就吸引了全社会的眼球。烟主雇佣女性，出发点是为自己招揽生意，而女性在当时社会地位低下，以妓院、戏子等一系列出卖色相与身体的女性映象的条件下，烟主的主观意愿同样是凭借女性色相为自己招揽顾客。烟主确实达到了自己的目的，在美色与大烟双面吸引下，大量顾客蜂拥而至。正如《申报》中言："一二百钱亦恣足其调戏，不顾体面并且视为无伤，以故无贵无贱，若老若幼，争趋如鹜，而不知耻。"既有美色，又有烟香，价格低廉，三全其美，这样，女堂倌在上海这个消闲娱乐发达的城市火爆起来。妇女贪人厚赏，不顾廉耻，调谑无状，或坐其膝上或一榻横陈，其秽亵有不堪言者，开店者因借此获利。这种女堂倌服侍男子的色情成分，成为店主敛财的途径。

关于女堂倌盛行原因分析。作者认为，在新旧激荡的时代，不仅需要男性在社会上打拼，一直处于家庭主内的女性也被迫开始抛头露面。"自通商而后，土布滞销，乡妇不能得利，往往有因此而改业者。"[①]大量妇女因为家庭贫困出来谋生。而最终选择女堂倌这个职业，原因有二。一是这个职业与妓女等卖淫服务毕竟不同，虽然烟馆主的思想中有以女性姿色吸引顾客的成分，但是女堂倌的本职工作只是端茶倒水等近似于女仆、女佣等性质的工作。正如《申报》中言："盖所谓女堂倌者，无非递烟倒茶，以供使役，如仆婢然，乌得云异。"所以大部分妇女认为女堂倌无伤大雅，可以接受。二是这个职业的收入确实不可小觑。除了工资、赏赐外，由于和顾客一时产生的私交，能够获得很多的额外收入，例如首饰，衣服等。更有甚者，女堂倌趁客主吸烟迷离状态，偷走客主财物。如竹枝词所言："牙签时样挂胸前，戒指黄金更值钱，却被女堂收拾去，后来诚恐不完全。"除此之外，还有一个弃家不归的原因，就是在这里即使已婚依旧可以找到一位相约伴侣。这要从当时混乱的社会风俗、堕落的伦理道德说起。由于外地各色各样的人涌入，更多的人没有

---

① 李维清：《上海乡土志》，上海古籍出版社1989年版，第103—104页。

家庭或是远离家庭，于此，出现来沪结识后相互帮助，暂时组建"家庭"——姘居。

关于女堂倌遭禁原因的分析。作者认为，随着烟馆女堂倌的兴盛，它所带来的弊端自然也会随之被推到风口浪尖。于是有了一系列的女堂倌遭禁风波。而女堂倌遭禁的原因是不能一带而过的。首先，从毒品角度分析，女堂倌的寄生处是烟馆。毒品的危害家喻户晓。只不过处于通商口岸的大都市上海，虽然政府要求禁烟，但由于外国势力以及国内与毒品相关事业的缴税率之高，因而，政府禁烟一直处于半明半隐，睁一只眼闭一只眼的状态，随着女堂倌的猖狂，若老若幼，趋之若鹜。禁烟不得不应社会绅商等人的要求提上日程。同时许多禁烟文章在《申报》刊载，女堂官自然也成为舆论所批判的对象了。其次，从性别角度看，女堂倌，突出"女"字，本是男性的职业角色，却换成了女性。这与中国传统社会的三纲五常、男尊女卑的道德要求和女性足不出户、大家闺秀的形象背道而驰。关于女堂倌伤风败俗的文章在《申报》中也有很多记载。如《伤风化论》中对女堂倌的行为描述："不顾廉耻，调谑无状。或坐其膝，或一榻横陈，其秽亵有不堪言者。"这种行为举止与妓女性质是等同的。再次，女堂倌的出现引起社会其他商业部门的反对。女堂倌的出现，使烟馆的生意蒸蒸日上，而其他娱乐消遣的商业如妓业、女艺业却因此落没了许多。这些娱乐商业已经对女堂倌恨之入骨。同时，烟馆女堂倌对其他商业的伙计、职员等的吸引，以致给其他商业造成威胁。由于有些其他商业的伙计、徒弟、职员去烟馆娱乐，几乎花光了自己所有的工资和积蓄，于是出现了盗窃自己公司钱财并逃跑的事件。

最后，作者总结道，通过《申报》，了解晚清上海产生的这一新兴职业，以它为研究中心，从与它相关的毒品、女性传统观念、上海社会环境与伦理道德、风俗开化、商业发展进程等一系列内容研究入手，能够较为全面地剖析女堂倌的发展历程。虽然女堂倌只是一个简单的职业，但它的出现在晚清上海社会变革时期确是一个很有研究价值的现象。它反映当时晚清上海社会变革中女性角色与传统伦理的矛盾冲突。女堂倌完全被蒙上祸心之说，男性认为女堂倌是导淫祸心，男客则是被引诱的受害者，一切罪责均由女性承担。女堂倌不恪守男尊女卑，突破男女之防，实为大逆不道之行为。男权主义在此体现得淋漓尽致。实际上，女堂倌的出现反映了晚清上海社会生产、生活方式的深刻变化。女性挤入社会公共领域，改变了社会职业男性为主的状况，扩展了女性的生活空间，对于改变传统的家庭生活方式，为以后的男女平等、尊重女权等奠定了基础。

（六）贺胜楠《集中居住与文化适应——以邯郸市肥乡县三里堤为例》简介

贺胜楠，河北大学历史学院历史学专业本科生，《集中居住与文化适应——以邯郸市肥乡县三里堤为例》（共12072字符）一文是他参赛河北大学历史学院第二届"毓秀史学"论文大赛作品，该作品荣获三等奖，指导老师为河北大学历史学院刘洁副教授。

作者认为，河北邯郸肥乡县三里堤村在上级政府的规划下，于2009年建设"新民居"工程，但该村居民并没有按照政府原来设想全部搬入新民居，而是部分迁入新居，部分留在原来的老村庄，这种局面主要是由于人们对新民居的不同认识造成的。搬入新民居的居民生活逐渐向城市居民靠拢，与驻村居民的生活形成了鲜明对比。但住房结构和生活环境的改变也影响着"新民居"居民的归属感。该村"新民居"工程为农村城镇化研究提供了一个个案。

集中居住是近些年出现的新生事物，其利弊得失自然引起多方面的关注。三里堤村于2009年开始实施"新民居"工程，搬入新民居的村民进入了集中居住状态。作者以三里堤村为研究个案，对该村村民买或不买新民居的原因、对集中居住的看法、村民生活的变化、传统习俗的保持情况、集中居住的适应情况进行调查和研究，试图为中国的城镇化研究提供一个个案。

关于三里堤村"新民居"的建设情况。作者认为，如果三里堤村的"新民居"工程按照计划顺利完成，将大大推进该村城镇化进程，但是它没有想象中那么顺利。村民没有缓冲适应的时间；村干部的劝说工作不到位；说好的购买新居老宅归公，每户补贴2万块的事不了了之，一小部分村民认为受到了欺骗，利益遭到侵害，拒绝居住新民居。全体居民"上楼"的目标没能实现。所以"新民居"工程建成后，一部分村民买了新民居，家里的老宅由老人居住或者闲置；另一部分村民仍旧留在村子里。所以现在该村形成了小区和村庄两个系统，存在村内居民老龄化和小区居民年轻化的问题。经过作者对20户人家共86人的访问、调查，对相关问题及其原因进行了梳理。

关于村民购买新民居的原因。调查表明：其一是"随大溜"。首先提到的占28%，其次提到的占54%。"随大溜"这个理由有点牵强。可能是"新民居"工程启动后，村民了解了国家相关政策之后心里有买房的想法，随后在相互的交流中发现"原来大家跟我想的一样"。其二是结婚。首先提到的占43%，其次提到的占32%。这条理由应该说是很现实的一条。因为，结婚是买房的重要理由。其三，老房子的新旧问题。首先提到的占7%，其次提到的占33%。从村中观察可以发现，村子中的老房子存在着很大的差别，因而，人们期望得到的补偿也就不同。其四，大队不让自己盖房子。首先提到的占13%，其次提到的占41%。新民居建成后村委会禁止村民自己盖房，否则便断水断电。村民不敢跟村委会过不去，可结婚需要新房，住房老旧了需要新房，而且楼房一期比一期贵，村民自然争先恐后地扎进"买房潮"。

关于村民不买新民居的原因。作者认为，村民不选择集中居住主要是因为不习惯。庭院对农民来说作用巨大，是田园牧歌式生活必不可少的部分。院子里是村民自己种的菜，栽的树，挖的井，养大的家禽家畜；村民习惯了在院子里聊天、吃饭、洗衣服、晒被子；习惯了用大大的和精心收拾装点的院子赢得邻里的赞叹羡慕。没了院子，中老年人觉得"憋闷""不敞亮"，有种"伸不开腿"的感觉。没了院子，年轻人会觉得少了那么点浪漫情怀！这些人并不多，主要是高中毕业的年轻女孩或者在读女大学生。她们认为，田园生活应该是院子里种着树和花，春天和夏天有鸟儿和蝴蝶飞来飞去，阳光温暖时可以搬一把椅子在院子里喝茶、晒太阳。没有了院子就好像远离了田园生活。

关于集中居住与传统习俗的危机。作者认为，村民集中居住后传统的习俗面临挑战，因为举行传统的仪式需要场地。调查发现，老宅的存在能够减缓传统习俗被抛弃的速度。比如办婚礼，村子里结婚一般不去饭店，就在家里请客办婚礼。婚礼前三四天随礼。结婚要宴请四天。主人家要租一大堆桌子、凳子、盘子和碗回来，请村里经常负责这些事的老爷子来做饭等等。现在老宅不存在了，婚宴就必须要由饭店负责，结婚仪式必然也会城市化。传统习俗反映的是古人的世界观和价值观，现在时代变了，与传统的仪式对应的某些思想已经在岁月里走失了。僵化的仪式是没有生命力的！针对现在年轻人对传统习俗不在乎或者不懂的态度，一位48岁的妇女说："这些东西都是我们老了，做不动了以后才传给你们这些小的，告诉你们具体该干啥。这就叫传承！现在我们还能干好多年呢，你们跟着就行了！"长辈活着的时候会把父辈传下来的礼节仪式一丝不苟地做好，但是对儿孙的要求并不严厉，因为他们对传统习惯也存着疑虑。有几位50岁左右的村民说他们现在做的这些都叫迷信。这说明不少村民是出于习惯保持着传统的习俗，但是，他们不知道为什么要保持，保留这些仪式的意义在哪里！懂得每一个传统仪式背后意义的人都已经七老八十了，甚至他们知道得都不全！老人使传统习俗的意义得以流传，老宅使传统的仪式得以保留。但是，随着搬入小区村民的增多，我们连僵化的仪式都保不住了，又如何发掘仪式背后的思想内涵，何谈传统的复兴呢？

最后，作者总结道，无论是集中居住的村民还是驻村村民都希望实现农村城镇化。不管是"上楼"还是"驻村"都是村民慎重思考后做出的选择。新民居更容易被年轻有活力和富裕的村民接受，比较保守的村民已经习惯了自己的生活环境和生活方式，不愿再换。尽管没有实现全部村民上楼，但是，新民居工程仍然给村民生活以巨大的冲击。村民的思想观念和生活习惯在向市民靠近，城乡差距在进一步缩小。

（七）郭元博《浅析寇松与英属印度的西藏政策》简介

郭元博，河北大学历史学院历史学专业本科生，《浅析寇松与英属印度的西藏政策》（共8781字符）一文是他参赛河北大学历史学院第二届"毓秀史学"论文大赛作品，该作品荣获三等奖，指导老师为河北大学历史学院韩玲讲师。

作者认为，1898—1905年担任印度总督的英国政治家寇松，对中国西藏实行前进政策，主张英属印度与西藏地方政府直接接触，制造缓冲国，发动了第二次侵略西藏战争，逼迫清政府签订了《拉萨条约》。他的西藏政策维护了英国的全球利益，遏制了俄国势力向西藏的扩张，保证了英国在喜马拉雅山一带的安全环境，同时，也严重损害了中国的主权。

关于寇松对英属印度西藏政策的改变及表现。作者认为，西藏自古以来是中国的领土，清政府也一直对其享有主权和实际管辖权。自19世纪中期开始，英国为打开中国市场，通过外交、军事侵略等手段，强迫中国签订不平等条约，谋取在华利益。1898年寇松就任印度总督后，积极推进侵略西藏的政策，以扩大英印统治范围。寇松指责以往的政策"徒劳无功""毫无成果"。① 寇松新政策的核心是抛开清政府，与拉萨的达赖喇嘛建立直接联系。1901年6月11日，寇松抛出在西藏建立"缓冲国"政策。1902年，英属印度、俄国与中国签署关于西藏的秘密协定的传言，使得寇松更加紧张。他认为俄国开始向西藏渗透，俄国在西藏的影响力将会越来越大，很快将会扩展到喜马拉雅山，将对大英帝国构成极大的威胁。寇松进而主张，英国必须主动出击，通过各种手段与达赖喇嘛接触，并派使团或军队进入西藏。② 寇松的"缓冲国"政策就是否认中国在西藏的主权，他通过外交甚至军事手段与西藏政府、达赖喇嘛直接接触，制造"西藏独立"，使西藏成为英国的缓冲国。虽然英国政府不认同寇松的西藏政策，但《藏俄密约》传言不断，英国政府也没有明确的西藏政策，印度事务部大臣汉密尔顿与寇松关系也较密切，便暂时默许了寇松的西藏政策。寇松的"缓冲国"计划目的是控制西藏，使其既可以作为扩张的基地，又可以对英属印度起到缓冲作用。

关于寇松英印西藏政策的促成因素分析。作者认为，寇松实施了更为激进的前进政策，既与当时的国际环境有关，又与寇松本人的性格以及政治主张有关。19世纪末以来，国际形势发生了巨大变化。德国统一后在欧洲崛起，对英国全球战略构成威胁。法国对东南亚、俄国对中亚入侵，开始南北夹击英国在华势力。尤其是英俄两国在南亚、中亚地区的争夺，使西藏成为英帝国全球战略构想中的重要一环。这种形势成为寇松西藏政策出笼的重要动因。俄国在克里米亚战争失败后，开始转向亚洲扩张。1899年5月24日，寇松在给英国印度事务大臣汉密尔顿的信中说："喇嘛（西藏）感受到了中国政府的软弱无能，他们正在被俄国靠近……我们必须采取措施，防止西藏落入俄国人手中。"③ 1902年在印度又有关于中国和俄国签署中国允许俄国进入西藏的协定。这使原本认为俄国是英国头号敌人的寇松更加紧张，于是，他决定，不管西藏方面是否同意，必须尽快派遣使团并对使团进行武装保护，进入拉萨，绕过清政府与达赖喇嘛直接谈判。适宜的国际环

① ［印度］苏奇塔·高士：《中印关系中的西藏》，张永超译，西藏人民出版社1987年版，第8页。

② Julie G. Marshall：*Britain and Tibet* 1765–1947, London and New York：Routledge Curzon, 2005, p. 304.

③ Alastair Lamb：*British India and Tibet* 1766–1910, London and New York：Routledge & Kegan Paul, 1986, p. 195.

境固然极大地塑造了寇松的政策取向，但具体政策的出笼，也受到寇松本人的性格及其政治主张的影响。寇松出身于英国贵族家庭，保守党议员。他的性格极其暴躁，处处争强好胜。这种性格使他在英国政坛常常鹤立鸡群。他就任印度总督后，注重发展印度经济，加强对印度的专制统治，确保对印度的绝对控制权。他认为，一旦俄国势力进入西藏，势必会向印度扩张。他说："俄罗斯民族是一个极具扩张性的民族，扩张是他们的历史……包括向西藏扩张。"[1] 为此，寇松提出要以印度为基地与俄国展开针锋相对的斗争，并且强调要利用英国在印度占有的地理优势来与俄国争夺远东。

　　关于寇松西藏政策的落幕及其影响。作者认为，寇松所推行的西藏政策为英国攫取了巨大利益，但是，却严重损害了中国主权。1904 年 9 月 7 日，英国强迫西藏签订《英藏条约》。英国与西藏三大寺代表在条约上签字，驻藏大臣拒绝签字。《英藏条约》是对中国主权的进一步破坏，企图将中国排除在西藏之外，制造西藏独立，将西藏变成英国的殖民地或附庸国。随着国际形势的变化，英国政府不希望寇松在拉萨的行动激怒俄国，因而在荣赫鹏签订《英藏条约》后，英国政府便指责他签订的《英藏条约》超出了自己的权限。后中英双方在加尔各答进行谈判，中国代表唐绍仪坚持中国主权，最终谈判暂停。1905 年 11 月，寇松卸任印督。之后，英国自由党组阁，决定在亚洲收缩，与中国达成协议，在北京继续就西藏问题进行谈判并签订《中英会议修改藏印条约》，承认中国对西藏的主权。至此，寇松的前进政策最终落幕。寇松的西藏政策是对中国主权赤裸裸的侵犯，虽然由于国际形势的变化英国承认中国在西藏的主权，但英国势力也进入西藏，他们从没有停止过破坏中国在西藏的主权。[2] 寇松的"前进政策""缓冲国"理论引发了所谓"西藏独立"思想的出现，这是其最大的危害。英属印度是前进政策的最大受益方，寇松认为，荣赫鹏进攻西藏最大的财富就是制止了俄国扩张的步伐，虽然没能完成"缓冲国"计划，但也避免了强国势力进入西藏，保证了喜马拉雅山一带的安全。后英印政府入侵西藏画麦克马洪线，印度共和国政府入侵并占领中国西藏藏南地区。这正是受到了寇松前进政策的影响。

---

　　[1]　Alastair Lamb：*Britain and Chinese Central Asia, the Road to Lhasa, 1767 to 1905*, London：Routledge and Kegan Paul, 1960, p. 239.

　　[2]　吕昭义：《英属印度与中国西南边境1774—1911》，中国社会科学出版社1996年版，第11页。

　　最后，作者总结道，西藏是中国不可分割的一部分，战略位置尤为重要。近代以来，西藏成为列强争夺的地方。西藏离中国内地较为偏远，一旦中央政府无法对其进行有效的管辖，外部势力必将进入西藏。寇松所推行的西藏政策，虽然未能得到英国政府大力支持，但它仍极大伤害了中国主权。寇松西藏政策的实质是扩张主义。

第二章　古礼文化涵育大学生社会主义核心价值观的实践路径

　　礼文化是中华传统文化的标识，起源最早、内容最广且多元一体。从周公"制礼作乐"到孔子"复礼"探索，在礼的制度和理论得以完善的同时，形成了一整套礼教理论与方法。礼教的最大特点是把道德价值观教育具体化为一种行为规范和行为方式，它通过人们的行为规训而实现道德人格养成。在对大学生进行社会主义核心价值观教育过程中，应当学习借鉴礼教的理论与方法，实现古礼展演与社会主义核心价值观教育的融会贯通。河北大学历史学院注重结合自身的学科专业优势，坚持中华民族传统文化的"双创"原则，把弘扬中华民族传统文化与社会主义核心价值观教育相结合，尤其注重弘扬传统的礼文化。自 2011 年开始，历史学院连续多年举办古礼文化系列活动，收到了良好的教育效果。这里，主要介绍了 2013 年组织的古礼知识竞赛及展演活动和 2017 年组织的古礼微电影展演活动。2013 年举办的古礼文化知识竞赛及展演活动，融入了别开生面的成人礼现场演示，包括男子的成人礼（冠礼）和女子的成人礼（笄礼），同时，还有书法、武术、古琴表演等，为同学们呈献了一场中华优秀传统文化盛宴。2017 年举办的古礼文化活动采用了微电影的表现方式。网络多媒体是实现中华传统文化"双创"的重要手段，基于此，历史学院的古礼展演活动引入了微电影的表现方式。经过多年探索，古礼文化活动已经成为历史学院思想政治教育工作的一个特色品牌。

第一节　古礼展演与社会主义核心价值观教育的融通

　　中华传统文化的核心是礼文化，而礼文化借助行为规范的矫正而实现道德人格的养成。礼文化是中华传统文化的标识，起源最早、内容最广且多元一体。在"礼崩乐坏"的春秋末期，孔子提出"复礼"主张，倡导社会公平，批评以强凌弱，"复礼"说到底是一种道德重建或文化复兴。可以说，孔子是第一个提出中华民族伟大复兴的人，他把道德重建或文化复兴视为中华民族伟大复兴的重中之重。礼教最主要的功能是"觉斯民"，是教人以"明分"、诲人以"博爱"、防人之"贪欲"等。礼教的核心内容是"三正"或"三顺"或"三纲"。礼教是教正民风的有效方法，对于民众道德养成具有极其重要的作用。礼教本质上就是一种价值观教育，礼文化的结构和功能决定了它具有丰富和多样的价值内容。礼教对于人和社会具有重要的影响。礼的精神在中华民族精神中居于核心地位。礼教本身便是礼的精神的弘扬。礼教是中国传统社会意识形态建设的基本方式。在推进社会主义核心价值观建设过程中，我们应当积极借鉴古代礼教的成功经验，实现礼教与社会主义核心价值观教育的融通。

一、礼教与中华传统文化

中国在世界上被称为"礼义之邦"，由此可见，"礼"是中国传统文化的根本特征和标志。法国的启蒙思想家孟德斯鸠对中国传统礼文化的看法非常具有代表性。他说："中国的立法者们……制定了最广泛的'礼'的规则……中国统治者就是因为严格遵守这种礼教而获得了成功。"① "礼仪之邦"的国家形象浓缩着中华传统文化的精华，这一国家形象是在中华民族5000年的文明传承发展中形成的。以礼为政是中国古代传统政治治理方略。儒家强调为国以礼，主张"道之以德，齐之以礼"，不断开掘、拓展"礼"的内涵，坚持以礼为治、以礼为学、以礼为教，礼的精神贯穿在国家政治、社会以及个人发展全过程。在中国传统社会，"礼"是"一种人类行为规范、一种社会控制手段、一种对秩序和文明的追求"②。周公"制礼作乐"，奠定了礼的制度化、规范化基础，孔子对周礼的继承创新，实现了礼的系统化、理论化，并且为礼文化的传播做出了巨大贡献。礼文化是中华传统文化的标识，起源最早、内容最广且多元一体。孔子的"复礼"主张，本质上是一种道德重建或

---

① ［法］孟德斯鸠：《论法的精神》上册，张雁深译，商务印书馆1978年版，第312—313页。
② 任者春、郭玉锋主编：《齐鲁文化与社会主义核心价值体系研究》，山东人民出版社2014年版，第185页。

者说是文化复兴，他把文化复兴视为国家复兴、民族复兴的重中之重。

（一）礼文化的奠基

中国礼文化的源头便是周礼，它是由周公制定的一系列典章制度和行为规范。孔子说："吾学周礼，今用之。吾从周。"（《礼记·中庸》）周礼为周公所作。周公姓姬名旦，是周文王的儿子，周武王的弟弟，周成王的叔父。他在辅佐周武王伐纣灭商中发挥了重要作用。周武王死后，由他摄政，辅佐年幼的周成王。其兄弟不服，勾结商纣王之子发动叛乱。周公受成王之命率军东征，三年平叛，且用兵东方，统治权力直达东海。后又分封诸侯，营建洛邑，表现出了卓越的政治军事才能。平定叛乱之后，周公着手"制礼作乐"，为巩固和发展周朝统治，制订了一套区别君臣、父子、亲疏、尊卑的礼乐制度，奠定了中华礼乐文明的基础。西周时期，贵族的礼制有五种："吉礼"（用于祭祀）；"凶礼"（用于丧葬、凶荒）；"宾礼"（用于朝聘会同）；"军礼"（用于征伐动员和军队活动）；"嘉礼"（用于饮宴婚冠等）。先秦礼制发展到周礼，达到了最成熟最完备阶段，是我国礼制文化的一个里程碑，也是中华文明走向发达的标志。

《礼记·表记》说："夏道尊命，事鬼敬神而远之，近人而忠焉""殷人尊神，率民以事神，先鬼而后礼，先罚而后赏""周人尊礼尚施，事鬼敬神而远之，近人而忠焉。"从夏到殷再到周，礼文化经历了由偏重鬼神到偏重人事的转变。这一历史转变，王国维称之为"旧制度废而新制度兴，旧文化废而新文化兴"[1]。周礼吸收了夏、殷之长而去其短，尊礼尚施，更侧重人事。同时，为了解决好王权继承问题，周公平定叛乱之后，开始推行"立嫡立长"制度。这样，嫡长系统以外的人继承王位的机会被剥夺，他们分化形成了王室宗脉，并封邦建国。于是，"以嫡长系为正宗、以别子系统为支庶的井然有序的宗法结构"[2]初步形成。这种宗法结构建立在"尊尊"与"亲亲"的礼制基础之上，"尊尊"是说它有严格的等级差别；"亲亲"是说君主诸侯、尊卑贵贱之间血脉相连。这种基于"尊尊"与"亲亲"的礼制对于维护社会稳定、推动生产发展和实现民族融合等发挥了重要作用。

---

[1]　王国维：《观堂集林》卷二，中华书局1984年版，第453页。
[2]　王琦珍编著：《礼与传统文化》，江西高校出版社1995年版，第189页。

孔子对于周礼极为推崇。他说："周监于二代，郁郁乎文哉！吾从周。"（《论语·八佾》）孔子的"复礼"主张以及对礼文化的丰富与完善，使其成为礼文化乃至整个中华传统文化的主要奠基人。"自孔子以前数千年之文化，赖孔子而传；自孔子以后数千年之文化，赖孔子而开"①。孔子生活在"礼崩乐坏"的春秋末年，面对周礼的现实遭遇，他着重思考了"礼的社会政治功能"和"礼的外在形式与内在精神的关系"②问题。他认为，"礼"是国家治理的法宝，试图通过"复礼"来拯救国家，发挥礼之"经国家，定社稷，序民人，利后嗣"的作用。当然，孔子所强调的"复礼"，主要是指周礼中所蕴含的政治伦理原则，也就是"礼"作为行为文化背后的精神文化。他纳仁入礼，强调"礼"的灵魂是"仁"。他说："一日克己复礼，天下归仁焉。"（《论语·颜渊》）

孔子看到了周礼的重要作用，面对春秋时代"礼崩乐坏"的局面，他以"知其不可为而为之"的努力，担当起了恢复和继承周礼的责任，对周礼进行了系统的整理工作，为周礼传承发展做出了卓越贡献。孔子虽然致力于复兴周礼，但同样看到了新兴王朝对于礼的损益。也就是说，他并没有把周礼看成是亘古不变的教条。孔子说："周因于殷礼，所损益可知也。其或继周者，虽百世可知也。"（《论语·为政》）周因袭了殷礼，又对殷礼进行了修改完善。将来继承周的人，也必将对周礼进行修改完善。后代传承前代的礼制，同时又对前代的礼制进行修改完善，就是百世之后，也是如此。

孔子对周礼的改造经历了三个阶段。"第一阶段以五伦为中心，强调正名分，规定尊卑贵贱、上下等级。对外强调君臣关系，对内强调父子夫妻兄弟，父子一伦是关键，还有一伦朋友关系。后演变为'三纲五常'。第二阶段以家庭为本位，推崇忠孝之说。家是国的缩小，国是家的放大，子对父应孝与遵从，臣对君应忠与服从。忠是孝的延伸，君父一体，孝成为预防犯罪的有力手段，家庭伦理法律化。第三阶段以等差为基础，倡导'别贵贱'，维护等级制度，强调特权的合理性。"③孔子对于周礼极为推崇，面对"礼崩乐坏"的现实，孔子主张"克己复礼"，强调"为国以礼"，构建了以"仁"为核心，

①　柳诒徵：《中国文化史》，上海古籍出版社2001年版，第263页。
②　张自慧：《礼文化的价值与反思》，学林出版社2008年版，第22页。
③　李世宇：《中国法律思想史》，中国民主法制出版社2006年版，第24—25页。

以"复礼"为旨归的思想体系，奠定了儒家思想的理论基石。

（二）礼文化：中华传统文化的标识

中华文明发展史就是礼文化的发展史。礼文化是中华传统文化的特质，是中华传统文化的标识。从周公"制礼作乐"到清王朝终结，在近3000年的漫长历史中形成了中华民族特有的礼文化范式。在历史演进中，礼文化强烈地制约着人民的思想、言论和行为。正如孔子所说："非礼勿视，非礼勿听，非礼勿言，非礼勿动。"（《论语·颜渊》）在社会治理和民族精神发展中，礼都发挥着极其独特和重大的作用。礼是中华传统文化的核心。周公"制礼作乐"，借助"礼乐"把阶级社会各等级的权利义务制度化、固定化，内容涉及继承制、封建制、井田制、庙堂制、刑法制、婚姻制等，它们承载着一定的伦理道德和思想感情，体现着以宗法和血缘为基础的社会等级观念和宗法观念。春秋末期，孔子把"礼"纳入自己的思想体系，将"礼"融入六经。从而，使得"六经之文，皆有礼在其中。六经之义，亦以礼为尤重"。（《三礼通论》）孔子对礼文化进行了全方位、多层次的论证，重释生命本质和意义，提出了一个基于"礼"的和谐共处社会理想，之后，"礼"的精神逐步成为中国传统社会普遍接受和认可的社会意识形态。

"礼"作为中华传统文化的标识，主要表现在三个方面：

首先，中国礼文化起源最早。礼文化在世界各民族中都是起源最早的文化之一，但是，大多数民族的礼文化在发展中或者走向宗教化或者走向世俗化。"礼"字《说文解字》解释为"行礼之器也"。"礼"的含义在发展中意义不断扩大，演变为祭祀活动本身，意为手捧祭物以祭祀神灵或祖先。《荀子·礼论》载："故礼上事天，下事地，尊先祖而隆君师，是礼之三本也。"最初的"礼"主要表现为祭祀天地、先祖、君师等。周公经过"制礼作乐"，拓展了"礼"的功能。一方面，礼成为处理和整合血缘宗法社会内部各种关系的规章制度、伦理观念；另一方面，"礼嬗变为基本的国家政治技术"[1]。礼文化逐渐与政治制度、伦理道理、法律、宗教、哲学思想等黏合在一起。从"礼俗"到"礼制"再到"礼义"，礼成为最基本的行为规范。中国礼文化不仅起源最早而且从古代一直贯穿到近现代。关于"礼"的起源，有人认

---

[1]　马育良：《汉初三儒研究》，黄山书社1996年版，第92页。

为，它"产生于物质文明的发展""产生于习俗""产生于原始崇拜"。① 郭沫若在《十批判书》中说："礼之起，起于祀神，其后扩展为对人，更后扩展为吉、凶、军、宾、嘉等各种仪制。"这说明，礼最初调节的是人与神的关系，后来发展成为调节人与人之间关系的行为规范。礼文化具有中华文化的原始性和普遍意义，如果从周公"制礼作乐"算起，已有 3000 多年的历史了。

其次，中国礼文化内容最广。无论"道德仁义"还是"教训正俗"，无论"分争辨讼"还是"君臣上下"，无论"宦学事师"还是"班朝治军"，都离不开"礼"的主宰。礼是一切的根本，是衡量一切的标准。它体现了天道变化、万物生长和人事变迁的规则。② 周公领导的"制礼作乐"是一个宏大的文化工程，极大地丰富了礼文化的内容。其主要的礼文化成果有《周礼》《仪礼》《礼记》，统称"三礼"。它们是记录中国传统礼仪的最早文献。《周礼》共 6 篇，主要记录了西周以前的官制、田制、兵制、学制、刑法、祀典等。《仪礼》共 17 篇，主要记载了古代贵族生活的各种礼节仪式。《礼记》共 49 篇，主要是礼文化理论，包括礼制的内容、历史变迁和各分理论等。孔子对周礼进行了传承发展，如果说周公"制礼"实现了礼的制度化、规范化，而孔子的主要贡献在于礼的系统化、理论化，以及道德化提升和普及化推广。孔子对于"礼"的贡献主要体现在三个方面：一是强调正名分。所谓"名不正则言不顺，言不顺则事不成。"（《论语·子路》）正名分是为了明确君臣父子、尊卑主从关系。二是以仁释礼，仁礼结合。孔子说："人而不仁如礼何？"（《论语·八佾》）他认为，礼崩乐坏的根源在于不仁。三是强调礼的普遍性，改变了"礼不下庶人"的情形。他说："不学礼，无以立。"（《论语·季氏》）强调无论君臣、君子与小人都应当学礼知礼践礼。

第三，中国礼文化多元一体。礼文化强调"道附于事而统于礼"③，也就是说，中国传统文化的"礼"表现为内容与形式、精神与物质、知与行的统一。正如郭嵩焘所说："其于礼乐者，明其体而达其用，穷其源而析其流，尽古今之变而备人事之宜，此其大经矣。而其为教，本之于心曰六德，被之于

---

① 马淑霞主编：《辉煌的中国系列　中国礼仪文化》，外文出版社 2013 年版，第 4—5 页。
② 邹昌林：《中国礼文化》，社会科学文献出版社 2000 年版，第 12 页。
③ 周振甫：《中国文章学史》，江苏教育出版社 2006 年版，第 391 页。

身曰六行，施之于事曰六艺，又皆有其浅深次第之用，而一要之于成。"① 秦始皇统一六国之后，秦国成为当时世界上最大的国家，在幅员辽阔的广大地区，居住着诸多的民族，他们在统一的中央政权之下，实现文化的交流、融合是必然的。然而，现实的情况却是"车途异轨，律令异法，衣冠异制，言语异声，文字异形"，为了统一文化，秦始皇采取了"书同文""度同制""车同轨""地同城""行同伦"等措施，对于中华文化共同体的形成发挥了重要作用。

（三）复礼与中华民族伟大复兴

"礼"作为行为规范、典章制度是客观存在的。在本质上，它"是施礼者和受礼者的双边活动，对施礼者而言，是虔诚性和功利性的统一，对受礼者而言，是尊严性和施惠性的统一"②。最初，受礼者为神灵或祖先，当礼应用于人际关系时，施礼和受礼便成为践履行为规范的活动。礼文化的发展，在"自然人"变成"社会人"的过程中发挥了极其重要的作用。礼从产生的时候就具有社会的组织功能和维护功能。在孔子时代，礼已经有比较完备的形态了，这就是周礼。孔子曾声明"述而不作""吾从周"，足以表明孔子对周礼的推崇。一方面，周礼的特征是把以祭祀神灵和祖先的原始礼仪，经过系统化、扩展化，形成了以"亲亲"为基础的等级制度，并且通过分封、世袭、井田、宗法等延伸到政治经济体制和社会生活的各个领域；另一方面，周礼的特征是形成了"尊尊"的秩序，即对上下等级、尊卑长幼的规定，虽然周礼还保持着原始的民主性和人民性，但是，礼文化却已经被少数贵族所垄断。

那么，孔子为什么要提出"复礼"的要求呢？在孔子所生活的时代，其特点便是"礼崩乐坏"，社会生活中违礼、僭礼现象不断增多，周礼已经难以发挥曾经的约束力了，"周礼向何处去"成为时代的重大课题。孔子的"复礼"主张，旨在使社会摆脱战乱、失序的社会状态，恢复已经失去的"礼乐文明"。以老子为代表的道家和以孔子为代表的儒家，都看到了"礼崩乐坏"的现实境遇，因此，实现中华民族复兴是时代提出的重大课题。他们最早以中华民族复兴的责任担当，提出了"复礼"的命题，并且提出了不同的"复

---

① （清）郭嵩焘：《郭嵩焘诗文集》，杨坚点校，岳麓书社1984年版，第196页。

② 徐国明：《儒家文化的现代应用——以边检工作为例》，中央编译出版社2014年版，第90页。

礼"路径。《老子》认为，"礼崩乐坏"是施政者玩弄心术、不法自然、只求有为的表现，解决方案就是居上位者效法古代圣王，实行无为而治，或者说，干脆取消礼制，构建一个上下有德、君民同心，百姓"甘其食、美其服、安其居、乐其俗"的乌托邦。比较而言，孔子选择了一条更为现实的路线，他认为，周礼本身是好的，只要认真贯彻就能达到"郁郁乎文哉"的礼治境界，而"礼崩乐坏"的根源就是周礼遭到了破坏。因此，"复礼"即恢复周礼、回到周公，这是重造和谐社会、复兴礼乐文明的必由之路。孔子的"复礼"主张，曾经多次受到批判，甚至被冠以"开历史倒车"的帽子。

实际上，与老子的复兴乌托邦不同，孔子是想寻找一条复兴的可行道路。孔子认为，"礼崩乐坏"的罪魁祸首是大小官员，在《论语》中，他对大小官员的违礼、僭礼行为进行了谴责。比如，对于季氏的"八佾舞于庭"，他说"是可忍也，孰不可忍也"；季氏去泰山旅游，孔子便让冉有前去劝阻；陈恒弑君，孔子建议鲁君干预；季桓子因为女人"三日不朝"，孔子愤然离鲁而去等等。在孔子看来，居上位者而非百姓是礼制的破坏者。这些人因为私心膨胀、权欲太重，而做出违礼、僭越的行径，这是孔子所不能容忍的。他主张"复礼"，并非开历史倒车，并非搞复古主义，而是为了寻求一条摆脱"礼崩乐坏"现状的复兴道路，恢复已经失去的和谐与繁荣。赵又春先生认为，春秋之后是战国，再之后是秦朝、汉朝……周礼彻底完蛋，孔子的主张落空，由此断定，孔子的"复礼"是一种古代的乌托邦。如果说，战国之乱不是孔子所希望的，但秦朝的统一不是孔子所希望的吗？尤其是汉代所开启的中华文明昌盛不是孔子"复礼"所追求的吗？我们认为，回答应该是肯定的。当然，这需要从中华民族复兴意义上理解孔子的"复礼"才能得出这样的结论。

孔子的"复礼"主张，是针对当时为官者基于私心、贪欲违礼、僭越行径而发出的呐喊，是代表广大被统治者提出的重建社会公正的要求，从这个角度看，无疑是合理的。在"礼崩乐坏"的时代，孔子主张"复礼"，倡导社会公平，批评以强凌弱，与那个弱肉强食的时代很不合拍，因而，他"官运不通"，成为"不合时宜的人"。但是，他的"复礼"主张，使他成为传统道德的化身。历朝历代的尊孔，与孔子这一道德形象的标签效应有着直接的关系。孔子的"复礼"，说到底是一种道德重建或者说是文化复兴，并且，在孔子那里，把道德重建或文化复兴视为中华民族伟大复兴的重中之重。

二、礼教的功能、内容和方式

中华传统礼学有着极其丰富而复杂的内涵。古礼是一种具有明显规范性的人文文化。礼的制定和实施的根本目的在于借助人的品德教育和疏导，来规范和调整人的行为，从而构建一个等级分明、协调统一的社会共同体，以便维护和促进社会秩序的稳定。古礼不仅具有鲜明的伦理道德色彩，而且具有极强的政治教化功能。礼的社会功能包括教人以"明分"、诲人以"博爱"、防人之"贪欲"等。礼的教化功能是其最为鲜明的特征。教化就是"觉斯民"，就是明明德于天下。正如曾巩所言："盖化者所以觉之也，教者所以导之也，政者所以率之也。"[①] 意思是说，要通过教化、引导使百姓觉悟起来，使其言语行为合乎于"仁义"。为政者要以身为化，然后教之，最后正之。通过礼教把道德变成风尚，达到"道德同而风俗一"的境界。礼教的核心内容是孔子所说的"三正"（夫妇别，父子亲，君臣严），或者韩非所说的"三顺"（臣事君，子事父，妻事夫），或者董仲舒所说的"三纲"（君为臣纲、父为子纲、夫为妻纲）。这代表了儒家的核心价值取向。礼教具有重要的现实意义，礼教是教正民风的有效方法，对于民众形成核心价值观念具有极其重要的作用。

（一）礼教的社会功能

《礼记·曲礼上》说："圣人为礼以教人，使人以有礼，知自别于禽兽。"古礼具有重要的教化功能，古代的圣人制定和实施礼制的目的是为了教化万民。这里的"自别"强调的是内在的教育和感化。也就是说，礼制是一种外在的行为规范，要通过礼教把它变为人们内在的道德自律。《礼记》又说："礼之教化也微，其止邪也于未形，使人日徙善远罪而不自知也。"意思是说，古礼的教化作用是十分微妙的，是潜移默化的，它会在邪念邪行还没有形成的时候就扼杀它，它能使人在不知不觉中靠近善良，远避罪恶。礼教既有复古、虚伪、保守的一面，又有教化、趋善、升华的一面。如果眼睛只盯着前者，我们便无法传承创新礼教的合理成分。司马光说："礼教的功能太大了，用到个人身上：无论动态的或表态的，都有一定法则，可以遵循；所有行为，

---

① 张兵：《〈洪范〉诠释研究》，齐鲁书社 2007 年版，第 148 页。

都可达到尽善尽美之境。用到家族上：能够分别内外，敦睦九族。用到地方上：长幼的辈分，划分清楚，风俗习惯，都会由丑变美。用到国家上：君王和臣僚就有一定的序列，可以顺利推动行政，治理人民。"① 礼教的社会功能是多方面的，但是，儒家最为看重的是礼的教化功能。

首先，礼教重在教人以"明分"。《礼记·哀公问》说："非礼无以辨君臣、上下、长幼之位也。"人的社会等级地位通过人们的衣饰器物、周旋揖让的诸多细微规定体现出来，也就是通过具体的等级差异标识每个人的行为规范和界限，目的是为了强化"尊尊"。礼的作用就在于教会人们明辨位分，自觉遵守。那些非分之想、非礼之行，即便获志也难得善终。因而，礼具有维护社会结构稳定和等级秩序的功能，能够确保上下相固、社会和谐。从根本上说，礼如同现代的道德和法律规范，它规定了人们应该做什么和不应该做什么，也规定了人们可以做什么和不可以做什么。子曰："礼者何也？即事之治也。治国而无礼，譬犹瞽之无相与，伥伥乎其何之？譬如终夜有求幽室之中，非烛何以见之？若无礼，则手足无所措，耳目无所加，进退揖让无所制。"孔子说："礼是什么呢？礼就是做事的准则和规矩。如果治理国家而没有礼，就好像盲人没有扶助者，茫然无助不知会走向何方；又好比整夜在暗室里摸索，没有灯烛怎么能找见东西呢？若是没有礼，那么手、脚都不知道该怎么放，耳、目也不知道该听什么看什么。前进后退、行礼避让，处处不知道该以什么准则去做。"②

其次，礼教重在诲人以"博爱"。孔子说："入则孝，出则悌，谨而信，泛爱众而亲仁。"（《论语·学而》）他认为，那些能够"博施于民而能济众"的人是仁道更是圣德。孔子的学生有若则说："其为人也孝悌，而好犯上者鲜矣；不好犯上而好作乱者，未之有也。"（《论语·学而》）孔子主张"务民之义"，也就是要把精力放在使人民走向孝悌、走向仁义方面，达到一种"亲亲"境界。这种"亲亲"思想，根源于以宗法血缘关系为基础的亲子兄弟之爱，它是一种基于血缘关系的人的内在情爱与欲望，它不是人为的强调的东西。如果说"明分"强调的是"尊尊"，那么，"博爱"则强调的是"亲亲"。

最后，礼教重在防人之"贪欲"。不论"尊尊"还是"亲亲"都需要借

---

① （北宋）司马光：《柏杨白话版资治通鉴 匈奴崛起》，柏杨译，万卷出版公司2013年版，第9页。
② （唐）魏徵等：《群书治要选注》精编典藏版，张超译注，重庆出版社2016年版，第74页。

助社会个体的内在情趣陶冶来实现。"礼"具有约束性、规范性、普遍性，而"情"则具有个体性、自然性、需求性。人的情欲是无止境的贪婪的，"礼"恰恰是对于"情"的一种规制。通过"礼"的教化可以使人们从善远罪，止邪于未形，有效防止贪欲。孔子非常重视"民坊"的作用，所谓"礼者所以彰疑别微以为民坊者也，故贵贱有等，衣服有别，朝廷有位，则民有所让"。（《礼记·坊记》）孔孟从人之"性本善"出发，认为"人情"是可以教化的。"庶、富、教"更是孔子的治国路线。《尚书》的"洪范"篇列有八政：食、货、祀、司空、司徒、同寇、宾、师。孟子认为，食、货、祀、司空应当置于首位，基本的生存问题解决之后，接下来便是教之、率之，使之顺上，如果不行，再处以刑罚，因此才设司徒、司寇等。而在教之、率之的时候，也要求君主和先哲们以身作则，修身、齐家然后才能"觉斯民"。教化就是"觉斯民"，就是明明德于天下，"盖化者所以觉之也，教者所以导之也，政者所以率之也"①。

（二）礼教的核心内容

儒家制定的礼法是非常烦琐的。《礼记·中庸》说："优优大哉！礼仪三百，威仪三千，待其人而后行。"儒家的礼制中有所谓"九礼"之说。具体包括："冠、昏、朝、聘、丧、祭、宾主、乡饮酒、军旅，此之谓九礼也。"为何要制定如此烦琐的礼制呢？目的当然是为了以礼治国。将礼作为上层社会的道德规范和行为遵则。"夫礼者，所以定亲疏、决嫌疑、别同异、明是非也。"（《礼记·曲礼上》）孔子在"礼崩乐坏"的春秋末年，慨叹"觚不觚。觚哉！觚哉？"（《论语·雍也》）为了维护礼仪，孔子连喝酒的器物都不准改动，这不是过于迂腐和死板了吗？其实不然，孔子不过是抒发了对"君不君，臣不臣"现象的感叹而已，并且希望通过礼制的重建，复兴已经失去的中华文明。礼教是儒家教育思想的基础，传统的"礼教"，先是受到"五四"反封建礼教的冲击，后又遭遇"文革"的批林批孔运动，因而，孔子的"复礼"成了复辟的代名词，带有政治反动的色彩。从源头讲，"礼"最初是与"俗"混而不分的。"礼"的表意方式和传承方式，具有符号象征功能。"礼"的传承方式就是教育方式。礼教最初是全民性的，古代的礼教便是这种全民

---

① 张兵：《〈洪范〉诠释研究》，第14页。

性的产物。这种全民教育机关，古代称之为"小学"，教学内容是"六艺"。孔子所教"六艺"继承了古代礼教这种全民教育内容。从周公到孔子，由礼的制度发展成为礼的系统理论。因而，"周公是礼的制度祖师，孔子是礼的理论祖师。若论先后，周公为先；若论轻重，孔子为重"①。

孔子是儒家的祖师，是中国儒家礼教理论的集大成者。孔子坚持从"以礼为教"出发，在其进一步的发展中，丰富了以礼正心、以礼修身、以礼齐家、以礼治国、以礼平天下、以礼修史等思想。周公和孔子并称为"宗法社会之圣人"（严复《社会通诠》按语），而周孔之圣，首先是圣于礼教。儒家礼教的核心内容是三正或三顺或三纲。《大戴礼记》载，鲁哀公问政，孔子说："夫妇别，父子亲，君臣严，三者正，则庶民从之矣。"《小戴礼记》载，鲁哀公问："人道谁为大？"孔子说："三者正，则庶物从之矣。"也就是说，"三正"是政治与人道的至上原则。韩非说："臣事君，子事父，妻事夫，三者顺则天下治，三者逆则天下乱，此天下之常道。"（《韩非子·忠孝》）"三顺"也就是"三正"。到西汉董仲舒时期，把"三顺说"改造成了"三纲说"。也就是，君为臣纲、父为子纲、夫为妻纲。"三纲说"和"三顺说"的内容和要求是完全一致的。"三纲说"体现了中国封建社会神、君、父、夫四个特权。"神权是君主妄自尊大，假天以自重。君主自称为天子，天下就只有他一个是天之子，独有资格代天来统治臣民。君、父、夫三权是实有的。臣民皆当在天子一人的统治下"②。天是最高的神，君为臣的天、父为子的天、夫为妻的天。董仲舒把"三顺"神学化，而朱熹又进一步把董仲舒的"三纲"理学化。可以说，"三纲"是儒家礼教的中心，礼教是儒家思想的中心，儒家思想又是中国思想文化史的中心。

儒家的礼教是围绕着"怎么做人"展开的，也就是讲的为人之道。礼教的内容当然也就是为人之道。"三纲"是礼教的核心内容，那么，由此衍生出来的"五常"即仁、义、礼、智、信等也是儒家礼教的重要内容。儒家认为，礼就是教者所传授的全部知识。也就是说，古代礼教的基本内容就是礼以及与礼相关的道德规范。儒者"把礼从行礼如仪……作为教学的中心，从教育的内容和方法，都贯穿着礼的精神。对学生的思想教育和行为规范的训练，

---

① 蔡尚思：《中国礼教思想史》，上海古籍出版社 2006 年版，第 7 页。
② 蔡尚思：《中国礼教思想史》，第 7 页。

都要通过礼来达到教育的目的。在儒家的教育言论中，处处谈到礼，一举一动和一言一行，都要合于礼"①。人们做任何事情都不能与礼相脱节，以至于"人有礼则安，无礼则危，故曰，礼者不可以不学"。(《礼记·曲礼上》)。孟子认为，学问之道就是知礼。儒家主张教学相长的过程就是明礼、习礼、执礼的过程，其目的在于实现知书达理的教育目标。

(三) 礼教的方式

对礼仪规范的学习，是西周时期学校教育的重要内容。礼不下庶人，在当时只有贵族子弟才有学礼、知礼和践礼，他们除了学习"五礼""六仪"之外，还要了解对陈列、摆设、仪仗、服饰、座位等方面的要求。《礼记·曲礼上》说："为礼以教人，使人以有礼，知自别于禽兽。"礼教是教正民风的有效方法，对于民众道德养成具有极其重要的作用。礼教造就了礼仪之邦，培养了儒雅民众。"仪"与"礼"是表里的关系。"仪"是"礼"的外显化和操作化，"礼"是仪的精神道德内核，是社会人伦关系和社会秩序的体现。通过营造浓厚礼仪文化的方式开展道德教化，是中国传统德育的突出特色。

礼教方式是一种以礼治心的方式。礼教可以推进官风和民风的根本好转。顾炎武说："周公之所以为治，孔子之所以为教，舍礼其何以焉？"② 又说："弟少习举业，多用力于四经，而三《礼》未之考究。年过五十，乃知'不学礼无以立'之旨。"③ 在他看来，礼教可以使人懂得为人处世的道理和规矩。礼教作为一种教育方式，有三个特点：一是礼教建立在人际传播基础之上，更容易对人的思想和行为产生深刻的影响。人生在世，需要协调、处理个体与他人和社会的关系，为了化解个体社会化和社会个体化过程中的紧张关系，孔子主张"和而不同"。而要构建良好的人际交往关系，就必须进行礼教。因为，礼是确定人与人关系、地位的标准，是人际传播的基本原则。礼"属于社会的制裁""属于人为的艺术"。④ 礼教是个体社会化的必然选择。二是礼教强调身体力行，坚持言传与身教的统一，尤其是把身教置于头等重要的地位。《孟子·公孙丑上》载："以力服人者，非心服也，力不赡也；以德

---

① 陈元晖：《中国教育史遗稿》，北京师范大学出版社 2001 年版，第 77—78 页。
② (清) 顾炎武：《亭林文集》卷二，商务印书馆 1936 年版。
③ (清) 顾炎武：《亭林文集》卷三，商务印书馆 1936 年版。
④ 冯友兰：《中国哲学史新编》，人民出版社 1998 年版，第 164—165 页。

服人，中心悦而诚服也。"《论语·为政》载："道之以德，齐之以礼，有耻且格。"也就是说，用道德来引导，用礼教来整治，老百姓就会有自觉的廉耻之心，并且心悦诚服。"齐之以礼"，按照孔子的解释就是"好比用缰绳来驾驭马，驾马者只需要握住缰绳，马就知道按驾马者的意思行走奔跑。"①　三是礼教强调反求诸己，注重自我修养、行为养成。礼教是我们今天推进道德教育的一笔宝贵财富。礼虽然是一种外在的行为规范，但是，它必须通过主体的内化才能发挥作用。因此，儒家非常注重道德的自我修养，注重道德的养成教育。这种"养成需要遵循'礼'的教化"②，也需要"吾日三省吾身"的自我修养。

礼仪教育是学校德育的有效途径，为此，要通过礼仪习惯的养成，让大学生做到体貌兼习、行为美与心灵美的统一。礼乐文化是中华传统文化的核心。"礼教具有工具性价值，能够指引人们按照正当的途径去满足自己的需要，也能够有效地化解人的需要而造成的相互冲突"③。在"五四"新文化运动中，中华传统礼教被冠之以"封建礼教"，几乎遭到全面否定和抛弃。毛泽东说："我们是马克思主义的历史主义者，我们不应当割断历史。从孔夫子到孙中山我们应当给以总结，继承这一份珍贵的遗产。"④　礼教肩负着选择、传递、弘扬中华民族传统美德的使命，为此，必须总结古代礼教的宝贵经验，传承创新古代礼教传统。在新时代道德文化的重建，一个必然的路径就是对传统道德和传统文化的精神内涵进行时代性诠释。礼教本质上是一种修养道德和健全人格的教育，高校借鉴礼教方式推进社会主义核心价值观建设，可以实现道德教育的生活化、社会化和时代化。

三、礼教与社会主义核心价值观教育

礼教本质上就是一种价值观教育，礼文化的结构和功能决定了它具有丰富和多样的价值内容。从礼教对于人类的价值看，礼是人与动物的分界线，"礼"与"让"是人与禽兽的两点重要区别；从礼教对于社会的价值看，包

---

① 刘加临：《论语中的智慧名言故事 学生版》，二十一世纪出版社 2015 年版，第 189 页。
② 刘加临：《论语中的智慧名言故事 学生版》，第 189 页。
③ 曾长秋：《礼教：中国传统德育的重要内容和有效载体》，《中国德育》2011 年第 2 期。
④ 《毛泽东选集》第一卷，人民出版社 1991 年版，第 533—534 页。

括以天下大同为目标的理想价值和以小康社会为目标的现实价值。礼的精神在中华民族精神中居于核心地位。礼的精神渗透在古代社会制度和社会意识的各个层次和各个方面。礼教本身则是礼的精神的弘扬。礼的精神渗透在政治思想、法律思想、哲学思想、文学艺术、宗教神话等多个方面。礼教是中华民族精神的整体性渗透。礼乐文化之中蕴含着仁爱精神、和合精神和恭敬精神。礼乐教化是中国传统社会意识形态建设的基本方式。从中华传统文化教育的历史经验看，中国有重视礼乐教化的传统，注重把礼乐文化精神融入礼仪活动，注重养成教育，同时，重视运用"环境场"的力量塑造人。弘扬礼文化精神，借助礼教方式，对于推进社会主义核心价值观建设，具有重要意义。在社会主义核心价值观建设中，必须广泛汲取中国古代价值观教育的成功经验，尤其是礼教的经验。

（一）礼教的价值系统

儒家是上古、三代礼教的全面继承者和捍卫者。孔子自称"吾从周""述而不作"，表明了周礼已经有了比较完备的形态且受到孔子的肯定。当然，孔子并非"述而不作"，而是述而作之、作而行之。一方面，他注重对礼教的道德价值和人文精神的挖掘、整理和提升；另一方面，他对于礼教的传播作出了积极的贡献。中华传统的礼文化是以自然礼为源头，以社会礼为基础，以政治等级礼为主干的原生文化系统。儒家对礼文化进行了全面系统的梳理和继承。儒家的天人思想，源于自然礼系统；儒家的宗法血缘关系，"大同""仁""中庸"等思想，源于五帝时期的社会礼系统；儒家的政治等级思想，源于三代的政治等级礼系统。儒家的礼教思想具有鲜明的人文价值，当然，对于中华传统文化的根本特征，人们的看法并不统一。但是，以"天人合一"为基础的人文主义，却是中华传统文化的根本特征之一。儒家的礼教本质上就是一种价值观教育，因为，礼文化的结构和功能决定了它具有丰富和多样的价值内容。比较而言，文化的价值要比商品的价值高得多，它是最高形态的东西。《礼记·郊特牲》载："礼之所尊，尊其义也。"一般而言，真善美是文化追求的最高境界。礼文化是一个无所不包的系统，它有着多元复杂的价值结构。

首先，礼教对于人的价值。社会生活中的每一个人都承载着一定的文化指令，因而，礼教对于人的价值，就是对人的品德和行为的支配作用。礼教始终把人格塑造、道德养成置于中心地位。从对于人类的价值看，礼是人与动物的分界线。《礼记·曲礼》说："今人而无礼，虽能言，不亦禽兽之心乎?"又说："为礼以教人，使人以有礼。知自别于禽兽。"人与禽兽的区别有两点，一是"让"，它是讲人与人之间的交接关系，因为"让"，人与人便能和睦相处，因而共同组织社会;"让"的相反一面是"争"，一切社会冲突都源自于一个"争"字。二是"别"，它也是人与动物的根本区别。《礼记·郊特牲》载："无别无义，禽兽之道也。""别"就是差别，其内容又以等级差别为主。从对于个人的价值看，也是多方面的。礼教是为了实现修齐治平的理想。而其起点却是修身为本。那么，"修身"的内容是什么呢?《大学》载："大学之道，在明明德，在亲民，在止于至善。""明明德"就是自明其明德，就是通过礼教和自我修养，把人的天生之善性发扬出来。"在亲民"，"亲"就是"新"的意思。一方面坚持自身修身，使自己成为"新民";另一方面推己及人，帮助别人做"新民"。其终点就是"止于至善"。所谓"至善"就是"为人君，止于仁;为人臣，止于敬;为人子，止于孝;为人父，止于慈;与国人交，止于信"。(《大学》)

其次，礼教对于社会的价值。社会在古代称之为"天下"。《礼记·礼运》中系统阐述了礼教的社会价值。具体包括两个方面，"一方面是理想价值，这就是大同社会;另一方面是现实价值，这就是小康社会"①。从理想价值看，大同社会并非完全虚构。中国文化发展的特点是先发展起文明，后发展起国家。在国家形成之前，有一个天下大同的文明时代。《礼记·礼运》中描绘的大同社会，是后人的传述，存在失真之处。同时，儒家所宣传的大同社会，把三代以前社会落后的一面抹掉了，兼之儒家的美化，它便变成了一种社会理想。从现实价值看，儒家追求的小康社会是按照礼文化的要求建立起来的一种社会秩序。虽然它具有理想的成分，但却以现实为基础。礼教的目的就在于实现天下一家的"大顺"秩序:"父子笃，兄弟睦，夫妇和，家之肥也。大臣法，小臣廉，官职相序，君臣相正，国之肥也……是谓大顺。"当然，这种"大顺"秩序的构建离不开"让"与"别"功能的发挥。

(二) 礼教与中华民族精神

礼教集道德教育、法制教育、政治教育等于一身，是中国古代治国理政

---

① 邹昌林:《中国礼文化》，社会科学文献出版社 2000 年版，第 223 页。

的重要方式。为了构建一种和谐稳定的社会秩序，中国古代的统治者制定了最为广泛的"礼"的规则。《周礼》、《仪礼》和《礼记》合称为"三礼"。"三礼"之中不厌其烦地记载了礼仪形式各种细节的规定。这些规章制度始终贯穿着礼的精神，也就是天地人伦上下尊卑的宇宙秩序。"在内容上，礼始终以上下伦理的尊卑等级规定着社会制度的基本标准；在形式上，礼以它特殊的象征方式规定着各种典礼仪式的过程"①。中国古代礼制蕴含着一种审美的艺术精神。最初，礼仪是以带有感官愉悦形式表现出来的，祭祀是娱神、娱鬼，以求神鬼欢心并得到它们的保护。也就是说，礼与乐最初就有不解之缘，礼教与社会主义乐教有着紧密的联系。"礼的本质是区别上下贵贱的尊卑等级……等级分明则人们各有所致，关系和顺则人们相亲相爱，礼乐俱备则天下大治。这种本于天地的礼乐关系中，蕴含了中国上古人道主义的特征"②。这种特征就是"尊尊"与"亲亲"的统一，也就是，既有严格的等级尊卑，又有相互之间的亲和。

中国礼仪制度的完备和礼乐教化的深入，是世界上任何一个国家和民族所没有的。礼制本身中贯穿着礼的精神，而礼教本身则是礼的精神的弘扬。礼的精神在中华民族精神中居于核心地位。礼的精神渗透在古代社会制度和社会意识的各个层次和各个方面。礼教的深入持久，使礼的精神变成了中华民族的一种自觉意识，甚至进入到潜意识之中。从一定意义上说，中华民族就是一个礼的民族，中华民族精神就是一种礼的精神。不论是高层的意识形态，还是深层的社会；不论上层的王公贵族，还是下层的平民百姓，礼的精神是最普遍最显著的特征。从政治思想看，"修齐治平"的济世之道和为政以德的治国路线，礼的精神都贯穿其中，以礼治国是政治治理的根本方针。从法律思想看，古代法制思想的形成发展与礼仪制度有着直接的渊源关系，礼是法的原初形式。上古时代，礼是法律制定的基本依据。在后世的朝代更替中，礼的精神都是宪章法典修订的基本根据。从伦理道德看，古代的伦理道德教育实际上就是礼教。中国既重礼又重伦理，二者本身是一体化的。"伦"是等级类别之间的次序，"理"是这种等级次序遵循的规律。从哲学思想看，哲学是民族精神的精髓。中国哲学的本质就是伦理哲学，主要内容是围绕社

---

① 柳肃：《礼的精神——礼乐文化与中国政治》，吉林教育出版社1990年版，第6页。

② 柳肃：《礼的精神——礼乐文化与中国政治》，第8页。

会的人伦关系展开的，同时，强调人伦关系与"天理"的对应性。因此，蕴含在人伦关系中的礼的精神是中国哲学的基本构成要素。从宗教神话看，中华民族并不重视创世的统一神的崇拜，中华民族很少有宗教感情，其中祭祀的礼仪有着更多的现实精神。中国人自然神的崇拜和祖先崇拜往往联系在一起。中国人神灵崇拜的着眼点是天地自然和文化发源的祖先，前者是对自然赐予的崇拜，后者是对人际血缘的崇拜。中华民族是一个具有审美观念的民族，中国人的审美观念之中融入了"善"的内核，而"善"具有现实的理性内容。中国审美观念的根本特征是以善为美。这种"善"在本质上又是由礼的精神所规定的。因此，我们看到，在中国古代的艺术作品中有着明显的礼文化倾向。从民风民俗看，它在普遍的下层社会结构和生活方式的诸多方面，体现着礼的精神。

（三）礼教与社会主义核心价值观建设的借鉴

周公"制礼作乐"，建立了一套完整的礼乐制度，为西周时代的礼乐文明作出了卓越的贡献。"礼"重在规范人们的权利义务关系，"乐"重在教化人的思想情感，礼乐并施旨在构建上下亲和、有序稳定的社会关系。春秋末期，面对"礼崩乐坏"的现实，孔子提出"复礼"主张，强调发挥礼乐的社会功能，试图通过礼乐精神的弘扬复兴已经失去的礼乐文明。礼乐文化之中蕴含着仁爱精神、和合精神和恭敬精神。礼乐教化是中国传统社会意识形态建设的基本方式。

从中华传统文化教育的历史经验看，一是中国有重视礼教的传统，礼教是传统道德教育的基本方式，礼教的历史非常久远。《尚书·舜典》载："舜命契作司徒，布敷'五教'……命伯夷为秩宗，主持三礼之教。"舜帝时期已经有了礼教的传统了。周公"制礼作乐"之后，礼教更是成为治国安民的基本方式。据《周礼》载："以祀礼教敬，则民不苟""以阳礼教让，则民不争""以阴礼教亲，则民不怨""以乐礼教和，则民不乖""以仪辨等，则民不越""以俗教安，则民不偷"。西周时期，已经形成了完整系统的礼教制度，学制分为乡学与国学，同时，明确规定了教育的科目和内容。儒家传承和发展了礼教传统，但是，儒家的礼教主要集中在道德教化和人格修养方面，当然，儒家的礼教是与诗教、乐教紧密联系在一起的。儒家强调"兴于诗，立于礼，成于乐"。二是把礼的精神融入礼仪活动，注重道德品性的养成教育。

传统的礼教不以说教为重，而是以实践体验、行为强化为重，让人们通过社会生活、日常生活的礼仪活动，寓教于礼、寓教于乐。一方面，人们在礼教的情景之中，容易受到诗歌、舞蹈、音乐所营造的氛围的影响，受到感染，从而在内心深处生出恭敬、礼让、和合心理。《礼记·乐记》载："致礼以治躬则庄敬，庄敬则严威。"另一方面，人们通过对礼仪的反复践行，习惯成自然，久而久之便会认同礼乐之中所蕴含的道德精神和价值追求。礼仪本身就是一种行为矫正，人们通过礼的不断训练，言行举止就会符合礼的要求，从而使礼的精神得以内化。三是充分运用"环境场"的力量塑造人。人创造了环境，同样，环境也深刻地影响着人。中国古人早已认识到环境对人的教育影响力了，尤其是行为环境的影响。礼教的最大特色就在于它通过复杂的仪式来营造一种特殊的环境氛围，使人受到感染和熏陶。通过礼仪营造庄重、神圣、严肃的"环境场"，从而，培育虔敬、服从、报本等思想行为。当然，这些由各种礼仪构成的教育场是"小环境场"，它们最终构成社会的"大环境场"。

弘扬礼文化精神，借助礼教方式，对于推进社会主义核心价值观建设和弘扬中国精神具有重要意义。礼教对于社会主义核心价值观建设的启发在于要把"核心价值观"的教育要求化为民众的日常行为规范，创造有利于践行社会主义核心价值观的环境场，调动人们践行社会主义核心价值观的积极性。[1] 文化往往在寻根的过程中会迸发出更加强劲的力量。北京大学汤一介教授说："一个新文化的发展常常要回到它的原点。"[2] 在今天的社会主义核心价值观建设中，必须广泛汲取中国古代价值观教育的成功经验，尤其是礼教的经验。比如，和合是儒家礼文化的根本精神。"礼乐文化要求人们按照'礼'的规范和'乐'的原则来处理人与社会、人与自然的关系，从而形成稳定的社会秩序、和谐融洽的社会关系"[3]。这对于我们构建社会主义和谐社会具有重要启发。和谐是社会层面的社会主义核心价值观。又如，儒家礼教方式能够为新时代社会主义核心价值观教育提供借鉴。儒家礼乐文化重视德治的思想应该借鉴，因此，要坚持以德治国。但是，儒家重德轻法的偏失却

---

① 韩云忠、王丕琢：《礼乐文化精神与社会主义核心价值观》，《理论月刊》2013年第8期。

② 汤一介：《寻找中国文化的原点》，《辽宁日报》2001年4月24日。

③ 王文建：《儒家礼乐文化与社会主义核心价值体系建构》，《社会科学家》2013年第5期。

应当纠正，为此，应当坚持依法治国，把德治与法治有机结合起来。

第二节　河北大学历史学院古礼文化知识竞赛活动

中华文化博大精深，5000 年的传统文化更是我们立足于世界民族之林的资本，我们应当引以为傲。古代礼仪虽不能说是从古至今必须遵守的，但却是我们需要了解熟知和传承创新的。当今时代，传统礼文化已逐渐被人们遗忘脑后，但是，其中蕴含的价值观，对我们的社会生活却有着现实意义。河北大学历史学院坚守继承中华民族传统美德的理念，连续多年举行古礼系列活动，取得了良好的教育效果。社会主义核心价值观的源泉是中华优秀传统文化，历史学院举办古礼文化知识竞赛，就是一个寻根探源的过程，古礼文化活动的开展，是传统文化进校园的重要方式，是弘扬、践行社会主义核心价值观的必然选择。2013 年举办的古礼文化知识竞赛活动，是历史学院举办的第三届古礼文化活动。第三届古礼文化活动吸收了前两届的经验教训，在古礼文化知识竞赛过程中，加入别开生面的成人礼现场演示。在活动的现场，几位身穿古装的同学，向大家展示男子的成人礼——冠礼、女子的成人礼——笄礼。同时，还有书法展示、武术展示、古琴表演等，尽显中华优秀传统文化的魅力。

一、河北大学历史学院第三届古代文化知识竞赛活动策划

（一）活动背景与目的

1. 活动背景

中国乃泱泱大国，其文化博大精深。5000 年的传统文化，足以让我们自豪于世界；5000 年的礼仪积淀，足以让我们成为东方绅士；5000 年的深厚底蕴，足以让我们自立于世界民族之林。作为炎黄子孙，古礼是我们必须知道的、必须继承的，也是必须发扬光大的。然而，在市场经济的冲击之下，传统礼仪已开始被人遗忘，更有甚者把它作为发展的阻碍或是时代落后的象征，"传统文化是一个国家民族在长期的社会实践中所积淀的物质文明和精神文明

的文化遗产，也是民族特有的思维方式的精神体现。作为凝聚和激励人民重要力量的民族精神是传统文化长期熏陶与培育的结果，是传统文化的结晶"①。民族精神是中华民族之魂。否定传统文化，必然抹杀民族精神。作为新时代的大学生，理应通过学习古礼去更好地传承中华优秀传统文化。

2. 活动目的

本次古礼文化知识竞赛活动的目的在于通过古礼文化展示活动，让同学们能够更好地了解中华优秀传统文化，感受其浑厚的魅力，并将其发扬光大。同时，此次活动为喜欢古礼文化的同学们提供一个展示自我的平台，也为各学院提供一个交流的平台。基于这样的目的，我们创办了古礼文化活动，力求把高校建设成为弘扬中华优秀传统文化的前沿阵地。

（二）前期宣传与准备

1. 11 月 5—6 日联系各学院学生会，发送邀请函，邀请其代表队（四人一组）参加此项活动，联系相关社团（民乐团、书法协会、武协、京剧社、舞协等）。

2. 人员准备：2 人发送邀请函到各学院；2 人联系社团；2 人邀请校园媒体和校外媒体（红色战线网站、家国天下网站、青年通讯社、《保定日报》和《燕赵都市报》等），此项需要宣传部协助。

3. 整理各学院代表队及成员名单，整理相关社团名单及节目名单。

4. 出一张展板在全校进行宣传，并在主楼电子屏宣传。

5. 由历史学院衣长春教授和历史学院学生会主席团对各代表队的才艺展示和各社团的古礼文化节目进行审查。审查的基本要求是：符合古礼文化并能联系现实，传承和弘扬社会主义核心价值观。

（三）活动方式

1. 本次活动分为两大部分，一部分为各代表队的古礼文化知识竞赛；另一部分为历史学院和邀请的相关社团的古礼展示。

2. 在第一部分中分为初赛和决赛。

3. 初赛中，把所有参赛代表队分为两组，两组分两天进行。综合得分最

---

① 王志贤：《博物馆文化是串接传统文化与现代文化的时空隧道》，《中国博物馆》2016 年第 4 期。

高的四个代表队进入决赛。

4. 决赛中，每个代表队最终得分由知识竞答、才艺展示和游戏环节得分组成。

（四）决赛活动流程

1. 活动时间：12 月 13 日

2. 活动地点：主楼河北大学新闻中心

3. 活动前期准备：（1）场地批复；（2）物品准备：桌椅、证书、纸笔、一次性水杯、热水壶、奖品、桌牌、节目单、演出乐器、投影仪、室内装饰等；（3）节目彩排：要求各参赛队和节目演出人员活动正式开始之前一小时到场参与彩排，至少两遍，以确保活动正常有序进行；（4）人员准备：拍照1 人，录制视频 2 人，主持 2 人，礼仪人员 4 人（茶水 2 人，引领入座 2 人）；（5）现场指挥小组：历史学院学生会主席、部长各 1 人，策划人员 1 人，签到人员 2 人，场地布置 2 人，表演场务 4 人，机动人员 2 人（负责应对突发状况）；（6）观众：进入决赛的代表队保证 10 人的观众以及历史学院学生观众及嘉宾 4 人（负责维持现场秩序及散场后观众退场）。

4. 活动前期现场流程：（1）道具、服装、检查、节目确认；（2）各代表队签到入座；（3）观众入场；（4）领导、评委入场。

5. 活动正式开始流程：（1）开场环节：播放前两届古礼活动的相关视频及照片资料等，开场舞，倒计时，主持人进场宣布开始；（2）进入比赛环节：知识竞赛，才艺展示，游戏环节（包括亲友团的游戏加分）；（3）社团才艺展示（武协舞剑、三余书法、管乐坊）；（4）历史学院代表才艺展示《成人礼》；（5）播放视频、公布成绩（播放 5 分钟关于历史知识的视频，在此期间进行总分，播放完毕后公布成绩）；（6）颁奖及点评。根据得分评出名次进行颁奖，请嘉宾老师对此次活动进行点评。

6. 后续工作：（1）对第四名颁发优秀证书；（2）对前三名颁发一、二、三等奖；（3）各代表队及社团人员合影留念；（4）设备整理、搬运；（5）物品归位、清扫场地；（6）对本次活动进行总结。

二、河北大学历史学院第三届古礼文化知识竞赛活动过程

（一）历史学院第三届古礼文化知识竞赛活动邀请函

××学院团委：

中国乃泱泱大国，其文化博大精深。5000 年的传统文化，足以让我们自豪于世界；5000 年的礼仪积淀，足以让我们成为东方绅士；5000 年的深厚底蕴，足以让我们立足于世界民族之林。作为炎黄子孙，古礼是我们必须知道的，必须继承的，也是必须发扬光大的。作为新时代的大学生，理应通过学习古礼去更好地传承弘扬中华传统文化，让中华传统文化薪火相传、生生不息。通过古礼文化知识竞赛活动，同学们能够更好地了解中华传统文化，感受其浑厚的魅力，并将其发扬光大，同时也可以为喜欢古礼文化的同学提供一个展示自我的平台，为各学院提供一个交流的平台。正是基于这样的目的，历史学院精心打造了古礼文化展演这一品牌活动，并且把它作为继承弘扬中华传统文化和培育社会主义核心价值观的重要方式。

历史学院届时将举办古礼文化知识竞赛，对优秀代表队颁发荣誉证书，希望贵学院积极支持，踊跃参加。

历史学院团委

2013 年 11 月 2 日

报名截止时间：2013 年 11 月 9 日晚六点

报名联系方式：姚晨晨 150×××××××；史玉渤 150××××××××

备注：以学院为单位，每学院一组，组员四人；古礼文化试题范围，以古代五礼为主，同时兼顾文学知识。

（二）历史学院第三届古礼文化知识竞赛的初赛和决赛

1. 历史学院第三届古礼文化知识竞赛初赛流程

时间：11 月 16 日或 17 日中午 12：30—13：30

地点：待定（另行通知）

比赛形式：四人为一团队，以团队形式参加比赛。

比赛流程：

（1）每队必答题 5 道，每题 10 分，答错不扣分。

（2）每队难度选择题 3 道，30 分、20 分、10 分不等，三选一，答对得相应分值，答错扣相应分值。

（3）抢答题共 5 道，每题 10 分。

备注：决赛的具体时间、地点及流程根据初赛情况另行通知；初赛结束后，选拔出相应团队进入决赛环节，比赛时间、地点于初赛结束后以短信方式予以通知。

2. 历史学院第三届古礼文化知识竞赛决赛流程

（1）开场：PPT 展示前两届活动的相关视频和照片；画轴展开（现场人员和 PPT 同步）；开场舞（刘培辛）；主持人进场宣布开始。

（2）知识竞赛：必答题：每队 5 道；难度选择题：每队 3 道（10、20、30 分不等）；古礼知多少：视频、音频、图片、文字各 1 道（抽签决定）。

（3）游戏：灯谜（内容以古礼知识为主）；心有灵犀（参赛队派出两名代表，根据提供的字词一人做动作，一人猜词）。

（4）各参赛队才艺展示：规定同一题目进行表演，提前给予参赛队题目，以《诗经》内容再现为主，要求参赛队的表演符合古代的相关制度和礼仪，自然得体，联系现实。把是否结合党的十八大内容、弘扬社会主义核心价值观作为评选的重要条件。

（5）社团展示：书法、舞剑和吹箫表演（暂定）同步进行，要求三者和谐统一，时间控制在 5 分钟左右。

（6）历史学院代表才艺展示：《成人礼》展示，男子成人礼和女子成人礼相结合，要求各表演者服装得体，表情自然，动作流畅，语言符合规范。

备注：上述所有才艺展示环节均需提前彩排和审核。除要求参赛人员自己准备才艺展示及 PPT 外，赛前组织者搜集了大量关于古代礼仪文化的知识竞答题目，现将题目及答案附于后以供比赛时使用。

（三）历史学院第三届古礼文化知识竞赛主持流程

主持词不仅作为串场之用，一定程度上也反映了古礼活动整场的内容，这其中既有传统文化的展示，也有同学们互动参与的环节。同学既能陶冶情操，又能积极参与，从中不仅能了解到礼仪方面的知识，也能了解到诸如武术、书法、器乐、冠服一类的传统文化。我们的古礼活动既弘扬中华传统礼仪文化，又不仅仅局限于古礼，可以说，我们由小及大，由点及面，以中华传统礼仪为锦线，将各种优秀传统文化都联结在了一起。此处为古礼活动主持词，其中包含一些串场的活动，除衔接作用外，主持人也要带动起整个活动的气氛。

女：尊敬的各位领导，老师，亲爱的同学们！

合：大家，下午好！

女：泱泱中国，巍巍华夏，5000 年的文化之邦！

男：上溯炎黄，下至今朝，5000 年的历史积淀！

女：中华民族是人类文明的发祥地之一，古礼文化源远流长。礼文化是中华民族传统文化的核心，礼文化有着悠久的历史。孔子说："不学礼无以立。"荀子云："人无礼则不生，事无礼则不成，国家无礼则不宁。"

男：传承和弘扬中华优秀传统文化，推进社会主义精神文明建设，必须坚持面向现代化、面向世界，面向未来，必须坚持培育社会价值核心价值观。

女：国民教育是传承弘扬中华优秀传统文化的基本途径，高校是传承弘扬中华优秀传统文化的重要场所，大学生肩负着弘扬中华优秀传统文化的神圣责任。

男：作为新时代大学生的我们，责任在肩，任重道远。我们应当传承古礼，并将其发扬光大，让中华优秀传统文化生生不息、代代相传。

女：为此，我们今天欢聚一堂，展示华夏文明礼仪，借以弘扬华夏文化之风。现在，我宣布河北大学第三届古礼文化竞赛暨"成长，感恩——传统文化的继承"古礼文化展示活动——

合：正式开始！

第三届古礼活动舞台现场

演员展示古礼主题条幅

男：首先，请允许我介绍出席本次活动的领导及评委老师，他们是河北大学校团委副书记滑晓军老师、历史学院党委书记李维意老师。

女：历史学院团委书记徐兰英老师，历史学院工会主席张殿清老师，历史学院院长助理、考古系主任衣长春老师，中国史系主任郭晓勇老师，另外我们还邀请到了极为特别的来宾，他们是退休老教师王岸茂教授、吕志毅教授。

男：下面让我们以热烈的掌声有请滑晓军老师为活动致辞。

男：本次参加比赛的代表队有心思缜密的物理学院、雅致并存的文学院、以人为本的生科学院、涵养浓厚的历史学院（各代表队有其参赛口号）。

女：看来每个代表队都是气势如虹，势在必得啊！相信这背后一定有强大的支持力量，在比赛之前让我们一起来重温一下指导老师们的祝福！请看大屏幕。

男：相信，有了指导老师的鼓励，你们一定会不负众望，争创佳绩！

女：话不多说，进入比赛环节。第一环节：知识竞赛。本环节由必答题、抢答题和难度选择题三部分组成。首先进行必答题部分，此部分分为6轮，各队轮流答题，每轮一题，每题10分。××学院，请听题。下面进行抢答题环节吗，本环节共7道题，每题5分。

男：最后是难度选择题部分，有5分题、10分题、15分题各4道，答对得相应分数，答错扣相应分数。

女：首先进入第一轮，××学院请选择难度分数。

女：赵戈，你说今天各学院的同学到这里干什么来了？

男：这还用问，当然是参加比赛了。

女：除了比赛呢？

男：还有什么？

女：你忘了今天的才艺展示的主题是"尊老爱幼"了吗？

男：哦，对对对，我想起了《诗经·伐木》里的"嘤其鸣矣，求其友声"。

女：下面就让我们期待各代表队对"尊老爱友"的独特诠释吧。进入第二环节：才艺展示。

男：有请××学院，他们带来的才艺展示是××。

女：赵戈，我给你出一个灯谜啊："孔明定下空城计，苏秦能说六国平，六郎要斩亲生子，宗保不舍穆桂英。"打一成语。

男：哦，这难不倒我，这个答案是不是"巧言令色"呀？

女：我只是抛砖引玉一下，下面就有请各学院代表从 4 位美丽的侍女手中选取一个谜语，由亲友团回答，答对加 10 分，答错不扣分。下面是各亲友团猜灯谜环节。

男：我们都知道中华文化博大精深，源远流长，中国文字更是变幻灵动，一撇一捺都饱含深意，那么对古代文化你又了解多少呢？

女：为此，我们准备了一个小游戏来考验大家对古代文化的了解，下面让我们一起走进"心有灵犀"游戏环节（在此附上游戏中会出现的词语以便活动的进行：簪子，屏风，铜镜，玉佩，手帕，香囊，凳子，元宵，屈原，古筝，酒杯，砚台，琵琶，编钟，笛子，佩剑，爵，元宝，饺子，织布机，纺车，蚕丝，轿子，笏板，日晷，青花瓷，洛阳，长安，竹简，本草纲目，匈奴，长城，毛笔，蹴鞠，围棋，针灸，诸葛亮，孔明灯，地动仪，绣球，道观，花灯，烟火，火烛，算盘，客栈，驿站，烽火台，丝绸之路，史记，皇帝，科举，八股文，陵墓，丫鬟，兵马俑，驸马等）。游戏规则是：每队选出两人，一人用语言描述或形体比画，另一人猜，用语言描述时不得说出所猜词中的字或相关字的谐音，如果说出则无效跳过。猜词过程中选手可选择跳过。

游戏环节：趣味猜谜

游戏环节：心有灵犀

男：（请老师猜词）在看完了同学们紧张而又刺激的比画猜之后，台下的老师们是不是也按捺不住了呢？哪位老师愿意上来参与这个游戏呢？

女：灵气脱俗的千年音韵，弹指一挥间，倘若汤汤流水，碧波盈盈，好似将世事的沧桑委婉流传。

男：无言的诗，无形的舞，无图的画，无声的乐，笔墨书香，酣畅淋漓写人生。

女：舞剑翩翩，耀如羿射九日落，矫如群帝龙翔，来如雷霆收震怒，罢如江海凝清光。

男：一刚一柔，一静一动，一音一韵，好不优雅。就让我们在刚柔并济、动静结合中欣赏这视觉的盛宴吧！有请三余书法社表演者黄乾雄，武术协会表演者，民乐团古筝表演者李科锐。

（以下内容，在表演者表演期间诵读）

女：书法是中国传统艺术之一。其有两重含义：一指毛笔字书写的法则，主要包括执笔、用笔、点画、结构、分布等方法；一指以书写汉字，借助于精湛的技法、生动的造型来表达出作者的性格、趣味、学养、气质等精神因素。二者相融，即中国的书法艺术。"书法的构成要素包括三个方面：一是笔法，要求熟练地执使毛笔，正确的指法、腕法、身法、用笔法、用墨法等技巧；二是笔势，要求妥当地组织好点画与点画之间、字与字之间、行与行之间的承接呼应关系"[1]；三是笔意，即以书应气，以气表意。

"我国的书法艺术有三千多年的历史，之所以成为一门艺术，主要取决于中国人善于把实用的东西上升为美的艺术，同时与中国独特的文字和毛笔密切有关。其文字以象构思、立象尽意的特点酝酿着书法艺术的灵魂，而方块构形，灿然于目的资质又构成书法艺术的形式基础。其工具，唯笔软则奇怪生焉，可生出方圆藏露、逆顺向背的韵味；轻重肥瘦、浓淡湿涩的情趣；抑扬顿挫、聚散疏密的笔调；断连承接、刚柔雄秀的气势，再辅以专门制作的纸墨，使书法艺术更趋变幻莫测，韵味无穷"[2]。

男：舞剑，极具中华武术魅力和东方传统文化色彩。我国的武术剑法源远流长，博大精深，经过长期的发展，形成的各种流派灿若星河，如太极剑、武当剑等不胜枚举。太极剑是太极拳运动的重要内容，它兼有太极拳和剑术两种风格特点，一方面像太极拳一样，表现出轻灵柔和，绵绵不断，重意不重力的特点；另一方面还要表现出优美潇洒，剑法清楚，形神兼备的剑术演练风格。

女：古筝是一件古老的民族乐器，一共10级，战国时期盛行于"秦"

---

① 叶根友：《书法常识理论浅析》，2011年2月20日，见 http：//blog.sina.com.cn/s/blog_69f5f73f0100r5aj.html。

② 叶根友：《书法常识理论浅析》。

地，是一件伴随我国悠久文化、在这片肥沃的黄土地上土生土长的古老民族乐器。早在公元前 5 世纪至公元前 3 世纪的战国时代，当时的秦国广泛流传，所以又叫秦筝。计算起来，它已经有 2500 年以上的历史了。古筝是我国独特的重要的民族乐器之一。它的音色优美，音域宽广、演奏技巧丰富，具有较强的表现力，深受广大人民群众的喜爱。

男：华夏族的成年礼，为男子冠礼，女子笄礼。冠礼，礼起源于原始社会，已有几千年的历史，汉族的冠礼具有浓郁的中国味，在汉字文化圈中最具有代表性。冠礼表示男青年至一定年龄，性已经成熟，可以婚嫁，并从此作为氏族的一个成年人，参加各项活动。

女：笄礼，即汉民族女孩成人礼，古代嘉礼的一种。俗称"上头""上头礼"。笄，即簪子。自周代起，规定贵族女子在订婚（许嫁）以后出嫁之前行笄礼。一般在十五岁举行，如果一直待嫁未许人，则年至二十也行笄礼。冠（笄）之礼是我国汉民族传统的成人仪礼，是汉民族重要的人文遗产，对于个体成员成长的激励和鼓舞作用非常之大。

男：如大家所知，古代男子更受重视，他们的成人礼——冠礼，也更加隆重。

女：但是，大家一定不知道，女子的成人礼——笄礼，同样精彩。

参赛学生在表演行冠礼　　　　　　　参赛学生在表演行笄礼

男：我们来到世上，享受生活的机会全部来自父母。

女：是他们让我们感受阳光雨露，体味人间温情。

男：因此，我们为大家准备了一个既充满古代文化涵养又蕴含感恩父母的冠礼节目。

女：现在有请历史学院学生为大家演绎《成人礼》，携手重温古代文明雅致的礼仪之风。

男：紧张又激动人心的时刻到来了，下面，由我来宣布各代表队的最终成绩，获得优秀奖的是×学院，××分，获得三等奖的是××学院，××分，获得二等奖的是××学院，××分，获得一等奖的是××学院，××分。

主持人在公布比赛成绩　　　　　历史学院书记李维意教授做总结点评

女：下面进行颁奖环节，有请获得优秀奖的×学院选手上台，有请历史学院工会主席张殿清老师为他们颁奖。

男：有请历史学院团委书记徐兰英老师为获得三等奖的×学院颁奖。

女：有请历史学院党委书记李维意老师为获得二等奖的×学院颁奖。

男：有请校团委副书记滑晓军老师为获得一等奖的×学院颁奖。

女：让我们再次以热烈的掌声祝贺以上获奖的代表队。

男：下面，有请李书记为本次活动做总结点评，掌声欢迎！

女：再次感谢李书记的讲话！

男：活动至此，已近尾声。相信通过这次古礼文化展示活动，在座的各位一定能够进一步了解我们的传统文化，感受其浑厚魅力。

女：这正是我们此次活动的目的所在，让每一位到场的人员都能栉沐古风古韵之中，使灵动的精神得以升华。

男：尊敬的各位领导、老师，亲爱的同学们，现在我宣布，河北大学第三届古礼文化展示活动……

合：到此结束！

女：我们明年再见。

请各位评委老师和嘉宾上台与参赛选手合影留念！

图为评委嘉宾与演职人员合影

（四）活动总结

古礼活动，其中并不单单宣传中国的古代礼仪，也不是简单地穿着汉服唱歌跳舞，而是通过中国古代礼仪这一形式，弘扬中华优秀传统文化，用中华优秀传统文化涵育大学生社会主义核心价值观。在这个过程中，我们能够体会到，传统文化之真之善之美。同时，我们认识到，只有将中华优秀传统礼仪融入到大学生的日常生活之中，让大学生在自己的日常言行中践行中华民族优秀传统文化和传统美德，才能够在日益浮躁的社会中依然保持本心、不忘初心。在古礼文化活动中，同学们所欣赏到的，不仅仅是古代礼仪，而且是丰富多彩的传统文化。

本次古代礼仪文化活动除沿袭学院传统外，更重要的是为了唤起同学们对古代礼仪文化的重视。其中，增加古代礼仪文化知识竞赛环节的目的在于引导大学生学习古礼文化知识、弘扬古礼文化精神。本次活动面向全校进行宣传，不仅使古代礼仪文化之风在全校范围内吹开，也使古色古香的历史学院充满古风韵味，尽显端庄之气。

我们学习古礼文化，不是迂腐地全盘继承，也不是要恢复繁文缛节。而是要结合当今时代要求，将古礼文化精神在新时代的社会主义建设实践中发扬光大。我们学习古礼文化，是因为我们有责任有义务传承它们，因为那是传承千年深深烙在血脉里的东西，那是一个民族的文化根脉。根深方能叶茂，只有不断传承创新中华优秀传统文化，我们才能更加坚定文化自信，更加长久地傲立于世界民族之林！

古礼文化知识竞赛活动精彩纷呈，不仅有历史学院的学生，全校的学生都能参与其中。几年来，历史学院坚守传承与创新的统一，每年都为同学们献上丰盛的古礼文化盛宴。我们在传统文化中不断寻求突破，希望将古代礼仪背后所蕴含的家国情怀传承给每一代河大人。我们也希望在以后的古礼文化活动中获得更多的支持，希望能有更多的同学加入到古礼文化的传承创新队伍中来。希望我们能尽自己的绵薄之力，为中华传统礼文化的"双创"做出更多的贡献。

三、河北大学历史学院第三届古礼文化知识竞赛试题

（一）必答题：小试牛刀

第一轮

1. 周代以三德教国子，请问以下哪一项不属于三德：（D）

A. 至德，以为道本　　　　　　　B. 敏德，以为行本

C. 孝德，以知逆恶　　　　　　　D. 仁德，以知顺善

2. 周代教国子三行，请问是以下哪三行：（A）

A. 孝行、友行、顺行　　　　　　B. 孝行、友行、德行；

C. 德行、友行、顺行　　　　　　D. 孝行、德行、顺行。

3. 唐代郡县学的"期末考试"是在几月？（C）

A. 季秋，九月　　　　　　　　　B. 孟冬，十月

C. 仲冬，十一月　　　　　　　　D. 季冬，十二月。

4. 文献中有如下记载"晋武帝初，大学生三千人。"请问此时的"大学生"最有可能是：（A）

A. 太学生　　　　B. 国学生　　　　C. 进士　　　　D. 四门学生。

第二轮

1. 男子冠礼中，周代分别加哪三种冠？（A）

A. 缁布、皮弁、爵弁　　　　　　B. 缁布、皮弁、纱弁；

C. 皮弁、纱弁、爵弁　　　　　　D. 缁布、纱弁、爵弁。

2. 周礼中，男子在什么年龄举行冠礼？（C）

A. 十五岁　　　　B. 十八岁　　　　C. 二十岁　　　　D. 二十五岁。

3. 周礼中男子冠礼在什么时间举行？（B）

A. 孟春，二月　　B. 仲春，二月　　C. 季春，三月　　D. 孟春，三月

4. 冠礼在中国古代是非常重要的仪式，那么以下哪一个选项不是冠礼的作用？（D）

A. 正长幼之序　　　　　　　　B. 象征成人

C. 象征可以结婚　　　　　　　D. 象征开始有纳税的义务

第三轮

1. 谥号是中国古代一个特色制度。它是对君王将相死后的一个评价。那么谥号评定原则是什么？（A）

A. 有德则善谥，无德则恶谥　　　B. 有功则善谥，无功则恶谥

C. 有爵则善谥，无爵则恶谥　　　D. 有官则善谥，无官则恶谥

2. 谥号的评定在唐代由哪一个官员主要负责掌管？（A）

A. 太常　　　　B. 礼部尚书　　　C. 丞相　　　　D. 御史大夫。

3. 在周代有时候会出现天子和诸侯使用同一个谥号，如"周桓王时，蔡侯卒，谥桓侯"，请问这是为什么？（A）

A. 正常现象，依据谥号原则评定　　B. 反映了"礼崩乐坏"的史实

C. 两者为同宗同族可以使用同一谥号　D. 巧合而已，没有规律可循

4. 请问以下几部书中，哪一部不是描述谥号的？（D）

A. 《大戴礼说法》　　　　　　　B. 《广谥》

C. 《谥法》　　　　　　　　　　D. 《礼记·内则》

第四轮

1. 以下哪个官员是周代掌管军事的？（C）

A. 太尉　　　　B. 太师　　　　C. 大司马　　　　D. 大司空

2. 周代礼器中有兵器组合，请问以下哪五种兵器是"五兵"礼器？（A）

A. 戈、殳、戟、酋矛、夷矛　　　B. 刀、枪、剑、戟、斧

C. 斧、钺、剑、戟、矛　　　　　D. 戈、矛、剑、戟、刀

3. 禁卫军是天子身边的重要保卫力量。请问周代的禁卫军被称作什么？（A）

A. 虎贲　　　　B. 千牛卫　　　　C. 御林军　　　　D. 羽林军

4. "讲武"是古代的军事演习活动，请问"讲武"一般在什么时间？（C）

A. 孟春，草长莺飞时期　　　　　B. 仲夏，万物繁盛时期

C. 季秋，秋高马肥时期　　　　　D. 仲冬，寒风彻骨时期

第五轮

1. 周代礼制完善，据说天子有四种接受朝觐的方式，请问分别是哪四种？（A）

A. 内朝、中朝、外朝、询事之朝　　　B. 前朝、后朝、中朝、外朝

C. 春朝、夏朝、秋朝、冬朝　　　　　D. 南朝、北朝、西朝、东朝

2. 古代京官品级够资格的必须参加早朝，但以下哪个情况下可以不参加早朝？（B）

A. 路途拥挤　　　B. 雨天泥泞　　　C. 父母生日　　　D. 儿女生病

3. 天子四朝之中，哪一个是有"决罪听讼"职能的？（C）

A. 内朝　　　　　B. 中朝　　　　　C. 外朝　　　　　D. 询事之朝

4. 官员上朝的时候文武官员同殿而立，站班，请问他们的班序是什么？（A）

A. 文武分开，按品级而立　　　　　B. 文武混合，按品级而立

C. 文武分开，按爵位而立　　　　　D. 文武混合，按爵位而立

第六轮

1. 视频：太子拜师

问题：这段视频截取自电视剧《贞观长歌》中，视频中唐太宗让太子李承乾拜张玄素为师，张玄素要求李承乾下跪，请问这在历史上可能发生吗？

答案：可能，古代太子也需要向老师下跪，行拜师礼。

2. 视频：兄弟见面

问题：这段视频截取自《战国》，请问电影中孙红雷扮演的孙膑在见到师兄之后叫"涓"是否合乎礼仪规范？

答：不符合，庞涓字子翼，古代平辈之间不能直呼人的姓名，必须叫字。

3. 视频：魏惠王

问题：这段视频截取自《战国》，请问电影中郭德纲扮演的周天子称呼魏国国君为"魏国惠王"是否正确？

答案：不正确，魏惠王中的"惠"字是其谥号，是死后评定的，不可能在生前出现。

4. 视频：军马冲道

问题：这段视频截取自《封神榜》，请问电视剧中在大街上飞奔的骑兵队伍是否符合史实？

答案：不符合。中原军队采用骑兵基本是在赵武灵王"胡服骑射"改革之后，而电视剧的背景是商末，所以基本不可能出现。

（二）抢答题：狭路相逢

1. 唐代弘文崇文馆及国子监学生能不能参加早朝？（A）

A、能；B、不能。

2. 古代有些人的谥号是两个字，如"文贞"；有些人只有一个字。请问两个字的谥号等级是否高于一个字的？（B）

A、是；B、不是。

3. 中国古代军队调动中听到哪一种军器被敲响是命令军队停止行动？（B）

A、鼓；B、金。

4. 当某个人的谥号确定之后，家人感到不满是否可以申请改变？（A）

A、可以；B、不可以。

5. 中国古代男人一般都有字，那么，女人是否有字？（A）

A、有；B、没有。

6. 古代女人很多重要礼仪不能参与，那么男子冠礼时女人能否参加？（A）

A、能；B、不能。

7. 中国古代，男子冠礼一般在 20 岁时举行。那么是否可以提前进行？（A）

A、能；B、不能。

（三）选答题：惊心动魄

文学题组

1. 中国古代宴会是非常讲究礼仪的，首先就是座次礼仪。请问在圆桌上举行正式宴会时，主人和宾客的座次是如何安排的？

答：主人面向门坐，最尊贵的客人在左手边，次之右手，次之左手，依次循环。

2. 古人饮酒时还有一种被称为投壶的饮酒习俗，请问它源于西周时期的什么礼仪？

答：射礼。

3. 古代宴会的形式是多种多样的，其中有一种宴会叫作"鹿鸣宴"，请问它的举办目的是什么？

答：举子中进士之后举办的庆功宴。

历史题组

1. "史家三才"是哪三才？

答：史才、史学与史识。

2. 古代宫廷史官有左史和右史之分，请问左史和右史的职责分别是什么？

答：左史记言、右史记事。

3. 太史令原是古代重要的史官，可是东汉以后太史令的职责发生了重大变化，不再参与史书的编纂，请问此后其职责主要是什么？

答：祭祀和天文历法。

物理题组

1. 由于重视"礼、乐、术、数"，我国古代研究乐音数学规律的律学相当发达，《二十四史》有许多律历志的记载。那么，我国古代乐音数学中的五音是指什么？

答：宫、商、角、徵、羽。

2. 五行观念是中国古代重要的观念，也是秦汉以后礼法的基础，请问五行原理反映了物理学三大定律中的哪个定律？

答：能量守恒定律。

3. 在我国古代有非常多的巫祝仪式，其中有一种巫祝仪式中使用了"喷水鱼洗"来演示神秘的现象，请问喷水鱼洗应用了哪种物理学原理？

答：驻波共振原理。

生科题组

1. 古代礼法中禁止近亲结婚的基因学合理性是什么？

答：近亲结婚会加大家族遗传病的发生概率。

2. 患有"男性荷尔蒙无生理感觉综合征"病人如果在古代家族中会被怎样看待？

答：不会被特殊看待，因为这个病症是现代才发现的，在没有发现之前患者的外部表现与正常女人一样，只是基因为男性基因而非女性基因，不能生育而已。

3. 古代禁止女性晚婚，请问这是否利于减少家族遗传病的发病概率？

答：不利于。某些家族遗传病的遗传概率会随着年龄增长减小，例如1型糖尿病。

第三节　河北大学历史学院古礼微电影大赛活动

孔子有句名言，叫克己复礼。意思是说，一个君子要时刻克制自己的言行，使自己的言行符合礼制的要求。古礼是中华传统文化的重要载体，辨识古礼、弘扬古礼是文化学习的需要，是传统传承的需要，也是文脉延续的需要。《荀子·王霸》说："国无礼则不正。礼之所以正国也，譬之犹衡之于轻重也，犹绳墨之于曲直也，犹规矩之于方圆也，既错之而人莫之能诬也。"礼是人的社会行为规范，如果没有礼的规制，民众便无所措手足，社会便会陷入混乱状态。"如果没有礼的制约，个人的行为就会偏离正道；如果失去了礼的引导，社会的风气就不会端正"①。在"五四"开启的新文化运动中，人们吵闹着要自由权利、个性解放，只顾着斩断和抛弃过去的礼制规范，却很少提出个体责任、公共意识和遵守公共规则等命题，较少对礼教、礼法之正面价值的传承。在新的历史时期，习近平总书记提出了对中华传统文化"双创"的命题，对于古礼文化亦当如此。而微电影及网络传播的发展，为古礼文化的展示与传播提供了便利条件。基于此，2017 年，历史学院古礼文化活动采用了微电影的表现方式。古礼微电影大赛由河北大学校团委主办，河北大学历史学院承办。

一、河北大学历史学院古礼微电影大赛活动策划

《声声慢》是中国内地男歌手崔开潮的一首歌曲。歌词写道："青砖伴瓦漆，白马踏新泥，山花蕉叶暮色丛染红巾，屋檐洒雨滴，炊烟袅袅起，蹉跎辗转宛然的你在哪里，寻寻觅觅"。春夏秋冬一轮回，今日再次等到你。时间总是在不经意间悄然溜走，带走了唐宋元明清的繁华盛世，可是终归有些是带不走的，那便是历史留在我们心中的烙印。中华 5000 年的历史，5000 年的荣耀，在今天，与社会主义核心价值观有着许许多多不谋而合的共通之处。我们处在历史的节点，既需要继承也需要创新。中华璀璨的古礼文化等待着我们去揭开它的神秘面纱。

---

① 史世海：《品读历史 感悟礼义》，北京工业大学出版社 2016 年版，第 47 页。

（一）历史学院古礼微电影活动背景

中国自古就被称为"礼仪之邦"，中华民族有着悠久的礼教传统。因此，"礼的观念在中国根深蒂固，几乎贯穿了中华民族整个发展历程，规范着社会生活的各个领域，调整着人与人、人与自然天地的关系……今天人们所遵循的行为准则、道德规范仍能从古代礼仪中找到其存在的根源，礼仪的形式或许变化了，但礼的内涵和精神实质并没有变"①。古礼微电影活动的目的就是引领广大同学去发现礼、了解礼、传承礼、弘扬礼。同时，当今时代，DV 摄影、手机拍摄已经非常普及，每一名大学生都可以非常方便地进行视频拍摄，会拍、能拍、爱拍的大学生越来越多。简单的操作、高质量的画面，设置的模式能满足各种各样的需求。由此，我们产生了用微电影的方式展示古礼文化的设想。

古风与摄影的结合，既符合大学生的审美情趣，又可宣传传统文化，弘扬中国古礼。基于此，我们特意举办了古礼微电影大赛活动，旨在为大学生弘扬中华古礼文化搭建一个共享平台。大学生总是洋溢着青春的活力与激情，在互联网时代，面对扑面而来的海量信息，大学生的价值观面临多元文化思潮的冲击。大学生是社会主义现代化建设事业极为重要的人才资源，面临复杂的国内外环境，为培养大学生的爱国情怀、弘扬中华民族的传统美德，我们组织的古礼微电影活动要求参加比赛的学生以社会主义核心价值观为主题，选取中华优秀传统文化的内容，以古礼微电影的方式展现"富强、民主、文明、和谐、自由、平等、公正、法治，爱国、敬业、诚信、友善"的价值内涵。

（二）历史学院古礼微电影活动的目的

历史学院古礼微电影活动的目的主要有两个：一是为了弘扬中华优秀传统文化并且与当代社会主义核心价值观实现有效对接，从中华优秀传统文化中汲取培育社会主义核心价值观的精神资源，推进高校社会主义意识形态建设，鼓励大学生利用现代科技知识对中华优秀传统文化进行"双创"，不断丰富大学生的校园文化生活。同时，提升中华传统文化涵育大学生社会主义核心价值观的成效，增强大学生对中华优秀传统文化的理解和践行能力，激发大学生古今结合的创造力，传播积极向上的正能量。二是通过这次古礼微电影展演大赛，给广大在校大学生提供一个弘扬中华优秀传统文化和展示自身

---

① 林先建：《古礼的传承及其现实意义》，《山东省农业管理干部学院学报》2009 年第 2 期。

风采的平台。在参赛活动中，每个人都可以做摄影师和表演者，通过同学之间的沟通交流和良性互动，培养当代大学生的团队协作精神，给大学生提供一个和礼文化、微电影零距离接触的机会。历史学院古礼微电影活动重在充分发挥河北大学历史学院学科专业优势，弘扬中华优秀传统文化，促进驻保高校间的文化交流。古礼微电影活动以展示大学生的精神风貌为主要特色，为同学们提供了一个良好的展示自我的平台，并且增进同学们对保定各高校的了解，扩大古礼文化的传播，为弘扬中华优秀传统文化做出积极的贡献。

（三）前期准备

古礼微电影大赛的前期准备工作主要包括：活动所需条幅、展板、桌牌、托盘等；奖品资金筹备、活动所需相关物品筹备（资金准备可拉外联，由商家支持，提高奖品资金额度，增加活动的吸引力，使本次活动举办得更加精致）；申请场地包括展演场地、颁奖场地和宣传场地的审批；下发活动通知等。

（四）活动对象、时间、地点及内容

活动对象： 驻保高校在校大学生

活动时间： 2017 年 4 月 15 日

活动地点： 河北大学新闻中心演播厅

活动内容：以"富强、民主、文明、和谐，自由、平等、公正、法治，爱国、敬业、诚信、友善"为主题，寻找一个与此相关的古代小故事，或自编一个古代小故事，自行组队，每组人数 3—6 人，拍摄成微电影。微电影的时间在 5—8 分钟左右。

（五）活动流程

1. 前期宣传

校内校外宣传：（1）定点宣传地：南北院食堂门口，搭帐篷进行宣传，发放宣传单。（2）校外向各学校发放邀请函、宣传单以及报名表。（3）在保定各高校校园和河北大学南北院篮球场悬挂精致条幅，并在南院食堂门口摆放精致展板，宣传本次活动。

新闻媒体宣传：（1）联系保定各高校的校园媒体，本次活动积极与这些媒体建立良好的合作关系，一同进行此次活动的宣传。（2）联系河北大学青年通讯社、红色战线等校园媒体进行宣传。（3）通过历史学院微信、历史学院微博跟进活动宣传。

2. 报名阶段

河北大学历史学院学生会向保定各高校发送邀请函，由各高校选派优秀代表队参加，报名表将以电子版方式发给各个学校，并给予他们一部分纸质版报名表。河北大学学生也可采取现场报名及网上报名两种方式，选手报名以组为单位，一组3—6人，最多不超过8人，本着自愿结组的原则。

3. 作品上交

上交方式：将微电影作品发至 hbulishixueyuan@163.com。

上交时间：截止到2017年×月×日。

4. 工作协调

时间：2017年×月×日。

方式：参与作品经审核，选出一、二、三等奖。负责人通知获奖人，在颁奖当天现场演出。（参加作品须与"社会主义核心价值观"这一主题相符合）

5. 颁奖晚会流程

颁奖晚会流程包括以下环节：（1）嘉宾、各作品代表（最多4人）走红毯入场、在幕板上签名；（2）开场舞；（3）嘉宾致辞；（4）本校社团表演；（5）优秀代表队表演；（6）互动环节（具体形式再定，如诗词对接等）；（7）颁奖仪式（获奖人员与颁奖嘉宾合影留念）、背景音乐（选手上台、颁奖过程）、礼仪；（8）领导讲话，领导嘉宾与选手合影留念（背景音乐）；（9）评委、嘉宾退场（背景音乐）。

6. 后期安排

主要包括以下方面的工作：（1）向各学校发感谢信、现场照片。（2）后期报道（剪辑、视频、照片、媒体宣传、校内向河大青年、学生处、弘毅等发送新闻稿），并邀请其他高校校园媒体对本次活动成果进行报道。（3）总结经验，留存整理资料。（4）资金核算，清点物品。

二、河北大学历史学院古礼微电影大赛过程材料

（一）"微影绎古，礼仪天下"主题微电影大赛颁奖典礼程序

1. 开场节目民国版《中国梦》合唱

2. 介绍到场的领导和嘉宾：

历史学院党总支书记李维意教授

共青团河北大学委员会副书记张小升副教授

历史学院中国史系主任魏国栋副教授

历史学院世界史系主任孙艳萍副教授

历史学院考古系主任耿超副教授

历史学院团委书记石宇老师

3. 讲话环节

历史学院党总支书记李维意教授致辞

共青团河北大学委员会副书记张小升副教授讲话

4. 领导宣读表彰决定及颁奖仪式

5. 优秀作品展示：

第一名：《黄骅之名》PPT 播放

第二名：《拜师礼》现场展演

6. 互动答题环节

7. 河北大学莲池国学社集体诵读《礼运大同篇》

8. 领导嘉宾在主题条幅上签名并合影

9. 古礼微电影大赛颁奖典礼结束

（二）古礼文化展演活动主持词

女：尊敬的各位领导、老师，亲爱的同学们：

合：大家好！

女：看我华夏，千年传承，炎黄血脉绵延不断！

男：放眼九州，万里盛世，中华之魂历久弥新！

女：今天，我们相聚在这里，共赏中华 5000 年文明礼仪之光。

男：中华文化如群星璀璨，在历史长河中闪耀光芒，而中华传统的礼仪文化，是其中最为耀眼的一颗。

女：今天，传承中华传统文化的重任交接到了我们手中，我们要接过前人的火炬，让中华传统文化薪火相传，散发出新的生命活力！

男：我们今日对于古礼的传承，将紧随时代的步伐，顺应时代的潮流，以社会主义核心价值观为指引，更好地继承发扬中华优秀礼仪文化。

女：我们历史学院的古礼活动，顺应这一宗旨而生，如今已经是数载。今年，我们的古礼活动更是增添了新的色彩。本次古礼活动，我们有幸邀请了河北大学兄弟学院共赴这一文化盛宴。

男：同时，我们也邀请到了各位领导、老师（详细介绍），感谢各位老师领导为我们此次古礼活动做出指导！

女：下面我宣布，河北大学历史学院第七届古礼微电影展演活动……

合：正式开始！

男：说到这个创新啊，你说，有什么好的方法把古代的礼仪用我们当代大家都喜闻乐见的形式表现出来呢？

女：这个啊，看看咱们选手的精彩表现就知道了。

男：别卖关子了，是什么呀？

女：今天我们所要展示的，可是当下最流行的一种东西——微电影！

男：厉害了，这个我喜欢。

女：在刚刚过去的河北大学古礼微电影大赛中，我们收到了来自各个学院的微电影作品，可谓异彩纷呈。经过激烈角逐，我们评出了一、二、三等奖，在今天这个舞台上，优秀节目将进行现场展演！

男：听得我都迫不及待了，那么，今天将能够看到哪些精彩的表演呢？

女：话不多说，马上开始今天第一个节目吧！下面请欣赏由××学院带来的节目××。

（中场问答）

男：看了这么久的节目，想必大家也想活动活动了，那么接下来就是我们的互动环节了。我们将带来一组关于中国传统文化的小问题，答对的同学还有小礼品相送哦。

女：说到问答啊，我要问你一个问题（出一个问题，男回答）。

女：没看出来，你还是很厉害的嘛，不过相信在场的同学们也不会比你差，那么，接下来就是今天的第一个问题……

（颁奖环节）

男：看了今天的节目，我可是受益匪浅，没想到古代礼仪和微电影还能有这么完美的结合。

女：的确是，我们今天的节目啊，可谓是各有千秋，特色鲜明，让人欲罢不能啊。

男：接下来就是激动人心的颁奖环节了，究竟哪些节目能得到评委的青睐呢，让我们拭目以待！

女：首先，获得××奖的是××，由××为其颁奖（以此类推）。

（结尾）

女：到这里，我们的活动就已经接近尾声了，想想我们精彩的节目和可爱的同学们，还真是有些不舍呢。

男：有句古诗说得好"海内存知己，天涯若比邻"，我们今天因为古礼走到一起，大家就是志同道合的小伙伴了，只要我们都怀着同样的信念，再远的距离也不能将我们阻隔！

女：是呀，我们的古礼活动虽然结束了，但是中华文明却生生不息，永久流传。面对习近平总书记提出的中华传统文化"双创"的使命，我们依然任重而道远。

男：希望我们来年还能欢聚一堂、对酒当歌。谈遍天地广阔，笑看风月人生。

女：最后，再次感谢大家的参与，我们来年再会！

男：再会！

（三）历史学院总支书记李维意在古礼微电影大赛颁奖典礼上的致辞

尊敬的各位来宾、各位老师，亲爱的同学们：

大家好！很高兴在今天这样一个特殊的日子和大家团聚在一起，参加由河北大学校团委主办、河北大学历史学院承办的"微影绎古，礼仪天下"——古礼微电影大赛颁奖，共同见证古礼与摄影的结合。

"礼"本源于祭祀，进一步演变成一系列重要场合的礼仪活动，我国古代政治生活和日常生活一直强调五大礼制，即吉礼、凶礼、军礼、宾礼、嘉礼。作为儒家十三经之一的《仪礼》记载着先秦的各种礼仪，其中以记载士大夫的礼仪为主。商、周时期素有"礼仪三百，威仪三千"之称，也正因此，华夏才名为"礼仪之邦"，古礼是历史长河中一颗耀眼的明珠。

随着DV摄影、数码照相、手机拍摄越来越成为流行与时尚，会拍、能拍、爱拍的人也越来越多，简单的操作、高质量的画面，将古风与摄影结合，这既符合大学生的审美兴趣，又可宣传传统文化，弘扬中国古礼。而本次活动目的就是带领同学们发现礼、了解礼、传承礼，丰富校园文化生活，推进校园精神文明建设，鼓励大学生利用现代科技对传统文化进行再创作，展示大学生对传统文化和社会主义核心价值观的理解，提高学生的创新能力、动手能力、想象能力以及艺术素养，激发大学生古今结合，宣传积极向上的正能量。

古礼活动作为历史学院的特色品牌活动，已经连续举办七年，在河北大学有很大的影响力，受到学校的高度重视，各路媒体也进行过多次报道，对于本次活动，我院更是进行形式创新和范围扩大。首先，一改往年单纯的答题、古代礼仪展示等模式，改为将古礼与摄影相结合，以微电影的形式进行参赛选拔，并在最后挑选优秀作品进行现场展示，也就是我们今天即将看到的这些精彩表演；其次，将活动范围扩大到河北大学各校区，不限学院，不限年级，不限专业，让当代大学生享受过程，形成成果。本次比赛旨在发挥河北大学历史学院的专业特色，以加强大学生的沟通交流、促进各个共同发展为主要目的，以展示大学生特色风采为主要亮点，整合优质资源，更好地帮助大学生发展进步。

大学生作为青春的代言人，洋溢着年轻的活力与激情，是社会主义现代化建设的重要力量，需要在思想上受到正确引导。因此，这一届古礼活动以"富强、民主、文明、和谐，自由、平等、公正、法治，爱国、敬业、诚信、友善"的社会主义核心价值观作为主题，以古礼微电影拍摄大赛作为形式依托，重在弘扬中华民族的传统美德，增强当代大学生的民族自信心和自豪感。

希望我们的参赛人员和今天到场的各位来宾、老师、同学都能体会到中华优秀传统文化的魅力，品味到古礼文化的气韵，感受到社会主义核心价值观的强大吸引力，并将其化作动力投入到以后的学习、工作和生活之中。

谢谢大家！

（四）共青团河北大学委员会副书记张小升在古礼微电影大赛颁奖典礼上的讲话

尊敬的各位老师，亲爱的同学们：

大家下午好！今天能够来参加由历史学院承办的"微影绎古，礼仪天下"主题古礼微电影大赛颁奖典礼，我感到非常高兴！

接下来，我们将一起穿越时空、感受古美，度过一段美好愉快的时光。

中国作为一个有着几千年历史的国家，素有"礼仪之邦"的美誉，礼的观念在中国根深蒂固，贯穿了中华民族的整个发展历程，规范着社会生活的各个领域，调整着人与自然、人与人的关系。儒家认为，礼起源于人情和社会需要，甚至强调，道德仁义、非礼不成。礼仪规范是道德情操的外在表现形式，今天人们所遵循的行为准则、道德规范仍能从古代礼仪中找到其存在的根源。时代的发展或许可能使礼仪的形式发生变化，但礼的内涵和精神实质并没有改变。学习古礼、传承古礼，对于我们继承和发扬中华民族的传统美德，提高自身素养，指导社会实践，具有重要意义。

历史学院的古礼活动已经是第七届，在继承传统文化的同时，还能不断在内容和形式上发展创新，在河北大学校内产生了强烈反响。今年更是将活动范围扩大到所有校区，以社会主义核心价值观为主题，采用微电影这一大家喜闻乐见的形式，吸引了更多的人参与活动，影响了更多的人去学习古礼。现在的古礼活动越办越大，越办越好，已经成为河北大学一大精品亮点活动。

我由衷地希望通过这次活动的举办，能够让更多的人了解古礼，感受到传统文化的魅力，提高思想道德修养，继承中华民族优良传统，为古礼注入新的生机和活力。同时，预祝历史学院此次活动能够圆满成功！

谢谢大家！

（五）河北大学历史学院第七届古礼微电影大赛获奖名单

一等奖 1 项

《黄骅之名》，新闻学院齐域宽、陈天玺、刘育松。

二等奖 2 项

《拜师礼》，历史学院李铮、刘心怡、张鹏源、赵会杰、段俊锦等。

《五帝本纪·舜》，历史学院巴斯达、张旭彦、尹晓莉、徐紫琪、王怡静。

三等奖 3 项

《木兰归乡》，历史学院胡青珊、吉虎霄、李立北、巴斯达、杨卉等。

《落梅》，历史学院赵泓钢、刘妍、张婷、赵毅、薛瑞琪、袁艺、赵薇等。

《若离于爱　何忧何怖》，汉服社冯雪莹、张娅、钱晨曦、王宇航、齐月等。

三、河北大学历史学院古礼微电影获奖作品简介

（一）河北大学新闻学院选送的《黄骅之名》

每个城市都有自己的名字，在中国共有四个以人名命名的城市，黄骅便是其中之一。过去，黄骅叫韩村，1941 年，中央调来一名同志，到这里领导抗日活动，任冀鲁边军区副司令，他在这里组织抗日斗争，与当地群众同吃同住，打成一片。黄骅的到来接替了原军区司令员邢仁甫的工作，但邢仁甫没有积极配合工作，迟迟不肯随调令到延安党校学习。令所有人没有想到的是，邢仁甫不肯离去竟是因为被免职而怀恨在心，企图报复黄骅同志。1943 年 6 月的一天，邢仁甫终于等到了机会。

大赵村惨案遗址　　　　　　孙树怀老人讲述大赵村惨案

这位老人名叫孙树怀，黄骅市大赵村人，已经看护大赵村惨案纪念馆 10 年之久。孙树怀是听着黄骅烈士的故事长大的，因此，黄骅的故事他如数家珍。他为我们讲述了那血雨腥风的一天。1943 年 6 月 30 日，黄骅同志在这里召开了一天的侦通会议，会议进行到傍晚，天上突然下起了小雨，就在这个时候，突然闯进来 11 名荷枪实弹的歹徒，对着这个会场二话不说，进门就开枪。所以，当时与会的十几个同志，还没有来得及拔枪反抗，便已经倒在了血泊当中。这次惨案造成了 8 位同志壮烈牺牲。

大赵村惨案牺牲的烈士　　　　　　黄骅烈士陵园

1945 年，解放战争胜利，为纪念抗日战争牺牲在这里的黄骅司令员，韩村更名为黄骅县。如今，大赵村惨案遗址已经被修缮为纪念馆，在纪念馆门前的广场周围，栽种着 8 棵松树和 32 棵柳树，分别代表着壮烈牺牲的 8 位烈士和那一年永远定格在 32 岁的黄骅司令员。每年的清明节，生活在这里的人们，除了要给自家的先祖上坟，还要到黄骅烈士陵园或大赵村惨案遗址纪念馆来献上一束花，祭奠黄骅和其他革命先烈。黄骅烈士牺牲时留有一个女儿，名叫黄鲁滨，迫于战争，她从小在外漂泊，没有归属，由于经济上的困难，在年近 60 岁时，她才找到父亲牺牲的地方。九三阅兵的时候，黄鲁滨带着黄骅和老战友的照片走过天安门广场，让更多的人知道了这个矗立在渤海之滨的英雄之城。黄骅烈士的遗体，现安葬在山东济南英雄山烈士陵园，而他的名字随着他的灵魂留在了这片热土。

在黄骅市烈士陵园，我们看到了更多和黄骅烈士一样，为这片土地、为这里的人民，奉献出自己青春甚至生命的人，他们的名字印刻在黄骅市的历史中，同黄骅人民一起，继续书写着英雄的篇章。现在，黄骅市成为新型港口城市发展示范地、全国卫生城市。一个崭新的黄骅正在这片土地上铺展开来。黄骅人民永远不会忘记，自己的身上传承着英雄的血脉，他们对烈士的赞歌一直在这片土地上回响。

（二）河北大学历史学院选送的《拜师礼》

主持人：师者入席！

主持人：长者入席！

主持人：学子入席！

主持人：学子向先师行礼。

主持人：弟子长者呈上拜师帖。

主持人：弟子长者为师者敬上束脩之礼。

主持人：弟子向先圣行礼。

主持人：一叩首"华夏文明，德牟天地"；二叩首"先圣师道，功过古今"；三叩首"格物致知，修齐治和"。起。

主持人：师者回礼。

主持人：学子向师者行大礼。一拜曰：师道尊崇，立人立德；二拜曰：传学授业，教化解惑；三拜曰：感念师恩，天地为鉴。恭立。

主持人：弟子为师者敬茶。

主持人：学子聆训。

拜师礼之束脩之礼

拜师礼之学子三拜

拜师礼之学子敬茶

拜师礼之学子聆训

师　者：为学之序，博学之，审问之，慎思之，明辨之，笃行之；修身之要，言忠信，行笃静，惩忿窒欲，迁善改过；处事之要，正其义不谋其利。请起。

主持人：礼成。

导演：李　铮

监制：李　铮　刘心怡　张鹏源

摄影：刘心怡

制片：赵会杰　李　铮

（三）河北大学历史学院选送的《五帝本纪·舜》

尧在位70载，欲择庸命者以践帝位。闻舜，问其何如？曰：“盲者子，父顽，母嚚，弟傲，能和以孝，烝烝治，不至奸。”

篇一　舜与其双亲日常

舜：回来了！

父：柴劈好、放好了吗？

舜：劈好、放好了！

母：都什么时辰了，回来这么晚，还不回去做饭，你想饿死我们呀！

舜：饭做好了，吃饭吧！

母：嚷什么嚷，听见了！先去把猪喂了再过来！

父：也不瞅瞅自己那个样子！还想和我们一起上桌吃饭。

母：来，我们一起吃饭去吧！

父：咱们今天中午吃什么呀？

母：噢，好像是鸡肉！

父：吃什么鸡，我想吃鱼！

母：可是那河不是在十五里以外吗？

父：十五里怎么了，很远吗？让舜去不就行了。

母：对呀！舜……

《五帝本纪·舜》篇一　　　　　　《五帝本纪·舜》剧照

篇二　舜遭其双亲谋杀

父：最近我是看着舜越来越不顺眼。你说，要不咱们杀了！

母：这……

父：你看这个舜，平时他这个人不怎么样，特别刻板。你看把他杀了，把分给他的钱呀，好东西呀全给你，那两房媳妇给我，你看怎么样？

母：我看行啊！

父：我找了几株毒草，这毒草呀可不假，剧毒！只要把它放到舜喝的水里，保证他的命就没了。

母：舜啊，干活累了吧？喝杯茶吧！

然舜识破其谋，化解性命之危，仍以孝侍其母。

尽管受到亲人迫害，然，舜终能尊孝悌之义。"尧善之，乃使舜慎和五典，五典能从。乃遍入百官，百官时序。宾于四门，四门穆穆，诸侯远方宾客皆敬。"遂使舜继位。

演员：巴斯达　徐紫琪　张旭彦

导演：尹晓莉

后期制作与剪辑：王怡静

《五帝本纪·舜》篇二

《五帝本纪·舜》剧照

（四）河北大学历史学院选送的《木兰归乡》

赵某某：将军请留步，勿要再送了！

花木兰：12 年的从军生涯，木兰甚是感念伙伴们的照顾。如今不过是几步路的事，就让木兰亲自送别你们吧！

赵某某：将军客气，在战场上，你英勇善战，保卫国家，同为战友 12 年，竟不知你是女儿身，着实让在下佩服。

花木兰：家父年事已高，不宜再上战场，木兰本应代父从军。以后，你还有大好的前途，可以开疆扩土，而我不过是一个平凡的女人罢了，岂是一路人！

木兰与赵某某道别

柳某某劝赵某某表白木兰

赵某某：哎，时间不早了，咱们该走了！将军，末将告辞！

柳某某：咱样，这一路上也不见你说话，想什么呢？

赵某某：没什么？

柳某某：咱们花将军啊，没想到她是女儿身！你说世上有哪个女子能像花将军一样骁勇善战！

赵某某：毕竟，这世间只有一个木兰啊！

柳某某：我说你怎么心神不定，莫不是一直在惦记着花将军？

赵某某：惦记着又如何，终归不是一路人啊！

柳某某：什么一路不一路，你不去告白她，她岂知你的心意呢？

赵某某：多谢柳兄指教，赵某还有要事，就此拜别！

媒　婆：花家的，不是我说你，刘家郎君虽然是续弦，但他家家世清白，两个孩子年级也小，现在养也养得熟。再说你家木兰，要不是你家女儿是个英雄，刘家也不会同意呀。

木兰母：你说得也是，这刘家呀听起来不错，不过……

木兰听到媒婆与母亲的对话

木兰在吹箫

媒　婆：不过什么呀，就算木兰曾在军中当过女将军，成亲这种事也和常人一样的吧，她都二十好几了，如今不找个终身依靠的人，以后岂不是连个送终的人都没有吗？

木兰母：话是这么说，不过，哎，罢了，等木兰回来我再与她细说吧。

木兰借吹箫来排解内心的苦闷……

旁　白：有人说：离家太远就会忘记故乡；杀人太多，就会忘记自己。在战场上死去，生命像雨水落入大地，毫无痕迹。如果那时候，你爱上一个人，希望会从泥土中重新绽放，热烈地拥抱生命……

赵某某：木兰！

编剧：欧阳宇辉　吉虎霄

制作：欧阳宇辉　吉虎霄

（五）河北大学历史学院选送的《落梅》

唐玄宗和梅贵妃在花园中散步，唐玄宗手把手教梅贵妃练习书法，宠爱有加。杨贵妃为打倒梅贵妃而向唐玄宗献谗言……

杨贵妃：陛下！

唐玄宗：爱妃免礼！

杨贵妃：梅贵妃自从去了上阳东宫后，不思悔改，请陛下赐死！

丫　鬟：娘娘，刚才杨贵妃说，让陛下赐你死呢！她可真是心肠歹毒，不过娘娘你放心，陛下不会坐视你被她欺负不管的。

梅贵妃：陛下可有训斥杨氏？

唐玄宗宠爱梅贵妃

杨贵妃向唐玄宗进谗言

丫　鬟：没有。

皇　帝：来人，取一斛珍珠送去上阳东宫。

丫　鬟：是。

皇　帝：等等，不要让杨贵妃知道。

梅贵妃送出《一斛珠》

安史之乱爆发

丫　鬟：娘娘，陛下差人送来一斛珍珠呢。

梅贵妃：你把这幅字拿给皇上。

丫　鬟：是。

丫　鬟：陛下，梅妃娘娘没有收珍珠，她让我给你送来一封信。

皇帝打开信，上面写着："柳叶双眉久不描，残妆和泪污红绡，长门自是无梳洗，何必珍珠慰寂寥。"

唐天宝十四载，安史之乱爆发，次年叛军攻入长安，唐玄宗仓皇出逃……

丫　鬟：娘娘，叛军进宫了，你快和奴婢一起走吧。

梅贵妃：我不能走，你若能见到我父亲，你替我转告他，女儿不孝。

丫　鬟：娘娘……

梅贵妃：你走！

编剧：赵泓钢　刘　妍　张　婷

制作：欧阳宇辉　吉虎霄

（六）河北大学汉服社选送的《若离于爱　何忧何怖》

公元 465 年……

女　仆：殿下，太后身边的冉儿姑娘求见。

殿　下：宣！

安姑姑：太后请殿下前往国堂一叙。

殿　下：孤知道了，更衣。

女　仆：喏！

安姑姑：殿下，太后喜欢，还是不换为好。

殿　下：吾知晓了，冉儿。

他总是把某某当成他的母后，她当年作为有罪之女，在很小的时候，被刚死了母妃的他看重，留在身边当个大宫女。

母　后：弘儿，你来了。

殿　下：儿臣给母后请安。

母　后：起来吧，弘儿。

母　后：佛祖又不是人，自然受得起你一跪，弘儿，明日你便登基为皇帝，这间佛堂也不属于你了。

殿　下：但是……

第三章　国学经典涵育大学生社会主义核心价值观的实践路径

　　什么是国学？学术界有着不同的理解。其中一个重要的文化学派，把国学理解为以儒、释、道三家为主的中国传统思想文化。我们主要也是在这个意义上理解和使用国学的。当前，国学发展面临着现代化、生活化、社会化和大众化问题。"没有现代化国学不能发展，没有生活化国学不能扎根，没有社会化国学走不进大众"①。没有大众化国学便发挥不了其应有的教育影响力。近年来，我们党对于中华传统文化教育的高度重视，焕发了国学教育的春天。习近平总书记在山东考察时指出，要继承和弘扬中华优秀传统文化和传统美德，提振中华民族精神。这一论述，为我们传承创新中华优秀传统文化、繁荣发展中国特色社会主义文化提供了根本遵循；这一论述，也充分体现了我们党高度重视中华优秀传统文化的鲜明立场和态度。本章内容主要从三个方面展开，一是从理论上阐释国学教育与社会主义核心价值观教育的融合，强调国学教育要坚持社会主义核心价值观的指导，服从服务于社会主义核心价值观建设，落脚于立德树人的目标。二是介绍河北大学历史学院"莲池国学社"的创办及其活动。自 2015 年"莲池国学社"成立以来，多次举办经典诵读活动，坚持培育大学生国学素养，增强文化自信。同时，开设了《国学基础》《中国古代礼文化》《燕赵文化》等通识通选课。三是介绍了"莲池国学社"创作、编排和展演的部分国学经典诵读作品，主要有《秦风汉韵流千古》《大唐诗史》《唐宋名篇耀千年》等。

---

　　①　桂杰：《国学如何融入青少年的现代生活》，《中国青年报》2015 年 11 月 30 日。

第一节　国学教育与社会主义核心价值观教育的融通

中华民族要想雄立于世界民族之林，或者走在世界民族的前列，引领人类文明的脚步，就必须善于客观地总结吸收传统文化的理论精髓。一方面，要从自身的文明发展史中汲取智慧和力量；另一方面，要将自己的传统文化和文明价值观与人类现代文明的价值观接轨，并且实现"洋为中用"的整合。把国学教育融入大学生社会主义核心价值观的培育，实现国学教育与社会主义核心价值观教育的融通，需要我们坚持把培养德智体美全面发展的社会主义合格建设者和红色接班人作为目标，把立德树人作为高校人才培养的根本任务，立足国学文化理念的传承与弘扬，引领大学生认知认同和自觉践行社会主义核心价值观，增强大学生的文化自信和价值观自信。国学教育是国民教育的组成部分，是国家文化软实力建设的筑基工程。国学教育与社会主义核心价值观教育的融通，必须始终坚持以立德树人为目标，以大力弘扬中华优秀传统文化为核心，真正把国学教育变成提升国家文化软实力和涵育社会主义核心价值观的立足点、根本点。国学教育只有与弘扬主旋律、传播正能量合流，在培育和践行社会主义核心价值观的过程中贴民心、接地气、见实效，才能获得长足发展，彰显时代价值。

一、国学与传统文化

国学的生成与发展经历了东西方文化的激烈碰撞，经历着传统与现代的殊死较量。因此，国学之中包含着多元的价值标准、价值观念和价值取向，有着较为复杂的价值负载和社会担当。我们知道，传统儒家文化最基本的治学理念和修身原则是"择其善者而从之，其不善者而改之"。对于传统文化，我们一直持有一种非常保险的态度，即"去粗取精，去伪存真"。但是，在具体的"选择"和"割舍"之际却会因时代不同、主体不同而出现多样化的情形。"古为今用"的真理不言而喻，但却因"古为"的多样和"今用"的复杂而流于形式和空泛。"古为"需要解决从国学和传统文化之中汲取什么样的思想理论资源、精神道德资源问题；"今用"需要解决构建中国特色社会主义先进文化的样态样貌问题。毫无疑问，社会主义核心价值观是中国特色社会主义先进文化的核心和灵魂，它的提出从根本上解决了"古为今用"的立场、观点和方法。国学和传统文化之中蕴含着中华民族的精神追求、精神标识和丰厚滋养，对于我们建设社会主义文化强国、增强国家文化软实力有着深远的重要意义。对于国学和传统文化，复古主义或历史虚无主义、"去西方化"或"去中国化"等都是不可取的态度。对待国学和传统文化，我们应当坚持的基本原则是"双创"。同时，以社会主义核心价值观为指引，实现中华民族文化基因的当代传承与发展，让中华优秀传统文化在新时代重放光彩。

（一）国学与传统文化辨析

对于什么是国学、什么是传统文化，人们有不同的解释。20世纪90年代兴起的"国学热"和国学教育，远远超出了国学之"学"的理解，即作为"学问"（传统知识体系）和"学术"（对传统知识的探究方式）的"国学"概念。在实践中，国学教育往往和中华优秀传统文化教育相通相融。国学表征着对待中华优秀传统文化的根本立场和基本态度，它的旨趣在于阐释"传统之于当下和未来的意义"[1]。因此，传统学术与传统文化有着千丝万缕的联系，或者说，有着对华夏文明的共同关注，也有着共通共融的现实诉求。安徽大学白兆麟教授说，自己"利用一切可能的时机"，进行"严格意义上国学相关的经典文献的解说"，旨在"传播与张扬中国优秀的传统文化"[2]。以孔子为创始人之一的国学和以孔子为代表的传统文化，与现代社会的核心价值理念有着内在契合性。中华民族的过去、现在和未来都离不开国学与传统文化的滋润，国学和传统文化不仅能够滋润中华民族，而且将逐渐地滋润祈望和谐的世界各国民众。可以说，国学是从理性层面、理论高度对中华传统文化的观照和审视。在世界范围的文化交流交融交锋中，我们需要有一个基本的立足点，这就是国学和中华优秀传统文化。

国学是传统学术，它不同于泛泛而言的传统文化。作为传统学术，国学彰显着"中华民族特色的古代文化、民族精神和思维方式"[3]。它的研究对象

---

[1]　王熙等：《从国学之"国"看国学教育的当代价值》，《北京师范大学学报（社会科学版）》2014年第4期。

[2]　白兆麟：《国学与中华传统文化》，安徽人民出版社2014年版，第1页。

[3]　白兆麟：《试论国学的三个层面》，《学术界》2017年第3期。

是以汉字为载体的经典文献，它的传承和研究方式是训诂、考证、综合等。文化是人类心能开释出来的具有社会价值的物质财富和精神财富，它包括学术性的也包含非学术性的。学术是指系统而专门的学问。国学之"国"强调了国学的国家性、民族性、本土性，由此决定了国学关涉一个国家、一个民族的文化经典及其阐释、研究。国学之"学"强调国学是系统与专门研究中华传统文化的学问。国学概念与传统文化概念不同。国学概念的内涵更为窄小，它只研究传统文化的部分内容，仅仅限于学术文化层次。① 按照章太炎写的《国学概论》的界定，把国学限定在经、史、子、集的文献研究。而按照钱穆写的《国学概论》的界定，则把国学看成是研究中国各个历史时期思想学术的主流，近似于学术思想史的研究。传统文化概念的内涵更为宽泛，它包含整个传统社会的文化。而对于传统社会，一般的看法是，周秦以降直至清朝最后一个皇帝即位退位，即1911年辛亥革命以前。丁广惠教授从三个方面分析了国学与传统文化的区别：一是内涵不同，国学以中国古代典籍为研究对象，传统文化是一种文化系统，国学没有传统文化宽泛；二是研究的方法和终极目的不同，国学注重个案观察，仅从学术上关注研究对象的整体性，而传统文化注重对时代文化的整体把握，注重文化发展的因果链条，注重传统与现代的关系；三是涵盖的文化种类不同，国学只限于精神文化，以及与甲骨、金石、纸张和文字等相关的精神文化产品，传统文化则囊括了物质文化遗产和非物质文化遗产。②

　　国学和传统文化有着共通共融之处，这就是它们的文化精神。人们研究国学和传统文化最为现实的意义就是发掘、继承、弘扬中华优秀传统文化精神。张光兴教授认为，这些文化精神主要包括"人文"精神（挑战"天命""神权"，唤醒人类精神）、"和合"精神（事情的协调、顺利以及人与人之间的和睦同心）、"自然"精神（人道服从天道，把自然摆到至高无上的位置）、"通变"精神（始终不渝地坚持求新求变）、"担当"精神（勇于承受、敢于负责，强调公利优先）、"民本"精神（体现为"民惟邦本""民贵君轻"

---

①　魏承思：《国学讲演录》，上海人民出版社2015年版，第7页。
②　丁广惠：《国学的渊源、特点及其传统文化、炎黄文化、中华文化的区别》，《文化学刊》2013年第2期。

"爱民仁民""利民富民""顺民得民"等)。① 我们认为,国学与传统文化共通共融的文化精神就是以爱国主义为核心的民族精神。国学教育与社会主义核心价值观教育融通的一个重要问题就是实现民族精神向时代精神的创造性转化,并且把它们变成提升国家文化软实力的重要支撑。

(二) 国学之"国"与国学的价值

"国学"的真正出现始于"西学"的强烈冲击。近代以来,国家成为教育发展的重要推动力量,因而,国家主义成为占主导地位的教育价值观。也就是说,走进国民教育的国学带有浓厚的国家主义色彩。国学诞生于民族危亡之时,复兴于国家崛起之际,在国学的现实价值诉求中始终贯穿着救国、兴国和强国的主旋律。国学之"国"中的主旋律集聚着它的正能量。它所承载的爱国情感和兴国智慧是我们实现中华民族伟大复兴的精神支撑和力量源泉。

什么是国学? 主要代表性的观点有:一是国故派。国学大师章太炎在其《国故论衡》中,把国学等同于"国故"。胡适在《国学季刊》的《发刊宣言》中把"国故"理解为"中国的一切过去的历史文化"②。国故的概念接近中华传统文化的概念。二是国粹派。国粹派代表人物邓实认为,国学就是"一国之所有之学"③。三是文化派。他们把国学理解为以儒释道三家为主的中国传统思想文化。四是汉学派。这一学派立足与西方相对应的立场,把国学称为"中国学"或"汉学",把国学理解为汉代人研究经史、名物、训诂、考据之学或以儒家哲学为主流的汉民族之学。

如何全面地认识"国学"? 第一,"国学"乃中国之学,非汉族、汉代或儒家之学。中国传统文化是多元的,博大精深,兼容并包,因而不能将国学只聚焦于孔孟之道和一些汉学典籍。第二,"国学"虽然表现为古代天文、历法、算法、术数等学科知识体系,但是,国学的灵魂却是中华优秀传统文化和传统美德。国学和中华传统文化有着共同的价值承载和责任担当。第三,"国学"之中"国粹"和"国渣"并存,需要经过提纯和重释方能获得精髓。国学之中既有精华又有糟粕,其精华是中华优秀传统文化和传统美德,对国

---

① 李炳武:《长安学丛刊》综论卷,陕西师范大学出版社 2009 年版,第 57—62 页。
② 胡适:《胡适文存二集》,亚东图书馆 1924 年版,第 1 页。
③ 邓实:《国学讲习记》,《国粹学报》1906 年 6 月 20 日。

学的正确态度是取其精华、弃其糟粕，否则就会使国学教育偏离正轨。第四，"国学"是民族的、本土的，但是，它又是开放的，它兼收并蓄、多元发展，融合了蒙、满、藏、回、苗等少数民族的文化，以及佛教等外来文化，经过融会贯通，形成具有顽强生命力和广泛包容性的中华民族传统文化。第五，近代以来，随着"西学东渐"的展开，与"新学""西学"等相对应，人们开始称中国固有的学术文化为"国学"，因而，必须看到，"国学"的生成发展经历了东西方文化的激烈碰撞。

　　"国学"概念有其特定的内涵与外延。"国学"是一种学术或学问。人们对此基本认同。不同时期关于"国学"的论争恰恰是因为对它的外延作出规定的"国"字。中国古代的"国"有着地域性质的"城邦"之意或者集权性质的"王朝"之意，与现代的"国家"有着本质的差异。贺昌盛教授认为，现代的"国家"概念，兼具"地域所属""民族种性""政权体制"三重性质。① 从"地域所属"层面看，国学接近"区域"或"地缘"文化研究；从"民族种性"层面看，国学以特定民族的全部文化遗产为研究对象，更接近民族学、文化学研究；从"政权体制"层面看，国学接受特定政权体制保护，并为其体制合法性和利益延续性提供理论支援。国学和国学教育的价值不是单纯的"文化复古"（为往圣继绝学）也不是"去西方化"，而恰恰是为中国社会现代性的发展提供历史文化支撑。越是走向现代性就越是渴望和需要从传统性中汲取力量。针对杨春时先生提出的"国学热"是复古论、反现代论，是填补主流意识形态的空白论和中国现代化发展的障碍论等，贺昌盛教授认为，"国学热"虽有明显的反现代性倾向，但说其导致现代中国社会的停滞或倒退却言过其实，"国学热"的深处涌动的不过是"经济活动"而已。他认为，国学的健康发展应当坚持学术与政治的分离，坚持"知识论"的学术视域，还国学以"知识学"的本来面目，使其真正成为现代意义上的"一国之学"，让知识分子摆脱传统"政学合一"的生存格局。

　　在笔者看来，"知识论"与"价值论"是不可分割的。如果国学脱离涵育社会主义核心价值观的价值承载，那么，它便会在社会生活中日益失去生存发展的空间。过去，人们常常误以为改革、发展的阻力源自传统，因此，

---

① 贺昌盛：《"国学"的知识论取向——兼与杨春时先生商榷》，《东南学术》2010 年第 2 期。

实现现代化就要建立新文化，就要和传统文化彻底决裂。这种彻底否定传统文化的倾向等于切断了中华民族发展的根脉。"传统是现代的源头，切断了自己的文化传统，一个民族就没有了根，就失去了自己的文化源头了。一个没有文化根基的民族是没有希望的。没有自己的文化，一个民族就不会有凝聚力，始终像一盘散沙"①。这个道理是显而易见的。所以说，国学担当着捧土培根的文化筑基责任。我们现在谈论国学和国学教育，与20世纪80年代所谈论的根本不同了。那时更多的是为传统文化正名，让它从"封建糟粕"的帽子下解放出来。今天，我们的立足点是文化自信和文化自觉，是提升国家文化软实力。也就是说，必须把弘扬国学文化与中国特色社会主义文化建设事业紧密结合起来，与培育社会主义核心价值观紧密结合起来，"这样的国学才能有真正的生命力"②，才能在高校社会主义核心价值观教育中发挥应有的作用。

（三）国学教育与中华传统文化教育

国学之"国"拥有民族与国家两个层面的话语体系。国学教育担当着"国家建制"和"民族建制"的双重任务。从"民族建制"看，国学教育担当着传承中华民族传统文化基因、增强中华民族的自信心与内聚力的社会责任。从"国家建制"看，国学教育担当着巩固社会主义意识形态的政治责任，必须落脚于培育大学生的社会主义核心价值观，夯实大学生的文化自信与价值观自信。国学教育与单纯的中华传统文化教育不同，它的重心不是为大学生呈现中华传统文化发展的脉络，而是以其特有的比较视野激发大学生的文化觉醒意识，引领他们理性地评判过去、认识现在和把握未来。王子今教授认为，新国学教育和中华传统文化教育应当紧紧围绕"立人"的目标和任务展开，重点弘扬四个方面的文化精神，即"自由"思想（对自由思想的追求是"立人"的首要导向）、"民本"理念（培育符合现代民主体制的"国民政治"意识）、"实证"精神（通过国学教育继承实证传统，重视"考验事实""实事求是""审求根实"）、"环境"意识（尊重自然、亲近自然，追求天人和谐）。③

---

① 魏承思：《国学讲演录》，上海人民出版社2015年版，第2页。
② 易海峰、赵东明：《诠释学与儒家思想》，东方出版社2015年版，第274页。
③ 王子今：《国学与"立人"教育》，《社会科学》2008年第7期。

　　国学教育和中华传统文化教育的共同旨趣都是弘扬传统的核心价值追求，但是，弘扬什么样的精神以及如何弘扬的问题是我们必须首先应当解决的问题。现在，人们一讲国学往往就是讲儒学，一讲中华传统文化就是讲儒家文化。其实，儒学只是国学的一部分，儒家文化也只是中华传统文化的一部分。有的学校或者企业，借弘扬国学和中华传统文化之名，让学生、员工等背诵《弟子规》《三字经》《二十四孝》等，然而，这些读本的核心价值理念是服务统治、服从管理，它是一种封建的专制教育。我们今天倡导国学教育和中华传统文化教育，重在提高大学生的文化素养和精神素质，锻炼历史文化思维和批判能力。国学教育和中华传统文化教育都应当落脚于国格的培育，国格以人格为基础，人格以国格为依据。当代中国人的国格，从本质上看，是中华民族的民族精神与时代精神相融通的社会主义核心价值观。国学经典文献是中华优秀传统文化的基本载体。国学教育应当把弘扬中华优秀传统文化作为自身的职责。国学教育和中华传统文化教育共同担当着立德树人的根本任务。2014 年以来，习近平总书记三次谈到国学教育与中华优秀传统文化教育问题，按照他中学老师陈秋影的说法，他"对国学情有独钟"，而且有着深厚的国学根基。①习近平总书记指出，实现现代化，需要哲学精神指引、历史镜鉴启迪和文学力量推动，国学研究理应担当起自身的社会责任。国学教育对于汲取中华传统文化的养分至关重要。对待中华传统文化，我们要坚持有鉴别地对待、有摒弃地继承，要坚持古为今用、以古鉴今。在习近平总书记看来，汲取人类历史上累积起来的智慧和力量，特别是从国学和中华优秀传统文化中汲取智慧和力量，是我们求解中国现代化过程中面临的贫富悬殊、社会诚信与道德伦理每况愈下等突出难题的必然选择。我们开展国学教育和中华传统文化教育，绝不是单纯为了延续历史的血统，而是因为国学和中华传统文化中蕴藏了"大道"（包括天道和人道）。国学和中华传统文化教育融知识传承、技艺传承和精神传承为一体，重在人格品性的培养。国学经典浩如烟海，中华传统文化博大精深，因此，在培育社会主义核心价值观的背景下，国学教育和中华传统文化教育必须有所选择、有所侧重，它们必须以大学生的"文化素质提升和价值观念确立为目标""以经、史、子、集四部之学

---

① 郭思远：《总书记的国学情怀》，《领导之友》2015 年第 8 期。

为主体"内容,坚持"以我为主,为我所用",这里的"我"就是中国特色社会主义文化建设,这里的"用"就是国学和中华传统文化的精神资源。贯彻"以我为主,为我所用"的原则,推动国学教育和传统文化教育的发展,要解决好国学经典与时代精神的关系问题,把传统的民族精神融入时代精神,把古人的盛世观转化为今人的中国梦。国学教育和中华传统文化教育的精髓是人格品性教育,而以爱国主义为核心的民族精神,则是我们弘扬和传播国学文化理念的轴心和主线。要立足马克思主义的立场、观点和方法,对中华传统文化"取其精华"和"去其糟粕",把培育和践行社会主义核心价值观融为一体,防止理论与实践的脱节。

二、国学文化理念:涵养社会主义核心价值观的源泉

社会主义核心价值观具有中华民族的精神特色和中国历史的文化底蕴。从社会主义核心价值观的视角看,它的提出为国学优秀文化理念的当代发展确立了价值方向,全新诠释国学优秀文化理念成为我们接续历史文脉的筑基工程。中华民族的文化精神是国之神器,不可坍塌。当代大学生的家国意识和人文情怀,离不开中华民族文化理念的熏染。从国学文化理念视角看,其中蕴藏着大量社会主义核心价值观的思想火花和历史积淀。2014年以来,习近平总书记多次对国学教育表态,强调了中华优秀传统文化对于我们今天构建现代性的重大作用。国学文化理念的研究与传播应当坚持历史唯物主义的立场、观点和方法,坚持古为今用,去粗取精,去伪存真,因势利导,落脚于社会主义核心价值观的培育和文化软实力的提升。在此,我们从三个角度阐述国学文化理念与社会主义核心价值观的关系:一是"国学文化理念的存在问题",这一问题是讲社会主义核心价值观在传统国学中的沉潜和闪耀;二是"国学文化理念的传承问题",这一问题是讲立足当代对传统国学的"双创"问题;三是"国学文化理念的占领问题",这一问题是讲国学与社会主义核心价值观的融通,共同占领高校意识形态建设主阵地问题。

(一)国学文化理念的存在问题

通常,儒、释、道三大流脉是中华传统文化的主体构成。"儒"即儒学文化,自汉代"罢黜百家,独尊儒术"以来,逐渐成为中国传统文化的主流。"释"即佛教,是世界上最有影响力的三大宗教之一,经历中国本土化后,超

越性日趋减弱、实用性日趋增强。"道"即道教,可以看作本土生成的唯一宗教样态。长期以来,中华传统文化形成了儒、释、道三大流脉共存的格局。从19世纪末20世纪初开始,在西方强大的现代文明挤压下,儒、释、道三大流脉共存的样态被打破,经过现代性的强烈冲击,开启了艰难的现代化转型。如今,在全面推进改革开放的过程中,中华传统文化经历着市场经济洗礼,其存在样态经历着适应和重构,在实现中华民族伟大复兴的历程中找寻着自身的位置和价值。目前,基于"中国—西方"关系文化立场的思考,出现了复古主义和国粹主义、全盘西化、中西融合等文化思潮,但是,它们的本质不过是文化幻象。解决中国文化的问题,必须立足中国文化的发展,并且超越"中国—西方"关系的思维模式。对于中华传统文化也应如此。[①] 立足中国文化发展的立场来观察,我们看到,"五四"以来的"新文化"并非消灭了中华传统文化,而是以一种新的文化样态丰富发展了中国文化,形成了全新的中国文化格局,即中华传统文化样态和"五四"以来新文化样态同构的格局。中国现当代文化是这个文化格局的整体变化,而不是一种文化样态生长和另一种文化样态的消亡。也就是说,中华优秀传统文化在当今中国的文化建构中始终存在并且发挥着作用。这是文化超越时空性的体现,也是文化的"双创"机制发挥作用的结果。

中华传统文化最注重人格培育,儒家重治国,道家重治身,佛家重治心。中华优秀传统文化是中国的国魂、民魂,没有国魂、民魂的持久渗透和潜移默化,在大学生心中便难以滋养民族精神和爱国情怀。"至于新国学如孙中山主义、毛泽东思想、邓小平理论、三个代表学说、科学发展观、和谐社会观、马克思主义中国化理论和有见地的国学新学说的影响,从本质上说,也是与自然和谐、天人合一、世界大同的中华国学'核心价值观'相一致的"[②],社会主义核心价值观与中华国学的核心价值取向一脉相承,国学文化理念是社会主义核心价值观的不竭源泉。徐卫东认为,社会主义核心价值观三个层面的24个字都具有国学文化理念之源泉。如"自强不息""以和为贵"等便是国家层面核心价值目标的源泉;"仁爱""中正"等是社会层面核心价值目标

①　王富仁:《中国现代文化指掌图》,人民文学出版社2004年版,第38页。
②　柯可:《国是策论》,世界图书广东出版公司2015年版,第58页。

的源泉；"忠""义""诚""信""礼"等是个人层面核心价值目标的源泉。①
项迎芳以"和谐""公正""诚信"为例，阐述了社会主义核心价值观的思想
火花在传统国学中的沉潜与闪耀。他认为，"传统国学的'和谐'主要体现为
文化和谐、身心和谐、社会和谐、天人合一、世界和谐"，传统国学的"公
正"主要体现为"社会公正""人心公正""历史公正"，传统国学的"诚
信"，既表现为诚信之诚，也就是精诚所至、金石为开，诚信内含正义，又表
现为诚信之信，也就是"主体的信诺、客体的信任以及连接主客体的信
誉"。②

国学文化理念存在于国学经典文献之中，要实现国学文化理念的当代出
场，便需要立足马克思主义的立场、观点和方法，对它进行新的诠释。当然，
这种诠释并非造成新的经学式的国学，而是要通过诠释赋予国学以时代气息
和生命活力。通过诠释让国学从历史走到现实、从传统走到现代、从后台走
向前台，赋予国学文本以新思想、新面貌和新活力，让国学完成"旧邦新命"
的超越。当今中国的时代精神是以改革创新为核心的与时俱进、开拓进取、
求真务实、奋勇争先的精神。国学的现实性"存在"本质是在当代的出场，
是国学的现代化，是以爱国主义为核心的民族精神与以改革创新为核心的时
代精神的融合。国学经典文本经过新的诠释要实现与时代精神的融合，"这是
'国学'现代化的首要条件和标志。旧文本和新时代，这是国学要解决的首要
的矛盾"③。只有把这一矛盾妥善解决，才能为国学的发展开辟广阔的空间。

（二）国学文化理念的传承问题

在国学文化土壤中，随处可见社会主义核心价值观的根脉和种子，它们
真实地存在并且滋养着社会主义核心价值观。国学经典文献是中华民族思想
精髓和理论精华的沉淀，是华夏儿女和世界人民共同的精神财富。国学文化
理念是我们先辈呕心沥血的创造，传承和弘扬国学文化理念需要我们在内心
深处、在精神世界腾出广阔的空间。项迎芳认为，传承国学文化理念就要
"为传统文化腾出位置"，学会"鉴别—扬弃—接纳""拓展新旧媒介的传播

---

①　徐卫东：《论国学教育与社会主义核心价值观教育》，《教育评论》2015 年第 3 期。
②　项迎芳：《国学视域中社会主义核心价值观的"位置与阵地"》，《社会科学论坛》2016 年第 2 期。
③　金春峰：《先秦思想史论 简述与专论》，东方出版社 2015 年版，第 430 页。

张力""发挥师者的传道授业解惑的职业潜能"。① 国学文化理念存在于经、史、子、集等国学经典文献之中，传承国学文化理念必须对经典文献进行恰当的阐释。这种阐释是今之学者与古之贤达的对话。这种阐释，既反对望文生义地机械解读，又反对抛弃文本地随意解读。对国学经典文献的解读重在确立一个合法性边界，把握其知识性与价值性的关系，重在发现其现实意义、弘扬其社会价值。杨坤道教授提出，对于国学经典的阐释要把握三个尺度，即历史的尺度（通读元典、通晓阐释史和熟知阐释方法）、现代的尺度（拒绝曲解、媚俗和恶搞）和辩证的尺度（把握阐释的有限性和无限性，反对"过度阐释"）。②

　　一个国家和民族失去共同的文化标识、共有的精神追求，注定魂无定所、行无所归。文化自信是道路自信、理论自信、制度自信的根本，文化自信最基本的问题是对中华优秀传统文化的自信。中华优秀传统文化蕴含着绝大多数社会成员认同的价值追求，是中华民族生存发展、繁荣昌盛的精神资源和生命力、创造力、凝聚力的动力源泉，是中华民族文化自信的强大支撑。③ 文化自信要求我们坚持用马克思主义立场、观点和方法对待中华优秀传统文化。为此，应当把握好文化的两面性，看到文化之中积极与消极并存、精华与糟粕混杂，坚持取其精华、去其糟粕；应当把握文化的历史性与时代性，坚持立足传统、服务现代，坚持转化创新、融入当下；应当把握文化的民族性与世界性，批判地借鉴外来文化，坚持洋为中用；应当把握文化的意识形态性，扎紧意识形态的篱笆，用"核心价值观"引领中华传统文化的创新与发展。为人民服务、为社会主义服务的"二为"方针，解决了中华民族文化发展的方向问题；百花齐放、百家争鸣的"双百"方针，解决了中华民族文化发展的方法问题，而习近平总书记提出的"双创"则解决了中华民族文化发展的道路问题。传承和弘扬中华优秀传统文化的关键是处理好、解决好摒弃继承与转化创新、推动转化与促进相融的关系。

　　传承与创新、传统与现代是文化发展的基本问题。中华传统文化的基因

---

　　①　项迎芳：《国学视域中社会主义核心价值观的"位置与阵地"》。
　　②　杨坤道：《国学经典的教育价值与阐释尺度》，《高等教育研究》2013 年第 3 期。
　　③　李昌平：《把传统文化创造性转化与创新性发展融入培育和践行社会主义核心价值观全过程》，《中国民族报》2017 年 8 月 11 日。

中有着"双创"的传统，正因如此，它才一直连续发展，"有古有今"，而古希腊、罗马、巴比伦等古老文化却"有古无今"。① 《诗经》有云："周虽旧邦，其命维新。"冯友兰先生称之"旧邦新命"，"旧邦"指文化传统，"新命"指现代化。也就是说，中华优秀传统文化有着一种"旧邦新命"的发展机制。所谓文化传统，是活在今天的过去，是民族的精神标识，是国家的秩序保障，是文化创新的滋养。"旧邦新命"是文化发展的规律。用今天的话说就是对中华优秀传统文化的"双创"。实现"双创"，要"守望传统""反省传统""把握好文化的时代性与民族性的关系"，要与培育和弘扬社会主义核心价值观结合起来。②

今天提出和强调"双创"，说到底就是要解决好信仰问题、价值观问题。习近平总书记指出，人民有信仰，民族有希望，国家有力量。"双创"是解决信仰、希望和力量问题的重要抓手。中国孔子研究院杨朝明院长认为，实现"双创"要处理好三个关系，一是重视广度和深度的关系，"广度"是弘扬传统文化的领域、区域和范围的广泛，"深度"是弘扬传统文化要与社会主义核心价值观的培育结合起来，坚持用优秀传统文化涵养社会主义核心价值观。二是注重整体和统一的关系，要看到看清中华优秀传统文化的"根系"和"血脉"，坚持捧土培根、培根固元，并且朝着时代的太阳生长，中华优秀传统文化的大树才能在新的历史时期结出硕果。既要看到国学文化理念的历史性，又要看到它的超越性，力求推陈出新。把历史时间维度的统一性和社会空间维度的整体性结合起来。三是搞清主场与主导的关系，传承和弘扬中华优秀传统文化的主战场在学校，重点对象是青少年。同时，要发挥领导干部的主导作用，天下有道，政治最重要。领导干部率先垂范、以身作则，才能正确引导整个社会的风尚。③ 国无德不兴，人无德不立，领导干部的德行最重要。

---

① 陈来：《从"贞元之际"到"旧邦新命"：写在冯友兰先生全集出版之际》，《中华读书报》2002 年 8 月 21 日。

② 关键英：《旧邦新命与文化传统——兼论中国传统文化创造性转化与创新性发展》，《苏州大学学报（哲学社会科学版）》2015 年第 6 期。

③ 梁枢：《推动国学创造性转化 创新性发展——学习贯彻关于实施〈中华优秀传统文化传承发展工程的意见〉座谈会摘要》，《光明日报》2017 年 3 月 4 日。

（三）国学文化理念的占领问题

阵地是意识形态领域斗争的前沿和依托。高校是社会主义意识形态"前沿阵地"，也是大学生思想心理长足发展的阵地，这个阵地的颜色和旗帜关系着中华民族的前途和未来。我们不去占领思想文化阵地，敌人就会去占领。思想文化阵地是一个没有硝烟的战场，是国内外敌对势力与我们争夺年青一代的主要场域。为此，我们必须要有强烈的阵地意识和占领意识，努力做到守土有责、守土负责、守土尽责。高校意识形态阵地建设是一项战略工程、固本工程和铸魂工程，事关社会主义办学方向，事关立德树人的根本任务。具体而言，高校意识形态阵地主要包括"课堂主阵地"、"宣传文化阵地"和"互联网新阵地"。[①] 它肩负着研究宣传马克思主义，培育和弘扬社会主义核心价值观的重任。高校社会主义意识形态"前沿阵地"只能用马克思主义来占领、用社会主义核心价值观来占领。那么，国学和国学教育在高校社会主义意识阵地上占有什么样的位置，抑或有没有、应不应该有自己的一席之地呢？国学文化经典文献是前人呕心沥血的创造，是国人乃至世界人民的财富，积淀着中华民族的理论精华和思想精髓，因此，理应在我们的内心深处和思想轮廓间为它腾出一片"位置"。其实，国学文化理念是中华儿女的文化基因、文化根脉，对于我们而言是一种遗传密码，是一种源生性、先天性文化，它深深地植根于我们的心灵深处，它就像一颗种子深埋在我们的心里，只需要恰当的阳光和水分就能够开花、结果。我们今天所关注的是国学和国学教育在高校社会主义意识形态"前沿阵地"中的"位置"问题，以及面对高校社会主义意识形态"前沿阵地"，国学和国学教育如何"进场""在场"的问题。我们认为，必须以社会主义核心价值观为指导，立足马克思主义的立场、观点和方法，对国学文化理念进行"双创"，从而，进驻高校社会主义意识形态"前沿阵地"，实现国学和国学教育在高校立德树人过程中的"在场"。

高校的思想文化阵地不仅需要"马先生"把握方向、牢牢"驾辕"，而且需要"孔先生"内在驱动、持久发力。用国学文化理念涵育"核心价值观"不能像"羞答答的玫瑰"一样"静悄悄地开"。我们应当理直气壮、字正腔圆地去传播中国声音，在大学生中唱响主旋律、传播正能量。要以争胜

---

① 孙守刚：《论加强高校意识形态建设》，《山东高等教育》2014年第3期。

的决心抢占高校舆论"制高点"，牢牢把握高校社会主义核心价值观教育传播的话语权。占领高校思想文化阵地是传承和弘扬国学文化理念的前提。高校的思想政治教育工作者只要勤于在国学教育的阵地上耕耘，便能够实现社会主义核心价值观从外化到内化，再从内化到外化的两次飞跃。项迎芳认为，涵育社会主义核心价值观，巩固国学教育阵地，就要"让国学经典更接地气"，就要"从小抓起，幼儿养性、少年养志"，就要"从微处着手，微观渗透、以点带面"，就要"调动民众主体性，推行实践养成"。①如大连医科大学注重用国学文化理念滋育学生美好心灵、培植学生道德情操，努力创建富具自己人文特色、兼容并包的教育氛围。他们精心设计校园空间文化，通过国学文化元素的介入和搭建国学教育平台，充分发挥校园文化的教育功能、导向功能和调节功能。一是"以传统文化的精髓提炼校园精神文化"。他们总结提炼的校训、教风和学风等都具有浓郁的国学文化色彩。校训是"甚解、敏行、明仁、济世"，教风是"重教、严教、善教"，学风是"志学、致学、治学"。二是"以人文意蕴营造高雅的校园环境"。注重把国学文化理念融入到学校的物质环境、人文环境、制度环境、学术环境和自然环境等，激励、唤醒和鼓舞大学生对真善美的追求。他们巧立"国学经典墙"、巧办"国学经典报"、悬挂"经典名句"和诸子百家的画像等，开辟和占领校园国学教育阵地。三是通过丰富多彩的文体活动，让校园文化动起来。借助校园文化活动传承和弘扬国学文化理念，构建社会主义核心价值观占主导地位的教育氛围。②

三、国学教育的目的、价值与重点

高校的国学教育有着现实的社会担当，这就是培育和弘扬社会主义核心价值观，用中华优秀传统文化立德树人。大学生是最为重要的人才资源，培育大学生的社会主义核心价值观，把他们造就成为德智体美全面发展的社会主义建设者和接班人，必须充分发挥国学教育的作用。弘扬中华优秀传统文化，用中国化的马克思主义武装大学生，是高校实现立德树人根本任务的必

---

① 项迎芳：《国学视域中社会主义核心价值观的"位置与阵地"》。
② 于淑秀等主编：《大学通识教育研究》，九州出版社 2014 年版，第 190—193 页。

然选择。国学经典文献中所蕴含的文化理念要真正变成国家文化软实力建设和社会主义核心价值观建设的智慧和力量，离不开我们的"双创"。国学教育关系到大学生的健康成长，其重点必然要放在社会主义核心价值观的培育上。撇开社会主义核心价值观建设谈国学教育的发展，便会迷失国学教育的方向。培育好社会主义核心价值观，才能为中国社会的改革、发展和稳定奠定坚实的文化心理基础。人们奉行共同的社会主义核心价值观才能感到幸福。国学教育的重点必然与它所担当的历史任务和社会责任直接关联。我们今天开展国学教育，重点就是培养社会主义核心价值观，重新建构人民大众共同分享的文化共同体，借此提升国家文化软实力。

（一）国学教育的目的：服务服从于立德树人的根本任务

21 世纪以来，"国学热"再次升温并且产生了广泛的影响。"国学热"的现实观照必然会涉及立德树人的问题。不少国学教育的弄潮者祈望借助它来救世救心。在经济全球化背景下，市场经济对人们精神世界的冲击不断滋生拜金主义、享乐主义和极端个人主义，它们像三把利剑穿心，腐蚀着人们的灵魂。周围的高楼大厦让我们见证了物质文明的发展，街上的"灯红酒绿"也让我们看到了精神世界的荒芜。"国学热"和向中华优秀传统文化的"回归"，显然是一种积极的应对措施，是一种重建精神家园的战略。高校的国学教育有着现实的社会担当，这就是培育和弘扬社会主义核心价值观，用中华优秀传统文化立德树人。

汉代以来，儒学成为中华民族文化的正统，并且成为社会主流的意识形态，深刻影响了国学的研究与传播。进入科举时代后，儒学成为正统教育的主要内容。历代执政者之所以重视儒家文化就在于它的道德教育功能和人格塑造功能。这种社会导向，使得做学问成为"取名致官"的基本途径，于是，"学而优则仕"成为中国传统读书人的基本信条。由于政治权力的介入、功名利禄的诱惑，读书人出现了"相当显著的人格扭曲"①。未仕之前心术既坏，既仕之后气节何存？于是便出现了"士大夫无耻"之败坏世风，人们"奔竞于势要之路""趋附于权贵之门"，为从根本上扭转这种败坏人心的文化倾向，文天祥提出了"有子而教"的道德教化主张，突出强调道德品格教育和人格

---

① 王子今：《国学与"立人"教育》，《社会科学》2008 年第 7 期。

塑造的极端重要性。在"五四"运动开启的新文化浪潮中,传统国学和国学教育的弊端成为中国先进知识分子批判的"靶子",他们极力倡导新文化,试图用新文化塑造"新人"。李大钊便提出了"青年之自觉"的主张,期望清理积尘重压的旧式教育,冲决压抑思想解放的"过去历史之网罗"。陈独秀则批判了传统的官僚政治对国民教育的禁锢,并且希冀把国民头脑中的腐旧思想一一洗刷干净。鲁迅先生则看到,传统国学教育的本质是一种"奴性"教育。诚然,传统国学和国学教育并非一无是处,它本身拥有着积极健康的文化内涵。比如,孔子提出的"匹夫不可夺志也"的志向教育,孟子倡导的"大丈夫"人格养成,强调"大丈夫"就要"富贵不能淫,贫贱不能移,威武不能屈",再有孟子的"我善养吾浩然之气"的"正气"教育等等,都体现了对民族精神的弘扬。正是国学中的这种民族精神铸造了中华民族的"脊梁"。这些百折不断的中国"脊梁"闪耀着中华优秀传统文化的光芒,并且成为我们今天涵育社会主义核心价值观的精神财富。

　　一个社会和国家的发展进步,离不开经济基础的繁荣发达,也就是社会主义物质文明建设。同时,国家也应当为国民树立和弘扬积极、健康、科学的价值观,提供日益丰富多彩的文化产品,满足他们精神上的追求和享受,也就是社会主义精神文明建设。大学生是最为重要的人才资源,培育大学生的社会主义核心价值观,把他们造就成为德智体美全面发展的建设者和接班人,事关社会主义事业的兴衰,事关伟大复兴的中国梦的实现,事关世界范围思想文化交流交融交锋的成败。鲁迅先生曾说:"角逐列国是务,其首在立人,人立而后凡事举。"[①] 鲁迅先生的话道出了国学教育在国家经济建设、文化建设,以及内政外交中的重要作用。立什么样的人,用什么立人,应该说成为"五四"时期新文化运动反思的核心。新文化运动在集中批判以儒家为代表的中华传统文化之外,对西方的科学和民主趋之若鹜。结果,"帝国主义的侵略打破了中国人学西方的迷梦。很奇怪,为什么先生老是侵略学生呢?中国人向西方学得很不少,但是行不通,理想总是不能实现……就是这样,西方资产阶级的文明,资产阶级的民主主义,资产阶级共和国的方案在中国人民的心目中,一齐破了产。"[②] 之所以如此,就在于西方的科学和民主是与

---

① 鲁迅:《鲁迅散文》第3集,张明、高范桥选编,中国广播电视出版社1992年版,第16页。
② 《毛泽东选集》第4卷,人民出版社1991年版,第1470—1471页。

资本主义制度紧密联系在一起的，它解决不了中国的民族独立问题和自由解放问题。十月革命的炮声，为中国送来了马克思主义。1921 年，以马克思主义为根本指导思想的中国共产党诞生。毛泽东说："中国产生了共产党，这是开天辟地的大事变。"① 历史证明，没有共产党就没有新中国。立什么样的人，用什么立人？用马克思主义武装起来的中国共产党人，这就是回答。正如现代京剧《红灯记》中的那句歌词一样："做人要做这样的人"。前事不忘后事之师。弘扬中华优秀传统文化，用中国化的马克思主义武装大学生，是高校实现立德树人根本任务的必然选择。

（二）国学教育的价值：传承和弘扬中华优秀传统文化

20 世纪 90 年代，"国学热"兴起，经过多年的持续升温，现在国学已经成为一种显学。近年来，习近平总书记又多次阐述弘扬中华优秀传统文化和传统美德，更是令"国学热"保持了恒久的高温。从中华民族文化经典中去寻求活水回溯的力量，借此唤醒文化自觉，增强文化自信，为"国学热"找到了现实的价值对接。目前，人们比较一致的看法，是把国学理解为以儒学为主体的中华传统文化和传统学术的总称。在实现中华民族伟大复兴的背景下，国学教育被赋予了传承文化命脉的社会责任和文化使命。然而，用国学经典浸润涵养大学生的社会主义核心价值观，并不是什么高不可及的宏大政治使命，而是高校完成立德树人任务的必然选择。这里涉及国学教育价值的合理定位问题。对于国学和国学教育，不论持"万能论"的观点，还是持"无用论"的观点，都是不可取的。我们既不能夸大也不能贬低它的作用。一些国学教育的推崇者往往把国学看作是解决当今人类严重生存危机的救世良药。他们提供的佐证有如，季羡林先生的名言："21 世纪是东方文化的世界"。还有西方学者的一些著名观点，如汤因比认为，实现世界统一才能避免人类的自杀，而中华民族早在两千多年前就培育了这种大一统的思维方法。又如奥地利心理学家荣格认为，解决人类的生存危机，必须放弃西方令人毛骨悚然的技术，并且师从东方整体把握世界的智慧。再如瑞典科学家阿尔文认为，人类要生存下去必须去汲取孔子的智慧。显然，求解现代性的危机，需要从国学经典文献中汲取智慧和力量，但是，由此断言"中华传统文化具

---

① 《毛泽东选集》第 4 卷，人民出版社 1991 年版，第 1514 页。

有根本消除人类危机的基本素质"，便是有一种"文化自大"的情结。"文化自大"不可取，"文化自卑"同样不可取。实际上，国学经典文献中所蕴含的文化理念要真正变成国家文化软实力建设和社会主义核心价值观建设的智慧和力量，离不开我们对中华优秀传统文化的"双创"。"国学热"说到底是立足中国的现代性对中华传统文化的反思，这种反思旨在探讨中华传统文化在中国现代性建构中的位置与功能。尽管不少人主张"少谈主义"的单纯学术性的国学观无可厚非，但是，看不到国学是知识性与价值性的统一，便无法找到国学发展的时代主题。国学教育"关系到年青一代的价值观形成，其重点必然要放在价值问题上"①。撇开社会主义核心价值观建设谈国学教育的发展，便会迷失国学教育的方向。

认识国学的本质特征和核心内容是推进国学教育的前提。把握国学教育的关键是解决好国学教育为何教、教什么、怎么教。国学之中所蕴藏的思想观念、价值取向、道德情操和行为规范等，认同度高，容易得到普遍的接受。推进国学教育必须抓住核心、把握重点，无须单独成为一个教育体系，而应当融会贯通于社会主义核心价值观的培育和践行，同时，不搞花架子，紧紧围绕传承和弘扬中华优秀传统文化来展开。或者说，传承和弘扬中华优秀传统文化恰恰是国学教育的价值所在。国学是我们对抗西方文明的利器。以"普世"面目出现的西方资产阶级价值观念，有工业文明或后工业文明做其后盾，在全球化浪潮中对高校大学生产生了强烈的冲击。国学经典著作内涵中华优秀传统文化，是高校国学教育和文化传承的重要内容。在大学生中开展国学教育是我们抵御西方敌对势力价值观侵蚀的有力武器。

围绕中华优秀传统文化推进国学教育只是解决了国学教育的内容问题，还需要解决国学教育的目的和方式等问题。国学教育说到底是要落实到人才培养方面，应当把重点放在助推大学生道德精神的发展。具体而言，一是提高大学生的人文素质。通过国学经典的阅读和学习，可以让大学生汲取传统文化的精髓，实现对传统文化的认同，夯实大学生的文化底蕴，真正成为传统文化的传承者。二是修身养德，立身做人。国学教育的重点不是解决"做事"问题，而是解决"做人"问题。如儒家教育的基本目标就是"君子德

---

① 王熙等：《从国学之"国"看国学教育的当代价值》，《北京师范大学学报（社会科学版）》，2014 年第 4 期。

风"，重在培养"君子"一般的人格，即"好学善问、严以律己、慎言敏行、温厚宽容、见利思义、崇德向善、勇于改过、安贫乐道等"①。三是坚守民族精神，弘扬民族文化。国学经典凝聚的是我们民族的文化基因，对它我们应当传承与呵护。樊浩先生认为，中华传统文化作为"源头性传统"，"首先应当是人们认同的对象"②。我们只有坚守住这种民族精神，才能在这种古典智慧观照下找到解决现代性问题的答案。国学经典是我们民族精神的密码，在这一精神资源面前，我们必须仰之弥高、钻之弥坚。

（三）国学教育的重点

一个健康发展的社会，它的主流人群应当奉行共同的核心价值观。党的十八大提出的"三个倡导"，明确了国家层面、社会层面和个人层面的核心价值目标。培育好社会主义核心价值观，才能为中国社会的改革、发展和稳定奠定坚实的文化心理基础。人们奉行共同的社会主义核心价值观才能感到幸福。实际上，"三观"（世界观、人生观和价值观）相同相近是人们和谐相处的重要前提，正像孔子所讲："道不同不相为谋。"人们追求的理想目标不同，便无法在一起共事，更难以协同共进。"道"既包括天道又包括人道，它是中华传统文化最核心的价值理念之一。

"国学热"的出现以及国学教育的呼唤，都有其特定的理论和实践背景。近代"国学"生成与发展，有其特殊的历史背景和文化前提。一方面是救亡图存的需要，国家民族危亡之际，要救国于水火、解民于倒悬，就需要精神文化的支撑。由此推动了对中华传统文化的反思。为了实现中华之崛起，为了能够雄立于世界舞台，我们需要从国学之中汲取怎样的智慧力量和精神营养？这恰恰是反思中华传统文化的根本所在；另一方面是"在世界学术体系的背景下对中国民族特性的探索，期望从中国传统学术中找到中国近代化的基点"③。近代以来的反思，形成的国学研究的基本传统是立足科学与民主的视角，运用西方学术理论、方法，分析研究中国传统文化的现代化问题，其中，一个可贵的共识在于：中华民族原创精神和文化传统是中国现代化的坚实基础。当代的"国学热"是在中华民族伟大复兴的背景下兴起的。方光华

① 杨坤道：《国学经典的教育价值与阐释尺度》，《高等教育研究》2013 年第 3 期。
② 樊浩：《应对"全球化"的价值理念及其道德教育难题》，《教育研究》2002 年第 5 期。
③ 方光华：《国学与文化自觉》，《浙江社会科学》2012 年第 12 期。

教授认为，20 世纪末兴起的"国学热"，主要原因在于"人文忧思的盛世危言"、"文化自觉思潮的反映"和"全球化进程中文化多样性需求的反映"。他认为，国学是"中国传统文化自有的学问"，是"一门与现代西方学问不同，具有鲜明综合性的特殊学问"。① 从本质来看，"国学热"是对中华民族传统文化的重新审视和定位，具体而言，就是立足中国特色社会主义现代化的理论和实践立场，重新反思和建构中华民族传统文化与中国特色社会主义文化的关系，以一种文化自信和文化自觉的姿态，从中华民族传统文化中汲取智慧和力量。实际上，它与近代以来的国学反思是一脉相承的。始于近代的国学反思，是由历史赋予中华儿女的两大历史任务决定的，即"民族独立、人民解放"和"国家富强、共同富裕"。在中华民族的原创精神中，支撑我们实现完成近代以来两大历史任务的有哪些？这是国学研究需要回答的重要问题。民族独立和人民解放的任务关涉中国由传统走向现代化的问题，国家繁荣和共同富裕关涉中国自立于世界民族之林的问题。第一个历史任务，从时间维度看，就是由过去到现在再到未来，就是国学教育应当把中华优秀传统文化融入到中华民族的伟大复兴，奠定中国特色社会主义现代化的精神文化根基。第二个历史任务，从空间维度看，就是由地域走向全球、由中国走向世界，在世界范围内的文化交流交融交锋中始终保持我们的文化优势和精神独立。

　　国学教育的重点必然与它所担当的历史任务和社会责任直接关联。我们今天开展国学教育，重点不仅是传承中国传统文化、延续中国历史文脉，而且更是培养社会主义核心价值观，重新建构人民大众共同分享的文化共同体，借此提升国家文化软实力。也就是说，国学教育必须服从服务于社会主义核心价值观建设，与社会主义核心价值观建设融为一体。在高校的国学教育中，应当运用国学之中蕴含的爱国情感、民族精神、道路荣辱和民族礼仪等思想文化资源涵育大学生社会主义核心价值观。当前，大学生的国学教育应当着重于优秀民族精神、优秀民族品质和优秀民族风范的培育，即以爱国主义为核心的民族精神、以自强不息为核心的民族品质和以尊老爱幼为核心的民族风范。②

　　把社会主义核心价值观作为国学教育的重点，以社会主义核心价值观指引国学教育的方向，既是国学教育健康发展的需要，又是高校培育"德智体

　　① 方光华：《国学与文化自觉》。
　　② 徐卫东：《论国学教育与社会主义核心价值观教育》，《教育评论》2015 年第 3 期。

美全面发展"人才的需要。高校的国学教育尤其是对于培育"四有"新人中的"有文化"具有特殊的意义。"鄙弃和丧失自身的文化传统的民族，与珍重和善存文化传统的民族，其凝聚力、创造力不可同日而语"①。大学生是我们国家最为重要的人才资源。大学生对中华优秀传统文化的继承与发展，关系着现代化的未来，关系着中国梦的实现。中华传统文化最大的特性是兼容并包，虽沧海桑田但却历久弥新。在历史的演进中，经过多次巨大的文化碰撞、适应和融合，以儒家为主流的中华文化通过"双创"，必将能够重新焕发生机活力，并且引领中国社会发展的脚步。

第二节 河北大学历史学院国学教育社团与课程

为推进国学教育，搭建传承和弘扬中华优秀传统文化的平台，培育大学生社会主义核心价值观，河北大学历史学院于 2015 年成立了"莲池国学社"。之所以用"莲池"命名，源于有着"全国书院之冠""京南第一学府"之称的保定莲池书院。保定的历史文化，最为典型的是"一文一武一衙"。其中的"一文"，指的就是保定莲池书院。历史学院的师生以传承莲池书院的学术传统、发扬燕赵文化的精神风范为己任，通过广泛开展国学经典诵读和传统文化展演活动，致力于传承和弘扬中华优秀传统文化。同时，历史学院教师在校本部和新校区开设了《国学基础》《燕赵文化》《史学与中国传统文化》《中华文明史》《中华传统文化漫谈》《中华优秀传统文化与幸福人才》《中国古代文化史》《中国社会文化史》《中国宗教文化理论》等国学教育和中华优秀传统文化教育课程，其中部分是专业必修课，大多是全校性的通识通选课，这些教师把国学教育与大学生校园文化活动有机结合起来，推动了国学教育与社会主义核心价值观培育的融合发展，为完成立德树人的根本任务作出了积极的贡献。2016 年由笔者组织实施的《中华优秀传统文化涵育社会主义核心价值观的创新探索》，荣获河北省高校思想政治工作创新案例三等奖。

---

① 于亭：《当代中国高等"国学"教育建设之省思》，《华南师范大学学报（社会科学版）》2012 年第 3 期。

一、河北大学历史学院莲池国学社简介

河北大学历史学院莲池国学社成立于 2015 年，目前有指导老师 3 名，成员 50 多名。莲池国学社之所以用"莲池"命名，源于有着"全国书院之冠""京南第一学府"之称的保定莲池书院。莲池国学社以传播国学文化为旨趣，致力于弘扬中华优秀传统文化，培育社会主义核心价值观。莲池国学社自成立以来，在历史学院杨倩如副教授等老师的悉心指导和帮助下，创作编演了一系列国学经典诵读展演节目和国学教育历史剧目，配合学院开展古礼文化展示、传统服饰展示和爱国诗词朗诵活动等，在立德树人方面发挥了重要作用。2015 年，由莲池国学社申报的河北大学学生特色项目——国学经典诵读项目《秦风汉韵流千古》在保定古莲花池摄制完成。节目完成后，被团中央学校部评为"2015 年度全国优秀国学教育文艺作品"。之后，应邀进京参加演出，获得了中国青少年发展服务中心主办的"中华魂"——第二届中华传统文化教育优秀作品展演活动一等奖。莲池国学社的成立，为历史学院师生传播国学文化理念搭建了一个良好的平台，对于推进历史学院社会主义核心价值观教育，巩固社会主义意识形态阵地发挥了重要作用。在未来的日子里，莲池国学社的师生，将积极参加校内外各类文化、学术交流活动，致力于传播和培养爱国、孝亲、敬业、仁义、中正、诚信、友善等国学文化理念，夯实大学生的文化自信和价值观自信，打造并展现新时代大学生风采的"文化名片"。

燕赵风·莲池韵·河大情·中国梦

（一）莲池国学社社训与社歌

莲池国学社社训——"结社莲池，诵读名家；礼尊圣贤，诗重风雅；博闻勤修，才艺精进；教学相长，师友佳话；毓秀英才，荟萃一堂；志存高远，心系天下；任侠仗义，悲歌慷慨；古韵燕赵，今现河大；国学复兴，任重道远；上下求索，不负韶华。"

用社训涵育大学生的精神品质　　　　用社训涵育大学生的精神品质

莲池国学社社员吟诵古诗词活动——唐代诗人白居易于公元838年创作了《忆江南》词三首。一是"江南好，风景旧曾谙。日出江花红胜火，春来江水绿如蓝。能不忆江南？"二是"江南忆，最忆是杭州。山寺月中寻桂子，郡亭枕上盾潮头。何日更重游？"三是"江南忆，其次忆吴宫。吴酒一杯春竹叶，吴娃双舞醉芙蓉。早晚复相逢！"

莲池国学社社员吟诵白居易的名篇《忆江南》

莲池国学社社歌——《中国梦》

"我的梦和你的梦，每一个梦源自黄河，五千年多少的渴望，在河中滔滔过；那一个梦澎湃欢乐，那一个梦涌出苦果，有几回唐汉风范，让同胞不受折磨，哪天中国展开大步，要那全世界都看着我，冲天飞向前路，巨龙声威传播，要中国人人见欢乐，笑声笑面长伴黄河，五千年无数中国梦，内容始终一个；哪天中国展开大步，要那全世界都看着我，冲天飞向前路，巨龙声威传播，要中国人人见欢乐，笑声笑面长伴黄河，五千年无数中国梦，内容始终一个；哪天中国展开大步，要那全世界都看着我，冲天飞向前路，巨龙声威传播，要中国人人见欢乐，笑声笑面长伴黄河，五千年无数中国梦，内容始终一个；要中国人人每一个做，自由幸福的我！"

莲池国学社社歌——《中国梦》集体演唱

我的梦和你的梦，每一个梦源自黄河。

五千年多少的渴望，在河中滔滔过。

那一个梦澎湃欢乐，那一个梦涌出苦果。

有几回唐汉风范，让同胞不受折磨。

哪天中国展开大步，要那全世界都看着我。

冲天飞向前路，巨龙声威传播。

要中国人人见欢乐，笑声笑面长伴黄河。

五千年无数中国梦，内容始终一个——

要中国人人每一个做，自由幸福的我！

河北大学历史学院莲池国学社成员集体演唱社歌《中国梦》

参加人员： 河北大学莲池国学社全体成员、河北大学历史学院一年级部分学生

组织单位： 河北大学历史学院团委、学生会

项目策划： 杨倩如　李　峥

指导老师： 杨倩如（历史学院）　李　峥（河北大学—兰开夏学院）徐兰英（历史学院）

录音、配乐： 七彩阳光音乐工作室

摄像、后期制作： 火途广告工作室

造型化妆： 艾薇儿映像摄影工作室

服装制作： 珠珠制衣店

制作时间：2016 年 11 月

（二）河北大学历史学院莲池国学社社歌《中国梦》MTV 拍摄分镜头剧本

总 片 长：5 分钟

拍摄地点：河北大学校本部

伴奏：以一组象征中国的画面，引出莲池国学社社歌《中国梦》：

遥感卫星俯瞰下的黄河——华夏文明的起源

长城——中华民族的象征

手绘中国地图全貌

杨倩如、李峥两位老师领唱社歌《中国梦》

主歌 + 副歌第一遍

地点：河北大学校本部主楼前

演出人员：两位指导老师、国学社全体成员

（女声领唱）我的梦和你的梦，每一个梦源自黄河。

　　　　　　五千年多少的渴望，在河中滔滔过。

（男声领唱）那一个梦澎湃欢乐，那一个梦涌出苦果。

　　　　　　有几回唐汉风范，让同胞不受折磨。

（全体合唱）哪天中国展开大步，要那全世界都看着我。

　　　　　　冲天飞向前路，巨龙声威传播。

　　　　　　要中国人人见欢乐，笑声笑面长伴黄河。

　　　　　　五千年无数中国梦，内容始终一个——

间奏＋副歌第二遍

以一组河北省历史文化名胜的画面，从轩辕黄帝至狼牙山五壮士，抒发"燕赵自古多慷慨悲歌之士"的主题，彰显爱国、爱乡的文化凝聚力和民族自豪感：

涿鹿中华三祖堂

邯郸丛台公园

杨露禅故居及群众太极拳表演

涿州永济桥

曹魏邺城遗址

北齐响堂山石窟

正定龙兴寺

避暑山庄

清西陵

易县狼牙山五壮士群像

结尾

地点：河北大学校本部主楼前

演出人员：两位指导老师、国学社全体成员

　　　　　　（男女声合唱）要中国人人每一个做，自由幸福的我！

参加人员：莲池国学社全体成员、历史学院一年级部分学生

组织单位：河北大学历史学院团委、学生会

策划、编剧、艺术指导：杨倩如（历史学院）　李　峥（河北大学——兰开夏学院）

编曲、配乐、录音：七彩阳光音乐工作室

摄像、后期制作：火途广告工作室

（三）河北大学历史学院莲池国学社宣传片分镜头剧本

总片长：10—12分钟

拍摄地点：河北大学校本部

片头：河北大学正门——校园——莲池国学社剧照

（字幕）燕赵风　莲池韵　河大情　中国梦

> 结社莲池 诵读名家 礼尊圣贤 诗重风雅
> 博闻勤修 才艺精进 教学相长 师友佳话
> 毓秀英才 荟萃一堂 志存高远 心系天下
> 任侠仗义 悲歌慷慨 古韵燕赵 今现河大
> 国学复兴 任重道远 上下求索 不负韶华

第一幕　河北大学正门——校训刻石——教学主楼——多功能馆
（拍摄，1—2 分钟）

（画外音，女声）河北大学是河北省人民政府和教育部省部共建、河北省人民政府和国家国防科技工业局省局共建的重点综合性大学，也是中西部"部省合建"国家重点建设大学和河北省重点支持的国家一流大学建设一层次高校。学校位于国家历史文化名城保定，是一所学术传统悠久、文化底蕴深厚的名校。学校 1921 年始建于天津，初名为天津工商大学，由法国天主教耶稣会创办。1933 年改名为天津工商学院，1948 年更名为津沽大学。1958 年扩建为天津师范大学。1960 年定名为河北大学。1970 年，由天津迁至保定。学校占地 166 万平方米，有本部、新校区和医学部 3 个校区，教职员工 3300 多人，学生近 5 万人。当前，京津冀协同发展、雄安新区设立等历史机遇叠加交汇，为河北大学建设与发展创造了无限良机。在这样的时代背景下，河北大学正以入选中西部"部省合建"国家重点建设大学、河北省国家一流大学建设一层次高校为契机，加快深化教育教学改革，着力提高人才培养质量，全面提升综合实力，努力向着建设"特色鲜明，国际知名"的高水平综合性大学阔步前行！

第二幕　河北大学新校区
（视频剪辑，1—2 分钟）

（画外音，男声）大家都知道，在中国有这样一批大学：它们不是"985"，也不是"211"，但是，它年高考，它们的录取分数线丝毫不比许多"985"或"211"名校低，他们的教师和学生，都有着傲人的实力和不菲的成绩。2015 年，通过《人民日报》官方微信的调查，一共有 10 所得到社会公众普遍认可的高校上榜——我们河北大学就是其中之一。

第三幕　河北大学图书馆——博物馆——主楼大厅
——校园——操场——教学楼
（拍摄，2 分钟）

（现场主持，女）河北大学历史学院，始建于 1945 年天津工商学院的史地系，在其历史发展中，涌现出了漆侠、李光璧、钱君晔、傅尚文、周庆基、乔明顺等著名历史学家。近年来，河北大学历史学科再创佳绩！

（现场主持，男）2005 年，河北大学历史学科被评为"河北省强势特色学科"。2007 年，获准设立历史学一级学科博士后流动站。2011 年，中国史学科获立一级学科博士点和博士后流动站，世界史和考古学获立一级学科硕士点。2016 年，中国史学科被河北省政府确立为建设国家一流学科序列。今后，我们努力的目标是教学、科研"双一流"，国内、国际"双一流"的科研教学型学院。

第四幕　古莲花池——河北大学校歌 MTV
（视频剪辑，1 分钟）

（现场主持，男）莲池国学社成立于 2015 年，是由历史学院团委和学生会组织成立的学生社团，目前有指导老师 3 人，成员 50 多人。我们的国学社以"莲池"命名，来源于有着"全国书院之冠，京南第一学府"之称的保定莲池书院。身为河北大学的师生，我们以继承莲池书院的学术传统、发扬燕赵文化的精神风貌为己任，通过开展国学教育，弘扬和传播中华优秀传统文化，提升广大学生的人文素养。

第五幕　国学社演出视频——获奖证书——海报——剧照
（视频剪辑，1 分钟）

（现场主持，女）自成立莲池国学社以来，在老师的指导和帮助下，同学们创作、编演了一系列国学经典诵读、演示节目，以及古礼文化和传统服饰展示活动。除了配合老师在校本部和新校区开设的《国学基础》《燕赵文化》《史学与中国传统文化》等课程教学，举办相关讲座之外，还开展了一系列国学经典诵读和传统文化展演活动。2015 年，由莲池国学社申报的"河北大学学生特色项目"——国学经典诵读项目《秦风汉韵流千古》，在保定古莲花池摄制完成。节目完成后，被团中央学校部评为"2015年度全国优秀国学教育文艺作品"。之后，我们还受邀进京参加演出，获得了中国青少年发展服务中心主办的"中华魂——第二届中华传统文化教育优秀节目展演"活动一等奖。

第六幕　全体合唱社歌（拍摄）

（地点：教学主楼前台阶，时长：5分钟）

（现场主持，女）在未来的日子里，我们河北大学莲池国学社的师生，将积极参加校内外各类相关文化、学术交流活动，以生动、形象的内容，优美、高雅的形式，激发广大青年学生学习、传播、实践国学经典的兴趣和热情。

（现场主持，男）我们将进一步培养以爱国、爱乡、孝亲、敬业、仁义、中正、诚信、友善为核心理念的，既富有传统美德意蕴又符合当代公民道德规范的价值观。将莲池国学社这一独具特色的学生社团，建设成为一张能够代表河北大学学术水准和新一代大学生风采的"文化名片"。

二、河北大学历史学院国学教育课程简介

历史学院教师在校本部和新校区开设了《国学基础》《燕赵文化》《史学与中国传统文化》《中华文明史》《中华传统文化漫谈》《中华优秀传统文化与幸福人才》《中国古代文化史》《中国社会文化史》《中国宗教文化理论》等国学教育和中华优秀传统文化教育课程，其中部分是专业必修课，大多是全校性的通识通选课，这些教师把国学教育与大学生校园文化活动有机结合起来，推动了国学教育与社会主义核心价值观培育的融合发展，为完成立德树人的根本任务作出了积极的贡献。现就《国学基础》《燕赵文化》《史学与中国传统文化》等3门课程的教学大纲做一推介。

（一）《国学基础》课程教学大纲（理论课程）

◆课程编号：Tr0019

◆课程名称：国学基础

◆课程英文名称：The Chinese Classical Literature & Traditional Culture

◆学分/学时：2学分/36学时

◆课程类型：通识通选课程

◆适用专业（专业类）：本科各专业

◆先修课程：《古代汉语》《中国古代史》

◆主讲教师：杨倩如

1. 课程简介与教学目标

（1）课程简介

国学是以儒学和汉民族为主体、以中华传统文化学术为研究对象的一门学问，其概念有广义和狭义之分。从广义看，国学是指一切过去的历史文化，包括思想、学术、文学、艺术、数术、方技等；从狭义看，国学是指意识形态层面的传统思想文化。国学是中华文明传承的主要载体，是中华民族精神与社会主义核心价值观的重要体现，也是我们今天所要认识、发掘、继承与弘扬的重点内容。

（2）教学目标

①贯通历史与现实的界限。借鉴传统学术门类与治学、教育理念，遵循当代高等教育的学科建设与人才培养目标，对历史文化资源进行符合科学精神和现代意义的解读与阐释。坚持把教书与育人结合起来，用国学文化理念涵育大学生的社会主义核心价值观。

②打破中国与世界的畛域。立足全球化的理论视野，坚持"以我为主，为我所用"的原则，学习借鉴世界文化遗产；立足文化的民族性，把握民族性与世界性的统一；注重东西文化的比较，既重视吸收外来文化的有益成果，又要始终保持中国文化的个性。

③扩大国学研究的领域和范围。在传统文、史、哲研究的基础上，广泛扩展国学教育的内容。例如，增强对中国古代科学技术、民间风俗文化和少数民族历史文化遗产的整理与研究；开设武术、戏曲、音乐、舞蹈、书法、绘画、民间工艺等课程，加强学生的艺术美学修养，使其在高雅优美的传统文化与艺术熏陶中，深刻理解国学的内涵与实质。

2. 教学方式与方法

（1）教学方式

本课程将采取课堂教学、经典研读、影像放映等相结合的教学方式。

（2）教学方法

本课程将采取教师讲授、课堂讨论和课后读书指导相结合的教学方法。

3. 教学重点与难点

（1）教学重点

①基础知识。包括经、史、子、集、艺五类，主要通过讲授、研读国学典籍中的经典篇章，观赏相关影视作品来完成。

②理论建构。对国学的理论体系、学科建设，国学的当代形态及其现实价值进行探索，主要通过教师讲授、组织学生讨论及设计调研问卷来完成。

（2）教学难点

①学生对于国学和传统文化怀有较为浓厚的兴趣，但缺乏相关知识和基本素养，难以深入理解教师所讲授的内容，这就对课堂教学内容、经典篇目选择和教师讲授技巧有了更高的要求，为此，要力求突破难点，使教学过程达到深入浅出、通俗易懂、寓教于乐的目标。

②国学和传统文化的研究和教育，目前尚属探索阶段，在学科归属、教学内容和理论方法上存在较大争议，尚无学界普遍认可的通用教材可以选择，教学与考核方式也缺乏统一标准。因此，需要任课教师根据学生的知识水平和接受程度，在教学中灵活掌握、巧妙运用。

4. 学时分配计划

章	内容概要	学时
1	导论	3
2	哲理之源——《易经》	3
3	政治之源——《尚书》	3
4	诗学之源——《诗经》和《楚辞》	3
5	教化之源——"三礼"和《乐记》	3
6	生命之源——《老子》和《庄子》	3
7	"诸子学"的传统构建与现代诠释	3
8	史书之源——《春秋》和"《春秋》三传"	3
9	史官制度与中国文化传统	3
10	中国传统史学的最高成就：《史记》和《汉书》	3
11	历史价值观的建立：从《三国志》到《三国演义》	3
12	中国古典美学传统与艺术精神	3
合计	12 章	36

5. 教材与教学参考书

（1）教材

刘介民著：《国学基础导论》，广东高等教育出版社 2008 年版。

（2）教学参考书

冯天瑜、何晓明、周积明著：《中华文化史》，上海人民出版社 2010 年版。

杜松柏著：《国学治学方法》，中国人民大学出版社 2011 年版。

司马云杰著：《中华文化精神的现代使命——关于中国文化根本精神与核心价值观的研究》，山西教育出版社 2008 年版。

6. 课程考核与成绩评定

◆考核类型：☑考试　　□考查

◆考核方式：☑开卷　　□闭卷　　□项目报告/论文

　　　　　　□其他：＿＿＿＿＿＿＿＿＿＿（填写具体考核方式）

◆考核方式：课程总成绩 = 平时成绩×40% + 期末成绩×60%

7. 课程内容概述

略

（二）《燕赵文化》课程教学大纲（理论课程）

◆课程编号：Tr0016

◆课程名称：燕赵文化

◆课程英文名称：Yanzhao Culture

◆学分/学时：2 学分/36 学时

◆课程类型：通识通选课程

◆适用专业（专业类）：本科各专业

◆先修课程：《中国古代文化史》

◆主讲教师：彭小舟

1. 课程简介与教学目标

（1）课程简介

《燕赵文化》是一门适合本科生学习的选修课程。燕赵文化属于地域性历史文化，弘扬燕赵文化对于熔铸民族生命力、创造力和凝聚力具有重要作用。

河北省要建设文化强省，就必须依托自身的地域文化，继承和弘扬燕赵文化传统。同时，河北大学学生大多数来自河北省，理应深入了解家乡的地域文化。燕赵文化具有包容性、丰富性和创造性的特点。本课程重在全面、准确地介绍燕赵地区的历史典籍、人物和事件，引导大学生把握燕赵文化的发展脉络和燕赵文化的精神内涵。

（2）教学目标

学习和研究燕赵文化，不仅有利于同学们培养历史思维、提高文化素质，也可以锤炼人们的品格，激励人们的斗志，促进人的全面发展，而且有助于加深对整个中华文化的了解和认识，更可以通过对燕赵文化的历史发展及其基本特点的考察，总结历史经验，发掘其向现代转化的内在机制，使古老的燕赵文化放射出新的光辉，为打造燕赵文化品牌，推进文化大省建设，促进河北的经济发展贡献力量。

2. 教学方式与方法

（1）教学方式

本课程主要是以课堂讲授方式为主，以实践教学为辅，鼓励学生利用假期时间参观一次故乡文物，听老人讲两个家乡历史故事，翻阅三本燕赵文化历史古籍。

（2）教学方法

本课程主要采取任务性、导向性的教学方法，吸引学生参与教学过程，适当调整课堂讲授和社会实践的课时比例，鼓励学生以专题测验、课堂论辩、模拟导游等形式深入了解燕赵文化，借助课堂研讨方法激发学生的学习兴趣，提高大学生的燕赵文化素养。

3. 教学重点与难点

（1）教学重点

本课程的教学重点是让学生全面、准确地把握燕赵文化的基本内涵。在教学过程中，要把燕赵文化放在中华民族传统文化的历史背景中加以考察，系统介绍燕赵地区的历史典籍、人物和事件，重点讲授燕赵文化鲜明刚劲的两大特点、全面发展的科技文化、丰富充实的成语文化，把握燕赵文化源远流长的风格特点。

（2）教学难点

本课程的教学难点在于内容丰富但却课时有限，难以面面俱到，同时，学生来自不同专业，水平与爱好不一，难以照顾每一位同学的兴趣爱好。全面学习和系统把握博大精深的燕赵文化，就必须把握它的总体历史、变迁规律、本质特征、精神实质、优劣所在和现代意义，因此，会有不小的难度。

4. 学时分配计划

（1）理论教学内容及学时

章	内容概要	学时
1	辉煌灿烂的区域文化	6
2	全面发展的科技文化	6
3	多元丰富的成语文化	6
4	群星闪烁的教育文化	8
5	波澜壮阔的近代转型	6
合计		32

（2）非独立设置的实践环节教学内容及学时

章	内容概要	教学要求	学时
1	实物遗存	就近参观	3
2	民俗传说	听老人讲故事	3
合计			6

5. 教材与教学参考书

（1）教材

张京华著：《燕赵文化》，辽宁人民出版社 1995 年版。

（2）教学参考书

陈新海、荣宁著：《任侠与节义——燕赵文化研究》，中国社会科学出版社 2016 年版。

袁凤东编著：《燕赵悲歌——燕文化特色与形态》，现代出版社 2015 年版。

成晓军、宋素琴主编：《燕赵文化纵横谈》，中国文联出版社 1999 年版。

刘蕊编著：《燕赵文化》，吉林文史出版社 2010 年版。

杜荣泉编著：《中华文化通志·燕赵文化志》，上海人民出版社 1998 年版。

6. 课程考核与成绩评定

◆考核类型：□考试　　☑考查

◆考核方式：☑开卷　　□闭卷　　□项目报告/论文

　　　　　　□其他：＿＿＿＿＿＿＿＿＿＿＿（填写具体考核方式）

◆考核方式：课程总成绩 ＝ 平时成绩 ×30% ＋ 期末成绩 ×70%

7. 课程内容概述

略

（三）《史学与中国传统文化》课程教学大纲（理论课程）

◆课程编号：Tr0043

◆课程名称：史学与中国传统文化

◆课程英文名称：History and the Chinese Traditional Culture

◆学分/学时：2 学分/36 学时

◆课程类型：通识通选课程

◆适用专业（专业类）：本科各专业

◆先修课程：《中国古代文化史》

◆主讲教师：杨倩如

1. 课程简介与教学目标

（1）课程简介

《史学与中国传统文化》是为本科学生开设的全校公共选修课。本课程旨在通过对中国历史名著的讲述和分析，结合中国历史以及中国传统思想文化，展现中华史学遗产中体现的优秀文化传统和民族精神。

（2）教学目标

在知识的传授方面，围绕中国丰富的历史学遗产，将历史文化常识和史学名著的选读相结合，融知识性和正确的人生观教育为一体，使广大学生在了解中国丰富的历史文化遗产、感受中国史学名著魅力的同时，接受中华民族精神的熏陶，进而涵育大学生社会主义核心价值观。对于不同专业不同年级的学生来说，都能增进历史文化修养，培养其高尚道德和人格，坚定他们的文化自信。

2. 教学方式与方法

（1）教学方式

本课程的教学方式坚持以课堂讲授为主，以指导学生参与"读史明志"活动和史学学术论文比赛活动为辅，实现理论讲授与自主研修的统一、名篇剖析和名著阅读的统一。

（2）教学方法

坚持问题导向的启发式教学方法，注重培养学生对于史学的兴趣，夯实大学生的中华优秀传统文化底蕴。认真组织专题课堂讨论，指导大学生认真撰写课程论文。

3. 教学重点与难点

（1）教学重点

本课程的教学重点包括以下内容："前四史"（《史记》《汉书》《后汉书》《三国志》）及其选读；《资治通鉴》《通鉴纪事本末》及其选读；《史通》及《文史通义》简介及选读；《通典》《通志》《文献通考》及其选读；梁启超对中国传统史学的批判及其对中国近代史学产生的贡献。

（2）教学难点

本课程的教学难点在于史学名著的特点分析、史学对于传承和弘扬中华优秀传统文化的重要作用。史学著作典籍众多，如何精选，如何介绍，如何发挥史学教育对于培育社会主义核心价值观的作用等是本课程的教学难点。

4. 学时分配计划

（1）理论教学内容及学时

章	内容概要	学时
1	导言	3
2	中国史学传统的出现	3
3	中国史学传统的确立（上）	3
4	中国史学传统的确立（下）	3
5	《后汉书》与《三国志》	3
6	纪传体史书的继承和发展	3
7	编年体与纪事本末体史著的出现和发展	3
8	典章制度类的通史的代表之作	3
9	史评、史论与史考类典籍的代表之作	3
10	梁启超与中国近代历史学的发展	3
11	二十世纪中国史学概论	3
12	辅导答疑	3
合计	12 章	36

（2）非独立设置的实践环节教学内容及学时

章	内容概要	教学要求	学时
1	纪传体前四史选读	教师指导学生选读 2 种 2 篇	3
2	《资治通鉴》选读	教师指导学生选读 2 篇	3
3	学生自己泛读其他史学名著	图书馆开架阅览室、书店等浏览	3
合计			9

5. 教材与教学参考书

（1）教材

瞿林东著：《中国历史文化散论》，重庆出版社 2008 年版。

陈其泰著：《史学与中国文化传统》，学苑出版社 1999 年版。

（2）教学参考书

张岂之著：《中华人文精神》，西北大学出版社 1997 年版。

白寿彝著：《中国史学史校本》，北京师范大学出版社 2000 年版。

钱穆著：《中国史学名著》，生活·读书·新知三联书店 2000 年版。

王树民著：《史部要籍解题》，中华书局 2003 年版。

6. 课程考核与成绩评定

◆考核类型：□考试　　　☑考查

◆考核方式：☑开卷　　　□闭卷　　　□项目报告/论文

　　　　　　□其他：＿＿＿＿＿＿＿＿＿＿＿（填写具体考核方式）

◆考核方式：课程总成绩 = 平时成绩 ×40% + 期末成绩 ×60%

7. 课程内容概述

略

三、大学生国学教育现状调查数据及分析报告

◆调查时间：2012—2013 学年秋学期至 2014—2015 学年春学期，共 3 学年 6 个学期。

◆调查范围：选修校本部和工商学院《国学基础》《燕赵文化》《文化产业概论》《史学与中国传统文化》等课程的本科生，共计 9 个班。

◆有效份数：950 份。

◆数据来源：本项调查由河北大学历史学院杨倩如副教授组织实施，并且将调查数据提供给了本项目组，在此深表感谢。

（一）国学教育和传播

1. 在选修此门课程之前，您曾经主动学习过有关国学方面的知识吗？

A. 从来不学（48 份，占 5%）　　　B. 偶尔学一点（744 份，占 78%）

C. 经常学（141 份，占 15%）

D. 会组织、带动他人学习（17 份，占 2%）

2. 您认为"国学"的内涵与以下哪个概念最为接近？

A. 国故学或国粹学（178 份，占 19%）

B. 经学或儒学（190 份，占 20%）

C. 汉学或中国学（295 份，占 31%）

D. 中学或东方学（40 份，占 4%）

E. 传统学术文化（247 份，占 26%）

3. 您认为"国学"概念应包括以下哪些范畴？（可多选但请排列顺序）

A. 以"六艺"之学和"经、史、子、集"为基础的传统知识体系（767 份，占 81%）

B. 以儒释道思想和文献为主体的传统学术体系（779 份，占 82%）

C. 中华传统文化和艺术（含音乐、舞蹈、戏曲、书画、武术等）（699 份，占 74%）

D. 中国古代科技思想和文献（含农牧、养殖、水利、军事、天文、地理、医药、养生、保健等）（566 份，占 60%）

E. 以汉族为主体的各类物质与非物质文化遗产（含蒙学、藏学、满学、西夏学、敦煌学及各主要少数民族的历史、民俗、文化等）（591 份，占 62%）

F. 其他（35 份，占 4%）

4. 请列举出您心目中代表中华民族精神与文化传统的名人（古今均可，5 人以上）。

（1）按顺序排列前 30 位的有：

孔　子（704 份，占 74%）　　　孟　子（408 份，占 43%）

老　子（322 份，占 33%）　　　屈　原（305 份，占 32%）

文天祥（225 份，占 24%）　　岳　飞（288 份，占 30%）

司马迁（198 份，占 21%）　　李　白 186 份，占 20%）

鲁　迅（175 份，占 18%）　　庄　子（159 份，占 17%）

毛泽东 145 份，占 15%）　　杜　甫（103 份，占 11%）

墨　子（68 份，占 7%）　　周恩来（66 份，占 7%）

苏　武（67 份，占 7%）　　林则徐（65 份，占 7%）

韩非子（61 份，占 6%）　　苏　轼（59 份，占 6%）

荀　子（51 份，占 5%）　　朱　熹（45 份，占 5%）

孙中山（44 份，占 5%）　　陶渊明（44 份，占 5%）

诸葛亮（37 份，占 4%）　　雷　锋（36 份，占 4%）

李大钊（30 份，占 3%）　　辛弃疾（31 份，占 3%）

班　固（25 份，占 3%）　　王阳明（23 份，占 2%）

董仲舒（22 份，占 2%）　　孙　武（22 份，占 2%）

（2）其他（仅列姓名，不列数据）有 114 位：

戚继光	邓小平	老 舍	郑成功	王国维	季羡林	董存瑞	梁启超
刘胡兰	胡 适	朱自清	顾炎武	范仲淹	徐悲鸿	钱学森	荆 轲
曾国藩	黄继光	焦裕禄	刘 备	齐白石	白居易	邓世昌	曹雪芹
司马光	于 谦	魏 徵	郑 和	伯 夷	陆 游	欧阳修	张 衡
柳宗元	谭嗣同	陈独秀	邓稼先	钱锺书	吉鸿昌	王羲之	赵 云
郭沫若	韩 愈	方孝孺	邱少云	卫 青	陈寅恪	廉 颇	大 禹
习近平	史可法	晏 婴	阮 籍	梅兰芳	李时珍	左宗棠	胡锦涛
陈 毅	冰 心	华 陀	李鸿章	王安石	刘 邦	管 仲	李自成
李世民	李清照	康有为	巴 金	关汉卿	项 羽	关 羽	张 飞
王进喜	杨利伟	刘师培	冯友兰	蔺相如	蔡元培	曹 植	祖冲之
刘 彻	蔡 伦	刘半农	纪晓岚	沈从文	商 鞅	李商隐	夏明翰
方志敏	钱伟长	詹天佑	郦道元	玄 奘	严 复	李小龙	余光中
叔 齐	艾 青	姬 昌	姬 发	林语堂	梁思成	余秋雨	罗贯中
金 庸	路 遥	张爱玲	聂 耳	闻一多	杨靖宇	扁 鹊	东方朔
施耐庵	成吉思汗						

5. 请列举出您心目中的现当代国学大师（20 世纪以来均可，不少于

5 人）。

（1）按顺序排列前 30 位的有：

季羡林（507 份，占 53%）　　　王国维（418 份，占 44%）

鲁　迅（344 份，占 36%）　　　钱锺书（282 份，占 30%）

胡　适（273 份，占 29%）　　　南怀瑾（218 份，占 23%）

梁启超（215 份，占 23%）　　　章太炎（214 份，占 23%）

冯友兰（187 份，占 20%）　　　陈寅恪（163 份，17%）

郭沫若（158 份，占 17%）　　　蔡元培（142 份，占 15%）

严　复（113 份，占 12%）　　　杨守敬（98 份，占 10%）

钱　穆（92 份，占 10%）　　　瞿鸿禨（83 份，占 9%）

王少农（81 份，9%）　　　　　刘师培（74 份，占 8%）

饶宗颐（74 份，占 8%）　　　　老　舍（70 份，占 7%）

王先谦（61 份，占 6%）　　　　于　丹（55 份，占 6%）

易中天（51 份，占 5%）　　　　康有为（44 份，占 5%）

孙诒让（42 份，占 4%）　　　　启　功（33 份，占 3%）

莫　言（32 份，占 3%）　　　　巴　金（27 份，占 2%）

余秋雨）26 份，占 2%）　　　　辜鸿铭（25 份，占 2%）

（2）其他（仅列姓名，不列数据）有 66 位：

冰　心	黄　侃	金岳霖	齐白石	李大钊	朱自清	金　庸	梁漱溟
马一浮	俞　樾	钱玄同	沈从文	陈　垣	吕思勉	罗振玉	赵元任
徐志摩	张大千	闻一多	冯骥才	钱文忠	纪连海	翦伯赞	王　力
傅斯年	徐悲鸿	周一良	钟敬文	金克木	梁实秋	梁思成	白寿彝
陈其泰	张岂之	汤用彤	王阳明	顾颉刚	梅兰芳	汪国真	马文章
任继愈	叶圣陶	瞿秋白	毛泽东	陈独秀	费孝通	王　蒙	冯其庸
范　曾	叶　曼	李叔同	周汝昌	汤一介	赵忠祥	铁　凝	廖　平
任法融	章士钊	贾平凹	林语堂	杨　绛	文怀沙	张岱年	艾　青
温浩然	沈曾植						

6. 请列举您最熟悉的国学经典文献（不少于 5 种并请排列顺序）。

（1）按顺序排列前 30 种有：

《论语》（573 份，占 60%）　　　《史记》（399 份，占 42%）

《诗经》（394 份，占 41%）　　　　《易经》（328 份，占 35%）

《孟子》（210 份，占 22%）　　　　《大学》（203 份，占 21%）

《春秋》（193 份，占 20%）　　　　《中庸》（178 份，占 19%）

《左传》（200 份，占 21%）　　　　《尚书》（210 份，占 22%）

《红楼梦》（111 份，占 12%）　　　《周礼》（169 份，占 18%）

《道德经》（138 份，占 14%）　　　《资治通鉴》（119 份，占 13%）

《孙子兵法》（118 份，占 12%）　　《汉书》（106 份，占 11%）

《三国演义》（92 份，占 10%）　　《三国志》（92 份，占 10%）

《西游记》（87 份，占 9%）　　　　《三字经》（78 份，占 8%）

《水浒传》（73 份，占 8%）　　　　《弟子规》（66 份，占 7%）

《庄　子》（65 份，占 7%）　　　　《楚　辞》（61 份，占 6%）

《公羊传》（50 份，占 5%）　　　　《战国策》（36 份，占 4%）

《百家姓》（33 份，占 3%）　　　　《四库全书》（33 份，占 3%）

《孝　经》（31 份，占 3%）　　　　《千字文》（30 份，占 3%）

（2）其他 46 种（仅列书名，不列数据）：

《三十六计》《山海经》《古文观止》《墨子》《后汉书》《尔雅》《黄帝内经》《榖梁传》《十三经》《世说新语》《唐诗三百首》《儒林外史》《贞观政要》两《唐书》《明史》《国学概论》（钱穆）《宋词三百首》《桃花扇》《韩非子》《六韬》《金刚经》《宋史》《李太白集》《荀子》《狄公案》《杨家将》《上下五千年》《三言二拍》《孙膑兵法》《元史》《增广贤文》《北齐书》《昭明文选》《前汉纪》《隋唐演义》《东周列国志》《聊斋志异》《本草纲目》《西厢记》《日知录》《清史稿》《封神演义》《元曲选》《吕氏春秋》《传习录》《乐府诗集》

（3）说明：

据调查，只有极少数学生通读过一本以上的国学经典，所以此处列出的只是他们知道的国学经典的书名。

7. 请列举您深感兴趣并希望学习的国学经典（不少于 5 种并请排列顺序）。

（1）按顺序排列前 30 种有：

《论语》（383 份，占 40%）　　　　《史记》（324 份，占 34%）

《易经》（317 份，占 33%）　　　　《诗经》（304 份，占 32%）

《大学》（155 份，占 16%）　　　　《孟子》（155 份，占 16%）

《左传》（151 份，占 16%）　　　　《资治通鉴》（150 份，占 16%）

《周礼》（150 份，占 16%）　　　　《孙子兵法》（147 份，占 15%）

《汉书》（139 份，占 15%）　　　　《中庸》（129 份，占 14%）

《道德经》（128 份，占 13%）　　　《尚书》（123 份，占 13%）

《三国志》（102 份占，11%）　　　《红楼梦》（90 份，占 9%）

《庄子》（72 份，占 8%）　　　　　《孝经》（63 份，占 7%）

《楚辞》（62 份，占 6%）　　　　　《三国演义》（57 份，占 6%）

《战国策》（48 份，占 5%）　　　　《公羊传》（48 份，占 5%）

《春秋》（47 份，占 5%）　　　　　《弟子规》（42 份，占 4%）

《水浒传》（40 份，占 4%）　　　　《尔雅》（40 份，占 4%）

《西游记》（35 份，占 4%）　　　　《三字经》（35 份，占 4%）

《三十六计》（34 份，占 4%）　　　《后汉书》（34 份，占 4%）

（2）其他 53 种（仅列书名，不列数据）：

《山海经》《四库全书》《宋史》《千字文》《百家姓》《明史》《墨子》《韩非子》《贞观政要》《穀梁传》《二十四史》《世语新说》《东坡易传》《文心雕龙》《黄帝内经》《本草纲目》《儒林外史》《古文观止》《永乐大典》《金瓶梅》《金刚经》《梦溪笔谈》《晋书》《古列女传》《陈书》《魏书》《冰鉴》《南史》《孔子家语》《全唐诗》《全宋词》《元史》《吕氏春秋》《西厢记》《聊斋志异》《隋书》《牡丹亭》《封神演义》《厚黑学》《曾国藩家书》《建安七子集》《传习录》《李太白全集》《菜根谭》《十三经》《古诗十九首》《朱子家训》《乐府诗集》《醒世恒言》《竹书纪年》《论衡》《人间词话》《神农本草经》

8. 请列举您最喜欢的历史题材文艺作品（含小说、戏剧、影视等）。

（1）历史题材戏剧和影视作品 30 种（按得票顺序排列）：

《三国演义》（518 份，占 55%）　　《水浒传》（249 份，占 26%）

《红楼梦》（123 份，占 13%）　　　《汉武大帝》（190 份，占 20%）

《大汉天子》（207 份，占 22%）　　《康熙王朝》（212 份，占 22%）

《雍正王朝》（160 份，占 17%）　　《赵氏孤儿》（97 份，占 10%）

《隋唐英雄传》（73 份，占 8%）　　《武则天》（96 份，占 10%）

《孝庄秘史》（72 份，占 8％）　　　　《铁齿铜牙纪晓岚》（67 份，占 7％）

《霸王别姬》（49 份，占 5％）　　　　《大秦帝国》（45 份，占 5％）

《赤壁》（60 份，占 6％）　　　　　　《隋唐演义》（47 份，占 5％）

《建国大业》（35 份，占 3％）　　　　《宰相刘罗锅》（30 份，占 3％）

《乾隆王朝》（30 份，占 3％）　　　　《孔子》（25 份，占 2％）

《荆轲刺秦王》（22 份，占 2％）　　　《秦始皇》（21 份，占 2％）

《杨家将》（20 份，占 2％）　　　　　《王昭君》（19 份，占 2％）

《甲午风云》（17 份，占 1％）　　　　《岳飞传》（17 份，占 1％）

《南京大屠杀》（15 份，占 1％）　　　《楚汉争霸》（14 份，占 1％）

《火烧圆明园》（13 份，占 1％）　　　《贞观长歌》（11 份，占 1％）

（2）其他 40 种（仅列片名，不列数据）：

《末代皇帝》《鸦片战争》《成吉思汗》《曾国藩》《周恩来的四个昼夜》《红岩》《神探狄仁杰》《蔡文姬》《辛亥革命》《历史转折中的邓小平》《长征》《挺进大别山》《郑和下西洋》《罗马大帝》《地道战》《林海雪原》《杨贵妃》《海瑞罢官》《大明宫词》《国歌》《五星红旗迎风飘扬》《东京审判》《朱元璋》《红日》《保卫延安》《卧薪尝胆》《张居正》《太平天国》《文成公主》《杨乃武与小白菜》《西安事变》《宋氏三姐妹》《贞观之治》《屈原》《将相和》《太祖秘史》《毛泽东》《越王勾践》《唐明皇》《血战台儿庄》

（3）历史题材文学作品（含历史小说、通俗史学著作等）：

《明朝那些事儿》《东汉演义》《东周列国志》《上下五千年》《李自成》

（4）说明：

该题目所谓"历史题材文艺作品"是指以历史上真实存在的人物和事件为题材所创作的文艺作品，包括历史剧、历史小说、历史影视和通俗史学著作等。由于许多学生对这一概念理解不清，无法区分哪些人物和事件是历史上真实发生过的，因此出现了许多无效答案。

9. 请列举您心目中代表中华文化传统和民族精神的物质文化遗产或非物质文化遗产（不少于 5 种并请排列顺序）。

（1）按得票顺序排列前 20 种有：

故宫（408 份，占 43％）　　　　　　长城（429 份，占 45％）

京剧（319 份，占 34%）　　　兵马俑（167 份，占 18%）

昆曲（70 份，占 12%）　　　　皮影戏（137 份，占 14%）

敦煌莫高窟（109 份，占 11%）　孔庙（80 份，占 8%）

端午节（67 份，占 7%）　　　　春节（46 份，占 5%）

颐和园（36 份，占 3%）　　　　天坛（31 份，占 3%）

龙门石窟（29 份，占 3%）　　　圆明园（28 份，占 2%）

指南针（23 份，占 2%）　　　　中秋节（21 份，占 2%）

布达拉宫（18 份，占 1%）　　　活字印刷（17 份，占 1%）

秦始皇陵（16 份，占 1%）　　　都江堰（15 份，占 1%）

（2）其他 54 种（仅列名目，不列数据）：

造纸术　针灸　河北梆子　火药　乐山大佛　川剧变脸　京杭大运河

泰山　唐三彩　黄山　古筝　周口店北京猿人遗址　篆刻　黄帝陵

华山　重阳节　旗袍　黄梅戏　唐装　唐诗　宋词　元曲　易经　诗经

史记　红楼梦　书法　避暑山庄　直隶总都府　少林寺　清东陵　坎儿井

太极拳　狼牙山　赵州桥　清明上河图　雷峰塔　评剧　明十三陵

古莲花池　人民英雄纪念碑　中山陵　二胡　筷子　甲骨文　中华世纪坛

岳飞墓　武侯祠　杜甫草堂　平遥古城　关帝庙　青花瓷　景泰蓝　北京胡同

10. 请列举您心目中最能体现中华文化和民族精神的传统美德（可多选并请排列顺序）。

A. 爱国主义与民族自豪感（850 份，占 89%）

B. 正直勇敢，自强不息（803 份，占 85%）

C. 诚实敬业，克己奉公（704 份，占 74%）

D. 勤劳节俭，重德守信（793 份，占 83%）

E. 与人为善，助人为乐（694 份，占 73%）

F. 仁爱孝悌，谦恭礼让（839 份，占 88%）

列举其他选项的有：修身、齐家、治国、平天下；忠孝仁义，礼义廉耻；先天下之忧而忧，后天下之乐而乐；穷则独善其身，达则兼济天下。

11. 请列举您心目中最能体现中国文化或传统美德的格言或名句（不少于 3 句，如有可能请注明出处）。

（1）按得票顺序列出前5句：

"人生自古谁无死，留取丹心照汗青"（144份，占15%）

"先天下之忧而忧，后天下之乐而乐"（127份，占13%）

"天行健，君子以自强不息；地势坤，君子以厚德载物"（120份，占13%）

"天下兴亡，匹夫有责"（100份，占11%）

"三人行，必有我师"（91份，占10%）

（2）其他：

"有朋自远方来，不亦乐乎""少壮不努力，老大徒伤悲""人固有一死，或重于泰山，或轻于鸿毛""横眉冷对千夫指，俯首甘为孺子牛""书山有路勤为径，学海无涯苦作舟""学而不厌，诲人不倦""见义不为，无勇也""百善孝为先""富贵不能淫，贫贱不能移，威武不能屈""先义而后利者荣，先利而后义者辱""有志者事竟成""一寸光阴一寸金，寸金难买寸光阴""君子一言，驷马难追""众人拾柴火焰高""谁知盘中餐，粒粒皆辛苦""谁言寸草心，报得三春晖""海内存知己，天涯若比邻""天生我材必有用，千金散尽还复来""良药苦口利于病，忠言逆耳利于行"。

12. 您赞成以下哪种针对公众的国学和传统文化教育方式？（可多选但请排列顺序）

A. 以《百家讲坛》《世纪大讲堂》为代表的电视讲座（837份，占88%）

B. 以《××心得》《×××品三国》《×朝那些事儿》为代表的通俗出版物（484份，占51%）

C. 以"××大学国学高级培训班"为代表的各高校举办的国学与传统文化培训活动（397份，占42%）

D. 各类民间组织和学术机构（如书院、私塾、研究院等）举办的"汉服祭祀""经典诵读"及培训活动（590份，占62%）

E. 各地方政府主持举办的祭孔仪式、本土先贤祭祀典礼、传统民俗文化庆典等活动（458份，48%）

F. 其他

经整理综合得出如下结论：（1）国学教师水准参差不齐，对相关概念应有标准化解释，以免出现理解的歧义；（2）高中和大学均应开设国学课程，将其作为一种通识教育，列入专业基础课；（3）应多举办书法、艺术、民俗和传统文化宣传和展示活动，开展以国学和传统文化为主题的知识竞赛和学术交流；（4）应利用社区、街道等场所进行宣传，并利用微信、微博等网络平台普及国学和推进中华传统文化教育。

13. 请问您对于当前的"国学热"、"史学热"和"传统文化热"持何种态度？

A. 完全赞成（400 份，占 42%）

B. 不太赞成，但可以接受（487 份，占 51%）

C. 不赞成（27 份，占 3%）

D. 不关注（36 份，占 4%）

14. 请问您对于将国学列为一级学科并设置国学学位持何种态度？

A. 完全赞成（629 份，占 66%）

B. 不太赞成，但可以接受（243 份，占 26%）

C. 不赞成（41 份，占 4%）

D. 不关注（25 份，占 3%）

15. 请问您希望以何种形式在大学生中开展国学基础教育？（可多选但请排列顺序）

A. 设为公共必修课（402 份，占 42%）

B. 设为通识选修课（523 份，占 55%）

C. 定期开设讲座（492 份，占 52%）

D. 不关注（6 份，占 0.6%）

16. 请问您最喜欢以下哪一种国学教育方式？（可多选但请排列顺序）

A. 教师讲授（540 份，占 57%）

B. 专家讲座（506 份，占 53%）

C. 社团活动（445 份，占 47%）

D. 自主学习（300 份，占 32%）

17. 请问您是否阅读过有关国学教育方面的书籍或教材？（如有请填写）

（1）按得票顺序列出前 10 种书目的有：

《论语》（159 份，占 17%）；《三字经》（57 份，占 6%）；《弟子规》（50 份，占 5%）；《史记》（35 份，占 3%）；《诗经》（32 份，占 3%）；

《国学概论》（钱穆）（25 份，占 2%）；《孟子》（13 份，占 1%）；《大学》（12 份，占 1%）；《易经》（8 份，占 1%）；《中庸》（8 份，占 1%）。

（2）其他 58 种（仅列书名，不列数据）：

《孙子兵法》《汉书》《千字文》《左传》《道德经》《资治通鉴》《唐诗三百首》《人间词话》《论语心得》（于丹）、《品三国》（易中天）、《中国古代文学史》《中国近代文学史》《中国传统文化概论》《中华传统美德故事》《中国通史》《中国史学史》《中国古文化思想史》《中华文化史》《论语别裁》（南怀瑾）、《国史大纲》（钱穆）、《论语新解》（钱锺书）、《国学讲演录》（章太炎）、《读国学》（季羡林）、《国学入门要目及读法》（梁启超）、《国学概论》（章太炎）、《国故论衡》（章太炎）、《国学与红学》（刘梦溪）、《国学常识三百问》（塞萧然）、《上下五千年》《三国演义》《宋六十家词》《春秋》《礼记》《历代地理韵编》《增广贤文》《三十六计》《明朝那些事儿》《醒世恒言》《传习录》《红楼梦》《曾国藩家书》《纳兰词》《儒林外史》《四书章句集注》《古文观止》《楚辞》《孝经》《世语新说》《尚书》《孔子集语》《老子他说》（南怀瑾）、《易经杂说》（南怀瑾）、《庄子》《菜根谭》《辞海》《明史》《中国山水画全集》《百家姓》。

（3）说明：

该题目有 588 份填写，占 62%；另有 362 份没有填写，占 38%。

18. 针对当前大学生的国学基础素养，您对于国学教育和学科建设有何建议？（可多选但请排列顺序）

A. 遵循传统学习方法，加强古代经典文献的诵读和研习（481 份，占 51%）

B. 按照现行西方学术体系和高校学科分类开展国学教育（323 份，占 34%）

C. 以影视、动漫、网络等大众传媒和高科技手段辅助教学（621 份，占 65%）

D. 注重实用性，结合人文素质教育，加强传统经典的现代诠释（454 份，占 80%）

E. 组织各类国学和传统文化的普及、宣传活动（如茶道、武术、经典诵读、文艺表演、知识竞赛等）（777 份，占 82%）

F. 其他

经整理、总结，形成以下 15 条建议：（1）政府应加大国学和传统文化普及教育的投入，使公众对于国学和传统文化有清晰的认识，增强国学在国际文化市场上的吸引力和竞争力，提升民众的文化自信；（2）国学教育应注重与现实生活相联系，取其精华，去其糟粕；（3）应从启蒙教育抓起，在儿童教育中使用《弟子规》《论语》等传统蒙学教材，引导青少年从小培养对国学和传统文化的兴趣；（4）中国传统学术自成体系，应重新划分学科，设"国学"学科；（5）对绝大多数人而言，国学经典过于"晦涩难懂"，建议针对初学者介绍国学经典的学习方法，列出研读书目，不要仅作概要式的介绍，尽量避免灌输式教学；（6）将国学列为必修课，并开设各类选修课程，举办各类专家讲座，组织参观文化遗产，加强国学和传统文化的教育宣传；（7）利用网络，建设国学精品课程；（8）成立国学社团，以多种形式，如网络、手机等，让学生广泛接触国学和传统文化，增加师生互动，充分调动学生的学习积极性，使其潜移默化地影响学生的学习和生活；（9）教学方式多样化，利用影像、课件等多媒体手段，增加教学的趣味性；（10）加大国学经典研读比重，可开设每周一次的经典阅读课；（11）精选国学经典，与历史故事相结合，进行专题式的深入解读；（12）注重将正史与野史对比分析，可结合当前热播的历史题材影视作品，进行讲解和分析；（13）结合正史传记，讲述优秀历史人物的事迹，进行中华传统美德教育；（14）开设中国古典艺术类课程，通过影视、音乐、歌舞、戏曲、表演等多种形式来学习；（15）改革国学考试方式，切忌死记硬背式的考核，注重素质培养。

19. 在下列已开设和计划开设的国学课程中，您最有可能感兴趣的是哪几项？

按得票顺序排列：

Ⅰ. 国学基础·经部课程

修身之源——《论语》与《孟子》概说（599 份，占 71%）

治术之源——《大学》与《中庸》概说（416 份，占 49%）

哲理之源——《易经》概说（526 份，占 62%）

史书之源——《春秋》及"《春秋》三传"概说（521 份，占 62%）

中国古代科举制度概说（351 份，占 42%）

中国古代书院概说（287 份，占 34%）

教化之源——"三礼"与《乐记》概说（267 份，占 32%）

政书之源——《尚书》概说（198 份，占 23%）

经学·理学·心学·实学（30 份，占 4%）

Ⅱ. 国学基础·史部课程

国别史·民族史·域外史（410 份，占 49%）

先秦史学概说（400 份，占 47%）

国史·地方志·家族史概说（390 份，占 46%）

中国古代史官制度与官修正史（341 份，占 40%）

中国传统史学的现代转型（327 份，占 39%）

中国传统史学的最高成就："前三史"（325 份，占 39%）

诗·史·事之关系概说（299 份，占 35%）

从"先秦国际体系"到"古代东亚国际体系"的演变（287 份，占 34%）

经·史·文之关系概说（285 份，占 34%）

中国古代的历史传播与历史教育（280 份，占 33%）

中国传统史书体裁与历史编撰（253 份，占 30%）

中国传统历史理论与史学理论概说（238 份，占 28%）

历史价值观的建立：从《三国志》到《三国演义》（142 份，占 17%）

Ⅲ. 国学基础·子部课程

生命之源——《老子》和《黄帝内经》概说（543 份，占 64%）

兵学之源——《孙子兵法》与中国古代军事思想概说（519 份，占 62%）

侠义之源——《墨子》与中国传统武侠文化（419 份，占 50%）

五行之源——阴阳五行家概说（417 份，占 49%）

美育之源——《庄子》概说（379 份，占 45%）

王政之源（下）——《孟子》与《荀子》概说（300 份，占 36%）

法术之源——《商君书》与《韩非子》概说（271 份，占 32%）

先秦诸子政治思想的异同与现实启示（271 份，占 32%）

农政之源——农家概说（233 份，占 28%）

王政之源（上）——《管子》概说（179 份，占 21%）

"诸子学"的历史源流与当代构建（9 份，占 1%）

Ⅳ. 国学基础·集部课程

诗学之源——《诗经》与《楚辞》（564 份，占 67%）

中国民俗文化与神秘文化概说（546 份，占 65%）

中国传统文学的最高成就——《红楼梦》概说（529 份，占 63%）

中国古典艺术美学概论：建筑·城市（475 份，占 56%）

中国古典艺术美学概论：书画·工艺（465 份，占 55%）

中国古典艺术美学概论：音乐·舞蹈（449 份，占 53%）

中国古典诗歌鉴赏略论（404 份，占 48%）

中国古代妇女教育与传统女性美德的形成（403 份，占 48%）

佛教与中国文化概说（360 份，占 43%）

中国古典艺术美学概论：戏剧·曲艺（325 份，占 39%）

道教与中国文化概说（318 份，占 38%）

中国古代文学体裁与时代风貌概说（269 份，占 32%）

20. 如上述课程不能令您满意，请填写您感兴趣的国学课程及建议。

（1）该题目有 624 份未作答，占 65%；有 67 份填写"满意或非常满意"，占 7%。

（2）有 146 份填写了自己感兴趣的国学课程，占 15%，经整理，学生建议开设的 15 门课程（仅列名目，未列数据）：《中国传统文化概论》《中国古典哲学概论》《中西文化比较》《中国服饰史》《诗词鉴赏》《风水学》《兵学》《中医学》《佛学》《道教》《京剧》《书法》《传统乐器》《武术》《茶道》；学生建议重点研读的 10 种国学经典（仅列名目，未列数据）：《山海经》《唐诗三百首》《宋词三百首》《元曲选》《红楼梦》《道德经》《楚辞》《人间词话》《诗经》《易经》。

（二）国学素养与基础知识

21. 您能完整背诵的古典诗歌作品（含诗、词、曲、赋）有多少首？

A. 超过 50 首（277 份，占 29%）

B. 30—50 首（316 份，占 33%）

C. 10—30 首（223 份，占 23%）

D. 10 首以下（72 份，占 8%）

E. 能背几首，但都不完整（61 份，占 6%）

22. 您能完整背诵的经典古文作品有多少篇？

A. 超过 30 篇（74 份，占 8%）

B. 10—30 篇（370 份，占 39%）

C. 10 篇以下（258 份，占 27%）

D. 能背一些，但都不完整（243 份，占 26%）

23. 请填出以下对应的人名和时代：（附"正确答案"）

兵圣孙武 春秋 史圣司马迁 汉 武圣关羽 东汉末（或三国）

医圣张仲景 东汉 酒圣杜康 夏 茶圣陆羽 唐 书圣王羲之 东晋

画圣吴道子 唐 诗圣杜甫 唐 词圣 苏轼 宋 文圣欧阳修 宋 曲圣关汉卿 元

答案全部正确的有 387 份，占 43%；答案全部错误的有 5 份，占 0.6%。

24. 请选择以下哪几个故事为"中国古代四大民间传说"（多项选择）：

（附"标准答案"为 A、B、F、H）

A. 牛郎织女　　　　B. 白蛇传　　　　C. 女娲补天

D. 盘古开天地　　　E. 精卫填海　　　F. 梁山伯与祝英台

G. 哪吒闹海　　　　H. 孟姜女哭长城　I. 西游记

答案全部正确的有 480 份，占 51%。

25. 请选择中国上古史中"三皇"的姓名：（附"标准答案"为 B）

A. 燧人、伏羲、共工　　　　　　B. 伏羲、女娲、神农

C. 伏羲、黄帝、炎帝　　　　　　D. 尧、舜、禹

答案全部正确的有 495 份，占 52%。

26. 请选择中国上古史中"五帝"的姓名：（附"标准答案"为 D）

A. 少昊、颛顼、帝喾、尧、舜

B. 太昊、炎帝、黄帝、少昊、颛顼

C. 黄帝、炎帝、尧、舜、禹

D. 黄帝、颛顼、帝喾、尧、舜

答案全部正确的有 462 份，占 49%。

27. 请选择中国上古史中"三王"的姓名：（附"标准答案"为 C）

A. 周文王、周武王、周公   B. 尧、舜、禹

C. 夏禹、商汤、周文王   D. 商汤、周文王、周武王

答案全部正确的有 628 份，占 66%。

28. 请选择传统学术的"四部分类法"是什么？（附"标准答案"为 C）

A. 儒、释、道、禅   B. 儒、道、墨、法

C. 经、史、子、集   D. 诗、辞、曲、赋

答案全部正确的有 685 份，占 72%。

29. 请将以下中国古代历史上非汉族建立的政权的族名、国号和开国君主姓名相连：

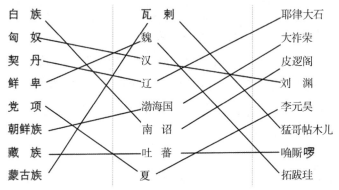

答案全部正确的有 275 份，占 29%；答案全部错误的有 17 份，占 2%。

30. 请将以下古都的名称和建都朝代相连：

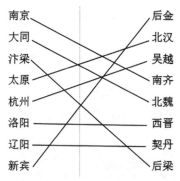

答案全部正确的有 98 份，占 10%；答案全部错误的有 97 份，占 10%。

31. 请选择以下哪些名山不是"四大佛教名山"：（附"标准答案"A、C、D、H)

A. 终南山   B. 九华山   C. 鸡足山   D. 天台山

E. 峨眉山　　　　F. 普陀山　　　G. 五台山　　　H. 嵩山

答案全部正确的有 478 份，占 50%。

32. 请选择以下哪些名山不是"四大道教名山"：（附"标准答案"A、C、G、H）

A. 鹤鸣山　　　　B. 龙虎山　　　C. 九宫山　　　D. 三清山

E. 武当山　　　　F. 青城山　　　G. 崆峒山　　　H. 崂山

此题没有答案全部正确者。

33. 请将以下宋明理学家的姓名和代表作相连：

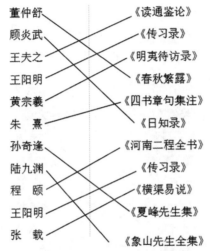

答案全部正确的有 524 份，占 55%；答案全部错误的有 47 份，占 5%。

34. 请选择以下哪些经典不包括在"四书五经"中（多项选择，并请注明您所读过的书目）：（附"标准答案"为 A、D、F、G、H）

A.《穀梁传》　　B.《孟子》　　　C.《论语》　　　D.《尔雅》

E.《春秋》　　　F.《公羊传》　　G.《孝经》　　　H.《仪礼》

I.《礼记》　　　J.《左传》　　　K.《周礼》　　　L.《诗经》

M.《易经》　　　N.《尚书》

此题没有答案全部正确者。

35. 请选择以下哪些史书不包括在"二十四史"中（多项选择，并请注明您所读过的书目）：（附"标准答案"为 B、D、E、H、I、L、N）

A.《三国志》　　B.《资治通鉴》　　　　C.《新唐书》

D.《贞观政要》　E.《明史纪事本末》　　F.《后汉书》

G.《南齐书》　　H.《汉晋春秋》　　　　　I.《文献通考》

J.《北史》　　　K.《清史稿》　　　　　　L.《汉纪》

M.《旧五代史》　　N.《逸周书》

此题没有答案全部正确者。

36. 请将以下唐宋诗人/词人姓名及其诗文集名称相连：

答案全部正确者共560份，占59%；答案全部错误的有1份，占0.1%。

37. 请将以下元曲"四大悲剧"和"四大喜剧"的剧目与作者相连：

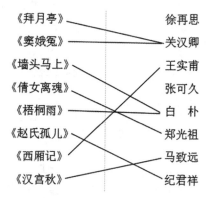

答案全部正确的有515份，计54%；答案全部错误的有10份，占1%。

38. 请列出您了解的先秦诸子派别和代表作（请注明您所读过的书目）。

（1）儒家：孔丘的《论语》；孟轲的《孟子》；荀卿的《荀子》（816份，占86%）

（2）道家：李耳的《老子》；庄周的《庄子》（728份，占77%）

（3）阴阳家：邹衍的《邹子》（102份，占11%）

（4）法家：管仲的《管子》；商鞅的《商君书》；韩非的《韩非子》（620份，占65%）

（5）名家：公孙龙的《公孙龙子》（81份，占9%）

（6）墨家：墨翟的《墨子》（595份，占63%）

（7）纵横家：苏秦的《苏子》；张仪的《张子》（87份，占9%）

（8）杂家：吕不韦的《吕氏春秋》（100份，占11%）

（9）农家：许行（51份，占5%）

（10）兵家：孙子兵法（221份，占23%）

该题目有94份问卷未填写答案，占10%。

39. 请列出您所了解的"唐宋八大家"的姓名和代表作（请注明您所读过的书目）。

（1）韩愈：《师说》《马说》等

（2）柳宗元：《小石潭记》《捕蛇者说》《黔之驴》等

（3）苏洵：《六国论》等

（4）苏轼：《前赤壁赋》《念奴娇·赤壁怀古》《水调歌头》《题西林壁》等

（5）苏辙：《黄州快哉亭记》等

（6）欧阳修：《醉翁亭记》《卖油翁》《秋声赋》等

（7）王安石：《伤仲永》《游褒禅山记》《答司马谏议书》等

（8）曾巩：《墨池记》等

说明：能全部列出"唐宋八大家"的姓名和代表作有815份，占86%；有30份问卷未填写答案。

40. 请列出您所了解的"四大名著"的书名和作者（请注明您所读过的书目）。

（1）（明）罗贯中的《三国演义》

（2）（明）罗贯中、施耐庵的《水浒传》

（3）（明）吴承恩的《西游记》

（4）（清）曹雪芹的《红楼梦》

说明：能全部填写"四大名著"的书名和作者的有809份，占85%；有12份问卷未填写答案。

41. 请列出您心目中最具历史价值和燕赵文化特色的省级重点文物保护单位（不少于5个）。

按得票顺序填写前20位的有：

直隶总督府（300份）；古莲花池（241份）；避暑山庄（337份）；清西陵（235份）；赵州桥（227份）；中山靖王墓（193份）；冉庄地道战遗址

（179份）；山海关（170份）；清东陵（132份）；安济桥（132份）；隆兴寺（121份）；西柏坡中共中央旧址（117份）；沧州铁狮子（114份）；定县开元寺塔（112份）；狼牙山（85份）；永通桥（85份）；赵邯郸故城（84份）；响堂山石窟（69份）；大慈阁（61份）；开元寺（59份）。

42. 请列出您心目中最具燕赵地区风俗文化特色的省级非物质文化遗产（不少于5个）。

按得票顺序填写前20位的有：

河北梆子（510份）；吴桥杂技（330份）；冀南皮影戏（277份）；武强木版年画（223份）；蔚县剪纸（207份）；曲阳石雕（182份）；衡水内画（175份）；唐山评剧（170份）；太极拳（武氏太极拳）161份；井陉拉花（133份）；玉田、白沟泥塑（131份）；孟姜女故事传说（128份）；京东大鼓（含西河大鼓、乐亭大鼓，123份）；沧州武术（115份）；徐水狮舞（90份）；石家庄丝弦（59份）；女娲祭典（46份）；八卦掌（42份4%）；耿村民间故事（35份）；衡水老白干（34份）。

43. 请列出您心目中最能代表燕赵文化精神的古今人物（含现当代人物，不少于5个）。

按得票顺序列出前20位的有：

李大钊（263份）；廉　颇（201份）；蔺相如（177份）；董仲舒（170份）；扁　鹊（146份）；祖冲之（149份）；荀　况（113份）；曹雪芹（108份）；刘　备（96份）；关汉卿（92份）；郭守敬（82份）；赵武灵王（78份）；张　飞（74份）；郦道元（72份）；乐　毅（71份）；魏徵（63份）；董存瑞（67份）；张之洞（65份）；纪晓岚（64份）；王宝强（56份）。

第三节　国学经典诵读剧目创作与展演活动

中华传统文化强调"文以载道"。"古拙质朴的秦风汉韵，睿智雄辩的百家争鸣，运筹帷幄的治国经略，清纯明丽的诗经骨血……文化典雅与人性高蹈相得益彰，显示了中国文化源头的厚重绵长"①。为了弘扬中华优秀传统文化，坚持用中华优秀传统文化培育当代大学生社会主义核心价值观，增强大学生的民族自信心和民族自豪感，河北大学历史学院以杨倩如副教授为总策划，以莲池国学社成员为骨干，开展了国学经典诵读剧目的创作与展演活动。国学经典诵读活动借助现代多媒体手段，传播普及国学知识，传承和弘扬中华优秀传统文化，是学院培育大学生社会主义核心价值观的一个重要抓手。经过艰苦的努力，莲池国学社先后创作和拍摄了国学经典诵读《秦风汉韵流千古》《大唐诗史》《唐宋名篇耀千年》等。《秦风汉韵流千古》从《国风·秦风》《楚风·汉韵》中选取了部分代表性的诗词歌赋，按时间顺序进行了编排，具体包括"梦回秦汉""古国秦风""楚汉风云""大风起兮""佳人倾国""异域遗恨""红颜悲歌""建安风骨""礼运大同"等9个部分。《大唐诗史》展示了唐诗的独特魅力，剧目选取了一些代表性的诗歌进行诵读展演，包括《长恨歌》《春江花月夜》，以及《霓裳羽衣曲》等。《长恨歌》是诗人白居易的一首长诗，诗中详细地描绘了唐玄宗李隆基和杨玉环之间的爱情故事。《春江花月夜》是诗人张若虚的代表作，被誉为"诗中的诗，顶峰的顶峰"，号称"孤篇压全唐"。《霓裳羽衣曲》是著名的宫廷乐曲。相传唐玄宗梦游月宫，闻得仙人作乐，梦醒后将记忆中的曲谱记下，是为《霓裳羽衣曲》。唐玄宗的宠妃杨玉环以善舞《霓裳羽衣舞》闻名于世。《唐宋名篇耀千年》主要介绍了在唐诗宋词中，对于"明月"、帝都长安和江南的描绘。如大诗人李白的《月下独酌》："举杯邀明月，对影成三人。"诗人苏轼的《水调歌头·明月几时有》："人有悲欢离合，月有阴晴圆缺，此事古难全。但愿人长久，千里共婵娟。"汉代杰出的史学家和文学家班固创作《两都赋》。唐代诗人白居易的《忆江南》："日出江花红胜火，春来江水绿如蓝。能不忆江南？"

一、国学经典诵读展演项目之《秦风汉韵流千古》

提到"秦风汉韵"，便不由自主地想起了毛泽东的那篇创作于1936年2月的著名诗词《沁园春·雪》："惜秦皇汉武，略输文采……""秦皇"就是

---

① [美]亨利·戴维·梭罗：《种子的信仰》，江山译，东方出版社2014年版，第288页。

秦始皇嬴政，秦朝的创业皇帝；"汉武"就是汉武帝刘彻，汉朝功业最盛的皇帝。"略输文采"意思是说，秦皇汉武的武功甚为丰盛，但相比较而言，他们在文治方面的成就略有逊色。对于秦皇汉武的评价，毛泽东用了"略输文采"四个字，是非常恰当的。但是，长期以来，秦皇汉武也被认为是摧残文化的元凶，由于法家的误导和集权主义，使他们错误地选择了一条文化愚昧主义道路，秦皇的"焚书坑儒"，是中国传统文化的一次历史性劫难，而汉武的"罢黜百家，独尊儒术"，又造成了中国文化的第二次大萧条。① 我们认为，尽管如此，秦皇、汉武作为中国封建社会制度的奠基人，功远远大于过。秦皇创立了第一个"大一统"的多民族封建国家，汉武则使这种"大一统"的封建国家得以进一步的巩固和强化。因此，统一的中华传统文化应当始于秦皇汉武。"秦风汉韵"就是秦朝的风格、汉朝的韵味。《国风·秦风》是《诗经》十五国风之一，共 10 首（具体包括车邻、驷驖、小戎、蒹葭、终南、黄鸟、晨风、无衣、渭阳和权舆），"是自春秋初至秦穆公这段时间的诗，与其他国风不同的是，《秦风》中有一种少见的尚武精神和悲壮慷慨的情调"②。《楚风·汉韵》是楚汉时期的人文历史和典故。代表作如屈原的《离骚》、项羽的《垓下歌》。汉韵是指汉朝的国体"赋"，代表作如刘邦的《大风歌》，司马相如的《长门赋》《子虚赋》等。《秦风汉韵流千古》从中选取了一部分代表性的诗词歌赋，大体以时间为顺序，共由"梦回秦汉""古国秦风""楚汉风云""大风起兮""佳人倾国""异域遗恨""红颜悲歌""建安风骨""礼运大同"9 个部分构成。

（一）梦回秦汉

秦始皇陵墓是中国历史上第一位皇帝嬴政的陵寝，是世界上结构最奇特、内涵最丰富、规模最庞大的帝陵之一，是中国第一批世界文化遗产。秦始皇兵马俑的发现更是 20 世纪中国最壮观的考古成就。

古老的关中平原上，一座座雄伟壮观的秦陵汉阙，时时将我们带回到那数千年前的辽阔时空。刚勇尚武的大秦帝国，儒雅博大的两汉皇朝，是中华文明血脉中两支不可分割的基干，亦刚亦柔、亦武亦文、亦俗亦雅、亦戎狄

① 李肖、常乃媛：《刍议秦皇汉武》，《北方工业大学学报》1995 年第 4 期。
② 张凌翔：《诗经全鉴》，中国纺织出版社 2015 年版，第 114 页。

亦华夏，热血纵横，金戈铁马，群雄逐鹿，一统天下。秦疆汉域，奠定了今日中国之版图，"秦"成为我们的国号，"汉"成为我们的族名。中华文化的底色，正源于那崛起于西陲之地的老秦人。一袭黑色的战衣，以及兼融着《诗经》风雅与《楚辞》骚声的那一抹天汉明黄，沧海桑田，岁月流转，当历史的风烟渐成尘埃，秦皇汉武的功业成为黄土地头的农家闲话，然而，每一位炎黄子孙的基因里，都已融尽了质朴厚重的秦风与恢宏雅正的汉韵。千载以降，源远流长，让今天的我们，骄傲地宣称，生为汉家子，死作秦俑魂。

李白《忆秦娥》——朗诵：杨倩如老师

李白　忆秦娥　　　　　　　　　　朗诵　杨倩如

"箫声咽，秦娥梦断秦楼月。秦楼月，年年柳色，灞陵伤别。乐游原上清秋节，咸阳古道音尘绝。音尘绝，西风残照，汉家陵阙。"

（二）古国秦风

甘肃省礼县，秦人早期居住地。《汉书·地理志》记载：在秦人崛起的陇西，天水之地，民俗迫近戎狄，修习武备，高上气力，以射猎为先。于是，在中国第一部诗歌总集《诗经》的十五国风之中，古老的秦风就呈现出一种迥异于中原华夏诸国的尚武精神，那悲壮慷慨的基调，至今仍传唱于关陇之地、泾渭河畔。

诗经《秦风·无衣》——朗诵/表演：黄玉奇

诗经　秦风·无衣　　　　　　　　朗诵/表演　黄玉奇

"岂曰无衣？与子同袍。王于兴师，修我戈矛。与子同仇！岂曰无衣？与子同泽。王于兴师，修我矛戟。与子偕行！岂曰无衣？与子同裳。王于兴师，修我甲兵。与子偕行！"

诗经《秦风·蒹葭》——朗诵/表演：吕子炎

| 诗经　秦风　蒹葭 | 朗诵/表演　吕子炎 |

"蒹葭苍苍，白露为霜。所谓伊人，在水一方。溯洄从之，道阻且长。溯游从之，宛在水中央。蒹葭萋萋，白露未晞。所谓伊人，在水之湄。溯洄从之，道阻且跻。溯游从之，宛在水中坻。蒹葭采采，白露未已。所谓伊人，在水之涘。溯洄从之，道阻且右。溯游从之，宛在水中沚。"

原生文明，是一个民族的精神根基。中国的原生文明，源于春秋战国时期的秦人。秦人于华夏族群 500 余年的激荡大争之世横空而出。以五帝三皇以来共同锤炼的文明成果为根基，创建了领先于世界数千年的大一统中央集权国家，形成了中华民族整体的生存方式和独有的政治传统。

史记《秦始皇本纪》——朗诵/表演：黄玉奇

| 史记　秦始皇本纪 | 朗诵/表演　黄玉奇 |

"维秦王兼有天下，立名为皇帝，乃抚东土，至于琅邪。……群臣相与诵皇帝功德，刻于金石，以为表经。"

"六合之内，皇帝之土。西涉流沙，南尽北户，东有东海，北过大夏，人迹所至，无不臣者，功盖五帝，泽及牛马。莫不受德，各安其宇。"

（三）楚汉风云

《史记·项羽本纪》曰：秦失其政豪杰纷起，相与并争，不可胜数，项羽于三年之中，率义军灭秦，分裂天下，大封王侯，号为"霸王"，位虽不终，近古以来未尝有也。然而，神勇无二，不可一世的西楚霸王，坑降卒，杀子婴，焚秦宫，弑义帝，都彭城，耀乡里，万夫莫敌只沦为匹夫之勇，雄图霸业空付于儿女情长。最终，兵围垓下，四面楚歌，一出霸王别姬，唱尽了英雄末路的悲凉和美人殉主的贞烈。

项羽《垓下歌》——朗诵/表演：何涛

项羽　垓下歌　　　　　　朗诵/表演　何涛

"力拔山兮气盖世。时不利兮骓不逝。骓不逝兮可奈何！虞兮虞兮奈若何！"

虞姬《和项王歌》——朗诵/表演：王悦

虞姬　和项王歌　　　　　　朗诵/表演　王悦

"汉兵已略地，四面楚歌声。大王意气尽，贱妾何聊生！"

（四）大风起兮

荀悦《汉纪》曰：高祖起于布衣之中，奋剑而取天下。八载之间，海内克定，登建皇极。上古已来，书籍所载，未尝有也。非雄俊之才，宽明之略，历数所授，神祇所相，安能致功如此。汉高祖刘邦，中国历史上的第一位布衣天子，开创了大汉皇朝四百年基业。他的功业与那首被誉为"千古人主第一词"的《大风歌》一起彪炳史册。

史记《高祖本纪述赞》——朗诵/表演：于宏伟

史记 高祖本纪述赞　　　　　朗诵/表演 于宏伟

"高祖初起，始自徒中。言从泗上，即号沛公。啸命豪杰，奋发材雄。彤云郁砀，素灵告丰。龙变星聚，蛇分径空。项氏主命，负约弃功。王我巴蜀，实愤于衷。三秦既北，五兵遂东。氾水即位，咸阳筑宫。威加四海，还歌大风。"

（五）佳人倾国

雄才大略的汉武帝，妙丽善舞的李夫人，《汉书·李夫人传》所记载的一段故事，历来被视为帝王后妃爱情的经典名篇。然而以色事人者能得几日好，李夫人生前的无尽恩宠，终究换不回身死族灭的厄运，正所谓无情最是帝王家，那些倾国倾城的皇室佳话，最终不过是一场色衰而爱弛，爱弛而恩绝的政治悲剧而已，留给后人无数感叹……"

李延年《佳人歌》——朗诵/表演：宋硕硕

李延年　佳人歌　　　　　朗诵/表演 宋硕硕

"北方有佳人，绝世而独立。一顾倾人城，再顾倾人国。宁不知倾城与倾国？佳人难再得！"

汉武帝刘彻《秋风辞》——朗诵/表演：张敬东

汉武帝刘彻秋风辞　　　　　　　　朗诵/表演　张敬东

"秋风起兮白云飞，草木黄落兮雁南归。兰有秀兮菊有芳，怀佳人兮不能忘。泛楼船兮济汾河，横中流兮扬素波。箫鼓鸣兮发棹歌，欢乐极兮哀情多。少壮几时兮奈老何！"

（六）异域遗恨

《汉书·西域传》曰：孝武之世，图制匈奴，乃表河西，列四郡，开玉门，通四域，以断匈奴右臂，隔绝南羌月氏，单于失援，由是远遁而漠南无王庭。武帝时代的开疆拓土建功立业，使得大汉声威远播中外，从此，立功名于绝域成为许多有识之士的人生理想。然而，功成名就者的胜利光环之下，隐藏着失意落寞的悲哀。出身名门的李陵，在寡不敌众、弹尽粮绝之际，被迫投降匈奴，致使家族受诛。陇西李氏，忝世为耻，最终含恨死于匈奴。作为政治筹码的细君公主，远赴西域和亲，被迫两度下嫁乌孙王，忍受思乡之苦，至死也未能返回故国。这两位流落在异国他乡的汉家孤魂，留给世人的是一曲无限痛楚凄凉的《悲愁歌》。

李陵《别苏武歌》——朗诵/表演：何涛

李陵　别苏武歌　　　　　　　　朗诵/表演　何涛

"径万里兮度沙漠，为君将兮奋匈奴。路穷绝兮矢刃摧，士众灭兮名已聩；老母已死，虽欲报恩将安归？"

刘细君《悲愁歌》——朗诵/表演：宋硕硕

刘细君　悲愁歌

朗诵/表演　宋硕硕

"吾家嫁我兮天一方，远托异国兮乌孙王。穹庐为室兮旃为墙，以肉为食兮酪为浆。居常土思兮心内伤，愿为黄鹄兮归故乡。"

（七）红颜悲歌

热情浪漫的卓文君，灵秀贤淑的班婕妤，都是中国历史上才貌双全、德行出众的女性。然而，这两位蕙质兰心的多情女子，无论在民间，还是在宫廷；无论是自主婚配，还是选侍君王，却都无法逃脱"痴心女子负心汉""自古红颜多薄命"的悲剧。一个所托非人，面对背信弃义的司马相如，文君以雪月自托，发出"愿得一心人，白头不相离"的悲鸣。一个置身宫闱，面对荒淫薄幸的汉成帝，班婕妤以秋扇自喻，唱出"弃捐箧笥中，恩情中道绝"的怨歌。这两首五言诗被后世誉为汉诗绝唱，历代吟咏不绝。

卓文君《白头吟》——朗诵/表演：吕子炎

卓文君　白头吟

朗诵/表演　吕子炎

"皑如山上雪，皎若云间月。闻君有两意，故来相决绝。今日斗酒会，明旦沟水头。躞蹀御沟上，沟水东西流。凄凄复凄凄，嫁娶不须啼。愿得一心人，白头不相离。竹竿何袅袅，鱼尾何簁簁！男儿重意气，何用钱刀为！"

班婕妤《团扇诗》——朗诵/表演：宋硕硕

班婕妤　团扇诗

朗诵/表演　宋硕硕

"新制齐纨素，皎洁如霜雪。裁为合欢扇，团圆似明月。出入君怀袖，动摇微风发。常恐秋节至，凉意夺炎热。弃捐箧笥中，恩情中道绝。"

（八）建安风骨

古直悲凉的曹操，婉约典雅的曹丕，才情天纵的曹植，以"三曹"父子为代表的建安诗人，继承了汉乐府民歌的现实主义传统，用他们的诗歌揭示了当时的民生疾苦和社会动乱。政治理想的高扬、人生苦短的哀叹、浓郁质朴的风格、悲歌慷慨的气韵，构成了鲜明的时代特色，在中国文学史上，浓墨重彩地写下了一页华彩乐章。纵向曰建安，横向名风骨。

曹操《龟虽寿》——朗诵/表演：于宏伟

曹操　龟虽寿

朗诵/表演　于宏伟

"神龟虽寿，犹有竟时。螣蛇乘雾，终为土灰。老骥伏枥，志在千里。烈士暮年，壮心不已。盈缩之期，不但在天。养怡之福，可得永年。幸甚至哉，歌以咏志。"

曹植《洛神赋》——朗诵/表演：王悦

曹植　洛神赋　　　　　　　　朗诵/表演　王悦

　　"翩若惊鸿，婉若游龙。荣曜秋菊，华茂春松。仿佛兮若轻云之蔽月，飘摇兮若流风之回雪。远而望之，皎若太阳升朝霞。迫而察之，灼若芙蕖出渌波。"

曹丕《燕歌行》——朗诵/表演：王悦　张敬东

曹丕　燕歌行　　　　　　　朗诵/表演　王悦　张敬东

　　"秋风萧瑟天气凉，草木摇落露为霜。群燕辞归鹄南翔，念君客游思断肠。慊慊思归恋故乡，君为淹留寄他方？"

　　"贱妾茕茕守空房，忧来思君不敢忘，不觉泪下沾衣裳。援琴鸣弦发清商，短歌微吟不能长。明月皎皎照我床，星汉西流夜未央。牵牛织女遥相望，尔独何辜限河梁。"

（九）礼运大同

　　《礼记·礼运篇》："子曰：大道之行也，天下为公，选贤与举能，讲信修睦。故人不独亲其亲，不独子其子，使老有所终，壮有所用，幼有所长，鳏、寡、孤、独、废疾者皆有所养，男有分，女有归。货恶其弃于地也，不必藏于己；力恶其不出于身也，不必为己。是故谋闭而不兴，盗窃乱贼而不作，故外户而不闭，是谓大同。"

《礼记·礼运篇》——朗诵/表演：历史学院师生代表

礼记·礼运篇　　　　　　朗诵/表演　河大莲池国学社

　　2015 年 12 月 19 日，全国青少年国学教育大会在北京召开，主题是"推进国学教育培育国家栋梁"。会议邀请中国当代"新儒家"代表——首都师范大学哲学系陈明教授做专题报告，陈教授立足实现中国梦的高度，深刻阐明了以儒家文化为代表的中华优秀传统文化的当代意义。国家教育行政学院于建福教授做了题为"落实指导纲要精神，分学段推进国学经典教育"的报告。大会围绕"中华优秀传统文化教育""国学经典解读"等专题开展了深入讨论，举办"中华魂——第二届中华传统文化教育优秀节目展演"活动，参演节目有多种文化艺术表现形式，如经典吟诵、武术表演、古琴古筝演奏等，充分展示了中华优秀传统文化的魅力，以及我国各地开展国学教育的优秀成果。①

国学经典《周易》解读分会场　　　　2015青少年国学教育大会

　　河北大学历史学院创作的《国学经典诵读·秦风汉韵流千古》作为河北省高校唯一入选项目被评为团中央"2015 年度全国优秀国学教育文艺作品"和"中华魂——第二届中华传统文化教育优秀节目一等奖"。12 月 19 日，学院师生赴京参加在中央社会主义学院举办的中国青少年国学教育大会节目展

　　① 《首届青少年国学教育大会在京召开》，2015 年 12 月 31 日，见 http：//edu. nen. com. cn/system/2015/12/21/018724195. shtml。

演及颁奖仪式，展现了河北大学国学传统文化教育的深厚底蕴和风采，激发了广大师生学习和传承优秀国学的兴趣和热情。

历史学院选送的《秦风汉韵流千古》　　历史学院领导参加颁奖仪式

二、国学经典诵读展演项目之《大唐诗史》

经历文化荒芜的"文革"，在恢复高考的岁月，心中毫无理由地有一种文化"复古"的情结，那时读初二的我便听说了所谓的"唐诗宋词汉文章"的说法，以至于从语文老师那里借到一本《唐诗三百首》便如获至宝，不仅全部手抄下来，还一首一首地背诵。唐诗的开启，将文风回归质朴天真。唐诗如美玉，拙朴、天然；唐诗如山野白梅，舒展开爱，恣意风流；唐诗如清新空气，吹出了一脉悠长的文脉。① 《长恨歌》是唐代诗人白居易的一首长诗，是在马嵬坡事变50年后，由时任周至县尉的白居易在仙游寺写成，诗中详细地描绘了唐玄宗李隆基和杨玉环之间的爱情故事，故事的发生初始在长安，演绎的高潮在临潼华清池，结局在兴平马嵬坡。《春江花月夜》是唐代诗人张若虚的代表作。张若虚与贺知章、张旭、包融并称"吴中四士"。他所写的《春江花月夜》被誉为"诗中的诗，顶峰的顶峰"，号称"孤篇压全唐"，具有非同凡响的崇高地位和深远影响。② 《霓裳羽衣曲》是唐代著名的宫廷乐曲。相传唐玄宗梦游月宫，闻得仙人作乐，梦醒后将记忆中的曲谱记下，是为《霓裳羽衣曲》。《霓裳羽衣曲》在盛唐时期的宫廷乐舞中占据重要地位。这部乐舞描写了唐玄宗向往神仙而去月宫见到仙女的神话，因此，乐曲、舞蹈和服饰都着力描绘了虚无缥缈的仙境和舞姿婆娑的仙女形象，给人以身临其境的艺术感受。唐玄宗的宠妃杨玉环以善舞《霓裳羽衣舞》闻名于世。

① 　月满天心：《千年烟月在》，九州出版社2015年版。
② 　周娜：《唐诗宋词三百首》，中国华侨出版社2016年版，第22页。

（一）《大唐诗史之长恨歌》（剧本）

开场——天宝遗事说盛唐

地点： 马嵬坡杨贵妃墓前

时间： 公元2016年（杨玉环去世1260年）

（音乐起，教师上）热血冰心尚义侠，奇志休笑女儿家。

洗却浮华俗艳妆，忍教青史染白发！

在下祖籍关中，古都长安一无名学子是也。自幼嗜读文史、酷爱诗书，生年已届不惑，不才忝居教职，现为一历史教师，专以讲史治学、笔墨耕耘为业。夫人生而识字，愁恨已生；女子读书治学，更非易事。追念平生，忧患百经，一事无成，长以为叹恨。哀生计之多艰，事功愧人；叹积习之未改，文章憎命。岂敢夸字字珠玑，唯愿点墨存真；未尝愿人人夸赞，但求世有知音。

尝忆昔年游学，两过兴平马嵬驿，见昔时赐死杨玉环之地，今已树碑起冢，并建成一庙，上题"唐杨氏贵妃之墓"，殿阁富丽、香火繁盛。庙中供奉杨玉环之图画塑像，列述古今有关明皇杨妃之遗闻轶事、诗文史话。余自幼生长于古都长安，大唐盛世之遗风，至今仍历历可寻；开元天宝之旧事，历代自编演不绝：自唐白居易诗《长恨歌》并陈鸿《长恨歌传》传世以来，至宋有乐史笔记《杨太真外传》，元白朴作杂剧《梧桐雨》，清洪昇撰传奇《长生殿》，俱成一时之经典。古往今来，文人墨客之诗文、书画，优伶艺人之歌舞、戏曲，多有以此为题材者。其余稗官小说、影视剧作，冠以"外传""后传""秘史""情史"之名，不胜枚举；杂以街谈坊议、民间传说，堪称蔚为大观。

总括上述诸家之描述评议，不外有三：一曰唐明皇、杨贵妃故事为中国古代帝王后妃之"爱情佳话"；一曰马嵬事变中杨玉环之死为无辜牺牲之"历史悲剧"；一曰杨妃舍身以报明皇之爱、明皇于杨妃身后思念不已，实为感天动地之"千古传奇"。以余浅见，此三说不仅与史实不符，且逆情悖理、荒谬至极。有鉴于此，余以课堂讲史之余，特指导学生编演新剧，名曰《大唐诗史之长恨歌》，旨在以真实严肃之历史，澄清事实、辨析谬误，以正世风人心。全剧概曰：

妾身歌女念奴是也。当今皇上赞赏我的歌声激越清亮，每每当席放歌，声出朝霞之上，纵然邠王那悦耳的笛声也盖不过我的歌喉。后人依我之名创立一词牌，名为《念奴娇》。当今皇上与杨贵妃之事，被诗人白居易写入《长恨歌》中，从此家喻户晓、声闻中外，真可谓"童子解吟长恨歌，胡儿能唱琵琶篇"。待我从头唱来，请各位细细听着！

朕乃大唐皇帝李隆基是也。自高祖起兵晋阳，太宗皇帝荡灭烟尘，立起大唐天下。传至高宗、中宗，不幸宫闱中有武（则天）、韦（后）之祸。朕领兵靖难，蒙父皇睿宗禅位，至今已20余载。朕自即位以来，任人唯贤，委姚（崇）、宋（璟）于朝堂；从谏如流，列张（九龄）、韩（休）于省闼。喜看我朝开元盛世，塞外风清万里，民间粟贱三钱。太平致治，庶几贞观之年；刑措成风，不减汉文之世。近来颇有倦政之心，只是这六宫妃嫔虽多，自武惠妃死后，无当意者。因见寿王妃杨玉环丰姿秀丽，且善歌舞、通音律，深合朕意，特命高力士传旨，敕令杨玉环出家为女道士，为太后祈福！

（高力士上）老奴高力士是也。官拜骠骑将军，职掌六宫之中，权压百僚之上。只因今上在位日久，倦于朝政，事无大小，悉数委于丞相李林甫。每日于深宫中游宴，以声色自娱，特诏老奴潜搜外宫，得弘农杨玄琰之女杨玉环于寿王府邸。只是碍于寿王妃这身份，遂以为窦太后祈福为名，令其出家。待老奴前去传旨！（李隆基退下，高力士上前宣旨）

皇上有旨，寿王妃杨玉环出家为女道士！（杨玉环跪地听旨，高力士宣读敕令）敕曰：

> 圣人用心，方悟真宰，妇女勤道，自昔罕闻。寿王瑁妃杨氏，素以端懿，作嫔藩国，虽居荣贵，每在精修。属太后忌辰，永怀追福，以兹求度，雅志难违。用敦宏道之风，特遂由衷之请，宜度为女道士，赐号"太真"！
>
> 骊岫飞泉泛暖香，九龙呵护玉莲房。平明每幸长生殿，不从金舆惟寿王。
>
> （杨玉环）承欢侍宴无闲暇，春从春游夜专夜。后宫佳丽三千人，三千宠爱在一身。
>
> 金屋妆成娇侍夜，玉楼宴罢醉和春。姊妹弟兄皆列土，可怜光彩生门户。
>
> 遂令天下父母心，不重生男重生女。

（高力士）皇上有旨：（众人下跪接旨）

圣上御制碑文并赐书，为贵妃父祖立家庙。追赠贵妃生父杨玄琰为太尉、齐国公，追封贵妃生母为凉国夫人。册封贵妃长姐为韩国夫人，三姐为虢国夫人，八姐为秦国夫人，每年赐钱千贯，为脂粉之资。册封贵妃叔父杨玄珪为光禄卿，堂兄杨铦为鸿胪卿、杨锜为侍御史，杨钊赐名"国忠"，迁度支员外郎兼侍御史！

（众）领旨，谢皇上隆恩！（下场）

（高力士）皇上与贵妃娘娘在兴庆宫沉香亭赏牡丹，召翰林供奉李白前来赋诗！

（李白上）李白斗酒诗百篇，长安市上酒家眠。天子呼来不上船，自称臣是酒中仙。

在下李白，字太白，号青莲居士。当世誉我为"谪仙人"，后世赞我为"诗仙"，我则更喜欢被称作"酒仙"，哈哈！天宝元年，奉诏进宫，朝见今上。记得入宫当日，皇上降辇步迎，以七宝床赐食，并亲手为我调羹，诏令供奉翰林。今逢暮春，牡丹盛开，在下奉旨前来，作《清平调》三首，进呈御览！（跪呈）

（画外音，女声）义髻抛河里，黄裙逐水流。男不封侯女作妃，君看女却是门楣！（重复）

妾身杨氏，弘农人也。因生来有玉环于左臂，遂名玉环。父亲杨玄琰，官为蜀中司户。早年父母双亡，寄养在叔父家中。开元二十二年，蒙恩选为寿王妃。开元二十八年中秋，入宫朝贺，圣上见妾貌似嫦娥，令高力士传旨，度为女道士，赐号"太真"，住太真宫。天宝四年，册为贵妃，礼同皇后，一门显荣至极！

在下杜甫，字子美，号少陵野老。襄阳杜氏之后，世代奉儒守官，后世尊称我为"诗圣"。天宝六载，圣上下诏令天下士子赴长安应试，在下满腹经纶，以为此来必高中进士。不料奸相李林甫弄权，竟以"野无遗贤"为由，致使应考士子全数落选！在下客居长安十年，日日奔走于权贵之门，投赠干谒，全无音讯。仕途失意，更兼穷困潦倒，真真愁煞人也！

（李龟年上）子美兄，今乃三月三日，长安百姓有春游曲江之俗。你我一同前往曲江一游，不知意下如何？

（杜）我正有此意，兄长请！

（李）子美兄，这曲江池畔游人如织，好生热闹！只是，你看那杨氏一门，声势排场竟似比天子的御驾还要盛大，当真是穷奢极欲、权势冲天啊！

（杜）是啊！尤其是那丞相杨国忠与虢国夫人，二人本为兄妹，竟同起同宿、同出同入，招摇过市，放浪形迹，丝毫不避人耳目，真是无耻至极！待我赋诗一首，兄长请听：

（画外音，女声）义髻抛河里，黄裙逐水流。男不封侯女作妃，君看女却是门楣！（重复）

（杨玉环接荔枝，作品尝状）这荔枝颜色娇嫩，入口甘凉，真是人间美味！三郎，快来和我一起品尝吧！（三人下）

（当晚，华清宫内正在举行盛大的宴饮，两名宫女上）

（矮者）姐姐，听说贵妃娘娘生于蜀地，最爱吃新鲜荔枝，只是这荔枝最多只能保鲜七日，七日一过，色味俱变。因此皇上下旨每年荔枝成熟之季，特于涪陵至长安之间设荔枝道，遣专人快马、飞驰传递，各地官府、驿站迎送，不敢有片刻延误呢！

（高者）是啊，想那涪陵距离长安，足足有两千多里呢！须得二十里一换人，六十里一换马，日夜兼程，七日七夜方可送至京城。这千里之遥，山重水复，人、马毙于路者甚众，方可保色味不变。

（矮者）如此劳民伤财，难怪有一位诗人杜牧，特意做了一首诗来讽刺这件事呢！

长安回望绣成堆，山顶千门次第开。一骑红尘妃子笑，无人知是荔枝来。

中场——八声甘州·马嵬怀古

对傅停孤影立马嵬，千载被风霜。怅鸳鸯瓦冷，翡翠衾寒，梦影微茫。

三千宠爱一身，祸起自昭阳。宛转蛾眉死，以报君王。

见说梨园弟子，歌清平时调，风舞霓裳。负七夕盟誓，天人各一方。

长生殿，恩断爱绝；算薄情，最数李三郎。书长恨，销尽缘孽，勘破情障。

（郭）在下扶风野老郭从谨是也。闻知皇上西巡，天已过午，尚未进食，宰相杨国忠正遣人四处觅食。老汉煮得一碗麦麸饭，特来进献，以表一点敬意。（上前向高力士行礼）公公，烦乞转奏一声，说草民郭从谨特来献饭。

（友）公公，小的这里也有些豆子，烦乞一并献于陛下。

（高力士接过饭食，转身交给李隆基）

（高）陛下，现有百姓献饭，请先进一点吧！

（李隆基深为感动）力士，召他二人上前来！

（二人跪拜，李隆基示意高力士搀扶，郭从谨起身）陛下，草民现有一言进上，望乞恕罪。今日之祸，您可知因谁而起？

（李）那你说说，因谁而起啊？

（郭）陛下若赦草民无罪，草民当冒死直言！

（李）你但说无妨！

（郭）那安禄山包藏祸心，蓄谋已久。其间凡有人至朝廷告发其阴谋，陛下却从不肯相信，甚至将那些人诛杀，致使安禄山奸计得逞，以致今日圣驾出巡！古时帝王，务求选拔忠良之士以广视听。记得当年姚崇、宋璟做宰相时，均能犯颜直谏，天下方得以太平无事。此后奸臣当道，朝廷大臣不敢再直言进谏，只是一味阿谀奉承、取悦陛下。宫门以外之事，陛下俱不得而知。就连民间百姓都已预知必有今日之祸，怎奈宫禁森严、无由面圣，区区效忠之心，难以上达天听啊！若非安禄山反叛，事情到了这种地步，草民又怎能得见龙颜，当面陈情呢？

（李）唉，此乃朕之不明，如今悔无所及矣！力士，传朕旨意：凡献饭之百姓，须按价赏赐、慰劳！将所献饭食赐于随行皇亲、官吏，待他们吃完之后，朕再用膳！

（高力士作涕泣状）陛下，您可要保重龙体啊！

（郭从谨等再次跪拜，李隆基也禁不住流下泪来，众人下）

（高力士上，满身疲惫，神情仓皇而愤慨）唉！万岁爷和贵妃娘娘总算能在这马嵬驿歇息片刻了！今早仓促离宫，将众多妃嫔、公主、皇孙与文武官员尽数丢弃，这一路上鞍马劳顿、疲惫不堪，唉，万岁爷和娘娘若有个闪失，可怎么了得！只恨那杨国忠，为与安禄山争权固宠，意欲先将其激反、再行诛灭。不料那安禄山果真反了！不过半年时间，叛军一路势如破竹，东都洛阳沦陷，各州郡望风而降，如今已迫近长安！陛下闻知安禄山起兵造反，本想御驾亲征，以太子监国。可那杨国忠唯恐太子于杨氏一族不利，遂与杨家众姐妹一道哭诉于贵妃娘娘。贵妃衔土请命，以死相胁，陛下只能作罢！及至哥舒翰将军镇守潼关，诸将皆以潼关为京师门户，利在守险、不宜出攻。那杨国忠却说哥舒翰意欲效法安禄山拥兵自重，日日派人促其速战。哥舒将军不得已率兵出关，竟致全军覆没、潼关失守！京师危在旦夕之际，那杨国忠不想着御敌护驾，竟又劝说陛下驾幸蜀中。谁不知道，那蜀地是他杨国忠的家乡，到了那里，朝廷内外可不都是由他杨氏一门专权独断吗？看那杨国忠之意，竟是京城可弃，君上可辱，而私人恩怨不可不复，身家性命不可不保，兄弟姐妹不可不安！真是误君、误国，罪该万死！

　　（门外人声鼎沸、马匹嘶鸣，众军士呼喊"杨国忠与胡人谋反了！杀杨国忠！"高力士大惊，出门查看，李隆基、杨玉环与众女官、宫女上）

　　（杨玉环下跪，抓住李隆基的衣角，哭着哀求）陛下，陛下，臣妾死不足惜，但主上之恩，尚未报答，多年情爱，教臣妾怎生割舍？

　　（李隆基回身欲搀扶杨玉环）爱妃，不济事了！军心已变，朕已不能自保，顾不得你了！

　　（杨）陛下，陛下，救救玉环吧！

　　（李隆基转身，走开，挥手）你叫朕如何救你！力士，快带她去吧！

　　（杨玉环绝望地哭喊）陛下，您怎能如此狠心？（高力士手执白绫，两名女官欲搀扶杨玉环，杨甩开女官的手）我明白了！（深深地叩头）臣妾杨玉环……谢恩！（站起身来，接过白绫，缓步走下）

　　（白居易上）一篇长恨有风情，十首秦吟近正声。每被老元偷格律，苦教短李伏歌行。

　　在下白居易，字乐天，号香山居士。元和元年，与友人王质夫、陈鸿至马嵬驿游玩，谈及玄宗与杨贵妃事，质夫兄劝我作一长篇歌行。诗成之后，因以"此恨绵绵无绝期"作结，故命名为《长恨歌》，当时，陈鸿兄亦作《长恨歌传》，并传于世。此歌一出，不仅文人学士赞叹不绝，妇人童子亦喜闻乐诵，是以不胫而走，传遍天下。世人喜爱《长恨歌》，只因其文辞华美、音韵婉转，然而我之本意并非以艳词传情，而是在于劝讽鉴诫。想玄宗早年励精图治，故有开元盛世；晚年荒淫无道，竟致天宝之乱，实在可悲、可叹！

　　今日上朝，专为上阳宫人之事而来。臣白居易启奏陛下：

小山重叠金明灭，鬓云欲度香腮雪。懒起画蛾眉，弄妆梳洗迟。

照花前后镜，花面交相映。新帖绣罗襦，双双金鹧鸪。

（永新下，王悦与吕子炎饰两位老宫人上前）

（郭）记得杨贵妃的三个姐姐、两位兄长，那权势威仪，不要说文武百官，就连王孙公主见了她家的车队，都要避让三分呢！听说当年杨家五宅夜游，与广宁公主争过西市门，杨氏家奴挥鞭致公主坠马，驸马程昌裔搀扶公主，也被打了几鞭。公主向皇上哭诉，皇上虽下令杀了杨家奴仆，但却将驸马罢了官！真真令人心寒哪！

（友）是啊，那时候，不要说各地官员争相讨好、送礼给他们杨家，就连王子、公主们的婚嫁，也都得由虢国夫人和韩国夫人从中牵线说合，每次索取钱财达数千贯之多，当真是气焰冲天哪！听闻杨贵妃生前，最喜戴假发髻、穿黄裙，所以当时京城百姓们流传一首歌谣说：义髻抛河里，黄裙逐水流……那杨氏一门的威权气势，最终不正如那流水一般，消逝无踪了吗？

终场——寂寞霓裳传千年

地点：马嵬坡杨贵妃墓前

时间：公元 2016 年

（音乐起，杨玉环魂灵与杨玉环生者分别从舞台两侧上，演唱歌曲《我还是我》）

（魂）不知道人家怎样传说，我就是我，只是一个女孩……

（生）不知道历史怎样评说，我就是我，只是一个女人……

满江红·马嵬怀古

（魂）畸情孽缘，逾千载犹被提起。问古今薄命红颜，称心能几？

生前未曾化比翼，死后何谈同连理！甚荒唐，《长恨》转《长生》，悲作喜。

（生）怨不尽，君恩薄；勘不破，声色溺。叹悖理乱伦，贻丑而已。

昭阳殿里恩爱绝，马嵬坡下青冢虚。笑世人，颠倒竟传奇，可休矣！

（魂）妾身杨玉环，自大唐天宝十五载惨死于马嵬坡下，如今已过去了1200 多年！想当年，我被赐死于佛堂之中，尸身被军士们验看之后，才草草下葬在这驿道之侧。此后皇上回銮，虽然将坟墓重新修葺，但却无法将我葬入皇陵之中，只能在这马嵬坡下起坟建庙。千年以来，我孤影落寞，难耐凄凉；游魂无依，饱受风霜。如此悲惨的一幕，却被后世那些无聊的文人编出了一个"贵妃东渡"的荒唐故事，至今邻国日本居然为我建造寺庙，听说香火还颇为繁盛，甚至还有人自称是我的后代！一切与我有关的东西，都变成了神话：我吃过的荔枝，叫作"妃子笑"；我喝过的酒，叫作"贵妃酒"；我沐浴过的地方，叫作"贵妃汤"；更有甚者，连我坟墓上的黄土，也被称作"贵妃粉"，当作妇人美容养颜的秘方……久而久之，我坟上的土竟被那些无知游客给取尽了！唉，真是不得安宁啊！（作苦笑状）

（生）千年以来，我的魂灵徘徊在长安城里，飘荡在每一处我曾经停留过的地方。我默默地看着历代的文人墨客、编剧演员，把我的故事吟成诗歌、编作歌舞、写入戏剧，再搬上舞台和银幕。那里的每一个女主角都叫杨玉环，她们都唱着我唱过的歌，跳着我跳过的舞，弹着我弹过的琵琶，戴着我最爱的牡丹花，穿着我生前最喜欢的那件霓裳羽衣……可是，她们都不是真正的我，只不过是后人用来想象大唐盛世和皇家富贵的一个符号罢了……

（魂）看看吧，我只是我，杨玉环，一个没有任何光环的平凡女子：不是寿王妃，不是太真娘子，不是贵妃娘娘，更不是什么"四大美人"之首……什么《长恨歌》《长生殿》《太真外传》《贵妃秘史》，都与我无关。我只是一个生前被人羡慕、忌妒、怨恨、抛弃，死后被人非议、幻想、编造、演绎的女子而已！

（生）可悲又可笑的人们啊，请你们让我的灵魂得到安宁吧！请你们静静地听一听，我这颗寂寞了千年的心里，流出的歌声吧！

（音乐起，教师演唱主题曲《寂寞霓裳》，众女生表演舞蹈，全体唐装展示，谢幕）

独自回望寂寞宫墙，明月依旧照西厢，仿佛看见你的模样，

你袅娜生香，长袖飘荡，霓裳轻舞，日夜盼望。

为君画眉，为君梳妆，终不见君来往，

深情抚摸那段宫墙，如水的双眸将谁凝望，仿佛听见你在歌唱。

琵琶轻响，余音绕梁，红颜日老，寂寞无望。

深宫重锁，而今只留下，你寂寞霓裳。

今又走过那段宫墙，一轮明月照面庞，

仿佛看见你伤心泪滴，挂在你俊俏面庞……

编剧导演：杨倩如

艺术指导：李　峥

歌曲配唱：杨倩如　郭昕慧

服装设计：保定珠珠制衣店

化妆造型：艾薇儿映像摄影工作室

录音剪辑：七彩阳光音乐工作室

后期制作：火途影视工作室

（二）《大唐诗史之春江花月夜》（剧本）

开　场

春江花月情无限，游子思妇咏团圆。梦回大唐千年路，古今诗魂一线牵。

记得有一位外国学者说过，中国的古诗词有一半以上是描述离别的。在无数描写离愁别绪的古典诗歌中，最令人难忘的就是唐代诗人张若虚的《春江花月夜》。《春江花月夜》原本是一首南朝的宫体诗，相传是亡国之君陈后主所作。张若虚一反前朝宫体诗浮华繁缛的文辞和艳丽轻浮的风格，将天涯游子的伤感、闺中思妇的幽怨，以及身居两地、情发一心的思念，和温馨的春夜、宛转的江水、缤纷的飞花、皎洁的月色融为一体，文辞隽永、音韵和谐，意象优美、情感真挚，从人生的悲欢境遇，上升到宇宙的宏观思考。著名文艺理论家闻一多先生称之为"宫体诗的救赎"，认为"在这种诗面前，一切的赞叹都是饶舌，几乎是亵渎"。由于《全唐诗》中仅保留了两首张若虚的诗歌，因此这首《春江花月夜》就成为唯一、也是最能代表他成就的作品，被后人赞为"孤篇横绝，笼盖全唐"的千古绝唱。

下面，就让我们一起，在声、色、光、影之间，在诗、歌、乐、舞之中，一起来欣赏被誉为"诗中的诗，顶峰上的顶峰"的《春江花月夜》吧！

第一幕

第一场　女声独唱＋古筝演奏

江楼上独凭阑，听钟鼓声传，袅袅娜娜散入那落霞斑斓。

一江春水缓缓流，四野悄无人，惟有淡淡袭来薄雾轻烟。

第二场　现代诗朗诵

（男）要一个月圆如水的夜晚，要在芳草萋萋的江岸，要踏月而来一路芬芳飘过，小径上，纷纷坠落如雪的残香，要一个温暖而美丽的春夜，要一个独立小楼的孤影，要一叶漂泊在江上倦游的小舟，要一声缥缥缈缈悠悠长长的叹息。

（女）皎皎夜空，江天一色，月轮圆得美丽、圆得辉煌、圆得孤独、圆得凄凉，深院静，小庭空，徘徊的月影，照进西楼妆台前，清瘦的脸庞，和那荧荧的灯光，抚去瑶琴上落满的尘埃，在摇曳的花影间，在沉沉的月色下，将一曲无眠的心事，随江流宛转，随滟滟光波。

（合诵）千里万里，追随乘月而去的——孤旅。

第二幕

第一场　（唐）张若虚《春江花月夜》诵读

（女）春江潮水连海平，海上明月共潮生。滟滟随波千万里，何处春江无月明？江流宛转绕芳甸，月照花林皆似霰；空里流霜不觉飞，汀上白沙看不见。

（男）江天一色无纤尘，皎皎空中孤月轮。江畔何人初见月？江月何年初照人？人生代代无穷已，江月年年只相似。不知江月待何人，但见长江送流水。

（女）白云一片去悠悠，青枫浦上不胜愁。

（男）谁家今夜扁舟子？何处相思明月楼？

（女）可怜楼上月徘徊，应照离人妆镜台。玉户帘中卷不去，捣衣砧上拂还来。此时相望不相闻，愿逐月华流照君。鸿雁长飞光不度，鱼龙潜跃水成文。

（男）昨夜闲潭梦落花，可怜春半不还家。江水流春去欲尽，江潭落月复西斜。

斜月沉沉藏海雾，碣石潇湘无限路。不知乘月几人归，落月摇情满江树。

（合）不知乘月几人归，落月摇情满江树。

第二场　现代诗朗诵《天涯月》

（女）圆月亮，伴着春江潮水升起，又大又圆地悬于江上，如一枚晶亮的银扣，千里万里，滟滟光波随月而走，抖落一串串莹灿的笑声，柔情亮眼，抚透一江东去的春水。

（男）今夜画船何处？夜幕迷蒙，轻浪徐风，江水拍打堤岸，恰似京华倦客沉郁的叹息，皎皎孤月映着旅枕残灯，满载忽起忽落的思潮，燃着渔火的小令，在晃动的江渚上飘拂，那是千万行的柔声絮语，倾诉着——漆黑的孤寂、洁白的深情，托流淌的江水，带给故里长望的思妇悠悠云端，高挂着飘蓬的客帆；天际归舟，已经一误再误。

（女）娟娟霜月，描出一个独自剪烛西窗的倩影，流水长长，远山点点，夜夜魂断江南路，几度被风吹散，缠绵的思念；几回被雨淋湿，欢聚的美梦，心中反复展读着，旧日褪色的回忆；手中依然紧握着，挥别时许下的归期，几多幽思痴恋，随江流宛转，绕过千山万水，流向海角天涯。

（男）风雨世界，光阴荏苒，时光不曾风化许诺，距离不曾遗忘叮咛，等待并不意味着痛苦，相思在伫立中升华为永恒。

（女）人生代代轮回，江月年年盈亏。岁月染白了鬓发，却无法改变鲜红的恋情。

（男）圆月亮，是面银色的镜子。天涯，此时——

（女）映出行旅幽思，映出闺中愁怨。眷恋着，如春江明月。

（男）江水把月亮捧在头顶。

（女）月亮把江水含在心上。

终　场

第一场　舞蹈《春江花月夜》

第二场　现代诗朗诵《春江花月颂》

（男）白蘋洲畔，千帆过尽皆不是；斜晖脉脉，望江楼上独倚栏。

（女）渔舟唱晚，月上东山云雾收；江天一色，万点波光玉壶转。

（女）渔火星星，惊起孤雁沙洲冷；野渡无人，客船一叶泊江湾。

（男）情思何寄？鱼龙潜越云水遥；今宵酒醒，晓风残月杨柳岸。

（女）玉户帘中，谁家昨夜弄箫管？更深无眠，风动竹枝影零乱。

（男）花前月下，解得相思几多愁？

（女）惟忖春江，滔滔东去不复还。

（男）海上生明月，天涯共此时；游子伤漂泊，思妇怨别离。

（女）春江花月夜，玉树后庭前；旧韵转新声，歌舞列华筵。

（男）孤篇横绝盖全唐，宫体绝唱千古传。此曲只应天上有，疑是仙乐落人间。

（女）歌罢一江春水东流去，舞成花月春风永团圆；遥祝天下情人皆长久，惟愿千里同心共婵娟。

（合）遥祝天下情人皆长久，惟愿千里同心共婵娟。

编剧导演：杨倩如

艺术指导：李　峥

歌曲配唱：杨倩如　郭昕慧

服装设计：保定珠珠制衣店

化妆造型：艾薇儿映像摄影工作室

录音剪辑：七彩阳光音乐工作室

后期制作：火途影视工作室

（三）《大唐诗史之盛世华章》（剧本）

第一幕　碧云仙曲舞霓裳

天阙沉沉夜未央，碧云仙曲舞霓裳。一声玉笛向空尽，月满骊山宫漏长。

《霓裳羽衣曲》是唐代著名的宫廷乐曲。相传唐玄宗梦游月宫，闻得仙人作乐，梦醒后将记忆中的曲谱记下，是为《霓裳羽衣曲》。事实上，这首乐曲出自印度，原名《婆罗门曲》，开元时期由河西节度使杨敬述献呈宫廷，经唐玄宗李隆基加工润色，于天宝十三年改名为《霓裳羽衣曲》。《霓裳羽衣曲》在盛唐时期的宫廷乐舞中占据重要地位。唐玄宗亲自教授梨园弟子演奏，由数十名宫女和艺人参加歌舞表演。这部乐舞描写了唐玄宗向往神仙而去月宫见到仙女的神话，乐曲、舞蹈和服饰都着力描绘了虚无缥缈的仙境和舞姿婆娑的仙女形象，给人以身临其境的艺术感受。唐玄宗的宠妃杨玉环以善舞《霓裳羽衣舞》闻名于世。相传杨玉环在华清池初次觐见时，唐玄宗曾演奏《霓裳羽衣曲》以导引。《霓裳羽衣曲》在开元、天宝年间曾盛行一时，安史之乱后，宫廷中不再演出，随着唐王朝的衰落、崩溃，一代名曲《霓裳羽衣曲》逐渐失传。今天，我们只能在前人的诗歌、壁画和遗存的乐谱中，追想它的盛况了……

白居易《霓裳羽衣舞歌》（节选）

（舞蹈＋朗诵）

我昔元和侍宪皇，曾陪内宴宴昭阳。千歌万舞不可数，就中最爱霓裳舞。

……

翔鸾舞了却收翅，唳鹤曲终长引声。我爱霓裳君合知，发于歌咏形于诗。
君不见我歌云"惊破霓裳羽衣曲"，又不见我诗云"曲爱霓裳未拍时"。
由来能事皆有主，杨氏创声君造谱。君言此舞难得人，须是倾城可怜女。
吴妖小玉飞作烟，越艳西施化为土。娇花巧笑久寂寥，娃馆苎萝空处所。
如君所言诚有是，君试从容听我语。若求国色始翻传，但恐人间废此舞。

第二幕　一舞剑器动四方

公孙大娘是开元盛世时宫廷中的一位杰出的舞蹈家，史载玄宗"素晓音
律。时有公孙大娘者，善舞剑……皆冠绝于时"。公孙大娘善舞剑器，舞姿惊
动天下，相传她在民间献艺时，观者如山，应邀到宫廷表演亦无人能比，当
时号为"雄妙"。她自创的《剑器舞》风靡一时，而她的盖世技艺又与中国
历史上另外三位杰出的人物联系在一起的："画圣"吴道子曾通过观赏公孙大
娘舞剑体会用笔之道，"草圣"张旭亦从其变幻莫测的舞姿中领悟用书法真
意，"诗圣"杜甫更留下了一首慷慨悲凉的传世名作《剑器行》。公孙大娘以
绝妙传神的剑舞启迪和成就了中国文化史上的"三圣"，她的名字也与吴道
子、张旭、杜甫一样，千载流传……

（唐）杜甫《观公孙大娘弟子舞剑器行》

（剑舞＋朗诵）

昔有佳人公孙氏，一舞剑器动四方。观者如山色沮丧，天地为之久低昂。
霍如羿射九日落，矫如群帝骖龙翔。来如雷霆收震怒，罢如江海凝清光。
绛唇珠袖两寂寞，晚有弟子传芬芳。临颍美人在白帝，妙舞此曲神扬扬。
与余问答既有以，感时抚事增惋伤。先帝侍女八千人，公孙剑器初第一。
五十年间似反掌，风尘澒洞昏王室。梨园子弟散如烟，女乐余姿映寒日。
金粟堆前木已拱，瞿塘石城草萧瑟。玳筵急管曲复终，乐极哀来月东出。
老夫不知其所往，足茧荒山转愁疾。

第三幕　董大胡笳通神明

董大，原名董庭兰，盛唐开元、天宝时期的著名琴师。董大的琴艺善于
描摹边塞战场景象和战争场面，能将高远、悲壮的风格呈现于哀怨之音，令
人听后悠长、有兴味。相传东汉才女蔡文姬流落匈奴时，感胡笳之音，作琴

曲《胡笳十八拍》，音乐委婉哀伤，撕裂肝肠。董大将《胡笳》整理为琴谱，流传后世，当世许多诗人都和董大有交往，并在诗中描写了他的琴艺。著名边塞诗人高适的名篇《别董大》写道："莫愁前路无知己，天下谁人不识君。"诗人李颀也在诗中对他的出色琴技进行了详尽生动的描述。

（唐）李颀《听董大弹胡笳弄兼寄语房给事》

古琴弹奏＋朗诵

蔡女昔造胡笳声，一弹一十有八拍。胡人落泪沾边草，汉使断肠对归客。
古戍苍苍烽火寒，大荒沉沉飞雪白。先拂商弦后角羽，四郊秋叶惊摵摵。
董夫子，通神明，深松窃听来妖精。言迟更速皆应手，将往复旋如有情。
空山百鸟散还合，万里浮云阴且晴。嘶酸雏雁失群夜，断绝胡儿恋母声。
川为静其波，鸟亦罢其鸣。乌孙部落家乡远，逻娑沙尘哀怨生。
幽音变调忽飘洒，长风吹林雨堕瓦。迸泉飒飒飞木末，野鹿呦呦走堂下。
长安城连东掖垣，凤凰池对青琐门。高才脱略名与利，日夕望君抱琴至。

第四幕　同是天涯沦落人

从"贞观之治"到"开元盛世"，大唐王朝百年的升平在"安史之乱"后荡然无存。兵祸连乱、战乱无休，带给民众的是无休止的天灾人祸，大唐帝国从此步入衰微没落的黯淡历程。中唐至晚唐的诗歌，亦不复盛唐宏大昂扬的气象，而转入沉郁顿挫与现实批评。

国运的衰微，也波及个人的命运。在白居易的长诗《琵琶行》中，借着一位年老色衰的艺妓之口，抒发了诗人自身的落寞境遇，发出了"同是天涯沦落人，相逢何必曾相识"的深沉感慨。这篇极富艺术感染力的佳作，被后人赞曰："满腔迁谪之感，借商妇以发之，有同病相怜之意焉"，不仅成为白居易的代表作品，更成为唐代叙事诗的经典。诚如唐宣宗李忱所言，从此在中华文明所辐射的区域，"童子解吟《长恨》曲，胡儿能唱《琵琶》篇"。

（唐）白居易《琵琶行》

（男）元和十年，余左迁九江郡司马。明年秋，送客湓浦口，闻舟中夜弹琵琶者。听其音，铮铮然有京都声。问其人，本长安倡女，尝学琵琶于穆曹二善才。年长色衰，委身为贾人妇。遂令酒使快弹数曲。曲罢悯然，自叙少小时欢乐事，今漂沦憔悴，转徙于江湖。间余出官二年，恬然自安，感斯人言，是夕始觉有迁谪意。因为长句歌以赠之，凡六百一十六言。命曰《琵琶行》。

（男）浔阳江头夜送客，枫叶荻花秋瑟瑟。主人下马客在船，举酒欲饮无管弦。醉不成欢惨将别，别时茫茫江浸月。忽闻水上琵琶声，主人忘归客不发。寻声暗问弹者谁，琵琶声停欲语迟。移船相近邀相见，添酒回灯重开宴。千呼万唤始出来，犹抱琵琶半遮面。

（女）转轴拨弦三两声，未成曲调先有情。弦弦掩抑声声思，似诉平生不得志。低眉信手续续弹，说尽心中无限事。轻拢慢捻抹复挑，初为《霓裳》后《六幺》。大弦嘈嘈如急雨，小弦切切如私语。嘈嘈切切错杂弹，大珠小珠落玉盘。间关莺语花底滑，幽咽泉流冰下难。冰泉冷涩弦凝绝，凝绝不通声暂歇。

（男）别有幽愁暗恨生，此时无声胜有声。银瓶乍破水浆迸，铁骑突出刀枪鸣。曲终收拨当心画，四弦一声如裂帛。东船西舫悄无言，唯见江心秋月白。

（女）沉吟放拨插弦中，整顿衣裳起敛容。自言本是京城女，家在虾蟆陵下住。十三学得琵琶成，名属教坊第一部。曲罢常教善才服，妆成每被秋娘妒。五陵年少争缠头，一曲红绡不知数。钿头银篦击节碎，血色罗裙翻酒污。今年欢笑复明年，秋月春风等闲度。弟走从军阿姨死，暮去朝来颜色故。门前冷落车马稀，老大嫁作商人妇。商人重利轻别离，前月浮梁买茶去。去来江口守空船，绕船明月江水寒。夜深忽梦少年事，梦啼妆泪红阑干。

（男）我闻琵琶已叹息，又闻此语重唧唧。同是天涯沦落人，相逢何必曾相识。我从去年辞帝京，谪居卧病浔阳城。浔阳地僻无音乐，终岁不闻丝竹声。住近湓江地低湿，黄芦苦竹绕宅生。其间旦暮闻何物？杜鹃啼血猿哀鸣。春江花朝秋月夜，往往取酒还独倾。岂无山歌与村笛？呕哑嘲哳难为听。今夜闻君琵琶语，如听仙乐耳暂明。莫辞更坐弹一曲，为君翻作琵琶行。

（女）感我此言良久立，却坐促弦弦转急。凄凄不似向前声，满座重闻皆掩泣。座中泣下谁最多，江州司马青衫湿。

（合）座中泣下谁最多，江州司马青衫湿。

终场　清歌妙舞忆盛唐

（女声独唱：《琵琶语》，女子群舞谢幕）

琵琶声，到如今还在这响起。穿越千年的寻觅，旧梦依稀。

这一声叹息，是人间多少的哀怨。天涯漂泊落浔阳，伤心泪滴。

琵琶声，到如今还在这响起。素手弄琵琶，琵琶清脆响叮咚叮咚。

信手低眉续弹，续续弹，弹尽心中无限事。

低眉续弹，续续弹，弹尽心中无限事。

欢笑声，已成了昨日的回忆，素手弄琵琶，琵琶清脆响叮咚叮咚。

分明眼里有泪，有泪滴，人间何事长离别。

分明有泪，有泪滴，人间无处寄相思。

欢笑声，已成了昨日的记忆。红颜已老不如昔，空自悲戚。

这一声叹息，是人间多少的哀怨。弹尽千年的孤寂，独自叹息。

三、国学经典诵读展演项目之《唐宋名篇耀千年》

在唐诗宋词中，有许多对于明月的描绘。天上一个月亮，水里一个月亮。天上的月亮在水里，水里的月亮在天上。低头看水里，抬头看天上，看月亮思故乡，一个在水里，一个在天上。从古至今，人们心中的月亮永远只有一个，从来没有改变过。唐代大诗人李白的《月下独酌》云："举杯邀明月，对影成三人。"宋朝诗人苏轼的《水调歌头·明月几时有》更是描绘明月的典范："人有悲欢离合，月有阴晴圆缺，此事古难全。但愿人长久，千里共婵娟。""秦中自古帝王州"，有着"十三朝古都"之称的西安，古称"长安"，地处关中平原中部，是华夏文明和中华民族的发祥地之一。对长安的描绘在唐宋诗词歌赋中也颇为典型。如汉代杰出的史学家和文学家班固创作《两都赋》，分《西都赋》和《东都赋》两篇。《西都赋》叙述长安形势险要、物产富庶，都城壮丽宏大，宫殿奇伟华美、宫廷生活之奢侈丰富，全文极尽铺排之能事，以暗示建都长安的优越性，着实表现出了作者骋辞于赋的卓越才能。卢照邻是"初唐四杰"之一，《长安古意》是他的代表作，诗中描述了长安城帝都宫阙之恢宏富丽、皇家仪仗之威严盛大、贵族生活之奢华侈靡。在唐诗宋词中还有着诸多对于江南水乡的描绘，最先出现在我们脑海中的一定就是唐代诗人白居易的《忆江南》："江南好，风景旧曾谙。日出江花红胜火，春来江水绿如蓝。能不忆江南?"古往今来,江南就是无数文人墨客、乐师画家笔下,永远吟诵不倦的题材。

(一)《唐宋名篇耀千年之但愿人长久》(剧本)

序幕——女声独唱《月之故乡》

天上一个月亮,水里一个月亮。天上的月亮在水里,水里的月亮在天上。低头看水里,抬头看天上,看月亮思故乡,一个在水里,一个在天上。

(男女主持人上场)

(女)各位看官,我是唐诗仙子!

(男)诸位观众,我是宋词雅士!

(女)雅士哥哥,久闻大名,这厢有礼了!

(男)仙子妹妹,客气客气,这厢还礼了!

(女)今天我们要为大家奉献的这一场演出,叫作《唐宋名篇耀千年之但愿人长久》。

(男)就是把唐诗宋词中吟诵月亮的经典名篇,用音乐、舞蹈和朗诵的方式表演给大家,希望大家喜欢!

(女)我们这边叫作"唐诗队"!

(男)那我们这边就叫"宋词队"吧!

(女)作为唐诗仙子,请允许我隆重地向大家推出大唐的"一哥"——诗仙李白!

(男)作为宋词雅士,我也要隆重地请出我们大宋的"一姐"——才女李清照!

(女)我们大唐有忧国忧民、沉郁顿挫的诗圣杜甫。

(男)我们大宋有多才多艺、浪漫豪迈的东坡居士——苏轼。

(女)我们大唐有德才兼备、品貌出众,号称"岭南第一人"的名相——张九龄。

(男)我们大宋有"出为名相,处为名贤;乐在人后,忧在人先"的千古名臣——范仲淹。

(女)我们这边有出身宰相之家的晚唐诗人——杜牧。

(男)我们这边东莱先生吕本中的家族,还出了两位宰相呢!

(女)我们这边有最擅长写爱情诗的晚唐才子——李商隐。

（男）那也不如我们这边有开一代宋词之风的南唐后主——李煜呀！

（女）说得这么热闹，不如上场 PK 一番！就让我们穿越时空，来一场唐宋名家的挑战赛吧！

（男）好吧，奉陪到底！咱们先把规矩说清楚：每一轮选定一个主题，两边各自表演一首经典诗词。演完了，让大家当评委，看看哪一队演得精彩！

第一幕　把酒问月

（女）这一单元的主题叫作"把酒问月"。实话告诉你，这个主题简直就是专门为我们准备的！我们这边要上场的可是一位从天上贬谪下来的诗仙，他独自在花前小酌，举杯邀明月，对影成三人，就想要飞上云端了！

（男）那有什么了不起的！我们这边是一位住在东坡的居士，他把酒问青天，在琼楼玉宇之间遨游了一圈，又自己飞回来了！因为他说，比起天上的孤独寒冷，还是人间最好！

（唐）李白《月下独酌》

花间一壶酒，独酌无相亲。举杯邀明月，对影成三人。

月既不解饮，影徒随我身。暂伴月将影，行乐须及春。

我歌月徘徊，我舞影零乱。醒时相交欢，醉后各分散。

永结无情游，相期邈云汉。

（宋）苏轼《水调歌头·明月几时有》

丙辰中秋，欢饮达旦，大醉，作此篇，兼怀子由。

明月几时有？把酒问青天。不知天上宫阙，今夕是何年？

我欲乘风归去，又恐琼楼玉宇，高处不胜寒。起舞弄清影，何似在人间？

转朱阁，低绮户，照无眠。不应有恨，何事长向别时圆？

人有悲欢离合，月有阴晴圆缺，此事古难全。但愿人长久，千里共婵娟。

第二幕　夜吟望月

（女）这一轮主题叫作"夜吟望月"，我们请来的是一位被称作"朦胧诗始祖"的大诗人——李商隐，他写的爱情诗，几乎每一首都是经典之作！

（男）我们这边上场的是人称"东莱先生"的吕本中，他出身名门、才学出众，他的词作情感真挚，语言清新被后人称赞"浑然天成"，有唐人之风。

（女）好，那就让我们一起来欣赏吧！

（唐）李商隐《无题》

相见时难别亦难，东风无力百花残。春蚕到死丝方尽，蜡炬成灰泪始干。

晓镜但愁云鬓改，夜吟应觉月光寒。蓬山此去无多路，青鸟殷勤为探看。

（宋）吕本中《采桑子》

恨君不似江楼月，南北东西。南北东西。只有相随无别离。

恨君恰似江楼月，暂满还亏。暂满还亏。待得团圆是几时？

第三幕　对月思乡

（女）这一轮的主题又变了，叫作"对月思乡"。我要为大家送上的，是诗圣杜甫的一首五言律诗——《月下忆舍弟》，是杜甫在战乱中，思念家乡和失散的三个弟弟所作。

（男）我们请来的是北宋名臣范仲淹，他那首著名的《岳阳楼记》，在座的都能背诵吧？

（唐）杜甫《月下忆舍弟》

戍鼓断人行，秋边一雁声。露从今夜白，月是故乡明。

有弟皆分散，无家问死生。寄书长不达，况乃未休兵。

（宋）范仲淹《苏幕遮》

碧云天，黄叶地。秋色连波，波上寒烟翠。山映斜阳天接水。芳草无情，更在斜阳外。黯乡魂，追旅思。夜夜除非，好梦留人睡。明月楼高休独倚。酒入愁肠，化作相思泪。

第四幕　月夜抒怀

（女）这一轮的主题叫作"月夜抒怀"，我们上边要表演的是晚唐诗人杜牧的《泊秦淮》，说的是南朝最后一位皇帝——陈后主亡国的故事。

（男）还陈后主呢？离我们大宋早就过去几百年了！我们上边要表演的是作为"宋词开山之祖"的南唐后主李煜的词《虞美人》。这是他被俘虏到宋朝都城之后，怀念故国和过去的大好时光所作。

（女）好，请他们上场吧！

（唐）杜牧《泊秦淮》

烟笼寒水月笼纱，夜泊秦淮近酒家。商女不知亡国恨，隔江犹唱后庭花。

（南唐）李煜《虞美人》

春花秋月何时了，往事知多少。小楼昨夜又东风，故国不堪回首月明中。雕栏玉砌应犹在，只是朱颜改。问君能有几多愁，恰似一江春水向东流。

第五场　明月相思

（女）这一轮的主题叫作"明月相思"，我们这边表演的是唐代政治家——有"岭南第一人"之称的张九龄的诗《望月怀远》。大家都知道，"海上生明月，天涯共此时"，可是家喻户晓的名句哦！

（男）说到这个主题，男性的感情怎么可能比女性更加细腻呢？我们这边出场的可是本场选手中唯一的女性——有"千古第一才女"之称的李清照！她的"此情无计可消除，才下眉头，却上心头"，才是真正的经典呢！

（唐）张九龄《望月怀远》

海上生明月，天涯共此时。情人怨遥夜，竟夕起相思。灭烛怜光满，披衣觉露滋。不堪盈手赠，还寝梦佳期。

（宋）李清照《一剪梅》

红藕香残玉簟秋，轻解罗裳，独上兰舟。云中谁寄锦书来？雁字回时，月满西楼。花自飘零水自流。一种相思，两处闲愁。此情无计可消除。才下眉头，却上心头。

终场　但愿人长久

（女）雅士哥哥，五轮比试下来，我们唐诗队是名家辈出、名篇不断，你们宋词队承不承认输给我们了？

（男）仙子妹妹，我们当然不承认了！咱们说说看，无论是比人气还是比才艺，我们宋词队哪一点比你们差了？

（女）看来咱俩谁也说服不了谁了！要不请咱们的指导老师——杨老师上来，说句公道话吧！

（男）我同意，让杨老师来当裁判！

（合）有请杨老师——

（师）我在这儿呢！（上场）你们两个都别争了，刚才的节目我都看了，一句话：你们两队的表演堪称声情并茂、唱作俱佳，真是棋逢对手、将遇良才，结果是各有千秋、难分高下！

（女）那不行呀，既然是比赛，就必须得有个结果呀！

（男）是啊，您得告诉我们，到底是唐诗队的月亮圆，还是宋词队的月亮美？

（师）唐诗和宋词，是中国文学史上的两颗明珠。唐朝被誉为诗的盛世，宋朝被称为词的国度。现存的唐诗有 55000 多首，宋词也有近 20000 首，想想看，老祖宗留下这样两份同样珍贵的文化遗产，咱们得有多么幸运呀！干吗一定要分出胜负高低呢？

（女）可是，策划这场唐宋名家挑战赛的人，不就是您吗？

（男）是啊，是您出主意，让我们两队穿越时空来 PK 呀！

（师）我的目的，只是希望用这样一种新鲜有趣的方式，让大家更好地欣赏和感受唐诗宋词的魅力。其实，无论是唐诗还是宋词，从古至今，我们心中的月亮永远只有一个，从来没有改变过呀！一人独处的时候，我喜欢"举杯邀明月，对影成三人"；两人相对的时候，我盼着"春江花月夜，夜夜永团圆"；思念家乡的时候，我念着"露从今夜白，月是故乡明"；每逢佳节的时候，我祝愿"但愿人长久，千里共婵娟"。因此，怎么可能分得出哪一个更圆、哪一个更亮呢？就让唐诗宋词中的月亮永远照耀着我们、滋润着每一个中国人的心灵，不是更好吗？

（女、男）您说得对！同意！

（师）虽然难分胜负，但是，今晚表演的作品中，有一首是我本人最喜欢的。我不说作者和篇名，等我唱出来你们就明白了！

（女声独唱《但愿人长久》，伴舞，全体谢幕）

（二）《唐宋名篇耀千年之天人长安说汉唐》（剧本）

开场　梦回汉唐说长安

梦黄粱一枕，叹华发，早霜侵。忆走马楼台，诗酒风月，辜负初心。
误入尘网浊世，奈俗骨庸识暮气深。守尽十年寒窗，读破经史千帧。
金汤城池宫阙森，钟鼓鸣晨昏。有儒学碑林，道风楼观，塔缘慈恩。
蓝田半坡揖别，秦周秦汉唐盛世音。雄风千年啸傲，长安步步成吟。

　　我的故乡，是有着"十三朝古都"之称的西安。西安古称"长安"，地处关中平原中部，是华夏文明和中华民族的发祥地之一。自小生于斯、长于斯的长安人，有着一份无上的荣耀与自豪。每一片童稚的憧憬，每一个年少的梦想，每一段青春的热恋，每一回垂暮的缅怀，都融入在这一砖一瓦、一草一木、宫室园林、陵墓碑刻之中。

　　生活在这座古城里，行走在这片黄土地上，遥想周秦汉唐故事，那些看似古老陈旧的文献典籍——《诗》《书》《礼》《乐》《史记》《汉书》《隋书》、两《唐书》《贞观政要》《开元天宝遗事》……以及日渐疏离陌生的文化遗产——国风雅颂、秦声汉赋、唐诗乐舞，都生机勃发地绽放出光彩，千载以降，仍历历如昨、鲜活如初。我梦里的长安，是满眼盛开着牡丹和乐舞的都城；我心中的大唐，是遍地流淌着诗歌和音乐的国度；就让我们在这些诗史经典中，一起回到千年之前的繁华盛世，回到我的故乡长安，回到——我梦中的大唐。

第一幕　长安不见使人愁

　　十年迁客，家山外，浮云心事谁省？兰台辞赋惊绝响，幽愤史公情。

　　望长安，铜盘露冷，茂陵风雨相如病。听骊宫高处，仙乐声，蜀江水碧，夜雨霖铃。

　　秦兵横扫六合，千古一帝，万马千军驰骋。汉家霸王道杂用，盛唐天威行。

　　十三朝，古都梦醒。千年帝气漫西京。论兴衰，意纵横。周秦汉唐，九州移鼎。

（汉）班固《两都赋》

　　《两都赋》是汉代杰出的史学家和文学家班固创作的大赋，分《西都赋》《东都赋》两篇。《西都赋》叙述长安形势险要、物产富庶，都城壮丽宏大，宫殿奇伟华美、宫廷生活之奢侈丰富，全文极尽铺排之能事，以暗示建都长安的优越性，着实表现出了作者骋辞于赋的卓越才能。正因如此，班固赢得了与司马相如、扬雄和张衡并称的汉代四大赋家的盛誉，《两都赋》所开创的京都大赋体制，不仅蜚声文坛，而且直接影响了此后大量都市大赋的出现，如东汉张衡《二京赋》、西晋左思《三都赋》、唐人李庾《两都赋》等。《文心雕龙》赞其"明绚以雅赡"，被萧统《文选》列为第一篇。

汉之西都，在于雍州，实曰长安。左据函谷、二崤之阻，表以太华、终南之山。右界褒斜、陇首之险，带以洪河、泾、渭之川。众流之隈，汧涌其酉。华实之毛，则九州之上腴焉。防御之阻，则天下之隩区焉。是故横被六合，三成帝畿，周以龙兴，秦以虎视。及至大汉受命而都之也，仰寤东井之精，俯协《河图》之灵。奉春建策，留侯演成。天人合应，以发皇明，乃眷西顾，实惟作京。

于是睎秦岭，睋北阜，挟酆灞，据龙首。图皇基于亿载，度宏规而大起。肇自高而终平，世增饰以崇丽。历十二之延祚，故穷奢而极侈。建金城其万雉，呀周池而成渊。披三条之广路，立十二之通门。内则街衢洞达，闾阎且千，九市开场，货别隧分。人不得顾，车不得旋，阗城溢郭，旁流百廛。红尘四合，烟云相连。于是既庶且富，娱乐无疆。都人士女，殊异乎五方。游士拟于公侯，列肆侈于姬姜。乡曲豪举，游侠之雄，节慕原、尝，名亚春、陵。连交合众，骋骛乎其中。

……

宫馆所历，百有余区。行所朝夕，储不改供。礼上下而接山川，究休佑之所用。采游童之欢谣，第从臣之嘉颂。于斯之时，都都相望，邑邑相属。国籍十世之基，家承百年之业，士食旧德之名氏，农服先畴之畎亩，商循族世之所鬻，工用高曾之规矩。粲乎隐隐，各得其所。

第二幕　长安古意今胜昔

去年今日，桃花人面，悔煞轻别。前度刘郎，重来却道，鬓已星星也。

雁塔题名，曲江流饮，遥对终南积雪。十三代，天朝皇都，繁华千载不绝。

凤鸣岐山，龙潜周原，留待秦时明月。细柳猎鹰，上苑驰马，九重汉宫阙。

盛唐歌飞，万国衣冠争谒。俱往矣，挥别灞陵，阳关正三叠。

唐长安城，是中国历史上最宏伟壮观的都城。为了体现统一天下、长治久安的愿望，隋唐两代的统治者在城池规划过程中，贯穿着"天人合一"的理念，将长安建设成了一座超越古今的"不朽之城"。

《长安古意》是"初唐四杰"之一卢照邻的代表作。全诗铺叙了长安城帝都宫阙之恢宏富丽、皇家仪仗之威严盛大、贵族生活之奢华侈靡。通篇格局雄远、文辞古朴、法度庄严、气势宏大，借汉家之故事、刺本朝之积弊，大胆揭露统治阶层的荒淫腐败，寄托着诗人深沉的历史思考与现实批评。诚如现代文艺理论家闻一多先生所言，这"洋洋洒洒的宏篇巨作，为宫体诗的一个巨变"，其背后"有厚积的力量撑持着，这力量就是前人所谓的气势"，"使人麻痹了百余年的心灵复活"了。

第三幕　长安王气黯然收

盛唐时代的长安城，物阜民丰、百业兴旺，人口超过百万，汇聚着来自世界各地的物质与精神财富，成为多种族群和宗教、多元文化和艺术的荟萃之地，是一座名副其实的国际化大都市。"胡姬貌如花，当垆笑春风"，李白的诗句展现出都城长安盛行的异族情调与社会风尚；"九天阊阖开宫殿，万国衣冠拜冕旒"，王维的笔下描绘出大明宫恢宏瑰丽的建筑规制和"万国来朝"的堂皇气派。这些都体现出大唐帝国宽广的胸襟、强盛的国力与高扬的时代精神。

然而，随着李唐王朝的灭亡，关中地区逐渐失去了自周代以来全国政治、经济和文化中心地位，长安从此不再作为首都。清代史学家赵翼将此视为"地气之盛衰，久则必变"，认为唐代开元、天宝年间的地气自西北转向东北，是中国历史之大变局也，"秦中自古为帝王州，周、秦、西汉递都之，苻秦、姚秦、西魏、后周相间割据，隋文帝迁都于龙首山下，距故城仅二十余里，仍秦地也，自是混一天下，成大一统。唐因之，至开元、天宝而长安之盛极矣""唐人诗所咏长安都会之繁盛，宫阙之壮丽，以及韦曲莺花，曲江亭馆，广运潭之奇珤异锦，华清宫之香车宝马，至天宝而极矣"。对此，史家感慨说"盛极必衰，理固然也"。周秦汉唐时代的长安不复存在，这里成为了一座满载着盛世中国历史记忆的古都，成为历代文人墨客永远写之不尽的主题。

（宋）范祖禹《长安》

东风吹尘客心起，京华去蜀三千里。我来踏雪走函关，下视秦川坦如坻。
晓登太华三峰寒，凭高始觉天地宽。却惜京华不可见，烟花二月过长安。
长安通衢十二陌，出入九州横八极。行人来往但西东，莫问兴亡与今昔。
昔人富贵高台倾，今人歌舞曲池平。终南虚绕帝王宅，壮气空蟠佳丽城。

黄河之水东流海，汉家已去唐家改。茂陵秋草春更多，豪杰今无一人在。
细观此事何足愁，不如饮酒登高楼。秦王何苦求九鼎，魏武空劳营八州。
当年富贵一时事，身后寂寞余高丘。春风开花不易得，一醉何必封公侯。

终场　长相思，在长安

（宋）张舜徽《卖花声》

木叶下君山。空水漫漫。十分斟酒敛芳颜。不是渭城西去客，休唱阳关。
醉袖抚危栏。天淡云闲。何人此路得生还。回首夕阳红尽处，应是长安。

多年之前，青春年少的我，离开了亲爱的故乡。从此之后，长安，就成
为我梦萦魂牵的所在。总为浮云能蔽日，长安不见使人愁。天长路远心飞苦，
梦魂不到关山难。无论走得多久、距离多远，无论岁月迁徙、年华逝去，长
安，永远是我心中最长久的思念、最深切的眷恋。长相思，摧心肝；长相思，
在长安……

（三）《唐宋名篇耀千年之梦江南》（剧本）

开　场

古筝独奏＋女声独唱《梦江南》

草青青，水蓝蓝，白云深处是故乡，故乡在江南。
雨茫茫，桥弯弯，白帆片片是梦乡，梦乡在江南。

不知今宵是何时的云烟，也不知今夕是何夕的睡莲。只愿能化作唐宋诗
篇，长眠在你身边。说到江南，最先出现在我们脑海中的一定就是唐代诗人
白居易的《忆江南》：

江南好，风景旧曾谙。日出江花红胜火，春来江水绿如蓝。能不忆江南？

古乐府描述"江南"曰："盖美芳晨丽景，嬉游得时也。"古往今来，江
南就是无数文人墨客、乐师画家笔下，永远吟诵不倦的题材。江南的山重水
复蜿蜒着灵动的诗情画意，江南的春来秋往孕育着季节的红肥绿瘦，江南的
田间树头婉转着悦耳的燕语莺歌，江南的村镇巷陌生长着传奇的故事，江南
的亭台楼阁尘封着迷人的传说。

我们所生活的这个城市，地处中国的北方，距离江南千里之遥；幸运的
是，就在我们身边，有一座被称作"城市蓬莱"的皇家园林——保定古莲花
池。古莲花池位于河北省保定市，是古代"保定八景"之一，被誉为中国北
方古代园林的明珠。与苏州拙政园、北京颐和园、圆明园齐名的中国十大历

史名园之一。园中遍植莲花，每年盛夏，满池莲花，亭亭盛放，池水深碧，亭台倒映，水光天色，融为一体，自古就有"小西湖"的美誉。

又是一年的盛夏，又是满池美丽绽放的莲花，让我们在这座有着江南水乡之美的北国园林中，一起来演绎一场风景无限好的《梦江南》吧！

第一幕 江南采莲

古莲池初名雪香园，为元代汝南王张柔开凿，建于公元 1234 年。公元 1284 年被地震震毁，仅存深池清水，繁茂荷花，明代以后人们习惯称它为"莲花池"。元代著名学者、文学家郝经《临漪亭纪略》以优美的文笔描述了古莲花池的美景："茂树葱郁，异卉芬茜，庚伏冠衣，清风夏然，迥不知暑。澄澜荡漾，帘户疏越，鱼泳而鸟翔，虽城市嚣嚣而得三湘七泽之乐，可谓胜地矣。"清代乾隆年间，曾任清苑知县的时来敏作《莲漪夏滟》诗曰：

一泓潋滟绝尘埃，夹岸亭台倒影来。风动红妆香细送，波摇锦缆鉴初开。

宜晴宜雨堪临赏，轻暖轻寒足溯洄。宴罢不知游上谷，几疑城市有蓬莱。

全诗描写莲池碧水和夹岸亭台倒影，突出一个"静"字。再写荷送暗香，船动波摇，"鉴初开"，像镜子一样的水面微微荡开，突出一个"动"字，意境优美、情致动人。

（汉乐府）《江南可采莲》

女声独唱 + 女子群舞

江南可采莲，莲叶何田田，鱼戏莲叶间。

鱼戏莲叶东，鱼戏莲叶西。鱼戏莲叶南，鱼戏莲叶北。

女声诵读（唐）王昌龄《采莲曲》

荷叶罗裙一色裁，芙蓉向脸两边开。乱入池中看不见，闻歌始觉有人来。

男声诵读（宋）周敦颐《爱莲说》

水陆草木之花，可爱者甚蕃。晋陶渊明独爱菊。自李唐来，世人甚爱牡丹。予独爱莲之出淤泥而不染，濯清涟而不妖，中通外直，不蔓不枝，香远益清，亭亭净植，可远观而不可亵玩焉。予谓菊，花之隐逸者也；牡丹，花之富贵者也；莲，花之君子者也。噫！菊之爱，陶后鲜有闻。莲之爱，同予者何人？牡丹之爱，宜乎众矣！

男女声合诵（民国）朱湘《采莲》

（男）小船啊轻飘，杨柳呀风里颠摇；荷叶呀翠盖，荷花呀人样妖娆。

　　　日落，微波，金线闪动过小河，左行，右撑，莲舟上扬起歌声。

（女）菡萏呀半开，蜂蝶呀不许轻来；绿水呀相伴，清净呀不染尘埃。

　　　溪间，采莲，水珠滑走过荷前。拍紧，拍轻，浆声应答着歌声。

（男）藕心呀丝长，羞涩呀水底深藏；不见呀蚕茧，丝多呀蛹裹中央？

　　　溪头，采藕，女郎要采又犹夷。波沉，波升，波上抑扬着歌声。

（女）莲蓬呀子多，两岸呀榴树婆娑；喜鹊呀喧噪，榴花呀落上新罗。

　　　溪中，采莲，耳鬓边晕着微红。风定，风生，风飔荡漾着歌声。

（男）升了呀月钩，明了呀织女牵牛；薄雾呀拂水，凉风呀飘去莲舟。

（女）花芳，衣香，消溶入一片苍茫；时静，时闻，虚空里袅着歌音。

第二幕　杨柳青青

女声演唱《梦里水乡》

春天的黄昏，请你陪我到梦中的水乡，那挥动的手在薄雾中飘荡。

……

我用一生的爱，去寻找那一个家，今夜你在何方。

转回头迎着你的笑颜，心事全都被你发现，梦里遥远的幸福，他就在我的身旁。

女声诵读（南唐）李煜《望江南》

闲梦远，南国正芳春。船上管弦江面渌，满城飞絮辊轻尘。忙杀看花人！

闲梦远，南国正清秋。千里江山寒色远，芦花深处泊孤舟，笛在月明楼。

男声诵读现代诗《梦江南之杨柳青青》

每当杨柳青青的时候，我便梦见江南。

唤不回的春情已随白帆远，万片柳絮翻卷吹堕。

倾诉着，信手掠过的潺潺小溪；倾诉着，枕石而眠遍地芳草的呢喃。

太清纯的江南，太诗意的江南，抱心走入浓淡相宜的水墨画中，一梦再梦，不肯乘上回归的船。

第三幕　烟雨蒙蒙

女声独唱《江南雨》

江南人留客不说话，自有小雨悄悄地下。

黄昏雨似幕，清晨雨如纱，遮住林中路，打湿屋前花，

多情小雨唱支歌，留下吧，留下吧，留下吧！

江南人留客不说话，只听小雨沙沙地下，

若断又若续，如诗又如画，心在雨中醉，情在雨中发，

多情小雨最难忘，留下吧，留下吧，留下吧！

女声诵读（唐）韦庄《菩萨蛮》

人人尽说江南好，游人只合江南老。春水碧于天，画船听雨眠。

垆边人似月，皓腕凝霜雪。未老莫还乡，还乡须断肠。

男声朗诵《梦江南之烟雨蒙蒙》

每当烟雨蒙蒙的时候，我便梦见江南。

一把小小的油纸伞，跳跃的雨点叮叮咚咚。

欢唱着，石板小桥柔如彩虹；欢唱着，处处任你避雨的曲廊飞檐。

太纤弱的江南，太细腻的江南，伞下一缕呻吟的游魂，纷纷飘落，无数梦萦魂绕的诗篇。

第四幕　彩霞满天

女声独唱《彩霞满天》

朝也彩霞满天，暮也彩霞满天。还记得小时候，我们手携手肩并肩。

早也看晚也看，啊，彩霞满天。彩霞里有我们的心愿，还有我们的誓言。

如果你是一片彩霞，我一定是彩霞一片。

你飞到天边，我飞到天边。早也翩翩，晚也翩翩。

女声诵读（宋）王观《卜算子》

水是眼波横，山是眉峰聚。欲问行人去那边？眉眼盈盈处。

才始送春归，又送君归去。若到江南赶上春，千万和春住。

男声诵读现代诗《梦江南之彩霞满天》

每当彩霞满天的时候，我便梦见江南。

袅袅炊烟千丝飘逸融入云深深处，夕阳波洒红晕将思乡的琴弦拨弹。

流淌着，弯弯小路提不起无言的沉重；流淌着，苍茫云山阻隔归途漫漫。

太浓郁的江南，太痴情的江南。

田间牧歌抽出绵绵情丝，悠悠然，荡漾在记忆中，扯也扯不断。

第五幕　月满西楼

女声独唱《月满西楼》

红藕香残玉簟秋。轻解罗裳，独上兰舟。云中谁寄锦书来，雁字回时，月满西楼。

花自飘零水自流。一种相思，两处闲愁。此情无计可消除，才下眉头，却上心头。

女声诵读（宋）王琪《忆江南》

江南燕，轻扬绣帘风。二月池塘新社过，六朝宫殿旧巢空。颉颃恣西东。

江南柳，烟穗拂人轻。愁黛空长描不似，舞腰虽瘦学难成。天意与风情。

江南雨，风送满长川。碧瓦烟昏沈柳岸，红绡香润入梅天。飘洒正潇然。

江南竹，清润绝纤埃。深径欲留双凤宿，后庭偏映小桃开。风月影徘徊。

江南水，江路转平沙。雨霁高烟收素练，风晴细浪吐寒花。迢递送星槎。

江南酒，何处味偏浓。醉卧春风深巷里，晓寻香斾小桥东。竹叶满金钟。

江南草，如种复如描。深映落花莺舌乱，绿迷南浦客魂消。日日斗青袍。

江南岸，云树半晴阴。帆去帆来天亦老，潮生潮落日还沈。南北别离心。

江南月，清夜满西楼。云落开时冰吐鉴，浪花深处玉沈钩。圆缺几时休。

江南雪，轻素剪云端。琼树忽惊春意早，梅花偏觉晓香寒。冷影褪清欢。

男声诵读《梦江南之月满西楼》

每当月满西楼的时候，我便梦见江南。

如霜的月色被箫声泻落，满地浮银烁金的光斑。

映照着，古雅亭台黛色的倒影；映照着，圆舞池般的荷塘上迷离的烟岚。

太温柔的江南，太宁谧的江南，乡愁穿破夜色飞越关山，直达梦的尽头，一盏孤灯，照亮了，小楼昨夜无眠的窗扇。

第四章 红色文化涵育大学生社会主义 核心价值观的实践路径

中华大地流淌过革命先烈的红色血液，华夏儿女传承着革命先烈的红色基因。把红色基因融入大学生血脉，让红色精神代代相传，是高校思想政治教育工作者不可推卸的历史责任。什么是红色精神？它是"指中国共产党带领中国人民在探索社会主义道路的实践中所积累的宝贵精神财富"①，具体包括新民主主义革命时期的革命精神、社会主义建设时期的建设精神、改革开放时期的创新精神。红色精神是社会主义核心价值观的重要组成部分，红色精神是对当代大学生进行社会主义核心价值观教育的宝贵资源。红色精神实践教育是培育社会主义核心价值观的生动课堂，是激活大学生红色基因、焕发大学生生机活力的有效途径。在全国高校思想政治工作会议上，习近平总书记突出强调，要加强中华优秀传统文化和革命文化、社会主义先进文化教育。不难看出，红色精神蕴含在革命文化和社会主义先进文化之中。在大学生社会主义核心价值观教育过程中，我们始终坚持把红色基因传承和红色精神践行作为重要抓手，系统开展了"红色文化"进校园践行活动、"红色记忆"口述史调研活动、"红色遗址"解说词调研活动等，把红色文化资源作为涵育大学生"核心价值观"的重要依托。因为，对于当代大学生而言，应该争当红色基因的传承者和红色精神的弘扬者，力求做到"有信仰，咬定青山不放松""有担当，敢教日月换新天""有情怀，俯首甘为孺子牛""有气节，要留清白在人间"。② 传承红色基因、践行红色精神是把当代大学生培育成为中国特色社会主义现代化事业合格建设者和可靠接班人的必然选择。

---

① 田永静、颜吾侣：《以红色精神教育坚定大学生的理想信念》，《思想政治教育研究》2016 年第 2 期。

② 强卫：《激活红色基因 焕发生机活力——学习贯彻习近平总书记重要讲话精神》，《求是》2014 年第 18 期。

第一节　"红色文化"进校园践行活动

红色是中国共产党价值追求和中华民族精神内涵最生动的象征。红色文化是中国共产党带领人民在 90 多年革命、建设、改革的伟大实践中创造的人、物、事、魂等的总称。红色文化是对中华优秀传统文化和世界优秀文化的继承、发展与创新，是马克思主义基本原理同中国具体实际相结合的精神结晶。它是中国共产党革命传统、优良作风、精神信仰、道德情操和价值追求等的综合体现。习近平总书记强调，中华民族伟大复兴需要以中华文化发展繁荣为条件。繁荣发展中华文化必须传承和弘扬红色文化。"红色文化以其鲜明的政治立场、崇高的价值取向、深厚的群众基础、坚决的奋斗精神等，为实现中华民族伟大复兴提供着强大的精神动力"①。在当今时代，西方敌对势力竭力对我们进行文化渗透，鼓吹资产阶级"民主宪政""普世价值"等，妄图诱使我们改旗易帜，我们应当对此高度警惕。红色文化是抵御西方反动腐朽思想、防止"和平演变"的思想利器。在推进社会主义核心价值观建设过程中应充分认识其内涵、意义，切实用好这一思想武器。弘扬红色文化，必须高度重视对在校大学生的教育引导。一方面，要"请进来"，推进"红色文化"进校园践行活动，把"红色文化"作为高校社会主义核心价值观教育的宝贵精神资源；另一方面，要"走出去"，到广阔天地体验和感悟"红色文化"，充分发挥"红色文化"涵育大学生社会主义核心价值观的重要作用。通过"红色文化"的涵育，筑牢抵御拜金主义、享乐主义、极端个人主义等腐朽思想侵蚀的思想道德防线，培养大学生树立正确的世界观、人生观、价值观，努力造就中国特色社会主义事业的合格建设者和可靠接班人。

一、高校"红色校园文化"执行力模式

党建创新对于高校实现人才培养目标有着直接的重要影响。河北大学历史学院坚持以"红色精神进校园"活动为契机，致力打造红色校园文化，通

---

① 张全景：《从红色文化中汲取精神动力》，《人民日报》2015 年 11 月 13 日。

过红色校园文化的创建，使党的路线方针政策得以在高校校园贯彻落实，从而提高党在高校的执政能力和思想政治教育工作者的执行力，推进高校社会主义核心价值观建设。高校"红色校园文化"执行力模式，要坚持以新时代中国特色社会主义思想为指导，以高校"红色校园文化"建设为载体，坚定不移地用红色文化精神涵育大学生社会主义核心价值观，引领大学生健康成长。高校"红色校园文化"的构建重在把高校党的执政能力具体落实为校园文化的执行力，致力打造以"红色精神进校园"为主题的红色校园文化执行力，确保高校成为培养社会主义现代化建设事业合格建设者和可靠接班人的前沿阵地。

（一）高校"红色校园文化"执行力模式的内涵阐释

建设高校"红色校园文化"的目的，既是为了加强高校党的执政能力，实现党的执政能力和教育教学活动的有机结合，又是为了推动高校社会主义意识形态阵地建设，发挥好高校的人才培养功能。为此，高校必须坚持加强党的领导，把党的领导渗透到"红色校园文化"，把党的影响贯彻到教育教学全过程，充分发挥"红色校园文化"涵育大学生社会主义核心价值观的重要作用。

1. "红色校园文化"的核心理念

高校"红色校园文化"的核心理念可以概括为："党建是旗帜，精神是动力，组织是保障，执行是落实"。

"党建是旗帜"，就是通过高校党建创新，发挥党组织的凝聚力和感召力，让党性发扬光芒，使党的路线、方针、政策得到贯彻落实。通过加强高校党的建设，创建红色校园文化，用红色精神引领大学生思想发展和健康成长，铸就大学生的精神家园。

"精神是动力"，就是通过弘扬红色精神，把红色文化资源引入校园，为大学生的成长提供精神动力。大学生的精神必须要用新时代中国特色社会主义思想来塑造，要靠红色文化精神来铸就，要靠中华优秀传统文化来涵育。只有坚持用红色文化精神引导大学生，才能为大学生的成才提供强劲的精神动力和正确的价值引领。

"组织是保障"，就是通过高校基层党的组织建设，产生牢固的向心力和内驱力，使党支部成为战斗堡垒，使党员成为一面旗帜，积极推进"两学一做"活动。

"执行是落实"，就是把"红色精神进校园"的各项工作要求落到实处。打造高校"红色校园文化"执行力，关键在于真抓实干，让宣传思想政治工作贴近实际、贴近生活、贴近学生。

2. "红色校园文化"的基本内涵

校园文化是指高校所创造的物质文化、制度文化和精神文化的总和。其中物质文化是基础，精神文化是灵魂和核心，制度文化是中坚和保证。社会主义高校在党的领导下理应创建一种"红色校园文化"。"红色校园文化"是一种以学生的全面发展为中心，以"红色精神进校园"为主题，以党建铸魂为基础的高校社会主义核心价值观培育模式。那么，社会主义高校为什么要创建红色校园文化呢？

第一，红色是中国共产党的颜色，是党旗的颜色。社会主义高校应该坚持以党建促发展，以邓小平理论、"三个代表"重要思想、科学发展观和新时代中国特色社会主义思想指导校园文化建设，让党旗永远飘扬在校园，让红色文化精神永驻大学生心中。

第二，红色是中华人民共和国国旗的颜色，是中国特色社会主义先进文化的颜色。红色充分表现了社会主义高校的文化特征，能够充分表达高校师生对社会主义祖国的热爱。

第三，红色是中华民族的颜色。它代表着中华民族的喜庆和吉祥，也代表着高校师生对幸福美好生活的向往和追求。

第四，红色在传统文化中，代表着红红火火、兴旺发达。社会主义高校的校园文化突出红色，是因为它预示着党、国家、学校、学生的红红火火、兴旺发达。

第五，红色是热烈而兴奋的颜色，契合了青年大学生的性格特征，具有节庆的价值。大学生热爱生活，富有朝气，蓬勃向上，对祖国的未来充满了信心。

3. "红色校园文化"的运行模式

第一，"红色校园文化"的执行部门。高校党委是"红色校园文化"建设的领导部门，组织部、宣传部、学生工作部、工会、团委等是"红色校园文化"建设的指导部门，院系党委是"红色校园文化"建设的具体执行部门。

第二，"红色校园文化"的影响途径。直接途径——"红色校园文化"通过组织系统、教育系统、传播系统影响着执行过程，产生强大的执行力。间接途径——"红色校园文化"通过民主政治，如党代会、团代会、职工代表大会等，影响学校的计划、决策过程，渗透于学校的执行系统，融化为执行力。

第三，"红色校园文化"的执行力构成。"红色校园文化"的执行力，也就是高校党委的执政能力在基层党组织的具体表现。执行力就是基层院系党委贯彻执行党的路线方针政策的能力和方法。执行力具体表现为组织者的战斗力、教育者的影响力和传播者的辐射力。

（二）高校"红色校园文化"执行力的实现过程

1. 组织系统——提高战斗力

第一，组织者的素质是执行力的基础。在知识经济时代，高校党委和宣传思想政治工作干部组织学习的速度和能力，是党建创新和加强思想政治工作的动力源泉。高校党委要确立终身学习、全员学习、团队学习的理念，致力于建设学习型组织，建设学习型政工干部队伍，培养一支专业化、职业化的思想政治教育工作队伍，大力推进"红色文化精神进校园"主题活动，积极推动"红色校园文化"建设，提高基层党组织的战斗力和思想政治教育工作者的执行力。

第二，组织者的素质源自于学习与教育。高校在弘扬红色精神，建设"红色校园文化"过程中，要通过组织学习、教育培训等多种途径，致力于提高思想政治教育工作者的综合素质。如选派思想政治教育工作干部参加全国性的职业能力培训和党建与思想政治教育工作学术研讨会等，使思想政治教育工作干部中涌现出一批职业指导师、心理咨询师等；鼓励思想政治教育工作干部从事一定的教学与研究工作，使他们尽快达到思想政治教育系列副教授和教授水平。

第三，政治学习与教育的内容。高校思想政治教育工作者政治学习与教育的主要内容有三个方面：一是邓小平理论、"三个代表"重要思想、科学发展观和新时代中国特色社会主义思想等，通过学习与教育，提高政治理论水平；二是党的知识、理论、历史等，通过学习与教育，提高党性意识，发挥好党员的先锋模范作用；三是时事政策知识，通过学习与教育，使他们认清形势，掌握政策，明辨是非，增强执行党的政策的自觉性。

第四，政治学习与教育的主要途径。高校党委中心组学习——定期组织党委中心组开展政治理论学习活动。"三会一课"制度——支部委员会、支部党员大会、党内民主生活会和党课。收听收看政治报告——如收看十九大现场直播、聘请校内外专家、党的十九大代表做专题报告。网络学习平台——充分利用网络技术，购买干部在线学习系统，要求思想政治教育工作干部定期收听收看若干政治理论、高等教育、大学生问题研究等方面的专题报告，并撰写学习体会。有组织的政治学习活动，如"两学一做"活动等。

2. 教育系统——提高影响力

高校通过积极开展红色精神进校园的主题宣传思想政治教育活动，可以大力推进"红色校园文化"建设，"红色校园文化"建设又能够为红色精神的宣传教育提供良好的文化平台。通过"红色校园文化"的宣传教育，可以实现"内滋品德、外强素质"的效果，提高红色精神的教育影响力，实现师生对"红色校园文化"的认同，进而培育良好的精神风貌和文明形象。

第一，课堂教学。通过党校、团校，尤其是高校的思想政治理论课教学活动弘扬红色精神，在大学生中积极开展延安精神"三进"工作："进教材"是基础，如聘请校内外的有关专家学者编写《延安精神教学大纲》；"进课堂"是重要形式，为了保证进课堂，可以在思想政治理论课教学计划中专门拿出4—6个学时用于专题讲授延安精神；"进学生头脑"是工作目标，"进校园"的最终目的就是要用延安精神武装大学生的头脑，使大学生树立对马克思主义和中国特色社会主义道路的坚定信念。

第二，活动引导。通过学术讲座、座谈讨论、读书交流、节日庆祝、歌咏比赛、入党宣誓、升国旗等活动，弘扬红色精神，传播红色文化。如可以聘请"五老人员"（老干部、老战士、老专家、老教师、老模范）到学校为学生做延安精神专题报告和中国革命传统教育等。由高校的宣传部、学生工作部、工会、团委等组织主题"红歌会"如"歌颂祖国""金曲颂中华"等革命歌曲大型歌唱比赛等。在"五四""七一""十一""一二·九"等纪念日组织学生开展演讲、征文、知识竞赛等形式多样的爱国主义教育活动。组织学生开展义务普法、科技下乡、志愿服务、捐资助教等活动。

第三，环境育人。高校应以"红色校园文化"为主题，统一规划校园的自然环境与人文景观，图书馆、教室、公寓悬挂革命先烈、文化名人、仁人志士的肖像和名言警句，激励学生勿忘革命传统，立志成才报国。聘请校内外知名学者举办红色文化相关内容的高峰论坛、学术讲座等，增强"红色校园文化"氛围。充分利用高校周边红色教育资源优势，组织学生参观革命圣地，缅怀革命先烈，感悟革命精神，激发爱国热情。

3. 传播系统——提高辐射力

通过广泛的"红色精神进校园"活动的推介，达到社会公众对高校"红色校园文化"的接受和共享，达到"外向辐射、外赢美誉"的效果，使红色精神得到广泛传播，提高高校的知名度和美誉度。

第一，媒体传播。通过高校创办的校报、学术期刊、电视台、网络等媒体，以及大众传媒宣传介绍高校开展"红色精神进校园"活动的情况，进行红色精神的理论探讨和学术交流，推进红色精神的广泛传播。设立"红色精神进校园"专题网页，搭建红色精神教育与学习的交流平台。

第二，实践传播。通过组织学生利用业余时间，深入社会开展实践活动，传播红色校园文化，弘扬红色精神。如组织思想政治教育工作者赴井冈山、延安、西柏坡等革命圣地参观考察，建立爱国主义教育基地，同时，可以把红色教育资源引入高校，通过板报、橱窗等宣传红色精神，并且与高校社会主义核心价值观教育紧密结合。利用寒暑假期，组织学生社会实践团队进企业、下工厂、走农村，开展帮教扶贫、技术改良、政策咨询等活动，在服务社会中践行红色精神，使弘扬红色精神从理论层面逐步扩展到实践层面。

第三，会议传播。高校应经常组织思想政治教育工作干部参加中国延安精神研究会举办的全国性会议，介绍红色精神进校园工作的经验和体会，相互学习，取长补短。可以邀请中国延安精神研究会和地方延安精神研究会的老领导、老前辈到学校视察指导工作，举办座谈会，进行专题讲座。在"红色校园文化"建设方面，充分发挥地域优势，加强与地方红色文化资源管理部门的交流与合作。

第四，共建传播。中国人民解放军是具有优良革命传统的部队。高校要与当地部队驻军建设良好的共建关系，邀请部队领导和教官到校开展有关国防安全和军队优良传统的主题报告，增强学生的忧患意识和爱国热情。高校也要利用自身的独特优势，利用每年的军训活动，选派具有文艺特长的学生赴部队进行慰问演出，组织学生为当地部队官兵传授科学知识等。在此基础上，师生与官兵结成学习小组，围绕延安精神、爱国主义、艰苦奋斗等内容，互帮互学，取长补短，共同提高。

二、河北大学历史学院延安精神研究会

（一）历史学院延安精神研究会成立大会主持词

历史学院延安精神研究会成立大会

暨保定延安精神研究会"铁证"专题展驻保高校首发式

尊敬的各位领导、各位来宾、亲爱的同学们：

大家下午好！今天我们欢聚一堂，隆重举行历史学院延安精神研究会成立大会暨保定延安精神研究会"铁证"图片展驻保高校首发式。

延安，之所以被称作中国革命的圣地，不仅因为它是中国共产党 1935 年至 1948 年领导抗日战争和解放战争的指挥中心，最重要的是因为中国共产党在延安的 13 年里，孕育了光照千秋的延安精神。延安精神是中国共产党和中华民族最宝贵的精神财富，对中国历史发展进程产生了极为巨大和深远的影响。延安精神的核心内容是：实事求是，理论联系实际，坚定正确的政治方向，全心全意为人民服务，自力更生、艰苦奋斗，下定决心，不怕牺牲，排除万难，不断开拓创新，争取胜利。

多年来，河北大学延安精神研究会通过理论研讨、社会实践、文体活动等形式，营造了良好的学校文化氛围，使延安精神成为河北大学红色校园文化的重要元素和思想政治教育的红色旗帜。

历史学院依托自身的学科优势，发挥专业特色，坚持"凝聚人气，苦练内功，传播美名，科学发展"的办学理念，把培养求真务实、德才兼备的社会主义事业合格建设者和可靠接班人作为育人理念，全院师生在延安精神研究方面有着浓厚的兴趣和参与热情，具有得天独厚的优势。同时，我们还得到了保定延安精神研究会的大力支持及河北大学延安精神研究会的悉心指导。

在此，我代表历史学院宣布：历史学院延安精神研究会成立大会暨保定延安精神研究会"铁证"图片展驻保高校首发式，现在正式开始！

全体起立，唱国歌（请大家坐下）。

介绍出席大会的领导与嘉宾

今天出席这次大会的学校领导及学院领导有：

河北大学党委常委、河北大学延安精神研究会副会长王培光

河北大学延安精神研究会副会长、关工委常务副主任王喜辰

河北大学宣传部部长、河北大学延安精神研究会秘书长张秋山

河北大学关工委副秘书长李庆

药学院党委书记、药学院延安精神研究会会长黄增瑞

历史学院书记、历史学院延安精神研究会会长李维意

历史学院院长、历史学院延安精神研究会副会长肖红松

历史学院副院长、历史学院延安精神研究会副会长范铁权

河北大学宣传部副部长、新闻中心主任张永刚

今天出席这次大会的嘉宾有：

保定延安精神研究会会长张吉明

保定延安精神研究会常务副会长臧凤华

保定延安精神研究会副会长魏乔记

保定延安精神研究会副会长宋迎祥

保定延安精神研究会副会长李清哲

保定市关工委讲师团副团长丁友良

保定《延安精神研究》杂志编委会副主任、河北农业大学博士生导师黄长春

保定《延安精神研究》杂志常务副主编、河北大学关工委委员安建萍

保定《延安精神研究》杂志副主编、市委党校机关党委副书记田俊茹

让我们以热烈的掌声对莅临大会的各位领导、来宾表示热烈的欢迎和衷心的感谢！

历史学院延安精神研究会成立大会主要议程：

历史学院书记、历史学院延安精神研究会会长李维意讲话

授旗仪式：河北大学党委常委、河北大学延安精神研究会副会长王培光和河北大学延安精神研究会副会长、关工委常务副主任王喜辰为历史学院延安精神研究会授旗。

历史学院延安精神研究会指导教师代表杨豪发言

学生代表聂卉鑫同学发言

河北大学药学院党委书记、药学院延安精神研究会会长黄增瑞讲话

保定延安精神研究会会长张吉明为大会致辞

保定延安精神研究会副会长、"铁证"专题展作者魏乔记讲话

河北大学党委常委、河北大学延安精神研究会副会长王培光讲话

老师们、同学们：

我相信在座的每一位此时此刻都非常的高兴和激动，历史学院延安精神研究会成立以后，我们将继续开展一系列以"传承延安精神"为主题的红色实践活动、追寻访问活动、知行合一活动以及集体创建活动，这些活动的开展必将有力推动大学生社会主义核心价值观的培育和践行。

下面我宣布，历史学院延安精神研究会成立大会暨保定延安精神研讨会"铁证"专题展驻保高校首发式圆满结束。

最后，再次感谢各位领导和嘉宾的到来，祝愿大家身体健康、生活愉快！

大会结束后，请老师和同学们观看"铁证"图片展，并在留言簿上认真填写留言签名，请领导嘉宾合影留念。

（二）历史学院延安精神研究会成立大会讲话稿

1. 历史学院书记讲话

尊敬的各位来宾、老师，亲爱的同学们：大家好！

首先，非常感谢保定市延安精神研究会与学校延安精神研究会的大力支持！今天河北大学历史学院延安精神研究会正式成立了。

历史学院延安精神研究会设有会长1名，由历史学院书记李维意担任，副会长2名，分别由肖红松院长、范铁权副院长担任，秘书长1名，由团委书记担任。研究会指导教师：郭晓勇、吕志茹、刘洁、杨豪。此外，历史学院团委专门设立延安精神研究部，负责开展、配合研究会的各项工作。

历史学院充分发挥学科优势，注重知识储备、思维训练、理论研究和实际应用，坚持"动静结合，内外联动"，把"求真务实、德才兼备"作为学院育人理念。学院一直重视学生的思想引领和道德培养，重点打造了青年志愿者服务项目，通过组织关老敬老志愿服务、社会义工活动、特色社会实践，积极引导大学生践行社会主义核心价值观，营造积极向上的学习氛围。学院的垃圾处理社会调研小分队和今年暑期的暖泉古镇历史挖掘调研团队都被评为省级先进实践分队；学院关老志愿服务团队连续五年被评为优秀志愿团队；

李凌禾芮、张明等同学发表了延安精神研究的学术论文，这些都为学院延安精神研究会的发展打下了基础，也让我们有足够的信心把今后的工作做得更好。

首先，发挥学科优势，深入理论研究。历史学科作为一门严谨求实的人文学科，缜密审慎的历史思维和卓越的专业素养对于延安精神的理论研究有很大帮助。为此，要充分发挥历史学院的学科专业优势，以毓秀史学论坛、大讲堂、论文比赛等为平台，加强延安精神的学习与研讨。

其次，加强学院之间的交流，促进共同进步。加强与兄弟学院之间的沟通交流，与兄弟学院协同合作，举办延安精神座谈会、交流会等活动，在沟通中不断地认识自身，取长补短，以达到相互促进、共同提高的目的。

再次，注重实践培养，强调内化于心。工作开展要坚持脚踏实地，求质量重实效，将"滴灌式"思想教育方法融入社会实践，循序渐进、内化于心，切实提升大学生的思想政治理论素养。

最后，再次感谢保定市延安精神研究会与学校延安精神研究会的大力支持，祝历史学院延安精神研究会越办越好，祝愿各位领导、嘉宾、老师和各位同学们身体健康，万事如意！

2. 历史学院学生代表发言

尊敬的各位领导、老师，亲爱的同学们：

大家下午好！我是河北大学历史学院的学生聂卉鑫，很荣幸我今天能够作为学生代表在这里发言。我为历史学院延安精神研究会的成立而感到无比喜悦与自豪。延安，是一片足以令每一个中国人都激情澎湃的热土，巍峨的宝塔山见证了战火纷飞的岁月，潺潺的延河水流淌着血浓于水的军民情。在那风起云涌、艰苦卓绝的 13 个春秋，伟大的延安精神在此诞生。从此，它像一盏明灯，照亮了中国人民前进的道路。

然而，在全球化、市场化快速发展的今天，一些大学生抛弃了自力更生、艰苦奋斗的创业精神，失去了精神信仰，面对落后、腐朽的思想文化，毫无招架之力，变成了拜金主义、享乐主义和极端个人主义的俘虏。因此，重新提振大学生的精神风貌，呼唤着延安精神进校园。因为，延安精神是当代大学生精神长足发展的"食粮"，用延安精神涵育当代大学生，能够帮助他们树立远大理想、明确前进方向。

卡莱尔说过："我们的行动是唯一能够反映出我们精神面貌的镜子。"所以，刚刚进入大学，我便加入了青年志愿者的行列，希望用实际行动实现精神上的富足。我们拜访敬老院，为老人们带去欢乐；我们照顾老教授，为老师们送去温暖；我们来到学校，为聋哑儿童带去知识；我们来到车站，为归家的人提起行囊……我们本着"奉献、友爱、互助、进步"的宗旨，发扬"服务他人，完善自我"的精神，全心全意为人民服务，用切实行动来践行伟大的延安精神。在一次又一次的志愿活动中，我深刻体会到什么是脚踏实地，什么是锐意进取，学会了甘于奉献，懂得了助人为乐。

如果光谈理论而忽略实践就会陷入凌空蹈虚的乌托邦险境，所以我们走出课堂，走出校园，走进田间，走进草房。我们成了寒暑期社会实践的先锋者，成了社会主义核心价值观的践行者。我们深入到社会各个角落，呼吸着生活的气息、感受着时代的脉搏。今年的暑假，学院结合本专业特色，开展了主题为"传统文化在身边·寻找美"主题社会实践活动，我回到了家乡，寻找散落在田间地头的传统文化，在实践中不仅锻炼了能力，更是增强了对家乡和祖国的归属感和认同感。

伟大的时代呼唤伟大的精神，在这样一个关键时期，延安精神像一面旗帜，引领着青年学子乃至全体国人奋勇前行。因此，请允许我向全体同学发出倡议：学习和发扬延安精神，珍惜年华、胸怀天下、勇于拼搏、意气风发，肩负起中华民族复兴的历史重任，为中华之崛起而奋斗终生。

最后，衷心祝愿领导、老师们身体健康、工作顺利，祝愿同学们生活愉快、学习进步！谢谢大家！

3. 学校领导到会致辞

尊敬的各位嘉宾、老师、亲爱的同学们：大家好！

首先，我谨代表河北大学延安精神研究会向历史学院延安精神研究会的正式成立表示最衷心的祝贺！也衷心地感谢保定市延安精神研究会对本校研究会工作的关怀与大力支持！

河北大学自 1993 年创建全国首个研究生延安精神研究会以来，至今已经走过了 20 多年的不凡历程，并光荣地被中国延安精神研究会誉为全国高校首个挂牌教育基地。目前，已经有 15 个学院成立了延安精神研究会，各学院相互学习、相互促进，使我校的延安精神研究会得到了壮大和发展。20 多年来，河北大学延安精神研究会始终坚持理论实践相结合、线上线下有互动、校内校外促发展、第一课堂与第二课堂相融合的"滴灌式"思想教育模式，使延安精神成为河北大学红色校园文化的重要元素和思政教育的红色旗帜。

历史学科是河北大学的强势特色学科，拥有雄厚的学科研究实力和专业教师团队，理论研究和实践参与热情非常高涨。今天，历史学院延安精神研究会的成立不仅为历史学院的师生提供了新的研究平台、夯实了新的思想教育阵地，也使我们每一个人再一次接受了延安精神的洗礼。

我希望历史学院延安精神研究会能够在新的历史起点上，致力于理论研究，深入解读延安精神，发掘延安精神的时代意义，同时，积极组织实践活动，在实践中践行延安精神，让每一位青年学生感受红色文化、传承红色精神，为更好地学习、践行社会主义核心价值观，实现青年学生的成才梦、中国梦提供强大的精神动力。

最后，再次祝贺历史学院延安精神研究会成立，祝愿各位嘉宾、老师和学生们身体健康，万事如意！

（三）历史学院延安精神研究会成立大会新闻报道

新浪网讯（通讯员齐兵役、刁静、郭子轩）日前，河北大学历史学院延安精神研究会成立大会暨保定延安精神研究会"铁证"专题展驻高校首发式隆重举行。河北大学常委、河大延安精神研究会副会长王培光及各院系有关领导、历史学院部分教师和学生代表参加了首发式，保定延安精神研究会会长张吉明出席仪式。

首发式上进行了庄严的授旗仪式，当延安精神研究会会旗在与会者手手之间相传时，标志着河北大学历史学院延安精神研究与传承事业开启了崭新的篇章。历史学院延安精神研究会会长、学院书记李维意宣布河北大学历史学院延安精神研究会正式成立，并发表了热情洋溢的讲话。他指出，在新的历史条件下，弘扬延安精神，对于实现中华民族伟大复兴意义深远。弘扬延安精神是实现当代青年中国梦的重要思想保证。他深刻阐述了延安精神与当代青年的关系，并表明了河北大学历史学院延安精神研究会的信心及目标。

药学院党委书记、药学院延安精神研究会会长黄增瑞，历史学院杨豪副教授及学生代表聂卉鑫分别发言。黄增瑞书记指出，药学院延安精神研究会成立比历史学院延安精神研究会早，已经积累了一定的经验，在今后的工作中，一定尽全力支持历史学院延安精神研究会的工作。保定延安精神研究会会长张吉明致辞，寄语历史学院延安精神研究会越办越好，要以延安精神为指引，牢牢把握政治方向，始终把思想政治建设放在研究会各项工作的首位。保定延安精神研究会副会长、"铁证"图片展作者魏乔记宣布保定延安精神研究会"铁证"专题展驻高校首发式正式开始。

河北大学党委常委、河大延安精神研究会副会长王培光对历史学院延安精神研究会成立暨保定延安精神研究会"铁证"专题展驻高校首发式等两项工作给予充分肯定，希望延安精神在河北大学薪火相传。

第二节　"红色记忆"口述史调研实践

为积极倡导和践行社会主义核心价值观，发掘社会主义核心价值观教育的红色土壤，历史学院利用假期时间组织了红色文化口述史大型调研活动，去广阔天地发现、倾听、感受人们心中的"红色记忆"。调研实践的目的在于让大学生扮演主角，在社会生活的广阔舞台去接受红色革命历史的洗礼，接过以爱国主义为核心的民族精神旗帜，立志为实现中华民族伟大复兴的中国梦而努力奋斗。本次教育实践活动采取全院在校本科生利用暑假时间赴家庭所在地就近调研的方式，认真采访身边的老年民众，倾听他们对红色革命历史的记忆，感悟革命先烈抛头颅洒热血的献身精神。本次"红色记忆"口述史调研实践的主题是用红色文化涵育大学生社会主义核心价值观，采取口述史研究方法，对家庭所在地的老年民众进行有重点的个别访谈。在访谈调研之前，要求认真拟写访谈提纲，精心筛选访谈对象。在访谈调研之中，应热情礼貌，做好现场录音、原始笔录。在访谈调研之后，要求认真整理调研材料、访谈记录，撰写好调研报告。"红色记忆"口述史调研实践，让大学生深刻了解了红色文化对不同年龄段百姓生活、思想的影响，体察了民众对红色文化的认知与认同。"红色记忆"口述史调研实践对于培育大学生社会主义核心价值观有着重要意义。

一、一位老人对"三光"政策的历史印记

红色文化对于中国不同年龄段的百姓有着不同的影响力。当年的人民军队称之为"红军",军徽称为"红星",小战士称为"红小鬼",当年的旗帜称之为"红旗",当年党领导的革命称之为"闹红"。近日看电视剧《林海雪原》,其中的坐山雕最害怕最忌讳的一个字就是"红"。基于对红色文化的认知,历史学院组织了大学生暑期"红色文化"口述史访谈调研活动。参加此项访谈调研的郭晓梅同学回到自己的家乡河北省邯郸市涉县偏店乡东寨村,对村里的一些老年人进行了访谈调研。中国革命波澜壮阔的历史进程,革命者感天动地的丰功伟绩,革命遗址、遗物展现的震撼心魄的场景等,都变成了老年人的红色记忆,对于大学生而言,则是生动的教材。郭晓梅同学说:"发掘和利用红色文化独特的价值功能,不仅有利于坚持社会主义核心价值体系的实践性,而且对打造具有中国特色和世界影响的红色文化产业新品牌具有重要促进作用。"引领大学生开展"红色文化"口述史调研,亲身感悟寻常百姓对红色文化的历史记忆和认知认同,对于大学生传承红色文化基因意义重大。"红色文化"口述史调研,不仅能够增进大学生对于历史知识的了解,而且能够坚定大学生的理想信念。

（一）访谈实录

访谈对象: 郭建良

访谈学生: 郭晓梅（河北大学历史学院本科生）

访谈时间: 2014 年 7 月 18 日下午 4—5 点

访谈地点: 河北省邯郸市涉县偏店乡东寨村旧庙前

村子里的烈士纪念碑　　　　　　访谈郭建良老人

郭晓梅:您今年多大了?

郭建良:67。

郭晓梅：67 了啊。

郭晓梅：您上过学吗？

郭建良：上过，小学二年级。

郭晓梅：就在咱们这上的吗？

旁听者：小学二年级，不要笑。

郭晓梅：那您当时是自己不上了，还是家里条件不允许？

郭建良：嗯，自己，就是自己不上了。

旁听者：家里穷。

郭建良：嗯，对对，就是家里穷。

郭晓梅：哦哦哦。您是什么时候开始当兵的？

郭建良：1970 年参军，当了五年兵。

郭晓梅：那您是在哪儿当的兵？

郭建良：在徐州、洛阳。

郭晓梅：那你参加过什么战争吗？

郭建良：没有，也就搞搞军事训练什么的。

郭晓梅：那你们家或者亲戚有没有参加过革命的？打过仗的？

郭建良：有，我小叔，以前当兵牺牲在外边了。你看，里面的碑上刻着呢。

郭晓梅：那您小时候有没有听过您叔叔当兵打仗的故事？

郭建良：光听说是牺牲在外面了吧。

郭晓梅：哦，那是打日本的时候吗？

郭建良：嗯，打日本的时候。

郭晓梅：牺牲在外面，后来也没找着吗？

郭建良：没有，死了以后尸体没带回来。恩，光有个碑，县里来这立了个碑。

郭晓梅：在这里面吗？

郭建良：在这里面。

旁听者：在那个旮旯呢，往里一看就看到了。

（随后我们一起去庙里面寻找那块碑，在一个角落里找到了。）

郭晓梅：咱们村就这一块碑吗？

郭建良：两个人都在上面呢，那个郭小顺就是我叔叔。

郭晓梅：那你们小时候有没有听大人和老人们讲过抗日战争打日本的故事？

郭建良：听说过。

郭晓梅：听说过？现在还记得吗？

郭建良：记得。那以前日本来咱这儿杀人，我爷爷就是让他们杀的。

旁听者：就是在这儿是不是？

郭建良：嗯，对。俺爷爷就是让他们杀的。

郭晓梅：就是在咱们这？

郭建良：可不。

旁听者：就是这个屋？

郭建良：这个屋下边是个沟。原来那下边是个沟，下边还住着人家。

郭晓梅：那下边还住着人吗？

郭建良：嗯，那下边沟里还住着人呢。那时候日本人来了，把村里人都圈到这个屋里面了。

郭晓梅：都圈到这里面了？

郭建良：嗯，对，都圈到这里面了。圈到这里面以后就是出去一个，他们逮住你，出去一个，用刺刀刺一个，推到那个沟底下去。

郭晓梅：就不说什么原因吗，逮住了就杀？

郭建良：嗯嗯，对，逮住了就杀。

郭晓梅：那他们是不是来这找八路军来了？

郭建良："三光"政策，那时候就是那个"三光"政策，杀光、抢光、烧光。

旁听者：我记得还从下边活了一个人，推下去又活了一个人？

郭建良：嗯，对。

郭晓梅：有个人没死？

郭建良：嗯，没死，他是到那儿一看是杀人呢啊，就喊叫："杀人了啊"，没等刺刀刺他，他就跳下去了。

郭晓梅：跳下去了？

郭建良：嗯，跳下去又打了他一枪，打了一枪，不知道打着哪儿了，就起来跑了，就从那个沟里起来跑了。

郭晓梅：哦哦。

郭建良：咱们这杀了很多呢，杀了100多人，一共咱村上那个时候才300多人。

郭晓梅：杀了100多人啊！

郭建良：嗯，杀了100多人。

郭晓梅：那个时候您有多大？

郭建良：那个时候估计还没我呢。

郭晓梅：那是听大人们讲的？

郭建良：恩，对对。

旁听者：那后来是不是因为这个事的影响去参军的？

郭建良：哎，那倒不是，后来那是义务兵。

郭晓梅：那时候听完是不是会有什么想法？觉得日本人太孬了。

郭建良：嗯，那就不用说也知道，日本人肯定是很孬的。

郭晓梅：那时候都是听大人们说，老师们上课说吗？

郭建良：老师们没有，都是听老人们说。

郭晓梅：那时候村里有放电影的吗？

郭建良：没有，小时候没有，后来才有，我到八九岁的时候村里才有了电影。

郭晓梅：老人们讲的故事您有没有给下边的孩子们讲过？

郭建良：讲过。

郭晓梅：嗯嗯，就是跟下边的孩子，孙子们讲一讲？

郭建良：嗯，就跟说故事一样。

郭晓梅：哦，谢谢您，爷爷。

（二）访谈感悟

河北省邯郸市涉县偏店乡东寨村的旧庙前，是老人们茶余饭后聊天、下棋的聚集地，郭晓梅同学在这里重点选择了本村的郭建良老人展开了访谈调研，老人已经67岁，曾上学至小学二年级，因家贫而辍学，老人1970年开始当了五年义务兵，曾在徐州、洛阳等地训练、驻守，没有参加过战争。不过他的叔叔郭小顺曾参加过抗日战争且战死在战场上，县里还来村里为烈士立了碑，碑现仍在本村庙内。老人讲述了当年日本侵略本村的情景，说着说着眼睛里便有了泪花。关于日本当年侵略本村的情况，也立有一座石碑，上面记载，当年全村有300来口人，日本鬼子一次就屠杀了100多人，制造了"东寨惨案"。学生亲身经历的访谈调研自然会有更多的真切感悟。郭晓梅同学说："首先，通过访谈了解到了他们那个时代生活的艰辛，不少人为生活所困，根本没有机会上学，更没有机会谈自己的追求和抱负。杰出的伟人毕竟是少数人，对于大多数的普通人，他们没有办法改变自己的命运。其次，在调查访谈中，也了解到了不同人对社会发展有着不同的理解。其中，在访谈中，有一位老奶奶就表示特别向往以前的那个时代，她觉得那时候人心单纯，大家可以相互信任，而且社会稳定，大家日子过得虽不富裕但心里踏实。据自家的三奶奶说，新中国成立初家里被划为地主，戴上了高成分的帽子，从此，整个家族的人在村里都抬不起头来，地和房都被没收了，只能租别人的房子，其实，当时家里并没有多么富裕，也就是多买了几块地。于是，便失去了当兵、从政，甚至是上学的权利。现在不一样了，社会发展了，时代进步了，人们有了更多的发展机会。新中国成立以后，由于我们党存在的'左倾'或右倾错误，使一些人无端地受到了伤害。虽然后来经过拨乱反正纠正了错误，但在不少人的心中留下了伤痕。人们对于'红色文化'的认知与认同，不仅基于历史的记忆，而且更是以现实生活为背景。历史不仅存在于人们的头脑之中，更存在于人们身边。"

二、追忆那没有参战的战争岁月

2014年暑假，历史学院开展了"红色文化"口述史访谈调研活动，引领广大学生访谈老年民众，捡拾他们心中的"红色记忆"，自觉接受以爱国主义为核心的民族精神和以改革创新为核心的时代精神教育。牛胜男同学回到了自己的家乡河北省保定市徐水县史端乡北里村展开了他的访谈调查。他说："我们生活在和平年代，但我们不能忘本，不能忘根。只有了解过去，才能更好地把握现在。"基于这样的认识，他对本次访谈调查非常重视，他希望能够准确把握民众对红色文化的认知认同，希望自己能够从中获得更多的思想启迪。起初，他对身边60岁以上老人提问了一些问题，很多爷爷奶奶心里知道，但说不出来。后来，经打听，他找到了一位村里的老干部——王增玉，生于 1926 年，上过两年半的学。虽然他生活的年代经历了抗战时期，但他并没有参加过革命，据他说本村参加过革命的人都已经去世了。他喜欢文艺，会拉二胡、小提琴等，因其才艺曾在革命年代参加过文艺演出。此外，牛胜男还重点访谈了自己的父亲牛占军，出生于 1965 年，对中国历史很感兴趣，知道更多有关村里的革命历史故事。

（一）访谈实录

访谈对象：牛占军（男，49 岁）、王增玉（男，86 岁）

访谈学生：牛胜男（河北大学历史学院本科生）

访谈时间：2014 年 7 月 26 日下午 4—5 点

访谈地点：河北省保定市徐水县史端乡北里村

访谈牛占军老人　　　　　　　　访谈王增玉老人

牛胜男：我们留了这样一个作业，想请你们谈谈革命年代的事儿。

牛占军：就是问问过去的历史，跟这个红色政权有关的事儿呗？

牛胜男：对，就是参加过革命没有，有没有听说过村里的人参加过革命？

牛占军：当然听说过！

牛胜男：我们这一辈听说的就少，我们听说的故事大都来自书本、电视。

王增玉：那时候，哎，地下党也有，敌人、土匪也有，村里出去参加革命的没几个。

牛占军：李桂忠是个党员，闹日本的时候，他参加过革命。

王增玉：啊，对对。

牛胜男：是咱们村的吗？

牛占军：是，就是咱们村修鞋的那个哑巴的爹。

王增玉：对，他当过支书。

牛胜男：他是怎么参加革命的呢？

王增玉：他那个时候思想先进，先入团后入党。

　　牛占军：他加入的是共产党。小时候听我奶奶说过，那时候小，记不太准了。

　　牛胜男：那他怎么有资格入党呢？

　　牛占军：那个时候共产党暗地里搞宣传，不敢公开，都是地下党，单线联系。

　　牛胜男：他是咱们村的大队支书？

　　牛占军：他当大队支书时我还没记事呢，我记事的时候是李宝强当大队支书了。

　　王增玉：生产队入社分社的时候都是李桂忠。

　　牛胜男：那就是五六十年代了。

　　牛占军：是在搞"四清"的年代。

　　王增玉："四清"之后还斗过他，斗得可厉害了。

　　牛占军：那时候的老干部老党员思想纯，没私心，都是为了革命。

　　牛胜男：李桂忠参加过抗日战争吗？

　　牛占军：他是地下党，那个时候不公开，不敢公开。

　　王增玉：咱们这地方公开不行。

　　牛占军：咱们这国民党也来，日本也来，共产党也来。

　　牛胜男：他参加过战争吗？

　　牛占军：没有打过仗，咱们这边没打仗。

　　牛胜男：咱们这参加解放徐水的多吗？

　　牛占军：咱们村里的牛红军参加过。

　　王增玉：他参加革命可惨了。

　　牛占军：惨，那时候惨。我太爷给我讲过，牛红军是高小毕业，算是有文化的。

　　王增玉：牛红军死了，那是革命，打仗。一个当官的受伤了，牛红军就背着他，那个官让他逃命，他没逃，把他打了，病没瞧好，回到家里养伤，后来死了。

　　牛占军：听说肚子上打了个眼儿，肠子都出来了。

　　牛胜男：他参加过什么战争？

　　牛占军：他救的那个当官的后来当了沧州军区司令员，叫什么来着。

牛胜男：他死的时候有多大？

牛占军：也就 30 来岁。

牛胜男：他在革命队伍里担任什么职务？

牛占军：他是文书。那时候不叫秘书。

牛胜男：你们小时候接受过革命宣传吗？

牛占军：看电影《红灯记》。

牛胜男：爷爷，你们小的时候是怎么知道革命的事的？

王增玉：不怎么知道。

牛占军：解放以后才知道谁是共产党。

牛胜男：你们小的时候听说过什么英雄事迹吗？

牛占军：听家里人讲过，咱们家里的老房因为牛红军，被日本人给烧了。

王增玉：全烧完了，就因为牛红军当兵来着，当八路军来着。

牛占军：日本人过来找不到八路，就把房子烧了。

牛胜男：那上学的时候老师给你们讲吗？

牛占军：那讲得多了，你们也讲啊。

牛胜男：是啊，我想知道你们是通过什么途径知道革命事件的。

牛占军：一个是家传，一个是老百姓说。

牛胜男：那时候有什么大字报吗？

牛占军：大字报是"四人帮"的时候咧。大字报，搞派别，生产队也搞派别。

牛胜男：那时候村里还放什么电影吗？

牛占军：什么《南征北战》《英雄儿女》《小兵张嘎》《奇袭》。

牛胜男：那谁给放电影呢？

牛占军：那时候没什么娱乐，就是平常大队里向上面申请，或过一段时间乡里想起来了就放一放。

牛胜男：那时候有宣传队吗？

牛占军：宣传队，没有。那个年代每个村都演节目。

王增玉：唱歌跳舞什么的，我还给他们伴奏呢。

牛占军：你爷爷会拉小提琴呢！

牛胜男：那革命的时候，你们都干什么呢？

王增玉：我们就在家里种地，待着待着，日本就被打跑了。

牛胜男：看完电影后有什么感受？

牛占军：感觉新鲜，好奇，刺激。

王增玉：后来推崇样板戏，有《智取威虎山》《沙家浜》什么的。

牛胜男：谢谢你们。

（二）访谈感悟

红色文化是博大精深的中华文化的重要组成部分，是马克思主义与中华传统文化相结合的产物，它承接着过去、启迪着现实、昭示着未来，具有特定的历史性和鲜明的现实性。红色文化是时代精神不断发展创新的坚实文化根基，是当代中国人民的宝贵精神食粮。红色文化建设涉及民族精神的坐标与社会发展的导向。当今时代，经济全球化、文化多样化、价值多元化，与红色文化生成的时代背景有着很大的不同。红色文化主要形成于革命战争年代，是用革命烈士的鲜血书写而成的文化。在和平发展的今天，我们应当如何传承和弘扬红色文化呢？结合时代特征和当代中国的社会主义建设伟大实践，挖掘红色文化的当代价值，彰显红色文化的时代魅力，努力做践行红色精神的楷模，这就是我们的回答。

在访谈调查的基础上，牛胜男同学主要谈了四点感悟："一是村里有一个老红军的故事几乎被人们淡忘了。牛红军上了四年小学，因家庭矛盾离家出走，后来参军入党，但村里人大都不知道。他在部队担任文书，在一次战役中，他为了救护首长而受伤，被送回家中疗伤，3天后牺牲。日本人曾来村里搜查，老牛家的几间房子被日本人一把火烧了。今天，我们更多时候并不需要流血牺牲，但这种为理想信念而献身的精神必须传承。二是在革命战争年代，中国共产党的活动一般都是秘密进行的，村里的人们一般不知道谁是共产党，共产党的宣传工作都是地下的。普通的农民百姓对共产党了解得并不多。三是平常老百姓不太关注中日问题，他们更多的是关心自己的温饱，对过去一些以红色文化为主题的电影，如《英雄儿女》《南征北战》《小兵张嘎》等，感触似乎并不是很深。四是战争胜利后，因为种种原因，国家的拥军优属工作做得并非完美无缺，一些参加过革命战争的人，战后回家种地，生活依旧很穷困。"通过访谈调研，牛胜男认为："红色文化是一种先进的意识形态，具有很高的社会价值。广大民众从思想意识上普遍认同红色文化，但红色文化的宣传效果欠佳。这就需要通过强化红色文化的传播意识、创新红色文化的传播形式、遵循红色文化的传播规律、推进红色文化进学校等策略来进一步提升红色文化影响力，增强红色文化的认同感。"

三、用革命先烈的红色精神引领大学生走正路

红色文化之中蕴含红色精神，它表现为对信念的坚守、对理想的执着、对光明的向往，以及革命先烈身上所体现的爱国主义、集体主义精神，甘于奉献勇于牺牲的精神品质，所有这些，正是我们当代人精神家园中所稀缺的资源。我们开展的"红色文化"口述史访谈调研，旨在引导大学生主动去接触身边承载着一定红色文化基因的人群，唤起和激发大学生纯真心灵中最真挚的感情。红色文化是在革命战争年代，由中国共产党人、先进分子和人民群众共同创造的极具中国特色的先进文化，蕴含着丰富的革命精神和厚重的历史内涵，发掘和利用红色文化独特的教育价值，不仅有利于大学生认同和践行社会主义核心价值观，而且对巩固和发展高校社会主义意识形态阵地等具有重要意义。参加此次访谈调研的李永超同学假期没有回家，在留校学习期间，她就近就便地采访了一位河北大学的退休老师。

（一）访谈实录

访谈对象： 冯家文（男，河北大学物理学院退休教师）

访谈学生： 李永超等（河北大学历史学院本科生）

访谈时间： 2014 年 8 月 25 日下午 4—5 点

访谈地点： 河北大学本部校园内

李永超访谈冯家文老师　　　冯家文老师在回答学生提问

李永超：请问您是哪一年出生的？有没有上过学？

冯家文：1934 年出生，上过学，我是 1955 年考上河北大学的，物理系。

李永超：那时候河北大学不在这啊！

冯家文：不在这儿，那时候还不叫河北大学，叫天津师范学院，在天津马场道上。

李永超：那您就是学校搬过来您就跟着过来了？

冯家文：哦，也不完全是这样，在那里上学，那个物理系我上到不到三年级，给划成右派啦，划成右派就得劳动改造，最后又把我开除，回到河南省老家，一直到1979年平反才回来。

李永超：那您参加过革命吗？

冯家文：我参加过，我是1950年参军的，那时候我还没有初中毕业呢！1950年参军，从事机要工作。

李永超：机要工作？

冯家文：就是非常秘密的工作。1955年我考上了大学。

李永超：那您参加革命工作是什么原因啊？

冯家文：就跟你们现在一样，报名参军，那时候我在学校，读初中三年级，在学校报名参加，谁愿意参加就去报名参加。

李永超：那您参加革命以后是从事哪些工作啊？是您刚才说的那个机要工作吗？

冯家文：对，从1950年到1955年一直从事机要工作。1955年上了大学才离开。

李永超：那您从事工作中自己做得最满意和最不满意的事情是什么？

冯家文：有什么满意不满意的，反正天天上班翻译电报，一个数字一个数字地翻译电报，把这个字翻译出来，把那些编码翻译出来。那时候和现在不一样，现在方便多了，现在都用手机啊什么的。

李永超：您有没有跟孩子讲述过自己参加的革命活动啊？

冯家文：没有讲过，我这个人结婚很晚，50岁才结婚，劳动改造回到学校，到1979年回到学校，1986年才搞上对象，才结婚。

李永超：您之前参加革命工作的事情没有跟其他人讲过？

冯家文：没有讲过，这些都无所谓，一些小事情小故事是讲过的。我1988年才生了一个儿子，今年我儿子26岁了。

李永超：那您怎么看待革命英雄事迹对年轻人的影响呢？

冯家文：我觉得年轻人应该学习这个，用革命先烈的事迹教育年轻人，简单地说就是要教育年轻人走正路，不要走歪路。

李永超：那您怎么看待红色文化的社会影响，人们对红色文化有什么样的认同感？

冯家文：红色文化，就是革命先烈的文化是吧，这些都不错，但是对于年轻人的影响，我说不清楚、说不上来，我觉得习近平总书记的政策很不错，只要大家都幸福地生活，都好好的，咱们的国家越来越富强就好，别的也没什么。

李永超：您觉得如何宣传革命英雄事迹更受人们的欢迎？更能引起人们的关注呢？

冯家文：我没有考虑过这个，因为我在物理系退休以后没有考虑过这些事情。

李永超：那革命英雄故事对您产生了什么样的影响呢？

冯家文：对我，就是经常学习革命英雄事迹可以让自己不走歪路。一个人吧，要生活，最主要的是要好好地正常生活，别走歪路，别干坏事，别干伤害别人的事情，过好自己就行。

李永超：那您参加革命工作后是啥感受呢？是不是很神圣啊？

冯家文：那时候参加工作就行了，想不到这些。只要参加革命工作就行了，也没有什么特殊想法，也不觉得那是多么高大上的事情。

李永超：那您认同现在的舆论宣传和文化传播吗？

冯家文：认同，从参加工作以后就入党了，现在党龄都 60 多年了，1951年入的党。当了右派又开除了，开除了党籍，后来平反后又恢复了党籍。

李永超：我看过一些右派劳动改造的史料，觉得好苦啊。

冯家文：那你没办法，那时候就是这个政策。

李永超：您那时候也是特别苦特别累吗？

冯家文：苦累？反正也就是那样吧，也就是劳动生活。那时候我们都还有吃的，吃得不多吧，反正还有吃的，差不多一个人八九两粮食，有的时候连半斤都不给，一天才给四两粮食。

李永超：一天才给四两粮食？那肯定吃不饱。

冯家文：那当然吃不饱，别说四两一天，给多半斤一斤都吃不饱，劳动的时候一天最多吃多少，你知道一天能吃多少呗？劳动多的时候，一个月一般能吃 90 斤，那时候国家困难没有办法。

李永超：那您能说说是因为什么原因您被划成右派了吗？

冯家文：河北大学那时候"大鸣""大放"。"大鸣""大放"就是说让大家说说什么都行，对这个领导对这个国家有什么看法只要有什么看法都可以说，那时候我们班里有个同学就开会说了说学校有个书记他办坏事了，批评他，批评了以后我也在这个班会上说他批评得对。

李永超：就这么简单的一个原因，就这么一句话，而且还是一句真话？

冯家文：那可不就是这么一句话。

李永超：那您真是吃苦了。

冯家文：没办法，那个年代就是这样，现在是很民主了。右派平反后，工龄和党龄都给恢复了。

李永超：那您的工作给安排了吗？

冯家文：回来以后就在咱们学校物理系资料室工作，其他别的我也没什么了。

李永超：那好，谢谢爷爷，再见！

（二）访谈感悟

红色文化印证了"没有共产党就没有新中国"的历史。近代中国，国家积贫积弱，人民饱受磨难。为拯救国家和人民，无数革命者进行了长期的探索和斗争，并为之流血牺牲，但都无法改变中国人民的悲惨命运。只有中国共产党勇敢地担负起历史的重任，为中华民族的独立解放，为中国人民的平等自由作出了不懈努力并付出了重大牺牲。一部红色文化的历史忠实地记载了中国共产党为人民利益而奋斗的历史。

"红色文化"口述史调研旨在充分发挥它的传承价值，让红色文化在社会主义现代化建设伟大实践中焕发生机与活力。马克思说："理论一经掌握群众，也会变成物质力量。理论只要能说服人，就能掌握群众；而理论只要彻底就能说服人，所谓的彻底就是抓住事物的根本。"[①] 红色文化所蕴含的先进价值观念要为广大人民群众继承与发扬，必须从中整合出在"历史与现实"中均能被人民群众认同、接受的核心元素，这些元素既要符合我们党对人民

---

① 《马克思恩格斯选集》第 1 卷，人民出版社 1995 年版，第 9 页。

群众价值观念引领的要求，又要符合人民群众价值追求的需要。这样，红色文化所蕴含的先进价值观念传承教育才能抓住问题的根本，才能为群众主动接受，才能在社会主义现代化建设中彰显出时代价值。李永超同学认为："红色文化，作为中国共产党及其领导下的革命队伍的政治文化，最为核心的元素可以概括为——坚定的理想信念，科学的创新思维，顽强的革命精神，崇高的道德品质。这些核心元素铸就了坚强、团结、有力的革命队伍，化成了广大革命者与人民群众积极投身革命的精神动力。为有牺牲多壮志，敢教日月换新天。这种革命精神的灵魂便是大无畏的牺牲精神，以及舍生取义的献身精神。"历史中的红色文化是一种政治现象，是反映和服务于中国革命的政治文化。红色文化是中华文化宝库中的优质资源，是社会主义先进文化的坚实根基。

四、过去的经历已经化成了老人们的记忆碎片

本项调研主要是由历史学院本科生尚欣欣同学完成的，调研内容主要围绕新中国成立后发生的一系列重大历史事件展开，如"大跃进""人民公社化""文化大革命""上山下乡"运动、打倒"走资派"等。尚欣欣同学利用暑假回家的机会，就近就便开展了访谈调研，找寻真实经历过这些事件的老人进行采访。她重点访谈了两位老人，一位是 82 岁的高爷爷，另一位是 78 岁的赵奶奶。他们都是退休工人，出生于普通家庭，亲身经历了那个年代的许多重大事件。他们的晚年都比较幸福，在访谈中，他们思路清晰，对当年经历的事情记忆深刻，能够娓娓道来。但调研也发现，他们对于历史事件的认识，缺乏宏观思路的历史解读，具有明确的个人色彩和局限。访谈进行得深入而透彻，但更多的像是津津有味地听老人讲故事，在这种历史故事中，学生更是处于失语状态，访谈过程轻松愉悦，气氛温馨，对于学生而言，则是一种历史的体验和教育。

（一）访谈实录

访谈对象：高爷爷（男，82 岁），赵奶奶（女，78 岁）

访谈学生：尚欣欣（河北大学历史学院本科生）

访谈时间：2014 年 8 月 13 日下午 4—5 点

访谈地点：老人们乘凉休息的地方

尚欣欣同学在采访高爷爷　　　　　尚欣欣同学在采访赵奶奶

先是对高爷爷的采访。

尚欣欣：您能谈谈1958年"大跃进"时的情况吗？

高爷爷：1958年，"大跃进"，啊，那时候是，说那话，那个毛主席的革命路线。那毛主席对这个1958年"大跃进"，记得那是个好事儿。可是，现在批判多了，批判跟那时候是两个概念。1958年"大跃进"，吃大锅饭。吃大锅饭是1966年吃的，1958年还没吃大锅饭呢。1958年是"大跃进"，大炼钢铁，那时候提出了社会主义总路线，提出了那个五年计划。

尚欣欣：您能谈谈"上山下乡"运动吗？

高爷爷：上山下乡，是毛主席提出的，在那会儿，是"文革"之前提出的。上山下乡，是为了支援农业第一线，是毛主席提出的革命路线，一个是让知识分子去广阔天地接受锻炼，一个是占领这个农村的一大片。说那话，这个知识青年上山下乡，其实是个好事，至少有好的一面，它使年轻人得到了锻炼啊，这个，支援农业，和"大跃进"，那是两个概念。

尚欣欣：您能谈谈"破四旧"和"文革"时的情形吗？

高爷爷："文化大革命"这是破四旧、立四新。哎，当时是为了批判资产阶级总路线，那是为了批判资产阶级啊。

尚欣欣：您能谈谈"人民公社化"运动吗？

高爷爷：人民公社化这就是1958年，跟1960年吃大锅饭。这时候吃大锅饭，这是说那话，这个是一个，那时候，吃大锅饭，主要是那时候还苏联的债。苏联，打中国的时候，咱们那时候，说那话，只顾着利用，农村比较艰苦，中国那个时候一穷二白。

下面是对赵奶奶的采访。

尚欣欣：您能谈谈"大跃进"时候的事吗？

赵奶奶："大跃进"的时候啊，我们黑叽吧地干活。那活，那营生可多的呢。啊,那会儿,反对四旧。还斗那个黑五类分子。也就是地富反坏右。

尚欣欣:您能谈谈打日本鬼子的事吗?

赵奶奶:日本鬼子进村那会儿,那会儿我还小,不懂。

尚欣欣:您能谈谈打倒走资派时候的事吗?

赵奶奶:打倒走资派那会儿的时候,哎呀,我也想不起来了,不懂得那。

尚欣欣:您能谈谈吃大锅饭的情况吗?

赵奶奶:吃大锅饭就是,就是一个村,建一个食堂。吃食堂,吃食堂那会儿,我们就差点没饿死。一天才吃四两五粮食。那会儿粮食都还给苏联顶账了。然后,人们都没吃的了。然后没有办法了。都节约再节约嘛。

尚欣欣:谢谢您,奶奶。

(二)访谈感悟

实践结束后,尚欣欣同学专门撰写了"红色文化"口述史调研报告,重点谈了对于历史研究方法尤其是对于口述史研究方法的认识。她说:"通过这些红色文化口述史调研,我从中受益匪浅,更对我以后的历史学习产生了重大影响,学习历史的意义,也许,莫过于此吧。对于历史方法的全新认识让我对历史有了不一样的感悟。在以后的学习中,也一定会加倍努力!"历史学研究方法是多种多样的,口述史研究只是其中的方法之一。但是,对于历史专业的学生而言,利用暑期开展口述史调研,不仅是提升学生历史专业素质的一种方法,更是提升学生思想政治素质的一种方法。因为,口述史更多的是以人们亲身经历的事情为基础,是对自己亲身经历的历史事件的口头陈述。因而,口述的一般是不过百年的历史。也就是说,我们今天的口述史研究大体说来是以党史和国史为主要内容的,而在党史和国史中则蕴含着丰富的社会主义核心价值观教育资源,口述史调研的过程就是大学生接受党史和国史教育的过程,就是涵育大学生社会主义核心价值观的过程。按照尚欣欣同学的理解,这些访谈调研加深了她对口述史研究方法的理解。她说:"口述史亦称口碑史学。口述史在国际上是一门专门学科,即以搜集和使用口头史料来研究历史的一种方法,或由此形成的一种历史研究方法。广义地说,它始于远古时期历史文献大量出现之前,人们通过口头转述将历史流传下来,如古希腊的《荷马史诗》、中国藏族的《格萨尔王传》等即是,后由于文献的日益丰富和后代史学家重视文献而衰落。狭义地说,口述史出现于20世纪40

年代的美国，当时建立了哥伦比亚大学口述史研究室和森林史协会，是最早的两个口述史研究中心。国内也有不少学者因研究需要做部分口述史收集工作，但很少有学者和机构专门做口述史收集、整理工作。"

五、学习历史能够让人变得踏实、安静和内敛

对于许多大学生而言，假期往往是一个非常容易溜走的时光，尽管还常常带上几本书回家装装样子，但是，心一放松下来，便很难再回到学习上。给学生下达假期调研任务，显然，是一个让大学生过充实且有意义假期的有效途径。为此，2014 年暑假，我们设计了"红色文化"口述史调研活动。参加此次调研的吴小龙说："我自己承担了一个有关红色旅游的项目，恰恰与学院组织的红色文化口述史调研有相通之处，暑假我留校开展红色旅游调研之际，河北大学校园里许多年过花甲的老人为我的访谈调研提供了便利。因此，我采访的对象是两位河北大学的退休教师。"通过访谈调研的方式了解老年教师之前的经历或他们的所见所闻，从他们的"红色记忆"中去领悟对红色文化的认同，对中国革命历史的体认，能够使大学生更加深刻地认识到中国特色社会主义道路是从历史中走出来的，尤其是从党史和国史中走出来的。

（一）访谈实录

访谈对象： 佟老师（女，河北大学），杨老师（男，河北大学）

访谈学生： 吴小龙（河北大学历史学院本科生）

访谈时间： 2014 年 7 月 17 日下午 4—5 点

访谈地点： 河北大学二区 9 号楼 2 单元 401

吴小龙：奶奶，您多大岁数啦？

佟奶奶：我 76 岁了，你十几啦？

吴小龙：我 20 啦。

佟奶奶：你是哪的人啊？

吴小龙：我是保定阜平县一个村儿的。

佟奶奶：阜平我听说过，大枣很有名，那次我同事给我的大枣，特别大。

吴小龙：嗯，确实是，我们那儿最近几年不行了，产量大减。

佟奶奶：是吧，新疆的大枣很有名，大而且核儿小，超过阜平啦。

吴小龙：奶奶是哪的人啊？从哪上的学？

佟奶奶：我是在天津上的学，是天津最好的小学，我有个弟弟，跟我上同一所学校，当时他学习特别好，就想着跳级，少上一年，能给家里减轻点负担，就让我去问校长，校长只说了四个字："循序渐进"。

吴小龙：啊，哈哈，没有跳成吗？

佟奶奶：在我弟弟的坚持下，我又去找副校长，她说等开会的时候给问问。过了几天，副校长找我说可以跳级，就跳了一年。后来，高二快高考的时候，天津市挑人去当兵，当时选中了我弟弟，当时特别犹豫，不知道是去当兵还是考学。最后还是去服兵役了，当了两年海军文艺兵。他文笔特别好，当时就是看中他的文笔啦，当兵时写了好多文章。你们也应该好好练练写东西。

吴小龙：嗯嗯，确实得好好练，我也挺喜欢写作的，哈哈。

这时，杨爷爷走过来说，你们聊得这么好啊，该煮饺子啦。饺子包好了，开始下锅，吃饭。饭后，继续和爷爷、奶奶聊天。

吴小龙：爷爷，您给我们讲讲过去的事呗？比如"文革"是怎么回事？

杨爷爷：十年"文革"的负面影响太大了，毛泽东发动"文革"，他本意是害怕资产阶级复辟，进行无产阶级文化革命，结果搞着搞着就搞偏了。

吴小龙：嗯，是，我们学过这个。

杨爷爷：后来主要是斗党内"走资本主义道路的当权派"，主要是邓颖超、刘少奇、邓小平。但是，运动发动起来以后，加上"四人帮"的捣乱，就变成了一场浩劫。

吴小龙：这十年耽搁了好多东西。

杨爷爷：耽搁的多了，对整个科技破坏相当大，对老干部迫害特别厉害。

吴小龙：还有对知识分子的迫害。

杨爷爷：后来，从十一届三中全会开始，改革开放了，开始发展经济了，开始了社会主义的新起点，邓小平提出的"白猫、黑猫，抓住耗子就是好猫""摸石头过河"等，影响深远。像中国这么个13亿人口的大国，带这么大的一支队伍，挺不好带的，是吧。

吴小龙：不好弄。

杨爷爷：哈哈，但这些年应该看到，通过改革开放，这30多年发展得很快很好。

吴小龙：不仅经济啊，什么发展得都挺好。

杨爷爷：整个经济，上来了，上来得不慢。

吴小龙：像我经历的，就拿别的不说，就说收粮食吧，以前我小时候就是拿镰割，在场里压，才把麦子收好。

杨爷爷：这会儿都机械化了。

吴小龙：现在用联合收割机一下全弄完了，直接拿去卖了，都不进家门儿。

杨爷爷：邓小平当时搞联产承包，分田到户，一家一户的，还是那样的话，就很难用大机器生产啊。

吴小龙：嗯，是。发展总是需要一个过程。

杨爷爷：对，需要一个过程。前几年，胡锦涛调上来，发展得不错，习近平总书记上了台后，特别是反腐，成效很明显。

吴小龙：嗯，是挺厉害的，确实力度挺大的。

杨爷爷：反腐牵涉到方方面面，干部问题关系着整个国家的前途命运。

吴小龙：干部是一个关键问题，有时会影响到社会发展的大方向。

杨爷爷：这一回儿，下手比较狠，太轻了，不管用。

吴小龙：也是，爷爷，您说我们应该怎样看待历史呢？

杨爷爷：不能光听别人说好，有人骂不见得是坏事，是吧。

吴小龙：人们对历史的看法总是有自身的局限，反省历史，不断改进呗。

杨爷爷：哎，我觉得你们学生啊，应当多学点历史。

吴小龙：幸好我是学历史专业的。

杨爷爷：现在的学生就是缺乏历史感。

吴小龙：现在的青年人受外国影响大，受网络什么的影响大，心浮气躁。

杨爷爷：学习历史能够让人变得踏实、安静和内敛。

（二）访谈感悟

看似是一段平平淡淡的访谈，却关涉到许多社会历史问题。吴小龙同学对两位老教师的访谈至少触及了以下的问题：一是中国的教育问题，对此，人们呼声最高的莫过于教育公平问题和教育如何培养社会所需要的紧缺人才问题。那些农村出生、成长的孩子因为家庭条件和农村环境的限制，难以接受同城市孩子一样的教育，他们和城里的孩子并没有站在同一条起跑线上。

二是文科生的出路，也就是基础学科专业学生的就业问题，虽然对此没有展开，但却聊到文笔好能够给就业带来益处，文凭与能力的对立统一是人们时常纠结的一个问题，作为一名知识分子文笔很重要，但往往人们会忽略，现在很多文科生空有文凭，而写作能力却很差劲。三是改革开放前后两个三十年的问题。习近平总书记强调，两者决不是彼此割裂的，更不是根本对立的。尤其是不能用改革开放的后三十年否定改革开放前的三十年。习近平总书记说："走得再远、走到再光辉的未来，也不能忘记走过的过去。"从中华人民共和国成立开始，我国经历了三大改造、农村合作社、"大跃进"、人民公社化运动、三年自然灾害、"文革"等，我们始终在摸索中前进，虽然有失误、失败，有停滞甚至倒退，但我们党都是在自我反思、自我矫正中前进的。参加此次访谈的吴小龙同学说："历史就像一面镜子可以反映过去，可以见证当前，也可以指引未来，然而，现如今我们对历史却一无所知，当今社会是一个充满浮躁的社会，缺乏一个可以让人专心研究历史的空间，也少了一种学习历史的心态。""这次访谈给了我很大的触动，有激动，有兴奋，更多的是感动。激动在于，聊天过程意外地变成了访谈；兴奋在于我终于迈出了新的一步，这样的访谈对于我来说是第一次；感动在于，杨老师和佟老师老夫妻二人对待素昧平生的我如同爷爷奶奶对我一样和蔼可亲，对我来说也是弥补一点缺憾（因为我从小没感受过爷爷奶奶的爱），先是奶奶嘘寒问暖，寒暄一阵，接着便是一桌丰盛的午餐，后来就是与爷爷的交谈，倾听爷爷恳切的教诲。从上午9：30到下午2：40，一直都和爷爷奶奶在一块儿，聊天、包饺子、吃饭，给我的感受、启发颇丰，在感受到亲情的时候，了解了很多以前的历史，这些都是课本上学不到的，对于我今后的学习、人生具有很大的启示作用。奶奶告诉我要好好练文笔，好好学写文章，爷爷告诉我让我好好学习历史，注意锻炼身体等，好像是印刻在了我的心中，我觉得访谈的收获太丰厚了。"红色文化、红色精神形成于革命历史的过程中，展现在百姓的日常生活之中，细细品味老一辈的言谈话语，才能在灵魂深处不断沉淀、不断净化。

六、担当起传承红色文化的社会历史责任

中国共产党领导的革命活动使处于水深火热之中的中华民族获得了新生，

推动了中国社会的长足发展。在革命过程中形成的红色文化，不仅以红色文化遗址的物化形式保存了下来，而且以红色精神的形式存在于人们的灵魂深处。随着时光的流逝，传承和弘扬红色文化，成为今天培育和践行社会主义核心价值观的一种重要方式。在历史学院组织的"红色文化"口述史访谈调研过程中，郝唯俏同学回到了自己的家乡河北省涿州市松林店镇房树村，对一位70岁的某爷爷和69岁的某奶奶进行了访谈调查。郝唯俏同学认为，这种访谈调研应当重点考虑三个要素，一个是访谈对象的特点，年纪一定要大一些，最好有直接的革命经历，受过一定的教育，对革命活动、英雄事迹知道的多些。二是在访谈之前要做好充分的准备，有针对性地收集资源，设计问题，掌握引导和追问的技巧，以便获取更多的、深层次的信息。三是访谈人员和被访者直接接触，可以得到真实可靠的材料。这种访谈有利于被访者详细、真实地表达看法，访谈人员与被访者有更多的交流机会，被访者更易受到重视，安全感更强，访谈内容更易深入。

（一）访谈实录

访谈对象：某爷爷（男，1944年出生），某奶奶（女，1945年出生）

访谈学生：郝唯俏（河北大学历史学院本科生）

访谈时间：2014年8月18日下午4—5点

访谈地点：河北省涿州市松林店镇房树村

郝唯俏同学和某爷爷在一起　　郝唯俏同学和某奶奶在一起

访谈对象之一：某爷爷，男，1944年出生。

郝唯俏：您知道有谁参加过革命吗？

某爷爷：知道，我们村有一个刘克检，还有一个刘宪友都参加过革命。

郝唯俏：什么时候参加的？

某爷爷：那我可不知道，他们岁数大呀。

郝唯俏：参加革命的时候都做什么工作？

某爷爷：就都当兵呗，当过兵呗，叫刘宪友的那个胳膊都断了一个，没了一个胳膊。

郝唯俏：抗美援朝的时候吗？

某爷爷：是抗美援朝的时候。

郝唯俏：那他们抗美援朝结束之后去做什么了？

某爷爷：在我们村里当支书来着，还有一个当生产队长。

郝唯俏：您听他们讲过自己闹革命的事吗？

某爷爷：他就说过他打小日本，呵呵，那当儿我们在一块上工当儿，他说他打过小日本，就说过那个。

郝唯俏：您听了之后有什么想法吗？

某爷爷：什么想法？就恨小日本呗，恨小日本，谁让他们侵略咱们中国来着。

郝唯俏：您小的时候，心里边对他们参加革命的事怎么想，怎么看啊？

某爷爷：怎么看？怎么想？

郝唯俏：也就是有什么想法？

某爷爷：就是，什么、怎么想啊，就是……

郝唯俏：小的时候？

某爷爷：小时候，怎么说啊那个，我们当时上工都小，他们就说，我们就听着呗。

郝唯俏：您现在有什么，就是怎么想啊，对这个事？

某爷爷：就是人家参加过革命，人家是革命人员呗，人家是保卫过、保卫过咱们国家、保卫祖国来着呗。人家就是有功之臣呗，人家有功劳，有功之臣呗。

郝唯俏：就是您上学的时候，学校里讲过革命的事吗？或者宣传队给放过革命电影什么的吗？

某爷爷：电影、革命电影看过啊，刘胡兰啦，董存瑞啦，那都看过啊。

郝唯俏：谁给放的？

某爷爷：放电影的呗，公社有放电影的。

郝唯俏：老师给讲过吗？学校的老师？

某爷爷：讲过，上课也说过啊，董存瑞、黄继光、刘胡兰，都说过这个。

郝唯俏：就是，您知道这革命的事主要是通过什么途径啊？主要是听谁讲的？是听老师讲，还是通过看电影了解，还是通过他们就是参加过革命的人讲？

某爷爷：上学那当儿，也有这个讲革命故事的，老师给讲革命故事，书上也有，电影也看过。我们村参加过革命的那些人，和我们一块上工，在生产队里也给我们说过。

郝唯俏：最主要的是哪个途径？

某爷爷：主要就是老师给讲的这个呗，上学讲的这个呗。他们（参加过革命的人）也就偶尔说个一句半句的。

郝唯俏：他们这个革命的英雄事迹对您的生活有影响吗？

某爷爷：那有什么影响啊？呵呵，那没有影响，有什么影响啊？就是反正觉得人家是英雄人物呗。

郝唯俏：好了，谢谢爷爷。

访谈对象之二：某奶奶，女，1945年出生。

郝唯俏：您上过几年学啊？

某奶奶：上过9年学。

郝唯俏：上到？

某奶奶：上到初中。

郝唯俏：初中毕业啊？

某奶奶：噢。

郝唯俏：在哪上的？

某奶奶：就在这村里呗，房树村。

郝唯俏：您知道有参加过革命的人吗？

某奶奶：参加革命的，过去的没有啊，解放以前的没有啊。解放以后就当队长什么的，他们当呗，他们当队长什么的呗，噢，人家是党员哪。

郝唯俏：就是什么抗日战争、解放战争那个，抗美援朝也算吧。

某奶奶：没有，这边没有。

郝唯俏：那您上学的时候，或者小的时候听老师讲过革命那事吗？

某奶奶：讲过呀，像咱们这地方，就大坑边那，陈辉墓，那一片坟，净是烈士的坟，后来就搬到楼桑庙去了。

郝唯俏：那您听那个革命事迹是通过什么，大多数是通过什么途径知道的，是老师讲，还是听收音机，或者是放电影什么的？

某奶奶：什么都有，放电影的，听念书的，书上课本上的，都有啊。

郝唯俏：最主要的是哪个途径？

某奶奶：最主要的？从电影上看吧。

郝唯俏：电影是谁给放的呢？

某奶奶：电影是公社里放的，放映队放的。

郝唯俏：再有就是宣传革命事迹的一般都是什么人啊？

某奶奶：一般啊？

郝唯俏：大队的人给讲过吗？

某奶奶：大队没人、没人给讲，老师呗。

郝唯俏：那您小的时候听了这些英雄事迹，心里有什么想法吗？

某奶奶：就是，真是这个来之不易，国家解放了，真是来之不易呀。

郝唯俏：您现在有什么想法啊？现在对过去的革命有什么看法？

某奶奶：太伟大了，他们这些人太伟大了。

郝唯俏：那这些革命的事、活动，英雄事迹对您的生活有什么影响吗？

某奶奶：当然有了，看着人家为咱们祖国打出天下来了，唉，咱们就得好好地劳动啊，唉，建设咱们的国家，都出份儿力！

郝唯俏：好的，谢谢奶奶。

（二）访谈感悟

郝唯俏同学所选择的访谈对象对革命历史和英雄事迹都有一定的了解，他们身边就有曾经参加过革命的人，这些参加过革命的人后来在村子里担任大队书记、生产队长等，是村子里的主心骨，受到了村民们的尊敬。他们也经常会在上工时讲一些革命事迹给其他人听。当时公社也会组织宣传，放映电影，播放广播等。在学校里，老师也会讲革命英雄的故事。但对革命进行宣传最多的主要还是村干部和学校老师。这些革命活动、英雄事迹对被访者小时候的影响比较大，让他们真正从内心深处产生了一种爱国情感和对革命先烈的崇敬，但是，随着时间的推移，随着时代的变化，这些英雄故事渐渐变成了遥远的记忆，这些应该就是民众心中红色记忆的碎片。中国共产党领导的抗日战争和解放战争，对于中华民族的解放至关重要。中国人民彻底打败了日本侵略者，捍卫了国家主权和领土完整，使中华民族不再遭受侵略者压迫和奴役。抗日战争和解放战争的胜利，使人们认识到，中国共产党是领导中国各族人民争取民族独立和人民解放的坚强核心，没有共产党就没有新中国。郝唯俏同学认为："红色文化提炼和凝聚了中国共产党人的革命精神，并在中国革命、建设和改革开放的实践中得以传承。中国共产党在领导中国革命的征程中形成的这些精神是红色文化的精髓，是激励人们开拓进取、矢志不渝的强大精神力量。培育社会主义核心价值观需要弘扬红色精神，实现中华民族伟大复兴也需要弘扬红色精神。丰富的红色文化资源是我们党、我们国家、我们民族锐意进取、改革创新的动力源泉。深入挖掘、充分利用红色文化资源，能够极大地激发大学生的创新思维和不怕挫折、锐意进取的精神，使我们敢于去探索、去发现、去创造，敢于向高科技挑战，将爱国热情转化为认真学习、掌握本领、报效祖国的自觉行动。通过这次访谈调查，我认识到红色文化对当今中国民众的影响正在弱化，作为一名大学生，理应担当起传承红色文化的责任。"

七、走近一位在国防建设中受伤的老兵

现如今，对于"红色文化"口述史的研究是一个精神资源的抢救性挖掘问题，那些亲身参加过抗日战争、解放战争的老兵，现在是越来越少了。但是，红色文化的旗帜我们必须接过来传下去。在河北大学历史学院组织的"红色文化"口述史调研中，杨芳玲同学选择了本村的一位退伍老兵，开展了她深入细致的访谈调研。这位老兵叫袁辉，男，1949年出生，陕西省宝鸡市金台区蟠龙镇大韩村人，原第二炮兵建筑工程部队基建工程兵水文地质部队144团战士，在部队参加国防建设施工过程中腰部受伤，退伍后一直到在镇上工作。一个偶然的机会，杨芳玲同学得知了袁辉老人是越南战争时期的一名老战士，1969年参军的，他所参加的144团就是培养战士前往越南支援前线的一支队伍，本来他们也是前往越南参战的一员，但由于形势变化，他们没有去成，进而转向参加国防建设事业，变成了工程兵。袁辉老人当时参加了打坑道工作，这种重体力劳动使他腰部受伤，留下了后遗症。

（一）访谈实录

访谈对象：袁　辉（男，1949年出生）

访谈学生：杨芳玲（河北大学历史学院本科生）

访谈时间：2014 年 8 月 18 日下午 4—5 点

访谈地点：陕西省宝鸡市金台区蟠龙镇大韩村

杨芳玲同学与袁辉爷爷　　　　　袁辉的退伍证和军旅纪念

杨芳玲：爷爷，您是哪一年去当兵的？当兵的原因是啥？

袁　辉：我是 1969 年的兵，就是为保卫祖国来么，那时候还没有说什么去打仗不打仗，保卫祖国，保卫世界和平。

杨芳玲：您当兵之后，种类是啥？做了些啥？

袁　辉：当兵哦，我是 144 团，当了 3 年，我们是工程兵，打坑道什么的。

杨芳玲：打坑道，都是在哪打来，啥地方打来？

袁　辉：刚去到桂林训练了三个月，当时以为是拉到越南去呢，后来由于形势变化，又没有出国，就在国内搞国防施工来着。在湖南省靖县湖口镇。

杨芳玲：您对参加革命工作感到最满意的事情是啥？就是当兵三年让您最骄傲的事？

袁　辉：哎，这怎么说呢，打坑道怪艰苦得很，在坑道里作业辛苦得很。

杨芳玲：是不是那个打仗的战壕都是你们挖的？

袁　辉：不是。整个这个石山，就像秦岭一样，把这个石山打出个坑道来。在地下搞国防施工。

杨芳玲：就是搞一些隐蔽的国防工程吗？

袁　辉：哦，对对对。

杨芳玲：那您对孩子们介绍过当兵时候的经历吗？

袁　辉：咋不说呢，他们问的时候就说道说道。有一次孩子问我当兵时做过什么？我说打坑道，他不明白，我就给他解释说，和咱这挖土窑一样，把这土窑平平地要挖个窑挖进去那个道理一样。

杨芳玲：他们听了之后是不是很自豪？

袁　辉：感到自豪啊，说我这工作，国防施工保密的，绝对不能泄密，别人不能进去参观，站岗着呢，进不去。

杨芳玲：您当兵期间家里人问您时是不是啥情况都不能说？

袁　辉：不能说，在哪打的坑道，什么样的，不能说，那是国家机密。那时通信地址都是拿信箱代号。家里人拿着多少信箱是找不到我的。

杨芳玲：那是不是有专门的人收发信件？

袁　辉：搞通信的人啊，他们能够把信送到。

杨芳玲：当兵三年对您的人生有啥影响没？

袁　辉：有影响，身体搞坏了，主要是把腰弄伤了。当时主要是在山上扛木头，扛着山上伐的松木树大得很，结果把腰伤了，后来送到了125医院去了。在125医院住了三个月医院都没有治好。后来一用力就疼，最后就调到了7754部队转行干后勤工作，主要是给首长们做饭。烧了一年多，我最后就要求回来了。

杨芳玲：退伍了？

袁　辉：主要是家里缺少劳动力，家里给我连着去了三份电报，要我回来。我父亲没得早，家里只有一个老母亲，七八十岁了，放心不下，于是就要求回家，首长们都同意，派了个小车，连夜把我送桂林车站，我就回来了，回来到桂林半个月时间，我一块当兵的说，你怎么当兵去一年就探家呢？我说我有事，请了半个月假，回来把屋里看一下，安顿安顿就走了。后来，又干了一年多才回来的。我回去后，营里给我通知说，你再干一年，再做一年饭就叫你退伍。我们连长说，你回来现在有活呢，回来去放鸭子，我就放了半年多鸭子。

杨芳玲：连队里还养鸭子呢？

袁　辉：养的鸭子很多，我们有个生产连，搞生产的搞生产，养鸭子的养鸭子，养下的鸭子多得很，整天赶到韬田地里去吃食，中午赶回去。连长说了，你一天把鸭子看好就对了，又不要你喂，你光拿个棍棍赶回来就对了。

杨芳玲：您在部队里得过什么勋章吗？

袁　辉：没有，我这个没有勋章。不过，我现在享受着一月有350块的生活补助。

杨芳玲：是您的老部队给发的？

袁　辉：哦，是中央直接发的。

杨芳玲：现在您的腰还有没有后遗症？

袁　辉：我现在回来以后好着呢，嗯，刚回来在咱地方上种玉米、种高粱，不能挖苞谷秆，不能挖高粱秆，一挖腰疼得很，只能立着干。我回来时医院给我开了证明。像我们这样回来没安排工作的，从2011年开始中央有令，每个月给生活费，一年到省疗养院和市疗养院疗养一次。

杨芳玲：是养身体吗？

袁　辉：哦，那里管吃管喝，看病，我去年到省疗养院去了六个月，后来农忙我就要求回来了，心里急，要收割麦子呀。

杨芳玲：去了六个月？

袁　辉：哦，半年时间，去年去了两个月在福利院，新宝砖瓦厂，从咱这刚下去在这龙泉巷，福利院就在那。

杨芳玲：里面有您的老战友吗？

袁　辉：嘿！尽是。都是我们一起当过兵的。解放战争时候的，朝鲜战场的，对越南自卫反击战的，各方面都有，有功劳的都去那里休养。

杨芳玲：那您当兵有没有后悔过呢？

袁　辉：哦，后悔啥呢，开始你就是年轻时受点罪，受点苦，后来念有回报里嘛，好着呢。我给你说的这都是事实，咱们为啥当兵来着，是为了锻炼自己，为了把自己的义务尽到，为了保卫祖国，对不对，现在退伍了，不后悔。

杨芳玲：好的，谢谢您。

（二）访谈感悟

经过深入细致的访谈，杨芳玲同学了解到，在部队的日子里，袁辉同志因为自己的身体受过重创，部队对他也很照顾，第二年就没有再让他干重体力活，他在部队待了两年就退伍回家了。一个是自己身体的原因，一个是家里老母亲无人照顾。由于当时县里比较落后，安置不了那么多转业军人。他只好自己另谋出路。现在，国家对这些当年的退伍军人有许多的优惠政策，政府对他们的关照确实让他们很感动。袁辉老人感慨地说："国家那个时候没有能力安排我们工作，但是，现在我们也享受到了国家的福利，党和国家没有把我们这一批人忘记，我们真的很高兴。"老一辈为国家和人民做出的贡献，我们的党不会忘记，我们的人民也不会忘记。杨芳玲同学深有感触地说："在访谈过程中，袁辉大大为了说明党的政策执行得好，把政府发给自己的福利存折都拿出来让我看了看，我数了数大概有四个存折，袁辉大大自豪地说，别人没有这么优惠的政策，我就有这样的待遇，党没有把我们这些人忘记啊！最后我也要求袁辉大大拿出了他的退伍证，我一看，当年真的是个帅小伙啊，退伍证上的照片真英俊，最后，还要求袁辉大大与我合影留念，走的时候袁辉大大还把他珍藏的一本记录他们当年事迹的书拿给我，让我好好读，真的是很热情，希望以后有机会还能这么真诚地交流。"杨芳玲同学谈到，口述史研究方法，对她是第一次，虽然在访谈调研之前，学院请有关老师做了口述史调研方法的培训，但短短两个小时培养并不能解决更多的问题，当学生真正深入到乡村、街道、工厂开展口述史访谈调研的时候，还会遇到许多实际问题。杨芳玲同学说："我们其实还是存在很多的困难，就个人而言，我的周围曾经参加过抗日战争、解放战争的老人已经是很少了，或许是由于生活在农村，医疗条件和城里没法比，加上以前看病难，那些在战争年代受过伤的老前辈好多并没有得到很好的治疗。现在，老一辈的革命者大多都已经不在了，但是经过我们的多方努力，还是找到了比较恰当的访谈对象。我们从他们身上找到了许多红色记忆的碎片。"

第三节　"红色遗址"解说词调研实践

2017年3月，经历史学院党政联席会研究，设立"河北省红色遗址解说词专项调研"项目，组织2017年本科毕业生开展调研实践活动。经过初步筛选，确定了河北省10个红色文化遗址，包括平山县西柏坡中共中央旧址、阜平县城南庄革命纪念馆、活动邯郸晋冀鲁豫烈士陵园、涉县129师司令部旧址、邢台县中国人民抗日军政大学敌后总校、平山县华北人民政府旧址、唐县白求恩柯棣华纪念馆、唐山乐亭县李大钊故居和纪念馆、沧州市献县马本斋烈士纪念馆；活动承德市隆化县董存瑞烈士陵园及纪念馆。活动坚持集中调研与分散调研相结合、教师带队和自主调研相结合的原则，参加指导并带队的老师有学院总支书记、主管教学的副院长、系主任、团委书记、专职辅导员、专业课教师，共计 12 人。调研过程中要求学生及时撰写新闻报道，调研结束后及时安排学生撰写调研报告，反思调研的收获和体会。"红色遗址"解说词调研实践融德性滴灌与智性滴灌为一体，让学生掌握专业知识的同时接受社会主义核心价值观的教育渗透，收到了预期效果。

一、平山县西柏坡中共中央旧址解说词调研

西柏坡中共中央旧址位于石家庄平山县西柏坡镇西柏坡村。这里是解放全中国的最后一个农村指挥所。1947 年 3 月，蒋介石派胡宗南率部大举进攻延安。中共中央决定撤离延安，迁驻华北。中央工委刘少奇、朱德等先期到达西柏坡办公。1948 年 3—4 月，延安收复，毛泽东、周恩来等到达晋察冀军区所在地——河北省阜平城南庄。5 月，毛泽东到达西柏坡。"西柏坡成为举世瞩目的革命圣地，成为当时中国革命的领导中心"①。毛泽东、周恩来、朱德等老一辈革命家在这里指挥扭转乾坤的三大战役，召开了描绘新中国宏伟蓝图的七届二中全会。毛泽东在全会上提出了著名的"两个务必"。1949 年 3 月，党中央离开西柏坡进驻北平。西柏坡中共中央旧址大院原位于西柏坡村东头。1970 年 12 月在原址山坡复原。1977 年，新建西柏坡纪念馆。1982 年，西柏坡中共中央旧址被列为全国重点文物保护单位。1997 年，西柏坡又被中宣部列为全国爱国主义教育示范基地。

（一）平山西柏坡中共中央旧址解说词调研过程

根据历史学院"河北省红色遗址解说词专项调研"项目实践的要求和安排，2017 年 5 月 5 日，在世界史研究所所长、世界史硕士一级学科负责人张殿清教授，团委书记石宇老师，中国史系副主任李长银老师带领下，历史学院 12 名师生来到平山县西柏坡中共中央旧址开展解说词调研活动。西柏坡这一革命圣地是对大学生进行国情教育、革命传统教育、爱国主义教育、理想信念教育的重要基地，也是亲身感受中国共产党历史的重要环节。同学们怀着对西柏坡的憧憬，在实地调研考察之前，积极查阅和西柏坡相关的历史资料，尤

---

① 中共中央党史料研究室科研管理部编：《全国重要革命遗址通览》第 1 册，中共党史出版社 2013 年版，第 65 页。

其是相关的解说词。西柏坡以自身独特的历史贡献，树起了一座不朽丰碑。

调研师生在西柏坡聆听解说　　　　　调研师生在毛泽东旧居合影留念

来到西柏坡，便有一种特殊的氛围萦绕其间，那就是中国共产党伟大的光辉形象。她真的就像太阳一样，散发出万丈光芒。首先，同学们参观了"七届二中全会"旧址，中共中央旧址大院的大门向南，分前后两部分。前院自东而西，是周恩来、任弼时、毛泽东、刘少奇、董必武的旧居，还有军委作战室旧址和中央机关食堂旧址等。在后院的东北角，三间窑洞式建筑是朱德的办公室、休息室和会客厅。虽然大家在网上都看到过这里的照片，但是，当身临其境时，心里还是热血涌动。接着，同学们来到西柏坡纪念馆，在它的门口，是五大书记雕像。他们指挥中国人民解放战争的场景在雕像中定格，他们的英明决策推动了中国革命的进程。西柏坡纪念馆是此次调研的重点内容，不仅需要浏览照片和实物，而且要认真地观看和记录上面的解说词。纪念馆有10个展厅：序厅——光荣的平山。这一展厅详细介绍了平山的光荣历史。一、二展厅——主要是介绍在西柏坡召开的全国土地会议、领导华北地区的解放战争、经济建设和军民生活等重大历史事件。三展厅——决战前夕。主要介绍了大决战之前全国的政治、经济和军事形势。四、五、六展厅——大决战。主要介绍了毛泽东同志运筹帷幄地指挥三大战役的情况和人民群众的支前情况。七展厅——七届二中全会。八展厅——新中国从这里走来。主要介绍了毛泽东离开西柏坡赴京成立新中国的情况。九展厅——难忘的岁月。主要是展出了在西柏坡期间，领袖和工作人员的工作和生活照片。十展厅——历史不会忘记。主要展出了现在各级党、政、军领导及社会名人等参观回访西柏坡的历史照片。

（二）平山西柏坡中共中央旧址解说词调研感悟

历史学院2013级历史学专业郭蒙蒙说："作为红色革命圣地，西柏坡所传递的精神力量是我调研中所关注的一个重点。这种精神力量即使已经经历半个多世纪之久，却仍然光辉灿烂。在我看来，调研是增长知识和升华思想相统一的过程。"

历史学院 2013 级历史学专业武孟兴说："西柏坡精神所承载的优秀传统和作风，有的体现了中国传统美德，有的体现了中华民族精神，有的体现了长期革命斗争中形成的革命精神。这些精神是全党和全国人民的共同财富。西柏坡精神令我们鼓舞，使我们享受了一次精神的盛宴。我们应当用西柏坡精神充实自己的头脑，以强烈的责任感和饱满的热情，履职尽责，担负起民族复兴的伟大使命。"

历史学院 2013 级历史学专业朱伟康说："我们当代大学生大多数都是生长在温室里，没有经历过风吹雨打的洗礼。然而，世界的明天是我们的，怎样才能肩负起时代的重任呢？我们得出的结论是传承和弘扬西柏坡精神。从中学习敢于斗争、敢于胜利的开拓进取精神，学习面对困难、乐观进取的艰苦奋斗精神，从中学习严于律己、宽于待人的团结合作精神。这样，才能让西柏坡精神成为我们人生的照明灯！"

历史学院 2013 级历史学专业杨晓明说："西柏坡不仅是解放全中国的最后一个农村指挥所，而且孕育了伟大的革命精神。'两个务必'不仅是共产党人宝贵的精神财富和行动指南，对于我们大学生同样具有警示作用。实事求是和艰苦朴素要求我们端正态度、认真负责地对待史事和史料。我们应当在前人基础上锐意进取、开拓创新，不负先辈遗荫，不负后人期望。"

历史学院 2013 级历史学专业孟兆说："通过调研我收获很多，传承和弘扬西柏坡精神将对我的人生产生巨大的影响。其中，实事求是是西柏坡精神的精髓，它要求我们在学习和研究过程中端正态度，认真对待每一个科学上的问题、每一次试验和每一个数据。理论联系实际、与时俱进是实事求是的内在要求。"

历史学院 2013 级历史学专业杜俊英说："作为当代大学生，我们应该清楚地知道自己肩上的重担，明白今日中国还存在诸多没有解决的难题。为此，我们没有理由去谈享乐，没有理由去讲豪奢。我们应该做的，就是继承和发扬西柏坡精神，并且用这些天的所见所感激励自己。从此刻开始，我们要全面丰硕自己，强大自己，为了祖国和人民奉献自己的力量！"

历史学院 2013 级历史学专业吴小龙说："我认为赴西柏坡调研是大学期间最为有意义的活动之一。它是我大学生活必不可少的组成部分，也是每一位大学生走向毕业的一个必经阶段。我始终不忘自己预备党员的身份，也时刻以一名正式党员的标准严格要求自己！""在调研的基础上，我总结了包括西柏坡精神在内的中国红色文化的成因及价值：一是中国共产党领导中国人民进行新民主主义革命和社会主义革命与建设的实践及理论成果，为红色文化提供了坚实的基础；二是红色文化批判和超越了资本主义文明，吸收了中华优秀传统文化的成果；三是红色文化是我们推进社会主义意识形态建设的宝贵资源。"

二、阜平城南庄晋察冀边区革命纪念馆解说词调研

阜平城南庄晋察冀边区革命纪念馆始建于 1972 年，占地 5250 平方米，位于阜平县南 20 公里处的城南庄镇。这里保留着革命战争年代毛泽东等中央领导和晋察冀军区司令部的工作生活旧址。晋察冀边区革命纪念馆是国家重点文物保护单位、全国爱国主义教育基地。阜平城南庄在抗日战争史和中共革命史上具有重要地位。1937 年，聂荣臻同志在此创建了晋察冀抗日根据地。在这里，中共广泛发动群众抗日，成为华北抗战的坚强堡垒，同时，积极开展边区建设，促进了边区发展。本次调研实践活动的目的有两个，一是对晋察冀边区革命纪念馆解说词进行调研；二是通过了解晋察冀边区抗日战争、解放战争、边区建设的史实，接受爱国主义教育。同时，要求同学们在调研结束后，运用历史学理论与方法，对纪念馆的解说词和文字资料进行整理与研究，深入而广泛地挖掘晋察冀边区革命的历史和优良革命传统，并撰写实习报告。历史学院将继续组织毕业生对河北省红色遗迹进行调研，以期服务于河北省红色革命文化的建设工作，同时助推地方经济社会发展。

（一）阜平县城南庄晋察冀边区革命纪念馆解说词调研过程

2017 年 4 月 10 日，河北大学历史学院 2013 级本科生在张殿清教授、李长银博士的带领下，前往保定市阜平县城南庄晋察冀边区革命纪念馆开展毕业实习实践活动。

晋察冀边区革命纪念馆分为三个部分，即展览区、室外雕塑区和后山旧址区。

展览区有两大展厅，主题分别是"模范抗日根据地——晋察冀边区"和"全国解放战争的战略基地与指挥中心"。

解说员为师生现场讲解

毛泽东为晋察冀边区纪念馆题词

室外雕塑区以雕塑的形式反映了当年在晋察冀边区工作的领导人物，共有六组雕塑："聂荣臻和美穗子，邓拓、沙飞与新闻战士，李勇和爆破组，戎冠秀与受伤战士，国际友人白求恩，狼牙山五壮士"[1]。这些雕塑以生动形象的方式展现了战争年代的革命先烈及其事迹。室外前广场放置的自然卧石上刻有毛主席的题词："模范抗日根据地晋察冀边区"。

后山旧址区有两重院落，前院展出聂荣臻元帅领导的晋察冀军区在阜平一带的重大活动，1948 年春毛泽东、周恩来、任弼时等在阜平的一系列重大活动，以及阜平人民在抗日战争和解放战争时期的斗争事迹。前院正中是聂荣臻元帅的铜像。后院是晋察冀军区司令部机关的住房，保留着毛泽东、周恩来、任弼时、聂荣臻、萧克等用过的办公室、生活用具等。后院东侧小门出去通往后山处，有一防空洞，国民党当年空袭时，毛泽东曾在此防空洞里办过公。

解说员为我院师生现场讲解

师生参观晋察冀边区纪念馆

---

[1] 《晋察冀边区革命纪念馆概况》，见 http：//www.jinchaji.com/jng/index.shtml。

在调研的过程中，同学们一边聆听讲解每一幅图画、每一座雕像、每一件文物和每一个历史故事，一边拍照和记录。在展览区，每一幅图画、每一行文字都诉说着那段不平凡的峥嵘岁月。在晋察冀边区领导同志工作和休息的地方，同学们看到房间面积狭小，设备简陋，都非常感动和惊讶。伟大的中国共产党正是从这块贫瘠的土地上，在这样艰苦的环境中领导边区人民战胜日本帝国主义的。晋察冀边区人民为中国革命的胜利做出了不朽贡献。当看到侵华日军残忍杀戮中国军民的照片时，同学们无不义愤填膺；当看到边区民主建设的实物"豆选"时，同学们无不对这一结合民情、凝聚着智慧的选举形式发出赞叹；当看到中国抗日战争胜利的照片时，同学们无不欢欣喜悦。通过现场调研，同学们对于中国革命史、抗日战争史有了更深刻的理解和体会，更加认识到当今幸福生活来之不易。大家纷纷表示，今后一定要严格要求自己，在学习工作中奋勇争前，努力成长为对国家对社会有用的人才。

（二）阜平县城南庄晋察冀边区革命纪念馆解说词调研感悟

历史学院 2013 级历史学专业石文安说："历史学对于广大人民群众有十分重要的意义，尤其是在弘扬民族精神方面，历史的寻根溯源会使我们迅速找到归属感，让红色教育更加形象化和立体化，这是我参加晋察冀边区革命纪念馆后的最大体会。"

历史学院 2013 级历史学专业李东南说："晋察冀边区革命纪念馆是抗日战争、解放战争伟大进程的浓缩，是打垮日本侵略者和埋葬蒋家王朝的前沿阵地。没有革命先烈的顽强拼搏便没有革命战争的胜利，没有革命先烈坚持不懈的斗争便没有新中国的成立。看到革命战争年代革命先烈的艰苦工作和生活环境，我们颇有感触，这对我们的心灵是一种洗涤和净化。"

历史学院 2013 级历史学专业王帅说："在参观考察中，当同学们看到侵华日军的在晋察冀边区犯下的累累罪行，无不义愤填膺。调研活动使我们实地接受了一次生动形象的爱国主义教育，使我们对抗日战争史、中国革命史有了更加真切的了解。"

历史学院 2013 级历史学专业袁书敏说："通过到晋察冀边区革命纪念馆调研学习，我看到了更多革命战争年代的实物与照片等文物，更加体会到中国革命和抗日战争胜利的艰难，更加认识到当今幸福生活的不易。在调研过程中，我实地接受了爱国主义教育，感受颇深。"

历史学院 2013 级历史学专业颜泽宇说："这次调研学习收获很大，开了眼界，长了见识。时间虽短，但受教育甚深，终生难忘，受益匪浅。它使我重温了边区军民抗日斗争的光辉历史，深切缅怀了革命先辈为中华民族的解放事业做出的巨大贡献。通过参观学习，深深地感受到中国革命胜利来之不易，为了国家的独立、民族的解放，无数革命先烈献出了宝贵生命。"

历史学院 2013 级历史学专业高思远说："通过参观晋察冀边区革命纪念馆，我重新审视了抗日战争和解放战争时期革命先烈的英雄事迹和革命精神。回首红色精神，革命先烈的热液灌溉了一代又一代的中华儿女，面对今后的挑战和困难，我们必将坚定理想信念，走好我们这一代人的新长征路，实现中华民族伟大复兴的中国梦。"

历史学院 2013 级历史学专业陈雪说："通过调研，我学到了很多有关晋察冀边区抗战和解放战争时期的历史知识，同时，在老师和讲解员的帮助下，激发了我更加努力学习这段历史的热情。不仅如此，通过这次调研，我受到爱国主义的熏陶，激发了强烈的爱国热情，思想境界得到了提高。"

历史学院 2013 级历史学专业王鑫说："翔实的图片、珍贵的文物、生动的解说，展示了晋察冀边区军民可歌可泣的英雄事迹和为中华民族解放事业建立的不朽功勋，讴歌了艰苦的抗日战争中一个个永垂史册的英雄人物事迹，展示了晋察冀人民敢于战争、不怕牺牲、奋勇向前的精神，感人至深，催人奋进。"

三、晋冀鲁豫烈士陵园解说词调研

1950 年 10 月 21 日，晋冀鲁豫烈士陵园在古赵都邯郸落成，它是我国建筑最早、规模最大的烈士陵园，是第一批全国重点烈士纪念建筑物保护单位。它记载着晋冀鲁豫边区军民波澜壮阔的革命斗争历史画卷，它铭刻着革命英烈为创建新中国浴血奋战的丰功伟绩。抗日战争时期，晋冀鲁豫边区是敌后最大的抗日根据地和华北战场的指挥中心，为了打击日本侵略者，晋冀鲁豫边区军民付出了巨大牺牲。解放战争时期，晋冀鲁豫军民先后取得了上党、平汉、豫北、鲁西南等战役的胜利。晋冀鲁豫野战军挺进大别山，参加淮海战役，进军大西南，无数先烈为革命胜利壮烈牺牲。中华人民共和国成立之后，晋冀鲁豫人民在各条战线都取得了辉煌成就。晋冀鲁豫烈士陵园是为纪念牺牲在晋冀鲁豫边区的八路军总部前方司令部、政治部、晋冀鲁豫军区及129 师的革命烈士，由晋冀鲁豫边区参议会决议修建的。晋冀鲁豫烈士陵园园区安葬着北方局军委书记张兆丰等 200 余名革命烈士，其中较为特别的是左权将军墓。晋冀鲁豫烈士陵园的办馆方针是"褒扬烈士，教育群众"，建馆以来，接待了成千上万的群众。

（一）晋冀鲁豫烈士陵园解说词调研过程

2017 年 4 月 4 日至 5 日，部分 2013 级历史学专业的同学按照学院"河北省红色文化遗址解说词调研"要求，来到了邯郸晋冀鲁豫烈士陵园开展了调研活动，有的同学还提前查阅了大量的资料，并且编写了解说词，在调研考察中义务为前来烈士陵园的游客进行解说。

历史学院师生赴晋冀鲁豫烈士陵园调研　　历史学院师生向革命烈士三鞠躬

晋冀鲁豫烈士陵园位于邯郸市中心，是全国爱国主义教育示范基地、全国百家红色旅游经典景区。烈士陵园正门的横额上是朱德的题字"晋冀鲁豫烈士陵园"，两侧是毛泽东的诗词"为有牺牲多壮志，敢教日月换新天"。进入烈士陵园大门后，我们看到：北院由正门、烈士纪念塔、人民英雄纪念墓南北形成中轴线。烈士纪念塔迎门而立，24 米高，塔正面有毛泽东的题词"英勇牺牲的烈士们千古无尚光荣"。侧面是刘少奇、周恩来的题词。绕过烈士纪念塔是纪念广场，广场上的显示屏上正在播放一部抗战电影。广场的顶端是烈士公墓，它位于陵园的中心，坐落于 2500 平方米的平台上，墓形为直径 11 米的苍穹。调研团队的全体成员在烈士公墓前排成一行，向革命先烈三鞠躬，并默哀 3 分钟。烈士公墓的西侧是陈列馆，到陈列馆时，正好负责人苏宝生主任骑车赶来，他为我们请来了讲解员，我们一边参观一边听讲解员介绍，革命先烈的英勇事迹震撼着我们的心灵，令我们无比的崇敬。烈士陵园的东侧是左权将军墓，左权曾任红军十五军军长、八路军副总参谋长，1942 年牺牲在抗日战场。1998 年3 月，赵世训先生在晋冀鲁豫烈士陵园凭吊左权将军墓时曾赋词一首，表达了对左权将军的哀思。《谒左权将军墓》："黄埔主义真，长征建奇功。日寇侵中华，敌后抗日行。麻思反扫荡，巨星陨信凶。我党推名将，高歌'满江红'。却慕来谒陵，泪泣放悲声。虽死得其所，革命事业宏。"①

历史学院师生在烈士陵园陈列馆留念　　　历史学院师生在参观左权烈士墓

（二）晋冀鲁豫革命烈士陵园解说词调研感悟

历史学院 2013 级历史学专业贾欣欣说："这次烈士陵园的调研，使我感受到了深沉的民族精神，对我而言，是一次有切身感受的爱国主义教育。烈士们在这座陵园中安息，每一年都有很多人前来拜祭，七十多年过去了，尽管他们中的一些人我们连名字都不晓得，但是，我们却知道，正是他们的牺牲精神才开创了今天的美好生活。为了告慰烈士的英灵，我们应当铭记历史，牢记使命，为祖国的建设贡献自己全部力量。"

历史学院 2013 级历史学专业史亚娜说："革命先烈前赴后继、英勇牺牲，让多灾多难的中华大地发生了翻天覆地的变化，万里山河焕然一新。新中国的成立，开辟了中华民族复兴的新时代。通过调研实践我明白了'感想来源于现实'的道理。调研的时间虽然很短，但感想却很多。为中华复兴而读书是时代对我们的呼唤，作为当代大学生理应担当起民族复兴的重任。我们必须把爱国情、集体心、报恩愿、自强志融入到时代大潮，为实现中华民族伟大复兴的中国梦而努力奋斗。"

历史学院 2013 级历史学专业辛琪琪说："通过本次调研，我收获了很多。那些原本在课本上了解到的知识，通过自己的实践总结出来会更加深刻。调研活动使我亲身感受了革命先烈大无畏的牺牲精神，更加理解今天幸福生活的来之不易。"

---

① 赵世训：《红色旅游记吟 共和国从这里走来》，旅游教育出版社 2011 年版，第 98 页。

历史学院 2013 级历史学专业解晓昕说："通过短暂的调研实践，深感自己所学知识的肤浅和在实践运用中知识的匮乏，刚开始的时候茫然不知所措，这让我感到非常的难过。在学校总以为自己学得不错，一旦接触到实践才领悟学无止境的含义。之后，当站在游客群中讲解晋冀鲁豫军区烈士陵园的时候，我逐渐感到不再像以前那么忐忑不安，自信地向游客传递红色文化，不但培养了表达能力，更使我在解说中体会了红色历史，接受了一次精神洗礼。"

历史学院 2013 级历史学专业汪晶说："通过邯郸晋冀鲁豫烈士陵园的调研，使我学习到了晋冀鲁豫烈士陵园的相关史实，并对这处红色文化遗址的建造概况等相关基础知识有了了解，也锻炼了自己资料搜集和历史研究能力，同时，也是一次生动的爱国主义教育。晋冀鲁豫烈士陵园的建造，不仅表达了对革命先烈的缅怀之情，更显示了发掘和利用红色文化的教育价值，不仅有利于传播社会主义核心价值观，更有利于红色革命精神深入人心。"

历史学院 2013 级历史学专业李颖说："前事不忘，后事之师。革命先烈用鲜血和生命捍卫了国家尊严和民族正气。中华民族在抵抗外辱，追求真理的战争中所表现出来的坚强勇敢、不屈不挠的民族精神，在他们身上闪耀着熠熠光辉。他们的牺牲精神和爱国情怀值得我们永远学习。"

四、涉县 129 师司令部陈列馆解说词调研

1937 年抗日战争全面爆发后，八路军 129 师在刘伯承、邓小平率领下进驻涉县，创建了全国面积最大、最巩固的晋冀鲁豫边区抗日根据地，涉县是根据地的心脏。于是便有了如今的涉县 129 师司令部旧址。在距旧址约百米的庙坡山上，安放着刘伯承等将帅的灵骨，邓小平亲笔题写了"将军岭"三个大字。129 师司令部旧址爱国主义教育基地包括 129 师司令部旧址、将军岭和 129 师陈列馆三部分，占地面积 340 亩。现为全国重点文物保护单位、全国爱国主义教育示范基地。抗日战争时期，涉县是晋冀鲁豫边区的腹心地、首府县，是华北地区抗日的战略要地。在这里，刘少奇、邓小平等曾经组织召开过多次决策会议，他们运筹帷幄、决胜千里，指挥了 3100 多场战役，歼灭日伪军 40 多万，创建了全国面积最大、最巩固的抗日根据地，为解放战争的大决战奠定了坚实基础。中华人民共和国成立后，近百名 129 师的老领导担任了党和国家的重要领导职务，成为中国第二代领导集体的中坚力量，因

此，129 师司令部旧址被誉为"中国第二代领导核心的摇篮"。

（一）涉县 129 师司令部陈列馆解说词调研过程

2017 年 4 月 4 日至 5 日，历史学院 2013 级历史学专业蔡雷、唐瑞倩、杨曼凝、殷振茹、尚欣欣、郭莹莹、徐诗等同学按照学院"河北省红色文化遗址解说词调研"要求，来到涉县 129 师司令部旧址开展了调研活动。2017 年 8 月 23 日，历史学院又组织了暑期"河北省红色文化遗址解说词调研"团队，第一站到的是邯郸晋冀鲁豫烈士陵园，第二站就来到了邯郸涉县 129 师司令部陈列馆。通往 129 师司令部陈列馆的是一条笔直的公路，公路两侧是飘扬的红旗，红色的氛围传达着这里的文化特质。鲜艳的红色正是用无数革命先烈鲜血染成。在飘扬的红旗下面，渗透着无数革命先烈的热血。通往 129 师陈列馆的是一层层台阶，恰恰是 129 级。接着，师生在纪念馆门前合影留念。然后便进馆里面去参观。

调研师生在129师司令部陈列馆前留影　　　　调研师生在129师司令部陈列馆参观

调研小组在离开 129 师陈列馆后才发现，把 129 师司令部旧址和 129 师陈列馆搞混了。因为当从网上查找 129 师司令部旧址图片的时候，才发现那些地方根本没有去，去的只是 129 师司令部陈列馆。从网上查阅资料发现，八路军 129 师旧址其实包括三个部分：129 师司令部旧址、将军岭和陈列馆。在抗战时期，涉县为华北抗战战略要地，是边区根据地腹心地和首府县。在刘伯承、邓小平等率领下，东渡黄河、挺进太行、运筹涉县，指挥了抗战时期的神头岭、响堂铺战役和解放战争时期的上党、平汉战役。2017 年，129 师司令部旧址入选全国红色旅游经典景区。之所以没有去参观赤岸村 129 师司令部旧址是因为那里需要每个人几十元的门票。129 师司令部陈列馆在赤岸村的将军岭，与旧址有一里之遥。陈列馆有 5 个展厅、一个序厅和一个《挺进太行》景壁画室。展厅的主题是"我们在太行山上"，分四部分，集中展现了

129 师转战太行、创建晋冀鲁豫抗日根据地、千里跃进大别山，为中华民族解放事业作出历史性贡献的光辉历史。

（二）涉县 129 师司令部旧址解说词调研感悟

历史学院 2013 级历史学专业蔡雷说："时间过得真快，转眼一个月的调研实习结束了，曾经让我忐忑的调研在愉快和充实中度过了，蓦然回首，我发现自己收获了想要的那份技能和同事情谊，站在游客中间，为他们讲解 129 师司令部旧址历史的时候，我觉得自己不再那么紧张害怕，更多的是责任，希望给游客传达更多的红色知识。调研使我学到的知识有了一个质的飞跃，我了解到很多书本上学不到的知识。知识是无止境的，在未来的日子我将通过加倍的努力不断丰富自己的知识储备。"

历史学院 2013 级历史学专业唐瑞倩说："在艰苦的战争年代，129 师将士们用智慧、勇气和鲜血熔铸了'不怕困难、不怕牺牲，勇于担当、勇于胜利'的精神，这是我们党宝贵的精神财富。革命先烈抛头颅、洒热血，用血肉之躯筑就了社会主义的钢铁长城，我深切体会到新中国来之不易、和平生活来之不易。为此，我们必须继承前辈遗志，为中华民族伟大复兴而发奋努力！"

历史学院 2013 级历史学专业郭莹莹说："我们党在领导中国人民争取民族独立和人民解放的历程中，积淀了宝贵的精神财富和文化遗产。涉县 129 师司令部旧址，承载着革命先辈敢于斗争、艰苦奋斗的精神，值得我们永远学习。到革命先烈曾经生活和战斗的地方参观，是我们传承红色精神的重要方式。"

历史学院 2013 级历史学专业尚欣欣说："选择涉县 129 师司令部旧址，是为了走进太行山，沿着革命先烈走过的足迹，追忆那段艰苦卓绝的烽火岁月。通过调研学习，我对革命先烈生命不息战斗不止的牺牲精神有了深切感受。我认识到，只有守望历史才能把握未来。那些可以耳闻、目见、触摸的历史画面，仿佛刻印到我的脑海之中。"

历史学院 2013 级历史学专业殷振茹说："调研 129 师司令部使我接受了一次爱国主义教育，深感自己变成了红色文化的传承者。作为大学生，理应为红色精神的传承做出自己的贡献，为我们的国家贡献自己的力量。我要时刻提醒自己用甘于奉献的精神面对未来的一切困难。"

五、唐县白求恩、柯棣华纪念馆调研

唐县白求恩纪念馆始建于 1971 年，1982 年更名为"唐县白求恩、柯棣华纪念馆"。1984—1986 年中央拨专款建成新馆。该纪念馆由三部分组成，即"一堂两馆"，包括纪念堂和白求恩生平事迹陈列馆、柯棣华生平事迹陈列馆。纪念堂为八角形结构，匾名由聂荣臻元帅亲笔题写。白求恩生平事迹陈列馆和柯棣华生平事迹陈列馆左右对称，为姊妹馆。纪念馆建筑风格为中国传统的民族建筑风格，现代化结构，造型精美，雄伟壮观，其独特建筑风格被收入德国法兰克福出版的《世界工艺美术大辞典》。纪念馆的基本陈列有两个，即《伟大的国际主义战士》和《国际主义的楷模》，展厅内展有 200 件白求恩、柯棣华的生前遗物，有 300 多幅珍贵图片，图文与实物结合，完整地记述了两位伟大的国际主义战士光辉的生命轨迹。1995 年，唐县白求恩、柯棣华纪念馆被保定市命名为"爱国主义教育基地"；1997 年被河北省命名为"爱国主义教育基地"；同年被中宣部命名为全国"百个爱国主义教育示范基地"；2005 年被 14 部委公布为全国红色旅游经典景区。

历史学院师生在白求恩柯棣华纪念馆　　　　历史学院师生参观白求恩纪念馆

（一）唐县白求恩、柯棣华纪念馆解说词调研过程

2017 年 8 月 24 日上午，历史学院调研小组到达唐县白求恩、柯棣华纪念馆，进入纪念馆的门前是一座弓形桥，调研小组在弓形桥上合影留念，纪念馆的正门是大理石刻制的牌楼，牌楼正上方镌刻着胡耀邦题写的"白求恩纪念馆"馆名。唐县白求恩、柯棣华纪念馆实际上有两个陈列馆：一个是白求恩陈列馆，一个是柯棣华陈列馆。虽然也听说过柯棣华，但在来到这里之前，印象中只有白求恩，而对于白求恩的了解也是源于毛泽东的那篇文章，而对柯棣华了解得并不多。河北大学生物学院、护理学院等在白求恩纪念馆建立了实践基地等。

　　白求恩生平事迹陈列馆的基本陈列是《伟大的国际主义战士》，包括三个展厅，共六部分内容：一是坎坷的青少年时代；二是投身国际反法西斯前线；三是奔赴中国抗日战场；四是战斗在晋察冀边区；五是永久的纪念；六是不灭的光辉。柯棣华生平事迹陈列馆的基本陈列是《国际主义的楷模》，也包括三个展厅，共六部分内容：一是青少年时代；二是远道来华；三是在延安；四是晋察冀岁月；五是以身殉职；六是万古丰碑。围绕"伟大的国际主义战士"这一主题，展现了白求恩大夫在艰苦的战争环境中，和晋察冀边区军民同甘苦、共患难，以崇高的国际主义精神，把自己的一切包括生命都奉献给了人类最壮丽的解放事业。为此，毛泽东亲自撰写了《纪念白求恩》，号召大家向白求恩同志学习。围绕"国际主义的楷模"这一主题，馆内展示了柯棣华大量生动感人的事迹，展现了他高度的责任心、满腔的工作热情和崇高的国际主义精神。"白求恩是加拿大共产党员，柯棣华是印度人，两位国际友人为了帮助中国人民的抗日斗争，远渡重洋，不畏艰险，先后来到中国，以严谨的工作态度和卓越的医疗技术，满腔热忱地奋战在抗日斗争第一线，将最后一滴血洒在唐县这块热土上"[①]。看到白求恩同志曾经使用过的手术器械、消毒锅和毛油灯，看到柯棣华当年使用过的医疗器械和生活用品等，不由得让我们想起那战火纷飞的岁月。作为伟大的国际主义战士，他们的光辉事迹感染着人们，他们的高尚情操激励着人们，他们的革命精神教育着人们。这里，是爱国主义的生动课堂和传播爱国主义精神的阵地。白求恩、柯棣华的事迹非常感人，他们对工作极端负责，他们对人民极端热忱，具有毫不利己、专门利人的高贵品质。

（二）唐县白求恩、柯棣华纪念馆解说词调研感悟

　　历史学院 2015 级历史学专业唐浩说："2017 年 8 月 26 日，李书记、石老师带领我们怀着无比崇敬的心情到唐县白求恩、柯棣华纪念馆参观学习，以缅怀先烈，接受红色教育。馆内松柏环抱，青翠欲滴，我们的每一个步伐似乎都走在前辈们走过的路上。通过导游的讲解，我了解到了白求恩、柯棣华的事迹。白求恩同志是加拿大外科医生，很早就接受了共产主义信仰，并且义无反顾地投身到中国反日本法西斯斗争当中，同我抗日军民同甘苦、共患

---

①　张庆学：《秀美唐县》，河北人民出版社 2015 年版，第 48 页。

难，以崇高的国际主义精神和真正共产主义者的态度，把自己的一切奉献给了共产主义事业。在一次手术中，他的手指不慎被割破而遭感染，抢救无效，不幸逝世。柯棣华同志是印度人，1938 年随同印度援华医疗队到中国协助抗日，1942 年 12 月 9 日凌晨，柯棣华因癫痫病发作在河北唐县逝世，为中国人民的民族解放事业献出了年轻的生命。同时，我认真观看了馆藏的大量珍贵历史照片和文献资料，不时停下脚步，拿出笔记本或相机进行记录和拍照。虽然白求恩、柯棣华的年代已经过去了，但是，他们留下的宝贵财富——白求恩、柯棣华崇高的国际主义、共产主义精神没有过时，我们必须薪火相传。"

历史学院 2015 级历史学专业霍孜博说："我们缅怀白求恩、柯棣华这两位国际主义战士为支援中国人民的抗日战争而无私奉献、光辉战斗的一生，通过追寻红色历史足迹，接受革命传统教育和爱国主义教育，激励我们继承和发扬白求恩、柯棣华的国际主义精神。随着讲解员声情并茂的讲解，通过一幅幅历史照片和一件件实物，特别是看到白求恩当年发明的简易医疗箱、用过的手术器械和消毒锅，以及临终时所写的对今后工作的建议等，看到柯棣华当年使用过的医药箱、医疗用品，柯棣华和刚出生 3 个月孩子的合影等，我心情非常沉重，这两位国际主义战士光辉的生命轨迹，陶冶着我的情操，激励着我的斗志。白求恩同志作为加拿大共产党员，不远万里来到中国，以医疗为职业，对技术精益求精，对工作极端负责，对人民极端热忱，毫不利己、专门利人，在帮助中国人民抗日战争中不幸以身殉职。柯棣华同志虽是印度人，却加入了中国共产党，在抗日烽火中，把壮丽的青春年华乃至生命都献给中华民族的解放事业。他们崇高的国际主义精神和高超的医学素养，深深地感染着我。他们对工作极端负责，对人民和党极端热忱，对技术和专业精益求精，这些，都值得我认真学习。"

历史学院 2015 级历史学专业李丽华说："我是唐县人，从小一直生活在这片土地上，对这次调研深有感触。走进纪念馆，看到了很多文物和展品，仿佛走进两位先辈的世界，脑海中映现出他们在手术台上救死扶伤的情形。白求恩是加拿大人，柯棣华是印度人，两个人都超越国家与民族，投身到国际反法西斯斗争当中，为我国抗战的胜利做出了无私贡献。不幸的是，二位都因病逝世于河北唐县，也就是我的家乡。但他们无私奉献，毫不利己、专门利人的国际主义精神和真正共产主义者的态度是我们永远应该纪念和缅怀的。站在家乡的土地上，想到他们为这片土地做出的贡献，我心中产生深深的感激之情。通过这次学习，我也坚定了自己的努力方向。作为当代大学生，我们应当学习和发扬白求恩、柯棣华精神。在学习和工作中应严格要求自己，提升自己，肩负起时代的使命。"

马克思主义学院马克思主义发展史专业 2016 级研究生赵英杰也参加了此次调研活动。她说："我有幸跟随自己的导师参加了赴唐县白求恩、柯棣华纪念馆调研活动，仔细观看了珍贵的文献资料、实物和历史照片，比较系统地了解了两位伟大的国际主义战士救死扶伤的生平事迹。他们两个人有着共同的精神品质和工作作风，他们为中国人民的抗战献出了自己宝贵的生命，做出了卓越贡献。我为两位国际友人的精神风范所感动。白求恩、柯棣华的年代已经过去了，但是，他们却留下了一笔十分宝贵的精神财富。在实现中华民族伟大复兴的当今时代，我们同样需要这种精神。这是一种国际主义精神，是一种共产主义精神，这是一种毫不利己、专门利人的精神，有了这样的精神，我们才能成为一个高尚的人、一个纯粹的人、一个有道德的人。"

第五章　民俗文化涵育大学生社会主义核心价值观的实践路径

中国是一个具有悠久历史民俗传统的国家。中华各民族之所以能够"像石榴籽一样紧紧抱在一起",是因为他们有着共同的文化基因。民俗文化起源、传承于人民群众的日常生活,是形成民族凝聚力和向心力的重要源泉。我们这里所讲的"地域民俗文化"主要是指河北省的历史文化和民俗文化。河北大学作为河北省属重点综合性大学,理应发挥它在地域历史文化传承与发展中的重要作用,同时,应当充分利用河北地域民俗文化资源,培育大学生文化自信和价值观自信。基于这种考虑,2015—2017年,历史学院组织学生开展了"寻找美""品年味""匠人心"传统文化在身边主题调研活动,并且把主题调研作为培育大学生社会主义核心价值观的重要方式。2015年暑期,组织开展了"寻找美——传统文化在身边"主题调研活动。调研内容主要是学生家乡的民俗文化,包括井陉古道、沧州文庙、内丘戏楼、章丘铁匠、隆化拨面、铁岭红学等,同时,分析探讨了民俗文化所蕴含的价值观念,发挥了民俗文化调研的育人功能。2016年,组织开展了"品年味——传统文化在身边"主题调研活动。年俗文化是中华传统文化的集中体现。年俗文化自远古时代奔流而来,滋养着不断发展变化的现实生活,对于涵育大学生的文化自信具有重要作用。具体调研内容包括石家庄及周边地区的传统庙会、新乐回族蒸年糕习俗、沧州的狮舞文化、永年的抬花桌年俗、高阳的贴年画习俗、沙河的"拉死鬼"习俗等。2017年,组织开展了"匠人心——传统文化在身边"主题调研活动。学生寻访的匠人主要有杨柳青年画艺人、蔚县剪纸艺人、平泉厨师、巨鹿织锦匠人等。不仅匠人的技艺令大学生折服,而且匠人的精神也激励着大学生成长成才。通过文化调研,大学生在传承和弘扬企业家精神、工匠精神方面做出了自己积极的努力。

第一节 "寻找美"——传统文化在身边主题调研

传统文化存在于历史长河之中，也存在于我们身边。感悟中华优秀传统文化中的真善美，应当从我们身边开始、从周围环境开始。为了引导大学生利用假期时间去发现生活的美、体认家乡的美，2015 年暑期，河北大学历史学院组织学生开展了"寻找美——传统文化在身边"主题调研活动。调研以河北籍学生为主，也有个别外省籍学生参加。学生的调研内容主要是自己家乡的民俗文化，如井陉古道、沧州文庙、内丘戏楼、章丘铁匠、隆化拨面、铁岭红学等。一方面，我们记录了学生调研的过程，力求揭示民俗文化所蕴含的传统文化理念，彰显其教育价值和真善美的追求，落脚于大学生"受教育、长才干、做贡献"；另一方面，从探讨中华民俗文化育人功能入手，整理了学生参与调研活动的收获和感悟，以期拓展和深化文化调研活动的教育成效。

一、石家庄井陉古道历史文化资源的调研

石家庄井陉古道，是横跨太行、沟通燕晋的重要交通干线。古道不仅是东西交通要冲，而且历来是兵家必争之地。先秦古籍《穆天子传》中有关于井陉古道的最早记载："周穆王驾八骏西游，朝拜西王母，途经井陉，并狩猎于钘（音陉）山。"[1] 据考古专家考察，井陉古道为战国中期赵武灵王灭中山时正式开通，之后，商旅不绝，繁盛不衰。井陉古道是"我国邮政史上的活化石""比罗马古道还要早 100 多年"。[2] 井陉古道在秦统一六国后重新修建，在原车马道基础上开辟了以咸阳为中心的驿道，井陉古道便是其中的一段主干道，素有"燕晋通衢"之称。古道旁建于嘉庆十六年的驿站，是国内至今保存最完好的古代驿站。2015 年，在"石家庄十大城市名片"评选活动中，"秦皇古驿道"进入前 20 名候选城市名片，排名第 19 位。

---

① 徐振安：《井陉古道》，见中国人民政治协商会议河北省石家庄委员会文史资料研究委员会编《石家庄文史资料》第 4 辑《井陉史料专辑》1986 年版，第 192 页。

② 许翔等：《井陉古道比罗古道早一百多年》，《光明日报》2000 年 8 月 17 日。

（一）把秦古驿道打造成为"天下第一陉"旅游品牌

井陉古道被国内史学界视为秦国统一之后"书同文、车同轨"的历史佐证。井陉古道是古代燕赵至秦晋的交通要隘。其规模如《汉书·贾山传》所载："东穷燕齐，南极吴楚，江湖之上，滨海之观毕至。"[①] 昔日，井陉古道主干线分为南北两路，孰早孰晚，说法不一。一种说法认为，南路开通为早。秦时驰道及韩信下井陉破赵均经此道。清代的官道、驿道也行此路。另一说法认为，以北路沿线诸多汉遗址遗物为依据，认为北路开通应早于南路。除主干道外，井陉境内有数条支线与主道相连。如南路有微水经长冈北岭、蚂蚱脑、南正到横涧南，再与北道相接的支线。这一支线尚存古桥数座及古道遗迹等。又如，出天长城西行经乏驴岭到娘子关的支线。这一支线尚存古代栈道遗迹、宋代修道题刻及明代修道碑等。

调查小组通过查阅资料了解到，井陉古道及其周边城镇，其历史地位可以得到新旧唐书、《五代史》和《资治通鉴》等正史佐证。如《资治通鉴》载，李克用进兵攻王镕，"辛巳，攻天长镇，旬日不下""李克用、王处存合兵攻王镕，癸丑，拔天长镇。戊午，镕与战于新市，大破之，杀获三万余人；辛酉，克用退屯栾城。"[②] 除正史外，《全唐诗》中存王维过井陉古道赋诗赞美这时的地形地貌："井邑傅岩上，客亭云雾间，高城眺落日，拯浦映苍山。"[③] 调查小组发现，除位于井陉古道中心天长镇外，周边还保存有大量的历史文化遗存。调查小组重点选取了天长镇、天户村、横口镇、龙窝寺村、娘子关、土门关等，认真了解了资源数量、类型和管理保护情况等。据石家庄社科院的梁勇老师介绍，井陉古道是一部"史书"、一具"化石"，它记录和见证了石家庄的悠久历史，如今，提升人们对井陉古道文化资源重大价值的认识，把它打造成为文化旅游的品牌，是问题的关键。

井陉古道是一道独特的历史文化风景，它具有四个基本特点：一是历史悠久、沿用时间长，是中国使用时间较长的古道之一；二是遗迹众多，保存情况较好，其中古城、古村落、古寺庙、古长城、古石窟、古墓葬等种类齐全，是开展文化旅游的宝贵资源；三是周边景色秀丽，自然风光和人文资源

---

① 秦永洲：《中国社会风俗史》，武汉大学出版社 2015 年版，第 208 页。

② （宋）司马光：《资治通鉴》图文珍藏本第 4 册，岳麓书社 2011 年版，第 3995 页。

③ 栗永、段文：《石家庄名村名镇》，中国对外翻译出版公司 2000 年版，第 169 页。

天然合一，具有形成规模化旅游集群的可能；四是附近今日并没有被完全放弃，正太铁路、国道、高速等贯穿井陉全境，交通方便，无须大规模开辟交通。基于此，理应把井陉古道打造成为"天下第一陉"旅游品牌。

（二）深度走入大学生最陌生的田野

2015 年 8 月份，历史学院"寻找美——历史文化在身边"主题社会调查小组，以河北省石家庄市井陉县的井陉古道为主要调查对象，对井陉古道的历史沿革和发展现状进行实地考察，写成了一份 5000 字左右的社会实践报告，详细地记录了这次调研的情况。沿石获北路一路西行，地势由低到高，太行山徐徐出现在眼前的情景，令人震撼。土门关的城楼，上安的牌坊，横口的古寨，保存完好的天长镇城池，一路走来，最终到平定县娘子关，这些文化遗存，令人赞叹，令同学们为自己民族历史上的繁荣而自豪。参加此次调查的陈嘉轩同学说："这个假期，有幸用自己的闲暇，对井陉古道做了一次系统的调查。虽然调查方法和过程还存在一定问题，但用心去做，无悔矣。最大的认识，应该是明白了田野调查对于历史专业学习的作用。作为一个历史专业的学生，过去可能对于书斋中的'读死书，死读书'生活过于满足，很少踏足野外，证实所学所读。作为历史专业的学生，我们太需要深入田野，试着用自己学习到的历史知识和历史思维，去反思中国历史上的珍贵文物，从而达到学以致用的理想结果。"

井陉古道是横跨太行，沟通燕晋的重要交通干线。其悠久的历史，传说可上溯到周穆王巡边。现存关于井陉古道命名的最早记载，来源于《吕氏春秋》中的"天下九塞"，"井陉塞"便是其中之一。如此重要的历史遗迹，却没有得到应有重视，古道周边的优美自然风光与丰厚人文遗迹，没有为当地带来实际效益，昔日的繁华变成了今日之凋零，这不得不令人反思。

中华民族历史上的兴盛，是华夏子孙文化自信的根基，如今，中华民族伟大复兴的时代重任落到了青年大学生身上。然而，和平发展的社会环境，物质充裕的社会生活，往往也是容易滋生软弱和奢侈的温床。现代的大学生，多是 90 后，他们如同温室里生长起来的禾苗，没有经历过什么大风大浪的洗礼，要想成为社会主义现代化建设的合格人才，必须要坚持走与社会实践相结合的道路，走与人民群众相结合的道路。习近平总书记曾说："中国梦是我们的，更是你们青年一代的""中国共产党从来都把青年看作是祖国的未来、民族的希望""当代青年建功立业的舞台空前广阔、梦想成真的前景空前光明",他希望青年大学生"敢于做先锋""让青春年华在为国家、为人民的奉献中焕发出绚丽光彩"。①

二、沧州市文庙历史沿革和发展现状的调研

孔子是我国儒家文化的创始人,是我国古代伟大的思想家、政治家、教育家。文庙也就是孔庙,它"不仅仅是学堂,也是供后人祭祀孔子的庙宇建筑""按其性质可以分成三种,孔氏家庙、国庙和学庙"。② 学庙就是学堂,家庙和国庙则是用来纪念和祭祀孔子用的,当然,孔庙里除了供奉孔子外还有历代的圣贤大儒。本次调查研究的对象是沧州文庙,沧州文庙始建于明朝,位于运河岸边,是沧州地区的经济与文化中心。近年来,在国家加强文化建设、弘扬传统文化的时代背景下,沧州市政府对文庙进行了大规模的整修,在保持文化遗址原貌的前提下,适度进行商业化开发,使文庙区域逐渐恢复了往日的繁华。文庙作为沧州城市文化的地标,是河北省重点文物保护单位。

(一) 象征城市文脉和灵魂的文庙文化

在"寻找美"主题文化实践中,河北大学历史学院的调查小组聚焦沧州文庙,一方面,查阅和研读沧州文庙的历史文献,梳理文庙历史发展的脉络;另一方面,实地考察了沧州文庙的现状,欣赏了文庙的建筑之美,品味了文庙的文化之韵。

沧州文庙是沧州仅存的明代梁架斗拱结构古建筑。沧州文庙位于晓市街北端,坐北朝南,共三进院。"文庙门前原有 7 米长的照壁,东为礼厅,西为义路。进厅向北是一座单孔石拱桥——泮水桥,西侧有省牲房,再向后便是悬山顶戟门,中院东西两侧为廊屋,正中是文庙的主体建筑大成殿,东西 18 米,南北 9 米,正面五门,殿内立柱 24 根,出檐 2 米,顶为绿釉,建筑雄伟。"③ 需要说明的是,经历了 600 多年的雨打风霜,文庙现今保存的明代古

---

① 王凤标:《青春建功中国梦 习近平指引青年成长成才奋斗路》,2016 年 6 月 18 日,见 http://news.eastday.com/eastday/13news/auto/news/china/20160618/u7ai5743495.html。

② 《指尖上的探索》编委会编:《十万个为什么——建筑的守望》,作家出版社 2016 年版,第 62 页。

③ 钱冀敏:《600 年文庙重焕光彩——文化遗存成运河文化重要元素》,2012 年 3 月 28 日,见 http://cangzhou365.blog.163.com/blog/static/201234100201222814725284/。

建筑只有中轴线上的大成殿、明伦堂、名宦祠和戟门，其余如沧海文明坊、万仞宫墙、仪路、礼门、八字墙、棂灵门、泮池、状元桥等是现代翻修仿建的，但是，这些仿建的建筑遵循了明代文庙建筑的规制，从中不难看出明代文庙建筑的宏伟壮观。值得一提的是，"明伦堂"里梁架上有保存完好的明代彩绘，这些彩绘虽然历经 600 年的历史，依旧精美，色彩斑斓，彩绘上的主要内容是孔子周游列国和讲学的情景，这些彩绘有着很高的艺术价值，是研究明代建筑与美术绘画的珍贵资料。

文庙不仅建筑宏伟、精美，还体现了一个城市、一个地区的文脉。作为儒学文化的象征，文庙的社会文化功能不容小觑，在《儒林外史》等反映明清社会风貌的小说作品中，文庙是当时读书人等文化知识阶层的一个会集地，尤其在科举考试前，许多读书人都会在文庙祭拜，以求孔子保佑自身科考成名。同时，文庙作为古代官方意识形态的集中地与象征地，在宣扬传统道德，教化社会大众，净化当地社会风气，维持地方和谐稳定中有着不可忽视的作用。

沧州文庙记载着沧州的人文历史，一进院的"名宦祠"，主要是介绍自汉代至清代以来，沧州这块热土的名宦；"乡贤祠"主要展示自周代至清代，沧州哺育的政治、经济、军事、文化等各类优秀儿女和历代乡贤。二进院的主建筑是"大成殿"，殿内塑有孔子像和四配像，以及七十二先贤线描木刻像；"东庑"主要展示历代科举制度史和沧州自唐代以来的科举人才；"西庑"复原古代讲学授课场景（即国学讲堂），以及展示孔子生平学术思想。三进院的"明伦堂"，主要展示沧州文庙的历史；"西配殿"（立礼斋），墙上为线描石刻《孔子圣迹图》，室内展示沧州历年出土、征集的墓志；"东配房"（四宝堂）主要展示古代科举文房用具；"西配房"（三元馆）展现"连中三元"、"状元及第"等场景。

（二）让中华优秀传统文化薪火相传

经过沧州市政府修缮后的沧州文庙，是以全新的面貌成为市区内集祭孔、国学传播、展示历代科考制度和碑刻陈列为一体的文化活动场所，也是沧州最大的明代古建筑群。文化的复苏也推动了商业的发展，文庙周围逐渐发展成为运河沿岸富具特色的商业文化休闲区。沧州文庙的复建与开发，为其他城市文化旅游的开发提供了有益借鉴。通过调查走访、查阅资料，调查小组对沧州文庙的历史发展轨迹与内部结构特点、社会价值、发展现状等有了比较系统的了解。调查显示，许多地区的文化遗址开发过于商业化、现代化，丧失了原有的文化内涵，使得游客丧失好奇心，逐渐降低了景点吸引力，而沧州文庙吸取这一教训，主打"文化牌"。首先，文庙保存并大量复原了古建筑，尽量保持原汁原味。2009 年，沧州市政府启动了历史上规模最大的一次古代建筑修缮工程，而文庙则是投资修缮的重点。文庙"主体建筑保留着明代建筑风格，建筑布局和建筑形式也都体现了儒家思想的主流和精髓"①，是学习、研究和传承儒家文化的实物资料。其次，文庙附近的商铺古香古韵，以"文化消费"为主要经营定位，经营文玩字画、书籍和文房四宝，这些与文庙周围的文化氛围十分协调，自然而然地营造出了一个文化聚集区。在这个注重精神文化品位与层次的社会，这样一个文化聚集与消费区自然会吸引大量游客，带动附近相关产业发展。调研小组开展文化实践的一个目的就在于总结文庙景区发展的经验，提出建设性意见，借此为沧州的旅游休闲产业发展提供有益借鉴。参加调研活动的李扬同学感慨道："虽然我已经在家乡沧州市生活了近 20 年，但是，对于家乡沧州的历史文化状况却只有一个大概的了解，并没有一个详细的掌握。通过调研，我不得不重新认识家乡的历史文化，自己的家乡原来也有这么深厚的人文底蕴，自己生活了近 20 年的地方有着这样丰富宝贵的历史文化遗迹。由此，一种自豪感油然而生，我为自己是沧州人感到幸运和自豪，这也使我更加热爱自己的家乡。"沧州文庙是中国传统文化与古代建筑艺术的完美结合。作为河北省重要的历史文化遗存，沧州文庙发挥着历史文化记录基地的作用、传统文化传承载体的作用、宣传教育舆论阵地的作用。作为地方性高校，应担当起弘扬中华民族传统文化的历史责任，让中华优秀传统文化薪火相传。

三、邢台市内丘县王交台牛王庙戏楼的调研

牛王庙戏楼位于邢台内丘县城西 13 公里的柳林乡王交台村南，据庙内清道光年间重修戏楼碑记载，牛王庙内昔有一座戏楼，始建不详，自乾隆二十九年重修后，每年三月十五奉歌舞祀典。现存牛王庙戏楼为清代风格的建筑。

---

① 谢安良：《行走大运河》，宁波出版社 2015 年版，第 29 页。

1986 年，专家对该戏楼进行过鉴定，确认它是我国戏曲界十分珍贵的历史文物。"这座古戏楼的发现，突破了以前一些专家认为清中叶以前，农村庙台到剧场这一过渡的空白"①。牛王庙戏楼对于研究我国剧场发展史，具有重要价值。在"寻找美"传统文化在身边主题调研活动中，历史学院的调查小组来到了内丘县王交台的牛王庙，在牛王庙南边，便是造型独特的戏楼，据说这个戏楼是神庙戏楼，历史悠久，承载了当地人的欢声笑语和美好愿望。调研小组通过文献搜集和访问当地村民，力求揭开这个神秘而又古老戏楼的面纱。

（一）神秘独特的牛王庙戏楼

清道光十二年《内丘县志》记载："牛王庙在王交台，院内有戏楼，样式独特，实属罕见。"参阅牛王庙的古戏楼前立的石碑可知，古戏楼于 1993 年 10 月被确定为河北省重点文物保护单位。昔日，官府祭天地，百姓祭神灵，都少不了演戏，并在"无戏楼则庙貌不称，无戏楼则观瞻不雅"观念的影响下，出现了兴建神庙、兴建戏楼现象。牛王庙戏楼按其种类来看为神庙戏楼，用以供奉神灵、纪念先祖。后渐渐发展为集会、贸易、娱乐的场所，产生出一种神庙、祭祀、节日民俗相融的"庙会文化"。

从内丘县城出发，沿隆（河北隆尧县）昔（山西昔阳县）公路这条贯穿内丘东西的大动脉西行 13 公里，便是牛王庙的古戏楼了。古戏楼在紧靠公路一个突兀的小山包上。小山包周围较为平坦，而山包傲然独立，更给古戏楼增添了一层颇为神秘的色彩。走近牛王庙观看，原来古戏楼被围在一个低矮的院落里，一个小木门半掩着，轻轻推动木门，便发出吱吱呀呀的声音，走进小院里，迎面是一个大的烧香祭拜用的香炉，里面满是粗大的香柱燃尽之后留下的烟灰，似乎隐约间还可以闻到燃过的香柱留下的袅袅香气。烛台上，一根红红的蜡烛还有很长一截没有燃尽，很显然不久前还曾有人到这里来祭拜过。

古戏楼坐南朝北，为砖石木结构，整个建筑由戏台和罩棚两大部分组成。戏台，屋顶布瓦兽当，单檐卷棚硬山。戏台分前台、后台和台底券洞，戏台中间有两根立柱，在此挂上帐幕，把前台和后台分割开。台口有四根立柱，中间的两根间距较大，适宜演出。罩棚为瓦石木质结构，正卷棚式样屋顶，

① 孙剑华：《内丘县文物志》，北京燕山出版社 1999 年版，第 94 页。

兽当布瓦。罩棚的前脸，是这一建筑最精彩的部分：它位于罩棚的前半山腰，向外伸出 1.50 米，宽 3.30 米，两个角檐翘起，形似一只正在展翅飞翔的蝙蝠。檐下有斗拱花三朵，两角各一朵，中间一朵。门檐两角下各留一铁鼻，每年农历三月十五日，香客云集，夜间唱戏，鼻上挂上两盏灯，红光四射，十里望及。

古戏楼堪称内丘特色文化的一大亮点，戏楼上的罩棚和戏台下的券洞交相辉映，紧紧相连，设计之绝妙令人赞叹。而券洞的设计更是巧妙，雨势较大时，券洞便是这个土丘顶上的排水隧道，可以有效降低水势的冲蚀，同时又阴凉通风。土丘脚下的村民还说，这个券洞是天然的储藏室，他们把冬天的大白菜搬到这个券洞里，可以很好地储存到来年春天。据王交台村上老年人介绍，这个戏楼可是当地人集聚的中心。从当地百姓流传的歌谣可以说明这个戏楼的独特之处，"从南京到北京，只有这里的戏楼挂照棚。"[①] 人们集聚在古朴苍老的戏楼里，欢歌笑语，可以释去一天的疲惫。

（二）戏楼文化的悲欢离合与抑扬褒贬

昔日，戏楼是这个偏僻小山村百姓唯一的精神寄托，它承载着村民的愿望和梦想。听戏唱戏是山村百姓劳作之余最期待的消遣娱乐方式，也是他们较早接触戏曲文化的直接途径。戏楼的存在，使戏剧文化在广大农村有了扎根的平台。戏楼既是百姓情感的寄托，又是文化传承的载体。每年三月十五日的牛王庙会期间，灯笼高挂，大戏连台，香客云集，好不热闹。

调查小组通过查阅资料得知，古戏楼是戏曲文化的重要组成部分，它们负载着更为久远的原生态戏曲，可以由此发掘戏曲形态及戏曲习俗的历史轨迹。在文化日益发达的今天，古戏楼存在越来越少，它们是古代戏曲文化繁荣的见证，是研究戏曲史的活化石。因此，对遗存古戏楼的调查与研究不仅是必要的，也是非常有价值的。

戏楼是一个地区特殊的文化资源，有着不可替代的独特性和唯一性。农村古建筑不仅仅是建筑物，还是重要的历史文化遗产。今天的我们应当倍加珍惜，并静心体悟蕴藏其中的美学、高雅和智慧。如此，古戏楼的价值才不

---

① 李行军：《丘邱有个牛王庙》，2007 年 11 月 6 日，见 http：//www.xtnews.gov.cn/node3/z/xtgs/userobject1ai11444.html。

会随岁月的流逝而消减，古戏楼才能在今天依然熠熠生辉。参加调研的秦智琦同学经过两天的实地调研，依然沉浸在牛王庙和古戏楼的文化底蕴中，他说："古建筑是历史文化的载体，是历史发展的见证，是古代劳动人民智慧的结晶，是现代人引以为傲的财富。王交台村的人们就这么世世代代地居住在那里，守护着牛王庙古戏楼，他们淳朴善良，他们也相信牛王庙内供奉的神灵能给他们带来平静幸福的生活。回想探寻牛王庙古戏楼的实践经历，虽然路途遥远，探寻困难，但能亲身感受到牛王庙古戏楼散发出来的历史气息，见证古人的精湛技艺，感到不枉此行。凝望古庙戏楼，想到了楹联上的两句话：'演悲欢离合，当代岂无前代事；观抑扬褒贬，座中常有剧中人'。"

四、济南市章丘县铁匠行业发展现状的调研

2011 年 6 月 1 日，《中华人民共和国非物质文化遗产法》公布实施。非物质文化遗产是人类的共同财富，作为中华民族传统文化的重要组成部分，它记录着中华民族的历史，凝结着中华民族的精神，传承着中华民族的文化。传统的铁匠工艺是非物质文化遗产之一，而铁制品作为人类进入铁器时代以来重要的农具、兵器在社会上流传下来。在社会发展进程中，出现了山东济南市商河县贾庄镇铁匠村、唐山铁匠会、章丘铁匠等一大批优秀的历史文化传承。然而，在文化遗产保护热潮下传统铁匠却不断消失，铁匠行业濒临危机。为此，历史学院的调研小组在济南市章丘县对铁匠行业的发展现状进行实地调研，呼吁人们关注铁匠行业，保护国家非物质文化遗产。

（一）技艺精湛的章丘铁匠铺和军械部

本次调研以章丘铁匠行业为对象，因为章丘素有"铁匠之乡"的美誉。自汉代以来，大部分章丘村民以打铁为生。民国以后，章丘土匪流寇满街窜，铁匠铺为了保卫村寨，便制造出铁矛、梭镖、砍刀、匕首、土枪、鸟铳等围剿土匪流寇。在明水浅井村成立了一个由铁匠组建的"枪械所"，并聘请技艺精湛的埠村南凤庄任继述为"兵工营营长"。抗日战争时期，章丘县共有三支抗日武装，队员 6 万余人，担任军械供给的铁匠技工最多时达到 2400 多人。改革开放后，随着工业化进程的加快，铁匠工具逐渐被替代，铁匠行业面临着前所未有的挑战。

据传说，打铁的祖师是太上老君。太上老君打铁，用拳头当铁锤，膝盖

当砧板，用嘴当风箱，因此，是"拳头打铁嘴吹风"。为了不让妻子看见，太上老君总是到外面去做活，中午回家吃饭，吃完再出去。妻子怕他跑得太累，准备给他送饭，他怕妻子看到打铁的辛苦，在东门却故意说是西门，几次下来，妻子终于找到了他打铁的地方，一看就吓坏了，只见太上老君光着臂膀，鼓着腮帮子，坐在炉子跟前，左手捏着红烫的铁块，放在膝盖上，右手举着拳头，一面向炉子里吹，一面朝膝盖上打那通红的铁。看到这里，妻子忍不住大叫起来："啊呀！这不把你烫坏了吗？"妻子这一叫，只听"刺啦"一声，太上老君的膝盖烫坏了，手也烫坏了。太上老君对着那块铁说："你烫掉我一层皮，我打掉你千层皮！"

从那以后，拳头打不成铁，嘴也吹不得风了。现在打铁的时候，总要脱掉一层黑皮，据说就是从那时候开始的。从这个传说中可以看到，铁匠代表着一种勤劳、勇敢、朴素的精神，他们为了生存，不怕苦、不怕累，逐渐把铁匠行业延续下来。

打铁需要的不仅是蛮力，还需要掌握火候、力道等细节。在20世纪七八十年代学徒学习打铁最先学习的便是拉风箱，传统中铁匠拉风箱过程是：拉火的点上炉火，炭槽内备足炭，开始烘炉。一般要等炉体"挺身"后，将火拉旺，开始往炉内放铁。铁放进炉内，盖上盖火。这时拉火的开始慢拉，小伙计除两眼盯着炉内的铁外，还要看师傅的眼色。随着铁越烧越红，拉火的速度便不断地加快。看到铁"上浆"时，就必须挺直了手腕，紧拉风箱。待到铁开始冒花快熟时，更要加快。这时师傅一边双手不停地将炉中铁上下翻动，一边大声吆喝，要求加快速度。这就说明到了关键时刻，小伙计瞪着双眼用力猛拉直到铁熟为止。拉火的行话叫"两头紧、中间慢、又熟铁、又省炭"。这便是对拉火行当的全面总结，虽然说起来是一句话，但实践起来却非常不容易。一般学徒能够把拉火掌握自如，大约需要半年的时间。

（二）打铁技艺与铁匠精神应当同步传承

常言道，世间有三苦："打铁，摆渡，磨豆腐。"打铁需要掌握火候，这讲的是技艺，打铁需要自身硬，这讲的是精神。我们传承的不仅是打铁的技艺，更应该是打铁的精神。在炎炎夏日，红炉边上苦不堪言。即使是寒冷的冬天，铁匠师傅也是挥汗如雨。冬天裂手，夏天中暑。同时由于打锤中的反作用力，人们在敲打锻造中极易对手臂造成伤害，每一个上年纪的铁匠手臂都存在肌肉拉伤的问题，由于长年累月，医生也没有良好的医治方法，只能靠吃药、休息来缓解。铁匠不存在任何医疗社会保障，医药费用无疑是一笔重大的开销，长时间休息则失去了生活来源，加重了生活困难。对于铁匠来说不存在"三险一金"，晚年更是没有丝毫的社会保障，在五六十岁打不动铁之后，铁匠的生存也是一个重要问题，这不可避免地影响着铁匠技艺和铁匠精神的传承。

在现代，随着科学技术的发展，传统铁匠技艺注定竞争不过机器大工业，这是历史的必然。20 世纪 80 年代初，迈克尔·波特提出了一个"五力分析模型"，即"供应商的议价能力、购买者的议价能力、潜在竞争者进入的能力、替代品的替代能力、行业内竞争者现在的竞争能力"[1]。如果把传统的铁匠行业纳入"五力分析模型"，我们看到，在铁匠市场中，由于铁匠行业需要言传身教的特殊性，铁匠的培养需要大量的时间，而铁匠收入却不断减少，铁匠行业新进入者逐渐减少，导致后继无人。同时，铁匠行业的部分市场与机器生产的流水线作业相重合，传统的大量农具、厨具被机器生产所代替。机器大工业生产的特点是大批量、流水线、成本低，因而，手工铁制品缺乏竞争力，逐渐丧失市场。

对于现在铁匠行业面临的处境，我们认为，改革创新势在必行，而且要根据铁匠的工艺来传承。一方面，利用自身优势，改革创新。虽然说铁匠行业在传统器具上竞争力远远不如大机器生产，但铁匠行业的优势在于可以自由调整铁器的每一个细胞。铁匠就像是一个艺术家，他可以自由地调整，有自己的特色。而大机器更像是一个模子，制造出来的产品每一个都完全一样。铁匠在一些城市雕塑、艺术家雕塑的铁器装饰上和一些受众较小的铁器方面有较广阔的市场。目前市场中较受欢迎的便是传统刀剑、甲胄、武器等，这些与传统铁器不同，大机器无法生产，铁匠可以利用好这种机会，大力改革创新，拓宽市场。另一方面，需要提高铁匠的文化水平并得到政府的大力支持。目前铁匠从业人员大部分文化水平较低，对市场和未来发展反应不敏感，需要整体提高铁匠的文化水平。铁匠行业需要政府或相关部门的扶持，同时，建立完善的网上市场信息机制，开发电子商务，让铁艺得到市场扩展，让传

---

① 孟添：《全球化的挑战 商业决策与模拟》，上海交通大学出版社 2014 年版，第 41 页。

统技艺和民族精神得以传承。

五、承德市隆化县张三营镇拨面饮食文化的调研

乡土文化是中华传统文化的根，蕴藏着中华悠远古老的思想和文明。丢掉乡土，便失落根须；隔断传统，便失落气脉。然而，随着外来文化的涌入，城镇化速度的加快，乡村形态逐渐被城市形态所取代，乡村文化也日渐走向凋零。在"寻找美"传统文化在身边主题文化实践活动中，历史学院的调研小组以承德市隆化县张三营镇管家营村的拨面饮食文化作为调研对象，展开了深入的调查研究。隆化县北行30公里处，便是张三营镇，在清代，此处有百户村民，故称"一百家子"。张三营镇"盛产'白荞面'，白荞面也给一百家子扬了名，从古到今，白荞面食品驰名中外。"①

（一）"洁白如玉，赛雪欺霜"的拨御面

拨御面是承德市隆化县张三营镇的一道色香味俱全的汉族小吃。据《承德府志》及《隆化县志》记载，公元1762年，乾隆皇帝到木兰围场狩猎，住在伊逊河东龙潭山脚下的行宫。当地的拨面师姜家兄弟为乾隆制作了当地的特色美食——荞麦拨面。拨面以天然的龙泉水和老鸡为汤，以猪肉丝、榛蘑丁和纯木耳做卤。乾隆皇帝甚是喜欢，连吃两碗，龙颜大悦，称赞此面"洁白如玉，赛雪欺霜"，且赋诗云："罢围依例犒筵加，施惠兼因答岁华，耐可行宫逢九日，雅宜应节见黄花，朱提分赐一千骑，文绮均颁四十九家，苏对何妨频令预，由来泽欲不遗遐。"② 此后，拨面改名"拨御面"，名声大噪，并且进入了皇家食谱。2007年，"拨御面"被确定为河北省非物质文化遗产。

拨御面制作的主要材料是白荞面。白荞面由荞麦加工而成，虽然荞麦是黑色的，但是经过特殊的加工工艺，就会制作出洁白的荞面了。荞面的加工制作主要分为五道工序，第一道是选料，先将荞麦过扇车，用簸箕溜完再簸，将沙子、尘土、苦荞麦粒、杂质去净。第二道是去皮，使用石头打制的专用"吊磨"，将麦粒上的黑皮去掉，同时去掉紧挨黑皮的籽面，然后磨成荞麦糁，以及分开单放的"腊身面"。第三道是提纯，用簸箕簸皮去杂，通过七遍碾

① 河北省政协文史资料委员会：《河北文史集粹》风物卷，河北人民出版社1992年版，第291页。

② 甘振波：《河北历史地名集》，中国文史出版社2013年版，第297页。

轧、六次箩筛，去粗取精，达到干净纯洁的程度。第四道是闷麸，将荞麦糁拌上水，闷10个小时，达到手攥成团手松即散的程度。第五道是磨面，用吊磨把青麸面加工抛出后，过箩即成白荞面。荞麦全身是宝，但是产量低，再经过加工筛选，可用的荞麦粉就会更少。每100公斤荞麦仅出"白荞面"45公斤，另外出腊身面、青麸面15公斤左右，所以白荞面十分珍贵。

所谓拨御面，就是指用白荞面做的面条，因有了皇家背景而加了一个"御"字。拨面的做法如下：首先，将白荞面分成四等份，先烫熟其中的一份，然后将其他三份用凉水打湿，一点点搋在熟面上，最后和成面团。其次，将和好的面团放置10分钟左右，待其软硬合适，即置于案板，擀成宽不及尺、厚达3分的面饼。再次，开始拨面，切拨面用的是两边带把的长刀，只见厨师双手抓住刀的两段，一刀一刀迅速而匀称地将面饼截成细丝。随着拨刀的移动，面饼逐渐缩小，而面丝却在后面整齐地排列出来。最后，将切好的面丝下入翻花的开水锅。少顷捞出，盛进饭碗，浇上用老鸡汤、榛蘑、猪肉丝、木耳等做的卤子，香喷喷的拨面就做好了。

目前，张三营镇拨面馆林立，各个店的规模、收益不尽相同，多以个体经营为主，除了少数几个比较大型的饭店，其他拨面馆相对缺乏竞争力。客源主要是前往围场坝上的游客以及附近居民，很少有慕名前来的食客，且有明显淡旺季，冬季收益较少。因此，拨御面的经济价值和文化价值亟待开发。

（二）对拨御面文化传承发展的思考

拨御面的名师世代相传，从清朝入宫的民间厨师姜家兄弟，到20世纪40年代被誉为"三神"的张槐、于申、王振洲，再到60年代拨御面的接力者李伯川。改革开放之后，张三营的拨御面一时火了起来，李伯川的传人辛占武开设了拨御面饭店，吸引了各地的游客。1982年，他还到北京钓鱼台国宾馆去献艺。然而，时至今日，拨御面文化的发展如同遇到了瓶颈，难以实现大的突破和超越。调研小组经过研究和讨论，梳理了拨御面文化止步不前的一些原因：首先，品牌的影响力不够，拨面馆未能很好地打出文化品牌，缺乏文化内涵，不懂得文化传播在商业经营中的重要作用。其次，同类面馆数量过多，缺乏特色，恶性竞争，造成资源分散，市场被稀释，难以优化利用。再次，村民缺乏专业经营管理知识，受传统观念束缚，经营手段老化，赶不上时代潮流。最后，拨面自身存在一定的局限性。主要有以下方面：荞麦产量低，农民不愿意种植，原料供应不足，影响市场开发；现有名师年事已高，有些绝技急需传承；加工工艺原始，工艺复杂，成本过高，发展比较困难；加工、制作工序复杂，真正全面掌握各项技术具有相当难度；作为稀有食品，又受原料、水质等局限，有"拨面"的地方很少，学习掌握"拨面"技术后，就业机会少，年轻人不愿意学，后继乏人。

张三营的拨面文化是承德隆化地区饮食文化的代表，是清朝统治者天下一家政治理念的体现。拨面文化也是百姓热爱生活、追求幸福的生动体现。弘扬拨面文化，不仅能使传统技艺得以传承，而且能使当地百姓找到一条致富的好路子。所以说，拨面文化无论是在经济层面还是精神层面，对当代社会的发展都有莫大的益处，应该加以保护、传承、发扬和创新，使其在新时期大放异彩。参加调研的聂卉鑫同学说："我很感谢配合我们调研的村民，是他们的支持让我有坚持下去的勇气。在对传统拨御面饮食文化的调查实践中，我了解了拨面师傅的艰辛，在同情的同时，我们更多了一份宽慰，因为，政府在不断出台更有利的政策来鼓励传统文化发展。我们希望拨御面文化能够受到更多人的关注，希望能有更多的人把拨御面文化传承下来、发扬光大。"

面对拨御面文化的淡化，调研小组经过讨论与研究，提出了以下几点建议：一是当地政府应当加强宏观调控，帮助整合和优化社会资源，同时，加大财政扶持力度。二是经营者要转变经营理念，大胆尝试，勇于创新，充分利用科技手段。三是探索新的发展模式，发掘乡村文化深层次的价值内涵，吸引客源。四是鼓励乡村文化"走出去"，提高乡村文化影响力。

六、基于《山海经》龙图腾龙文化的调研

《山海经》是一部先秦巨著，涉及医药、卜筮、山川、地理、图腾、神话等诸多内容，有丰富的史料和文学价值。龙是中华民族文化的标识和中华民族崇拜的图腾。"龙为四灵（龙、凤、麒麟、龟）之首"，是"中国神话中一种善变化、能兴云雨、利万物的灵兽"。[①] 在"寻找美"传统文化在身边主题文化实践活动中，历史学院的调查小组围绕《山海经》的龙图腾龙文化进行文献查阅和实地调研。根据《山海经》中龙图腾的形态演变及地区分布，伏

---

① 祁冰：《那些妙趣横生的神奇汉字》，中国纺织出版社 2016 年版，第 171 页。

羲氏族最初主要分布在陇西至渭河流域、汾河流域，即今天的陇、陕、晋一带。随着氏族间的通婚、战争、联盟、兼并和自然环境的变迁，伏羲氏族向东沿着黄河呈南北方向扩散，其势力影响范围可达川、贵、滇、浙、皖、豫。

（一）从龙图腾到龙文化的源远流长

伏羲氏族是上古时期的一个强势氏族，最初的图腾是"蛇"。随着生产的发展，征伐兼并、通婚联盟，推动了氏族融合，于是，蛇图腾逐渐演变成了龙图腾。龙图腾是我国原始社会组织的标志，代表着血缘亲属、祖先、保护神。蛇图腾是伏羲氏族的最初崇拜图腾。古代的天神多数为人面蛇身，如伏羲、女娲等；或者龙身人头，如雷神、烛龙等。《山海经·海内东经》中有："雷泽中有雷神，龙身而人头。"《玄中记》中有："伏羲龙身，女娲蛇躯。"[①]蛇图腾吸收其他氏族所崇拜图腾的部分肢体，融合之后便逐步形成了龙图腾。史书记载"龙有九似"："头似牛，角似鹿，眼似虾，耳似象，项似蛇，腹似蛇，鳞似鱼，爪似凤，掌似虎。"[②]龙图腾是民族融合、民族强大的象征。中华民族对先祖伏羲氏族有高度的认同感，自称"龙的传人"。当然，我们今天常见"龙"图案与伏羲氏族的龙图腾有所不同，伏羲氏族的龙图腾带有"火"标志。这是在燧人文化影响下伏羲氏族图腾的神化。燧人文化崇拜火，传说燧人氏"钻木取火"，这是中华文明发展的重要转折点。受此影响，我们的先祖把崇拜火的情愫体现在了龙图腾上。

从《山海经》龙图腾中逐渐演变出来的龙文化有着丰富内涵，至今仍然对中华民族有着巨大的影响。关于龙文化的访谈是本次调研的一项重要内容。调研小组在邢台威县乡村展开了龙文化访谈调研。当问到乡亲们是否认为自己是"龙的传人"时，他们认为，自己的生命是由父母给予的，并不相信有龙存在。但是，既然是中国人，便是炎黄子孙。龙是一种神话了的、有灵性的神物，有着巨大的力量，但是，他们还是对龙有着一种崇拜心理。"龙"象征着吉祥、福瑞、安泰，因此，他们在买一些雕刻物品时，更倾向于有龙纹的东西。他们觉得，虽然没有真正的"龙"存在，但却期望"龙"能够给他们带来好运。村里人讲，每当有重大节日如元宵节、春节之时，村里会请来

---

① 吕思勉：《吕思勉讲历史》，中国工人出版社 2015 年版，第 313 页。
② 李贝林：《中国奇异档案记录》，现代出版社 2013 年版，第 19 页。

舞狮队表演，场面热闹、喜庆。当问及龙文化的内涵时，村民们更多的表示，"龙"上能通天、下能入水，呼风唤雨，无所不能，但是，龙在完成这些事情的时候，会遇到很多困难，龙往往会表现出顽强拼搏的精神。龙是中华民族共同的图腾，它奠定了几千年中华文化的根基。龙图腾是中华民族大融合大发展在文化上的体现，它彰显了中华民族包容、创新的文化特质。中华文化恰恰是在包容中成长和壮大的！龙的传人缔造了龙的文化，我们只有把龙的文化接受过来传承下去，才不愧称是龙的传人！

（二）中华传统龙文化的现代际遇

学生的调研是建立在深入研讨《山海经》基础上的，当然，作为一部中华文化经典名著，很难一下子读完弄懂。学生的研讨更多源自对龙文化的浓厚兴趣。调研小组的同学不仅查阅、研读了大量文献资料，而且还走街串巷进行了访谈。《山海经》是一部先秦巨著，其中演绎着史学之美、文学之韵。其中的龙图腾龙文化更是中华民族的象征。"古老的东方有一条龙，它的名字叫中国；古老的东方有一群人，他们全都是龙的传人。"王力宏的一首《龙的传人》唱出了每一个华夏子孙的心声。

查阅文献资料是一个漫长和艰辛的过程，尤其是探究《山海经》所涉及的地名更增加了工作的难度，因为，地名从古到今有很大变化。通过对《山海经》中龙图腾问题的研读，同学们更加感到中华文化的博大精深。"龙"在中国人心目中有着不可替代的影响力，由蛇图腾向龙图腾的演变奠定了中华民族传统文化的根基，龙图腾是一个血缘相近、有着亲属关系的氏族标志。龙图腾代表着中华民族自强不息、厚德载物的精神。在面对外族入侵、自然灾害等民族危机之时，龙文化发挥着凝聚氏族、团结氏族的重大作用，它让群族成员同舟共济，团结一心，共渡难关。于是，不知不觉中，龙图腾便传承下来，经过演变和发展，逐渐形成了龙文化。

调研小组的同学就人们对龙文化的看法和态度进行了访谈。参加此次调研的武小力同学在调研报告中写道："最有感触的是对一位老爷爷的访谈，和他的谈话使我想到很多。依稀记得那天出门时的天气：北方平原初秋雨后的清晨，空气中虽带有一丝潮湿，但还余有夏季的些许燥热，不时，有微风迎面徐徐吹来，带着一股淡淡而温馨的泥土香气。来到一位在舞龙队演了好几十年的张大爷家，只见院内的建筑古色古香，金色的阳光平铺在大院内，一切都染上了一层淡淡的光芒，晨光与瓦影在房檐上以灵动的线条流泻着宛转的分割，微风带着屋檐角处的一个年头已久、生了锈的铜铃清脆作响，院外的喧哗和院内的静谧安详形成鲜明的对比，那一刻心里是如此安宁！和张大爷交谈关于舞龙的一些趣事时，老人称：'现在逢年过节的时候，舞龙舞狮的也有，但是出演的次数越来越少了，并且，年轻人对于舞龙舞狮不感兴趣，看的人也少了。不像我们小时候，每当有表演队来的时候，都着急去围着看哪！说到这些话的时候，张大爷的脸上闪现出一丝落寞和无奈。是啊，在现代化的大潮下，西方的文化、节日、风俗卷入人们的日常生活，潜移默化地影响着人们。一些年轻人热衷于过圣诞节、情人节等，反令中华传统的节庆文化有些尴尬了。中华传统文化如何应对现代化的挑战，值得我们反思！"

七、铁岭市曹雪芹关外祖籍与红学文化的调研

铁岭市是文学巨匠曹雪芹的关外祖籍地之一，也是高鹗的家乡，是孕育红学家的摇篮。在铁岭这块红学土壤丰厚的土地上，先后走出了众多文学家。其中包括"子弟书魁首"韩小窗，"红坛三老"之一的吴恩裕，著名文学家端木蕻良，国学大家、红学家刘梦溪，文学史专家、红学家段启明等享誉海内外的红学家。清代作家曹雪芹创作的《红楼梦》是中国古典四大名著之一，是中国古典小说的巅峰之作，是中华传统文化的集大成者。《红楼梦》是中华民族的骄傲，更是铁岭的骄傲。铁岭有着密集的红学因素，被誉为"红学文化之乡"。历史学院的调研小组来到铁岭，就红楼文化及其传承问题展开了深入调研。

（一）走进铁岭"红学文化之乡"

关于曹雪芹祖籍之谜，调研小组经过查阅文献，实地考察，了解了曹雪芹祖籍在关外铁岭的一些证据。1927 年《奉天通志》、清代同治年间的《五庆堂重修曹氏宗谱》、河北丰润《曹氏族谱》《八旗满洲氏族通谱》等都有关于曹雪芹祖籍的记载。《八旗满洲氏族通谱》卷七十四记载："曹锡远，正白旗包衣人，世居沈阳地方。"① 曹锡远是曹雪芹的五世祖，这一记载说明，曹雪芹的祖先居住关外。关于曹雪芹的祖籍，主要有四种不同的说法，即"丰

---

① 周锡山：《曹雪芹 从忆念到永恒》，济南出版社 2014 年版，第 26 页。

润说""辽阳说""武阳说""铁岭说"。如主张"辽阳说"的认为，"曹雪芹祖籍在辽阳县是'家传所载，宗谱所记，文献可考，碑石可证，虽万世不移也'！"① 有人对"铁岭说"不以为然，他们说："最近，有些人又换了一种说法，提出了曹雪芹'祖籍铁岭说'，甚至说古代的襄平不是指辽阳而是指铁岭。"② 其实，对于曹雪芹祖籍的考证乃是历史学家的工作，调研小组所关心的是铁岭地区蕴含的红学文化元素以及红学精神的传承问题。

铁岭孕育了伟大的文学家、思想家曹雪芹，铁岭文化与红学文化有着密不可分的关系。《红楼梦》凝聚了中华几千年的思想文化精髓，具有巨大的历史文化价值。《红楼梦》以一种人们喜闻乐见的题材展现在世人面前，并通过潜移默化的方式，使人们吸收中国传统文化之精髓。铁岭是红学文化的发源地，红学文化也体现着铁岭文化的内涵。在《红楼梦》整理和传播的过程中，高鹗完成了小说的后四十回，虽然是以悲剧结尾，但仍有很大的贡献。

《红楼梦》体现出来的中华传统文化，以儒释道为基石，且大量吸收了禅宗、易理等百家思想。小说虽然人物形象众多，人物关系错综复杂，但是，作者曹雪芹却赋予了每个人物不同的思想文化内涵，小说的语言优美、精练，每个人物特色明显，故事情节的设计更是独到。人物命运曲折离奇、家族盛行衰落、社会交融更替，每一个细节都体现出当时的社会状况。同时，小说还体现了一种传统的思想观念，这种思想观念在经过某种事情后便会发生变化，这种变化又会形成新的思想观念，新的思想观念进一步推动了文化的发展。所以，一个国家和民族的文化影响着社会发展方向。

（二）让铁岭的红学文化薪火相传

在学术界，红学研究从未停止，但是在民间，人们对于红楼梦以及红学的热情却越来越淡了。坐落于铁岭市凡河镇的红楼生态园，距铁岭高铁西站不过五公里，也是调研小组实地考察的一站。原以为至少在这个红学地标可以感受到人们对红楼梦的热情与文化氛围，然而，红楼生态园充盈的却是现代商业气息。因为在红楼生态园里，真正与红楼相关的只是几座仿造北京大观园风格的建筑，除此之外，那里已经变成了品尝农家菜，钓鱼，欣赏荷花、

---

① 冯其庸：《沧桑集》，青岛出版社 2014 年版，第 162 页。
② 冯其庸：《敝帚集》，北京时代华文书局 2015 年版，第 133 页。

孔雀和梅花鹿的地方。美则美矣，但已经变成了一座普通的公园，跟红楼梦文化已然没有什么直接联系，可想而知，铁岭当地的民众有多少人还会对红楼文化保持热忱。这种现象令我们为铁岭红学文化感到惋惜。

对铁岭红学文化的研究从更高的层面而言，是为了传承中华传统文化。这次社会实践，调研小组的同学感触最深的就是文化传承的价值。毛泽东曾经称《红楼梦》是"中国封建社会的百科全书"，是"中国的第五大发明"。因为，《红楼梦》全面地展现了中国封建社会的政治制度、社会生活、文化形态和民间习俗等。国外学者把"红学"、"甲骨学"和"敦煌学"并称为中国的三门世界性"显学"。其实，对于红楼文化，最为关键的还是如何传承和弘扬。如丰润，注册并生产了"曹雪芹家酒"；创排了《曹雪芹》等剧目；用《红楼梦》中的景观为城区道路命名；举办红学文化研讨会；打造"曹雪芹文化园"等。① 作为"红学文化之乡"的铁岭，也非常重视红学文化研究。近年来，每年都在铁岭召开全国性的红学文化学术研讨会。这种全国性的《红楼梦》文化研讨会已经连续举办了多届，同时，举办"铁岭文化符号与铁岭红学"大讲堂，出版"《红楼梦》与铁岭"文化丛书等。铁岭已经成为全国研究、传播红学文化的重镇之一。② 调研小组的陈子昕同学参加完红学文化实践活动后，他在调研报告中写道："这些调研激发起了我对红学文化的浓厚兴趣，因此，我决心要深入探寻红学文化。我的故乡在辽宁铁岭，那里与《红楼梦》的诞生息息相关，可这次回家，却发现在当地红学文化的影响力日益衰退，实在让人遗憾。也许，我能做的是很有限的，但是，我愿意为家乡红学文化的传播贡献出自己的一份力量。"在中国社会主义现代化进程中，商业文化对传统文化的冲击超过了我们的想象，如何传承经典、保护文化已经成为摆在我们面前的一个重大课题。继承与创新是对待传统文化的应有态度。我们希望，红学文化能够在我们这一代薪火相传、发扬光大。

八、秦皇岛地区古长城现状与保护情况的调研

长城是世界古代史上最伟大的军事防御工程，它"不但是农耕民族的重

---

① 付志方：《望长城内外 胜境河北》下，河北美术出版社 2014 年版，第 813—814 页。
② 毕玉才、刘勇：《辽宁铁岭：推进红学发展 提升文化品位》，《光明日报》2015 年 2 月 25 日。

要防御前线，同时也是向游牧民族发动反击的前进基地。"① 游牧骑兵的特点是攻击能力和机动能力强大，但在城垣防御体系面前却失去了优势。长城并不是简单孤立的一线城墙，而是由点到线、由线到面，把长城沿线的隘口、军堡、关城和军事重镇等连接起来的整体性军事防御体系。② 今天，长城已经不再具有军事防御功能，而是变成了美丽景区和旅游胜地。长城作为人类文明的历史地标，见证了中华民族的社会变迁。为了亲身体验中华优秀传统文化的魅力，河北大学历史学院组织了"寻找美"传统文化在身边主题文化实践活动。调研小组通过查阅相关史料、走访当地居民，对秦皇岛地区古长城现状与保护情况进行了全面的调研。

（一）东盛西落的秦皇岛境内明代古长城

2015 年 8 月 1 日至 15 日，调研小组前往青龙县、卢龙县、抚宁县和山海关区对古长城遗址进行了勘察，并拍摄了照片，采访了当地的居民、村委会和镇政府的工作人员。资料显示，秦皇岛境内的长城主要是明朝所建，明太祖朱元璋推翻元朝统治后，退回到漠北草原的蒙古贵族鞑靼、瓦剌等部不断南下骚扰，明太祖命大将徐达始建山海关，加修长城。据秦皇岛市政府网显示，秦皇岛境内的长城是从最东面的山海关老龙头入海石城至最西面的青龙县城子岭口，全长约 223 公里。由于东西跨度大，调研小组只去了几个有代表性的地方。首先前往的是远离市中心的抚宁县峪门口村长城遗址和青龙县青山口村长城遗址，经过仔细观察，两地附近长城的破损情况比较严重，可以看到城墙的侧面砖体已经掉落，烽火台有些已经坍塌，只剩下一些残垣断壁，周围的植物向上生长蔓延，有的已经盖过了城墙，显得非常荒凉。据大新寨镇政府提供的资料显示，在秦皇岛境内的明长城大约有三分之一已经损毁。比较而言，靠近市区的长城东段九门口长城和山海关城楼，因进行了修复，保存完好，游客也多，热闹非凡。可见，秦皇岛市境内的古长城，靠近市区的东段部分保存较好，远离市区的西段部分损毁较重。

明长城从修建距今已有 600 多年的历史，由于年代久远，且多为砖石结构，抵抗风化、水蚀、植物扩张等自然因素的能力弱，常年的风霜雨雪造成

---

① 齐浩然：《有趣的知识 令人震惊的文明奇观》，金盾出版社 2015 年版，第 86 页。
② 孙文政、王永成：《金长城研究论集》下，吉林文史出版社 2008 年版，第 571 页。

城墙老化松散，有的已经掉落，同时，长城砖被盗取和贩卖，矿山开采等也加剧了损毁的速度。近年来，游客过多，超出长城的承载能力，造成墙体松动问题日益突出，长城附近的一些村镇没有担当起保护长城的责任，反而将长城作为一种免费资源加以榨取。调研小组的同学见到了一些居民房屋和围墙所用石砖与长城的材料基本相同，经过走访，可以断定是从长城上面拾取的，这种情况在附近村庄都普遍存在，一位居民说道："这种砖比砖厂做的厚实，而且不要钱，去山上拿一些没人管。"附近地区的镇政府工作人员说："我们这里远离市区，交通不便，经济非常落后，每年的补助远不够长城的修缮保护费用。同时，游客很少，旅游业不发达，无法为保护长城筹措足够的资金。所以，这部分长城基本处于废弃无人管理状态，保护和修复工作难度大。东部地段由于靠近市中心，经济较发达，而且设立了国家重点风景名胜区和全国重点文物保护单位，如山海关城楼、角山长城、九门口长城。由于游客多，旅游业发达，因此，能够为长城的修缮、保护提供比较充足的经费支持。"

长城是中华民族的宝贵遗产和文化象征，是中国形象的地标性建筑和中华文化的历史性见证。长城的魅力在于它的"长"，蜿蜒曲折、连续不断。而保护长城，是我们每个人不可推卸的责任，当然，长城周边地区居民则更应做出表率。

（二）万里长城永不倒的中国精神

长城见证了中华民族千百年来的风风雨雨，如今也要悲凉地化为风雨中的尘埃，它见证了这块土地上一代又一代人的生死轮替，如今自己也面临"入土为安"的悲惨境地。其实，在科学技术发达的今天，我们完全有能力把古长城保护好，让它继续矗立在峰巅，这也是我们义不容辞的义务，更是每个人应当负起的责任。长城早已不再是只作为一个古代建筑的简单存在，更多的时候是一种精神象征，是中国优秀传统文化的象征，我们必须把古长城保护好，造福当代，福泽后世。解决长城保护问题的根本，就在于发展经济，缩小城乡差距，同时，完善管理机制，尤其是对于缺少旅游资源开发的西段地区则更应加大修缮保护力度。针对村民随意破坏城墙的问题，应该加强法制宣传，张贴呼吁保护长城的横幅和海报，并且，依法追究破坏者的责任。市政府也应当加大财政拨款力度，解决附近村镇资金不足、无人管理的问题。

　　调研小组的周方驰同学是秦皇岛本地人，调研结束以后，他感叹道："最美的感觉总是家乡，魂牵梦绕的总是家乡，家乡的传统文化塑造了我。通过此次调研活动让我更加热爱自己的家乡，而要保护好家乡的传统文化就必然保护好传统建筑，因为，它们是家乡传统文化的身躯。"是啊，如果我们任由长城慢慢地毁坏、慢慢地消失，其结果必然是"失魂落魄"。一首《万里长城永不倒》的歌曲，唱出了中华民族的铮铮铁骨，而"永不倒"的是中国精神。我们的祖先遗留下来的传统文化与传统美德不仅在人们的言传身教中流传，而且也凝聚在这些伟大的历史建筑之中，这些历史建筑彰显的不仅是过去的辉煌与一段段鲜为人知的历史，更代表着我们的传统文化与不可泯灭的民族精神。调查队员在走访过程中，听到了许多与长城有关的故事，这些长城故事已经成为当地百姓心中不可磨灭的记忆，他们的欢喜悲歌与长城一同在燕赵大地上流传。"万里长城"的宏伟、壮观、豪迈，已经融入到了每一个中国人心中，化成了中华民族的自信心和自豪感！

第二节　"品年味"——传统文化在身边主题调研

　　北宋王安石有一首《元日》的诗："爆竹声中一岁除，春风送暖入屠苏。千门万户曈曈日，总把新桃换旧符。"诗中形象地描绘了北宋时期过年的两大习俗——放鞭炮与挂桃符。时至今日，"挂桃符"已经基本消失，但"放鞭炮"仍然持续。中华民族年俗文化的核心是"团圆、祥和、平安、喜庆"的集体精神。可以说，年俗文化是中华传统文化的集中体现。年俗文化自远古时代奔流而来，滋养着不断发展变化的现实生活。春节是中国最隆重、最富有民族特色的节日。年节源于"以人为本，敬天爱民"的理念，团年守岁意在"企盼团圆，崇尚美好"，拜年文娱旨在"传承美德、万民齐乐"。① 中华文明"天人合一"思想是年俗文化的重要渊源。为了充分发挥中华优秀传统文化涵育文化自信的作用，培育大学生社会主义核心价值观，2016 年暑期，河北大学组织历史学院学生开展了"品年味"——传统文化在身边主题调研

---

　　① 杜高奇：《年俗文化的"根脉"与"新芽"》，《光明日报》2013 年 2 月 6 日。

活动。学生利用假期回家的机会，认真调研家乡的年俗文化，从中接受传统文化熏陶。具体调研内容有石家庄及周边地区的传统庙会、新乐回族蒸年糕习俗、沧州的狮舞文化、永年的抬花桌年俗、高阳的贴年画习俗、沙河的"拉死鬼"习俗等。一方面，我们整理和描述了学生调研的过程，力求揭示年俗文化所蕴含的精神内涵，辨识年俗文化所传递的价值观念；另一方面，从探讨中华年俗文化的育人功能入手，整理学生参与"品年味"的收获和感悟，力求把"年味"变成大学生成长的"精神盛宴"，让大学生在"品鉴"中升华思想，提升文化自信和文化自觉。

一、石家庄市及周边地区传统庙会的调研

"庙"原本是人们供奉先祖或神灵的场所。"庙会"又称"庙市"，源于远古时代的宗庙社郊祭祀活动，"是人们聚集在庙的周围祭祀神灵"[1]。随着时代的变化，现今的庙会已演变成为一种洽谈生意或展示民俗的民间聚会。庙会的社会功能在于文化传播、宗教信仰、经济贸易、娱乐交往等。[2] 庙会文化源于古老的中华文明，是中国民间文化的重要组成部分。从文化本源上看，它可以分为原始神庙会、宗教神庙会和世俗神庙会。庙会文化是神圣性和世俗性的统一，在现代市场经济的冲击下，日益走向世俗化。同学们调查的石家庄市区及赵县、栾城、正定、新乐、行唐等，都有着庙会传统，尤其是春节、元宵节期间，逛庙会成为人们日常经济文化生活不可或缺的重要组成部分。

（一）展现民俗文化的庙会大舞台

本项调研旨在通过实地考察、现场采访和查阅文献等，深入了解石家庄及周边地区的庙会文化，探寻它对于石家庄及周边地区人们物质和精神生活、经济和文化的重要影响，以一种取其精华、弃其糟粕的态度体察庙会文化、品味家乡年味。

研究石家庄及周边地区传统庙会文化的论文有冯哲辉的《石家庄庙会文化的民俗特征与心理探寻》（2011 年）和段学红的《石家庄集市与庙会初探》

---

① 徐凤：《甘肃非物质文化遗产概论》，甘肃人民出版社 2014 年版，第 162 页。
② 马汉臣：《民间庙会》，山西经济出版社 2009 年版，第 15—20 页。

（2013 年）。石家庄市历史短暂、发展迅速，城市化、工业化的浪潮还没来得及冲刷掉农耕文化的诸多印记，因而保留了许多民俗文化的鲜活标本，庙会文化便是其一。石家庄的集市和庙会较为突出地体现了地方特色，集中反映了当地经济发展和民俗文化的历史传承。

相较于农村，石家庄市区的庙会活动较少，也不及农村"年味"浓厚。2016 年，民风淳厚的石家庄市民迎来了历史上最宏大的一次民俗盛事——"燕赵民俗文化庙会"。而上一次的庙会还是在 30 年前。30 年不遇的猴年庙会在石家庄肖家营花卉基地举办，持续 16 天。这次"燕赵民俗文化庙会"由河北省文化交流协会和河北省民俗文化协会主办，近 70 家演艺单位和艺术团体入园献上精彩演出。庙会分棚区和露天区，内容丰富。棚区有美食小吃、名人书画、动漫玩具，以及年味儿十足的吹糖画、袋鼠跳等。露天区有"魔术""杂耍""飞车""走钢丝""驯兽""跑旱船""踩高跷""扭秧歌""井陉拉花"等。

在石家庄周边地区的庙会主要有"正定春节大庙会""鹿泉抱犊寨春节庙会""井陉苍岩山传统庙会""新乐伏羲台庙会""赵县春节大庙会""行唐西关春节庙会"等。其中，"正定春节大庙会"时间为农历初十的前几天，持续 5 至 7 天，庙会主场设在隆兴寺、荣国府、赵云庙、开元寺、南城门 5 个景点。经典活动有"跑竹马""扭秧歌""大刀破腹""上刀山""唐山皮影""拉洋片""常山战鼓"等。[①]

（二）在神圣与世俗博弈中的庙会文化

对石家庄传统庙会情况的调查研究，同学们感受到了传统"年味"的魅力，也体会到了它的流失。庙会人数多、项目多，但在传统文化的表层中增加了很多现代的内涵。人们既有新鲜感和亲切感，也有些许的失望。现代庙会的举办添杂了商业味道，有着对民俗艺术的敷衍，传统年俗文化开始从神圣走向世俗。庙会原本是神圣性与世俗性的现实统一，而在现代市场经济冲击下，在文化搭台、经济唱戏的旗帜下，更多人们崇拜的东西走下了神坛。为了发挥好庙会文化的积极作用，政府应加大传统年俗文化的保护力度，鼓励传统年俗文化的传承与发展，把庙会的年俗文化变为百姓精神生活的盛宴。

---

① 范建华：《中华节庆辞典》，云南美术出版社 2012 年版，第 609 页。

参加此项活动的历史学院杜筱芦同学总结了这次调研活动的收获和体会：通过对 2016 年"燕赵民俗文化庙会"的实地考察，我对庙会文化有了切实的体会。此次庙会在石家庄市肖家营花卉基地举办，与上一次春节庙会时隔 30 年，相当盛大。庙会的项目很多，民俗艺术种类丰富，不少是自己没有听过、见过的。此次庙会较为突出地体现了地方特色，集中反映了当地经济发展和民俗文化的情况。通过对庙会的调研，我感受了传统文化的博大精深。庙会文化是中华传统文化的一种表现形式，与百姓的日常生活息息相关。庙会不仅对民间经济具有重要意义，而且与祭神等宗教文化有着密切的联系。庙会文化是中华传统文化的重要载体，对传承民族文化与习俗有着重要作用。传承庙会文化要认识到它的双重性，既有文化艺术的精华，如传统民间艺人的精彩表演，也有封建迷信的糟粕，如神灵崇拜等。体察家乡年味儿，认识传统文化的双面性，探寻传统庙会文化的发展方向和保护措施，恰恰是本次调研的旨趣所在。观看庙会中的精彩表演，同学们体会到了传统的乡土风情，既有新鲜感又有亲切感，但同时心头又涌上一股失望感和危机感——庙会"形在神不在"，摆摊虽多，但充斥着商业味道。比较有意思的小摊有吹糖人糖画、编制竹蜻蜓、写春联、套圈、卖土特产等。传统庙会是祭神、娱乐和交易的场所，物品并不金贵，但胜在质朴、有特色，而现在庙会上的大部分商品在其他地方随处可见、毫无特点，其传承感和吸引力随之减弱。

二、新乐市彭家庄回族乡蒸年糕习俗的调研

年俗文化是中华民族传统文化不可或缺的内容。中国人将过年称为"春节"，"民间传统意义上的春节，是泛指从腊月初八的腊祭或腊月二十三、二十四的祭灶，直到正月十五"①。中华民族有自己独特的年俗文化，蒸年糕便是其中之一。春节蒸年糕作为中国传统的年俗文化，其寓意在于"人们的工作和生活一年比一年提高，岁岁都有新的希望"②。河北省新乐市彭家庄乡回族居民的蒸年糕习俗，既受到了汉族年俗文化的深刻影响，又保持了自己的鲜明特色。如腊月二十八蒸年糕，腊月二十九、三十蒸包子，大年初一吃面

---

① 史建平、李宪亮：《中国年俗文化概观》，朝华出版社 2014 年版，第 3 页。
② 李大伟：《震撼世界的中国民间智慧》，中国文联出版社 2015 年版，第 110 页。

条，初二吃饺子等。年俗文化是中华民族传统文化的重要体现。蒸年糕习俗表达了人们对美好生活的热爱和向往。从蒸年糕中"品年味"，品出的应当是中华民族共建美好家园、共建和谐社会的价值追求！

（一）蒸出来的年糕要"出散"

本项调研主要是围绕彭家庄回族乡腊月二十八的蒸年糕习俗进行了深入的访谈，采访了回族乡中的阿訇和部分村民，同时，查阅了一些关于蒸年糕习俗的历史文献。透过蒸年糕习俗领略我国年俗文化的独特魅力和文化价值。

在腊月二十八这一天，彭家庄回族乡的家家户户都会蒸年糕。先将糯米（或糯米面）和红枣洗净。然后在锅中加水，放上篦子，在篦子上铺一块干净的布（因为糯米有黏性，避免粘到篦子上，不易清洗），在布上撒上一层红枣，将糯米撒到红枣上，约2厘米厚，然后在糯米上撒一层红枣块和花生粒，接着再撒上糯米，约2厘米厚，再撒上些许红枣，盖上锅盖直至蒸熟。蒸熟后，将年糕倒扣到案板上，用刀切成小块。这时的年糕还不能吃。因为要"出散"。阿訇说："'出散'就是将蒸熟的年糕分享给左邻右舍，这是回族独特的习俗，不仅年糕要'出散'，就连包子、饺子、油香等也要'出散'。只有'出散'后，家里人才能吃。这意味着要先与亲朋好友分享，然后才能自己享用。"

"出散"是一种分享，也是回族邻里乡亲保持友好关系的一种方式。这使邻里亲朋之间的交流加强，从而，增强了乡里村民之间的凝聚力。此外乡里的一些长辈还讲述了他们以前因贫穷买不起糯米和红枣，但每个家庭仍在这一天蒸年糕。买不起糯米就用高粱米和黍子米代替，然后用乡里共用的碾子磨成面。买不起红枣就用黑米代替。虽然蒸出来的年糕并不好吃，但每家每户仍然不肯丢弃这个习俗，无论好吃不好吃，都图个"年年高"的寓意，希望来年越过越好。他们还说，过年过年即使穷也得过。

年糕蒸好后将剩下的年糕放入冰箱待到春节时吃。而在没有冰箱以前，则是把年糕放到干净的袋子里封好，然后挂到院里的绳上。冬天室外气温低，这样年糕不容易坏。挂到绳上也不易被猫和狗偷吃。随着人们生活条件越来越好，年糕渐渐地也有了许多创新，如夹心年糕、八宝年糕、汤年糕、粤港风味年糕等。

（二）守住民俗文化的价值追求

蒸年糕习俗展示了源远流长的中华优秀传统文化。蒸年糕不仅是彭家庄乡人的一种年俗文化，而且在我国很多地区都广为流传。调研小组的学生说："在完成我的报告后，心中涌动着一种淡淡的伤悲和担忧。试想，今天的年轻人中，有多少人能真正体会和理解蒸年糕习俗文化的内涵呢？"不过，通过学生的调研可以看到，"蒸年糕习俗"从一个侧面反映了中国乡村社会的变迁和问题，值得反思和研究。

参加此项活动的历史学院张艺伟同学从两个方面畅谈了调研活动的收获和体会：一是关于乡村"空巢老人"问题。随着我国城市化进程的加快，城乡社会结构发生着剧烈的变化，大量农村人口流向城市，导致农村家庭结构发生根本性变化，乡村社会空间出现日益严重的"空巢老人"现象。老人过年倍感空虚，一方面，过年期间许多中年人和青少年各顾各的事，他们大都有自己的圈子，很少考虑家中老人的感受，对老人比较忽视，觉得与家中老人说话没意思，聊不到一起，没有共同爱好。另一方面，农村留守老人生活单调，娱乐圈子极小，他们长久以来把生活的重心放在子孙身上，觉得孩子便是他们的全部，认为离开孩子后就无法享受生活的乐趣。老年人过子女的日子，而年轻人却过自己的日子。这不仅是老年人的悲哀，更是整个社会的悲哀。二是关于"洋节日"的冲击问题。"逢年过节"的年和节是中华民族传统习俗文化继承与传播的重要节点。比如，清明节、端午节、重阳节等，都有着浓郁的传统文化内涵。但是，中华民族的年和节日益受到"洋节日"的冲击，在全球化的背景下，"洋节日"乘虚而入，加之一些人的商业炒作、奉为时尚，于是，"洋节日"成为一些青年人的宠儿。其中，最为典型的是圣诞节、情人节、愚人节等。然而，大多数年轻人并没有真正理解这些洋节日的来历和文化内涵，他们不过是把它作为自己庆贺和放纵的理由。然而，当"洋节日"冲击和消解我们的优秀传统文化时，既是中华民族传统文化的悲哀，也是我们对自身文化和传统犯下的罪过。

切实解决好这些问题是实现中华民族伟大复兴不可或缺的部分。蒸年糕习俗文化的境遇和问题给我们敲响了警钟。对待中华优秀传统文化一定要继承和发展，要随时代的变化而不断创新，但是，一定要坚守住民族文化的价值追求，只有这样，中华民族才能屹立于世界民族之林！

三、沧州市沧县舞狮文化的调研

舞狮在我国已有1000多年的历史，深受大众喜爱且代代相传，形成了灿烂的舞狮文化。狮有南北之分，各有不同的风格和特点。"北狮一般是雌雄成对出现，由装扮成舞狮的主人前领。有时一对北狮会配一对小北狮，小狮戏弄大狮，大狮弄儿为乐，尽显天伦……南狮又称醒狮，以神似为基础，同武术相结合，以塑造一个夸张、浪漫的狮子为艺术形象"[①]。南狮有一个"采青"过程，北狮则没有。河北是北狮的发源地，其中，徐水县狮舞素有"北狮之宗"的称号，世界闻名。此外，沧州狮舞历史悠久，源于汉朝，盛于明代。沧州舞狮在沿袭旧俗基础上，把杂技、武术杂糅到狮艺，先后编创出立体直转、荷花怒放等高难动作，尽显其粗犷豪迈、雄伟威严的特色和魅力。[②]

（一）融会武术之韵和杂技之术的沧州舞狮

在"品年味"主题文化实践中，历史学院的调研小组调查了春节期间的沧州舞狮文化，一方面，查阅和研读沧州舞狮的历史文献，梳理舞狮文化的内涵、特点和发展脉络；另一方面，实地观摩舞狮表演，考察当地百姓对舞狮文化的历史记忆，品味独具地方特色的"年味"。

沧州拥有"狮城"美誉。其中，"铁狮子"最为有名，还有那道"狮子头"的名菜，这些都是悠久狮舞文化的表征。沧州还是武术之乡和杂技艺术的发源地。武风之韵和杂耍之技不仅奠定了沧州舞狮文化的坚实根基，而且也赋予了沧州舞狮文化的地方特色。另外，沧州的舞狮还吸收了保定徐水舞狮引狮郎与狮子结合的特点。春节至元宵节期间，是舞狮最集中、最热闹的时候，每逢此时，沧州地区的城市和乡下都张灯结彩，男女老少脸上挂着喜气洋洋的笑容，走上街头观看舞狮盛景。

在沧县兴济，调研小组的同学们体验了乡镇舞狮的风采。兴济古称范桥渡，改称兴济寓意"兴复王室，兼济天下"。开创弘治中兴盛局的明朝孝宗皇帝的张皇后便出生于兴济，自那时起，兴济便进入了繁华时代。兴济的南街是张皇后的出生地，当初张皇后为方便回乡，于此处修建行宫，带动了南街

---

①　中共佛山市南海区委宣传部等：《南海龙狮南海衣冠南海古村》南海龙狮篇，中山大学出版社2011年版，第66页。

②　王岩：《青少年应该知道的龙舞和狮舞》，泰山出版社2012年版，第26—27页。

的繁荣。至今，南街上的商家鳞次栉比，是集会的中心地带。每逢商家开业，就会有舞狮表演。春节之际，家家户户都贴上了鲜红的春联，这时的舞狮更为热闹和精彩，舞动的狮子和红色的海洋融为一体，既展现了狮子的看、站、走、跑、跳、滚、睡、抖毛等动作，又表演"拧弯""跳桩""耍长凳"等高难度动作，将沧州武术之乡的气韵展露无遗。正月十五前后是城市热闹非凡的时刻，尤其是夜晚，更是美轮美奂，恍若仙境。人们品尝完美味的元宵后，便径自走到大道上，感受着节日的美好与快乐。你看，远处，狮舞队来了！最夺目的几头花狮尽情地扭动着身躯：文狮性情温和，恐吓时面露惧色，开心时亲密相吻……武狮技高一筹，扑腾、跳转尽显狮子的凶猛、勇敢。最精彩的莫不过"三狮踩球"，只见花球从远处抛来，三头舞狮争相撕咬，这一头腾空高跳，那一头绕身而起，唯恐花球不得，好不热闹！喜庆的奏乐声慷慨激昂，成为节日里最动听的旋律。

（二）把中华优秀传统文化的根脉留住

随着社会的变迁，乡村中日益浓厚的化工烟雾，城市中日益稠密的建筑"森林"，阻碍着中华优秀传统文化发展的脚步。狮舞文化这一古老而亲民的文艺表现形式也亟待拯救。舞狮文化没有琴韵箫声的缠绵和诗词歌赋的优雅，它是历史悠久的草根艺术，更接地气，更具"年味"。参与此项调研的孙忠瑜同学感叹道："现在，每每听到熟悉的锣鼓声，我都会情不自禁地追过去观看狮舞，狮子铜铃似的眼睛一瞪，顿时狮面仰天，像是在咆哮，在怒吼。像极了沧州铁狮子镇海吼，它在呐喊：'儿孙们啊！不要忘记我！不要忘记你们的根！'""可以说，这次寒假实践活动和中华传统文化结合得很紧密……在调研过程中，我了解到了传统的深邃和文化的细腻，这些艺术精华唯独中国拥有。我很骄傲。在如今的社会里，科技极大地影响了人们的生活，西洋文化得到迅猛传播，在我看来，中西文化的碰撞较之百年前有过之而无不及。观古得意，我们不能将西方至上之流毒一以贯之，断然不可戴着有色眼镜看待传统文化，以为古代传统文化的形制落后，寓意老土。实则不然，这些在当今社会部分年轻人看来老土的东西恰恰是中华文化之精华，民族之根基。身为一个中国人，断不能忘却华夏血脉，民族传承！"

通过搜集文献、走访座谈等方式，调查队员深入了解了沧州舞狮的文化内涵，通过与当地老文化人的精神触碰，提升了对中华优秀传统文化的认识。

然而，舞狮文化的传承也问题重重。如老艺人的病故、舞狮器具陈旧，更新价格又昂贵，相关从业者生活难以保障等，兼之西洋文化和哈韩哈日文化的冲击，使中国新生代心中传统文化的熏陶渐淡、记忆渐少。中国著名演员陈道明先生曾在《传承者》这一节目中质问一些不懂"花鼓戏"的年轻人："你们真的懂这些文化吗？你们不懂就来批判，你们好大胆哪！""中华优秀传统文化是中华民族的精神命脉"①。文化复兴是中华民族复兴的核心内容，弘扬中华优秀传统文化，增强大学生文化自觉和文化自信，我们任重而道远。

四、邯郸市永年县"抬花桌"年俗的调研

年俗是中国传统民俗文化最丰富最典型表现。然而，随着改革开放的深入和中国特色社会主义现代化进程的加快，中国传统的年俗文化受到了强烈的冲击。一些代表西方文化的节日庆典受到了追捧，如万圣节、情人节、圣诞节等等，而代表中华传统的民俗文化受到了冷遇，如新年的"福"字，端午的艾草，中秋的月饼等等。大学生心中本土文化的削弱，动摇着中华文化的根脉和传承。为了品味年俗文化，弘扬中华传统，历史学院学生以邯郸市永年县传统"抬花桌"民俗艺术为对象，展开了深入的调研活动。

（一）永年花桌的三大特色：重、俏、喜

春节是我国最盛大、最重要、最古老的传统节日。北宋毛滂对春节作了这样的描述："一年滴尽莲花漏，碧井酴酥沈冻酒。晓寒料峭尚欺人，春态苗条先到柳。佳人重劝千长寿，柏叶椒花芬翠袖。醉乡深处少相知，只与东君偏故旧。"② 在我国民间，春节从过小年一直要延续到元宵节。永年县临洺关镇，元宵节最为热闹。清晨，便有精彩无比的"抬花桌"表演；白天，街上披红挂彩、花灯高悬、姹紫嫣红、美不胜收；夜晚，人们一起赏花灯、猜灯谜，一片欢声笑语。

据当地群众介绍："抬花桌"是传统春节民俗的一种，是一项独具特色的民间艺术。永年县临洺关镇便是"抬花桌"的发源地。永年县古称洺州，"洺州花桌"远近驰名。"桌上以民间工艺品装饰，其内容一般为'吉庆欢乐'

---

① 习近平：《在文艺工作座谈会上的讲话》，《人民日报》2015 年 10 月 15 日。
② 葛金平：《中国古典诗歌与人格修养研究》，湘潭大学出版社 2012 年版，第 149 页。

和戏曲三种，如'龙凤呈祥''五谷丰登''打渔杀家''三关排宴'等。4人或8人抬于肩上，桌前以鼓乐开道，负责指挥者手握红缨枪或旗杆，倒退着走，大家依其击打的点子行进。表演队布置得花枝招展，五彩缤纷。夜间表演，桌上还点燃灯烛，五光十色，煞是好看"①。永年县"抬花桌"具有源远流长的历史，始兴于唐代初期，距今已有1000多年的历史，属于国家级非物质文化遗产。

　　"抬花桌"蕴含着百姓追求人间太平和美好生活的传统文化情怀，是研究中国民间仪式文化和舞蹈艺术的活标本。元宵节这一天，来自临洺关六道街的六支花桌表演队伍穿街走巷，摆开了"对花桌"的阵势，一时间，唢呐朝天吹，锣鼓震天响，抬舞扭卖力，花桌枝乱颤。在临洺关主街，群众沉浸在欢乐的节日气氛之中。永年花桌有三个特点：一是"重"。花桌由紫檀木或红木制成，有二百多斤，呈八仙桌状。二是"俏"。花桌背及两侧镶制的棚栏精雕细刻，描龙画凤，美丽俊俏。三是"喜"。花桌上雕刻有"五谷丰登""天下太平"等，烘托喜庆氛围。"抬舞"艺术一般由八人或十六人抬着原地舞动或舞蹈行进，舞步有蹉步、花步、八字步、秧歌步等，抬舞者需掌握一定的舞蹈动作技巧，讲究人动杆不动。最令人惊叹的是花桌腾空跳，这需要八人同时将肩向上一纵，花桌便离肩腾空，然后再稳落于肩上，这一"鲤鱼跳龙门"的绝招，难度之大，令人瞠目结舌！当"抬舞"最高潮时，蜡烛火焰闪烁，千朵奇花翻飞，五光十色、缤纷绚烂，令观众眼花缭乱。

　　（二）做中华优秀传统文化的守护者、传承者和弘扬者

　　中国传统的年俗文化是历史文化的沉淀，也是民族智慧的结晶。"抬花桌"作为国家非物质文化遗产，主要是以人为载体，人是非物质文化遗产的承载者。作为当代大学生应当成为中华民族优秀传统文化的守护者、传承者和弘扬者。参加此次调研的李铮同学说："花桌一般包括祭桌、插桌、抬桌、拆桌、封桌等仪式流程。在正月的时候人们将桌子抬出开始祭拜，举行祭桌仪式。在祭完桌后，开始插桌，桌子上会插满各类花卉，形成高拱造型。桌背及两侧镶制的棚栏由老人们精雕细刻，描龙画凤。然后，开始在花桌上装饰彩灯、蜡烛，这样，夜晚时的花桌便会绚丽多彩。""一支花桌队伍一般需

<hr />

　　①　叶大兵等：《中国风俗辞典》，上海辞书出版社1990年版，第642页。

要有 40 到 50 人组成。队伍最前面是秧歌队和舞龙队，紧跟着是由旗手组成的仪仗队，随后是鼓乐队，这也是国家级非物质文化遗产——永年吹歌，它与花桌相映成辉更增加了花桌表演的艺术性。最后，是表演活动的主角儿花桌了，只见它由八个抬舞者一步一颠抬着，上面的鲜花花枝乱颤，甚是好看。""在花桌队伍停下休息时，我们询问了抬舞者。为什么年年都要耗费精力办这个活动？他们说：'过年要的就是这种气氛和精气神儿，如果过年少了这些传统艺术表演，大家会觉得这个年没有过'。"

当我们"品年味"的时候，首先想到的必定是过年要贴春联、贴门神、贴福字、贴年画、守岁、放爆竹、吃饺子、给压岁钱……但这些传承千百年的习俗遍布中华民族各地，当年味一直延续到元宵节的时候，我们会看到各地不同的庆元宵的方式。"抬花桌"便是富具地方特色的年俗文化。抬花桌与吹歌是姊妹艺术，相映成辉，深受当地人民群众喜爱。参加调研的宋亚楠同学说："在那个现场氛围中，我们被精彩的花桌表演吸引了，绚烂夺目的花桌，精湛的表演技艺，高难度的动作，真的是令我们赞不绝口，用我们平时爱说的话就是，'又刷新了世界观了！'看了这个'抬花桌'艺术，我们真正见识了'高手在民间'。"参加调研的段俊锦同学说："传统文化蕴含着中国人浓浓的情怀，类似抬花桌这种活动更是饱含浓浓的乡土情怀，任时代改变，其中的感情不能变。在观看过程中不难看到许多年轻的面孔，经询问这是当地老一辈艺人有意为之，目的在于培养年轻人对传统习俗的兴趣，从而传承这一年俗艺术。"

五、廊坊市年俗美食的调研

春节是中国最传统的节日。在众多庆祝春节的形式中，"美食"是最为喜闻乐见的形式。懒人盼节，谗人盼年。一年中舍不得吃的东西都要拿到过年时才吃。民以食为天，吃文化在我国的年俗文化中占有重要的位置。吃一顿团圆饭，这是中国人过年的一个极为重要的标志。饮食是了解一个民族文化最重要的切入点，"达到一个文化核心的最佳途径之一就是通过它的肚子"[①]。通过查阅《中国传统节日习俗》《中国节日民俗文化》等，以及通过对廊坊

---

① 刘文：《二十世纪美国诗歌研究》，上海交通大学出版社 2013 年版，第 219 页。

地区春节期间传统美食文化的调研，同学们在美食味道中品味了"年味"，在美食文化的演变中体察了中国社会改革开放带来的翻天覆地的发展变化。

（一）寻常百姓家中的节日美食

"腊八"美食包括"腊八粥"和"腊八蒜"。"腊八"是年节的前奏，俗话说："小孩小孩你别馋，过了腊八儿就是年"。按照民俗，腊八这一天要熬腊八粥、泡腊八蒜。喝"腊八粥"的历史，始于宋代。最早的腊八粥是用红小豆来煮，后经演变，加之地方特色，内容日益丰富。"腊八粥"不仅清香甜美，而且能畅胃气，生津液，颇受百姓喜爱。吃"腊八蒜"也是华北地区的民俗。腊八节后，用醋泡蒜，呈碧绿色，非常好看。春节前后，就着腊八蒜和醋吃饺子、拌凉菜，味道好极了。"腊八蒜"的"蒜"字和"算"字同音，"腊八蒜"是说，这一天是商家总账的日子，也是要债还钱的日子。

"小年"美食包括"年年糕""糖瓜粘"等。"年年糕"与"年年高"谐音，意寓人们的工作和生活一年比一年提高。据说最早年糕是为年夜祭神、岁朝供祖所用，后来，才成为百姓春节美食。清末一首描写年糕的诗云："人心多好高，谐声制食品，义取年胜年，藉以祈岁谂。"① "糖瓜粘"就是说腊月二十三用糠瓜祭祀灶君老爷，这一天是汉族传统文化中祭灶神、吃糖瓜的日子。灶王爷原是天上的星宿，因犯错被贬到人间，它端坐厨灶中间，记录人间善恶，到腊月二十三回天庭汇报。糖瓜是祭灶神的祭品，百姓希冀灶王爷嘴甜点，"上天言好事，下地保平安"。

"春节"美食包括"团圆饭""饺子""面条""合子"等。按照北方的年俗，除夕晚上，一家人要在一起吃"团圆饭"，菜肴丰富，寓意深刻。如无"鱼"不成宴，"鱼"象征吉庆有余，把鱼头留下，寓意为年年"有余头"。"芹菜"寓意勤快；"蒜"寓意会算计；青菜、韭菜、粉条等合煮，称为"长命菜"。大年初一要吃"饺子"，大年初二要吃"面条"，大年初三要吃"合子"，破五还要吃"饺子"。初一吃饺子时，为讨吉利，常常把硬币、糖果、花生、枣子和栗子等包到饺子里，吃到硬币象征新年发财，吃到糖果象征日子甜美，吃到花生象征健康长寿。初三吃"合子"有两层含义。一是合子利钱，就是一本一利，做生意有百分之百的赚头。合子的形状是半圆形，就像

---

① 邵万：《中国面点文化》，东南大学出版社2014年版，第228页。

是大元宝，这大元宝往家里转就是"赚钱"的意思。二是合子有"和合"之意，就是和谐的意思。"合子"象征合家团圆、家庭和睦、家人和谐、生活和顺。正月初五，家家吃饺子。这顿饺子和除夕初一"交子时"的饺子大不相同。这天的剁饺子馅寓意为"剁小人"。包饺子时要使劲捏，寓意为捏住"小人"嘴。捏死封住"小人"嘴，不让他们在新的一年里胡诌白咧，瞎说乱道。

（二）美食文化凝聚着中华民族的智慧和美德

中国的饮食文化丰富多彩，春节美食也美味多样，在品尝春节美食的同时感受节日的情怀，对于今天的人们来说，食物已经不是果腹那么简单了。一场美食之旅，不仅可以和食物交流，还可以通过食物，和那些烹饪大师交流。那些积淀了数十年甚至数百年的老汤老料老配方，凝结着创造者的智慧、灵思和心血。每一道美食都具有灵魂，每一个舌尖都是一个故乡。"美食"是中华传统文化的重要载体，凝聚着中华民族的智慧和美德。在5000年历史中，中华儿女在大自然中寻找和发明了许许多多的美食，而能传承至今的，无疑是祖辈们传递下来的珍馐美味。中国人对于美食的专注超过了世界上任何一个民族。"食物和吃法，是中国人的生活方式的核心之一"[1]。美食文化凝结着中国人的精神气质，是把握中华优秀传统文化最直接最便捷的方式。

河北廊坊市地处北京和天津的交界处，是京津走廊上的一颗璀璨的明珠，在拥有地利优势的同时，饮食文化也深受北京和天津的影响。北京的驴打滚、枣切凉糕和老豆腐，天津的耳朵眼炸糕和煎饼馃子，已经成为这里百姓日常生活中的美食。参加此次调研的吴媚同学说："我的爷爷曾经是厨师，他做菜的手艺在村里很有名气，我家小年一过，就已经买好大量猪肉、猪大肠、猪蹄等，准备做熏肉和灌肠了，爷爷要把这些做好需要两三天，我们给爷爷打下手，虽然很辛苦，但是自己家做的吃着放心，而且全家行动很有过年的感觉。做好后，会给邻居、朋友和亲戚送去我们的成果，他们也会把他们家里做的食物送给我们，在这一来一往中，我感受到的是情感的交流和亲近。我的爷爷年纪大了，做这些年庆食物很辛苦，今年本来不想让爷爷再做了，爷爷和我说：'你们好不容易才回一次家，在我还能做的时候就给你们做点吃，过年了，也给亲戚朋友送去一点，他们惦记着我的手艺呢！'在爷爷的话里，

---

①　庞杰等：《食品文化概论》，中国农业大学出版社2014年版，第5页。

我听出了他对小辈的关爱,对亲戚朋友的惦念,对过年的期待。"廊坊地区的春节美食和京津地区有异曲同工之妙,人们在品尝春节美食过程中,也感受到了京津文化的气息。春节美食是一面镜子,折射出了中华民族几千年的文明进程,展现着中国社会物质文明的发展程度。春节饮食又是一个窗口,通过它可以透视中华民族热爱生活的美好追求和家国天下的人文情怀。

六、保定市高阳的"贴年画"民俗调研

年画是我国年节中最流行的民俗美术形式。年画的起源与年节的发展历史紧密相关。过年时要祭祖酬神,感谢祖先和神灵的保佑和恩泽。远古的祖先认为灾难源于妖魔鬼魅作祟,因而便选择巫术来驱除祭禳,在辞旧迎新之际,年画充满着驱邪纳福的内容,神人、神虎、金鸡等驱邪的艺术形象,便是最早的门神和门神画。[①] 年画,将祝福画到纸上,将吉祥贴在墙上,将微笑映在脸上。以前过年,即使生活再贫困,日子再艰难,也要买张年画贴上,仿佛只有这样,才有过年的气氛。贴上年画,整个屋子都亮起来了,尽管还是墙壁斑驳的老屋,却有了家的温馨,多了年的喜庆。

(一)高阳人的年画记忆

传统年画的题材有金童玉女、麻姑献寿、天女散花、鲤鱼跳龙门等,内容虽传统,但年画是新的,家里贴上就有新鲜感,觉得有过年的氛围。许多年前,年画被马克思、恩格斯、列宁、斯大林、毛泽东等领袖画像所取代,改革开放以来,不知不觉中,墙上被各种各样的中外影星所代替。

在学生调查访谈中,一位叫王宏伟的高阳人说:"我是60年代出生的人,在我的记忆里,过年的时候,每家每户都要贴年画,每当进入十一、十二月份,村里的供销社屋里就会用铁丝悬挂好多好多,有各种各样图案的年画出卖,我记得好像年画的图案主要是有那么几样:一是带花草鱼虫图案的,这类年画里的鱼一定是鲤鱼,寓意是每家新年都有余粮,生活富足,五谷丰登,年年有余。二是带大胖男孩和女孩图案的,以男孩子居多,寓意是宣传国家计划生育政策好,每家只要一个孩子,生男生女都一样。家里有儿子要结婚的和已经结婚的,一定会抢先买个大胖小子年画,及早贴在屋里,期盼早日

有大胖小子生出。三是国家领导人的肖像和画像图案，主要有毛泽东主席、周恩来总理、十大元帅等国家领导人。四是英雄人物，主要有解放战争和抗日战争时期的英雄人物，如黄继光、董存瑞、邱少云；还有的是在新中国建设中涌现出的英雄人物，如铁人王进喜、雷锋等。五是革命样板戏中的人物，如《红灯记》中的李玉和、李铁梅；《沙家浜》中的阿庆嫂、郭建忠；《红色娘子军》中的洪常青、琼花；《杜鹃山》中的柯湘、雷刚等。那时一幅年画的价格也就是几毛钱而已，最好的也只不过一元左右。记忆中的年画在市场上的退出，是伴随着计划经济的结束而结束的，当农村供销社不存在的时候，年画也悄然在人们的视野中消失了"。一位叫张青的高阳人说："记得小时候，一进腊月，村里的大喇叭就会忽然响起来：'社员同志们，供销社来年画了，供销社来年画了'。在欢快的氛围中，年味儿扑面而来了。我最喜欢的是杨柳青年画中那个身坐莲花、怀抱大鲤鱼的胖娃娃，还有身穿盔甲、神情威武、替父从军的花木兰。民间传统的'门神''灶王爷'刻板神像年画也很多。到了给灶王爷、土地爷上供上香时，父亲总会叫上我去祭拜。尤其是腊月二十三送灶王上天时，嘴里还得念念有词：'多说好话保平安，多说好话保平安'。年少时，我家正面墙上贴着的一手高举红灯、一手拽着辫子，横眉冷对、正义凛然的李铁梅，左边墙上贴的是威风凛凛的杨子荣，右边墙上贴的是左手拨开芦苇，右手握着驳壳枪、双目炯炯有神的郭建光。这些英雄人物的高大形象，至今在脑海里有着深刻的印象。"

（二）在社会实践中接受中华传统文化的熏陶

年画作为我国古老的民间艺术，体现着民俗和信仰，寄托着百姓对未来的希望。年画凝聚着中华民族的历史和文化，凝聚着劳动人民的爱好和愿望。早期年画多为人工绘制，至今山东高密县犹保留了扑灰年画，即将画稿以木炭在纸上扑描复制，加速起稿速度，然后奋笔描绘，同一画稿可很快绘制多幅年画，更带有原作性质。我国的传统年画主要有四大家，即"苏州桃花坞，天津杨柳青，山东潍坊和四川绵竹""元明之后，苏州桃花坞，天津杨柳青，山东潍坊就已形成规模"。①

传统的东西是整个民族的记忆，而民族的记忆便是我们文化的积淀和精

---

① 积雪草：《低眉尘世 随遇而安》，江苏文艺出版社 2015 年版，第 284 页。

粹。年画是中华传统文化的重要表现形式，岁月流逝，买卖年画的记忆也渐行渐远。同学们调查的一位叫谢观荣的高阳人说："我有一个表哥，卖年画赚了不少钱，每到寒假，我就去给他帮忙。卖年画不是件容易的事，特别是到乡镇街上出摊，因为每种画都要出样子，靠墙的地方最好，可以挂起来，不然就只有平铺在地上。年前天冷，风也大，出样的年画基本废了，我们的手也被冻得裂口子。可似乎在突然之间，年画就不好卖了。现在人家墙壁上，最多挂幅字画，但跟过年却没有关系。"参加此次调研活动的王子涵同学谈道："通过这次社会调查，我有很多的收获，社会调查需要尽心做好前期准备，明确实践活动的主题和调查内容，在调查过程中特别需要团队合作，需要每个人积极主动地承担责任和义务。"在社会实践中接受中华传统文化的熏陶，是大学生培育和践行社会主义核心价值观的重要路径。大学文凭并不是一张通向幸福的万能卡，大学生只有把自己生命的根深深地植入中华优秀传统文化的土壤之中，才能不断从中汲取智慧和力量。大学生是中国特色社会主义现代化建设事业的生力军，"肩负着实现中华民族伟大复兴，传承和弘扬中华优秀传统文化的历史使命"[1]。为此，大学生不仅要接受现代科学技术和文化的熏陶，而且也必须接受和传承中华优秀传统文化。

七、邢台市沙河樊下曹村"拉死鬼"习俗的调研

邢台沙河市樊下曹乡位于市区西稍北约 23.5 公里处的丘陵地带，包含樊下曹、林下曹、张下曹等 8 个村。"樊下曹"的得名是传说"古时村东有一圆形石槽，置村时以地物兼姓氏名之"，另有一说法是，该村曾"是东汉末年黑山军操练军队的地方"，称为"下曹"。[2] 明朝永乐年间，樊氏几家应诏由山西洪洞县移民到此定居，以农耕为主，后改称为"樊下曹"。"拉死鬼"又称"鬼戏""跳傩"，是沙河市乡村广泛流传的一种具有驱鬼逐疫、祭祀功能的舞蹈。在调研过程中，同学们一方面查阅《沙河县志》《沙河市志》，搜寻正月十六"拉死鬼"习俗的历史文献；另一方面，亲身观摩了"拉死鬼"表演活动。

---

[1]　林晓峰等：《大学生思想政治教育理论与实践》，中国文史出版社 2015 年版，第 66 页。
[2]　张月民：《沙河市志》，生活·读书·新知三联书店 1994 年版，第 156 页。

（一）魅力四射、庄严肃穆的"拉死鬼"习俗

樊下曹村是历史悠久的传统村庄。正月十六"拉死鬼"习俗由来已久。樊下曹村的"拉死鬼"仪式沿袭古礼，表演动作古朴、粗放，保存着傩文化较多的原始形态，"拉死鬼"其实就是一种"傩舞"，有起傩、演傩、驱傩、圆傩等环节。据村里的老人介绍，"拉死鬼"习俗旨在驱除带来瘟疫、疫病、灾难的恶鬼，或者是为了驱走孤魂野鬼，保佑人畜平安。

正月十六是樊下曹村最热闹的日子，甚至比大年初一还要红火，大姑娘小媳妇以及在外工作的人都要赶回来参加活动。从早上开始村里人就忙活开了，扫院净街，搭建用焰火和鞭炮组装的"老干"，又要准备晚上点火用的稻草柴火，街道里会有扭秧歌、打扇鼓等传统的娱乐项目。天一黑，家家户户张灯结彩，在门前用柴草点燃篝火，这次的篝火主要是村民们的娱乐（因为等"捉死鬼"开始后，还需要再点一次），篝火点燃以后，让小孩子拿着串好的麻糖去烤百家火，烤过百家火的麻糖有祛除百病的功效。"十六夜，聚柏枝门前焚之，男妇围绕，谓'烤杂病'"①。

随着一声炮响，"拉死鬼"活动开始，其中有灯笼队、锣鼓队、秧歌队、扁担官、路神、鬼差、死鬼等。灯笼队由村里的孩子组成，走在队伍的最前面。锣鼓队由村民组成，有大鼓、铜锣、大铙、钹等，属于典型的锣鼓套。秧歌队由村里的妇女组成，配合锣鼓套边舞边行。扁担官坐在扁担抬的轿椅上，打扮成七品芝麻官的模样，任务是负责审判死鬼。"路神"负责探路、净街。当晚出现了三个"鬼"：一个大鬼，两个小鬼。大鬼就是"死鬼"，属于被捉对象；小鬼就是"鬼差"，负责拉着死鬼游街，打扮成衙役，手拿铁链，负责把死鬼缉拿归案。

"死鬼"和"鬼差"在村外的荒地藏好。整个队伍在"路神"带领下开始"捉鬼"。此时村中家家户户准备"鬼"跑过自家门前时放鞭炮、点篝火。"鬼"被抓住后就得游街示众，绕着篝火"蹦火"，即使劲儿蹦过去了。当鬼跑过来了，点燃炮竹，俗称"炸鬼"，也就是驱除灾难疾病，保佑人畜平安。"死鬼"跑完整个村子后四五个小时，然后就要接受"判官审鬼"。经过审判之后，在村东头，将"死鬼"的高帽子烧掉，以示惩罚。然后，全村人跪下

---

①　丁世良等：《中国地方志民俗资料汇编》第1册，国家图书馆出版社2014年版，第493页。

给祖先行礼，在庄严肃穆的气氛中结束"拉死鬼"活动。

（二）接受传统习俗的熏染可以增强文化自信

岁时节令是人类群体在漫长的农、牧、渔、猎文明中逐渐形成的文化符号，它具有强大的家族、民族凝聚作用，几乎所有的节日都含有祈求风调雨顺、团结吉庆、和顺幸福的深意；它能够丰富人们的文化生活，节日期间的习俗活动带有祭祀和娱乐的作用；它具有重要的经济价值，因为节日习俗是文化产业的重要资源，可以作为旅游参观的项目。积极开发和保护传统节日习俗，是弘扬中华传统文化的重要方式。调研使同学们亲身感受到了中华传统习俗的迷人魅力，坚定了弘扬中华传统文化的信心。

参加此次调研活动的薛鸳鸳同学说："今年亲身经历了一次传统习俗'拉死鬼'，或许听名字有些瘆人，想着大过年的怎么会有这么不吉利的习俗，还会传习到今天，然而，事实却并非如此。'拉死鬼'包含着吉祥的含义，寓意着将一年来那些害人的东西全都烧毁，让新的一年免受苦难与折磨，顺顺利利。……整个过程虽然只有几个小时，但是参与的人却一如既往地多，因为这个习俗现在只有樊下曹村等几个地方还保留着，稀缺便会变得珍贵，所以像我一样，感到好奇的人也都赶往这里凑热闹。这次的经历让我对这个传统习俗有了更深入的了解，我们这里的传统习俗确实很多，但是，像这种名字奇特但是寓意好的也就该数'拉死鬼'了。""现在，随着网络的发展，手机的普及，许多年轻人对传统习俗失去了兴趣，传统习俗的真正内涵更是被人们淡忘。现在一边玩手机，一边吃着团圆饭的现象屡见不鲜，老人们会怎样想？所以，我们应该把中华民族的传统习俗传承下来。如今，我们的生活条件好了，但也不能只过物质节，还要过亲情节。过节了，我们要多陪陪父母、爷爷奶奶，不让他们感到孤单；过节了，我们得好好品味民族传统节日的快乐，感受传统节日的魅力。""民俗是中华文明的有机组成部分，是民族文化的瑰宝。了解民俗，挖掘富有乡土气息的文化资源，能够增加我们爱家乡、爱祖国的情感，增强民族文化的自豪感！"

八、邯郸市磁县黄沙镇传统年俗文化会演的调研

邯郸市磁县黄沙镇南黄沙村依山而建，改革开放以来，村子经历了一个由盛转衰的过程，由于煤炭资源的开发，村民经历了一个由传统种地转向煤

矿打工的过程。在经济发展基础上，政府引导、煤矿支持、村民参与，于是，传统的年俗文化会演恢复发展起来。虽然没有华丽统一的服装，没有高端大气的乐器，但是，村民们却用对家乡、对生活最真诚、最朴实的热情，演绎出了动人的旋律。他们庆祝丰收、庆祝团圆、庆祝健康，表达着对于未来美好生活的期盼。当年最繁盛时，足有万人观看。如今，由于煤矿经营日落西山，年俗文化会演也大不如从前。2016年春节期间，历史学院的调查小组深入开展了黄沙镇传统年俗文化会演调研。

（一）乡村年俗文化会演的"主力军"——老人、妇女和儿童

2月21日（正月十四）早晨9点，演员们在南黄沙村文化中心进行着最后的排练。据村党支部副书记张忠良介绍，会演节目从初十开始准备，参加会演的多是中老年人，因为村里经费紧张，大家主要是凭兴趣参加。排练的主要是秧歌队和锣鼓队。秧歌队以中年妇女为主，她们平时在家务农、照顾孩子，多数都是参加演出多年的老人。锣鼓队以老年男子为主，敲的是一面牛皮大鼓，鼓手中年龄最大的70多岁。此外，还有锣、镲、笙、唢呐、小鼓、马号等。大家在一起排练，很是投入。

正式演出的日子是2月22日（正月十五）。一切准备就绪了，女演员们列队走上舞台，没有主持人，一位嘴皮子利索的女演员上前说了一段"黄沙话数来宝"，引出了第一个特别节目——《开门红》舞蹈。在音乐的伴奏下，一段红红火火的舞蹈，表达着对新一年的期盼。接下来，锣鼓队开始大显身手，几声低沉的牛皮大鼓的敲击，吸引着村民的注意力，其他乐器的急切和鸣，一时间整个舞台变得热闹非凡，大家被深深地卷入这种欢快节奏的旋涡，突然，乐声戛然而止。我们看到，几个女演员踩着低跷，摇着扇子走到台上，有几个跑旱船的夹杂其中，有两位穿黑色风衣、戴黑色礼帽、墨镜的扮演"特工"，最中央是"猪八戒"，还有一对古代装扮的夫妻，这些滑稽搞怪的表演称为"耍丑"，村子里几个"耍丑"的演员小有名气，还时常参与一些小型的商业演出。

锣鼓声再一次响起，踩低跷、划旱船的在舞台外圈成了一个个事前排好的队形，留出中间的场地供大家表演，一个个精彩的节目吸引着村民，时时传出热烈的掌声。不过，今年多了一个独有的创新型节目——《娃娃贺新春》。节目由南黄沙村小学的女孩子们表演，这是由一个大学生开设的舞蹈培

训班选送的节目。孩子们的演出开始了，为了保护孩子们，特地在舞台上铺上了一层地毯，孩子们跟随着音乐翩翩起舞，这可能是他们第一次登台演出，虽然舞台并不大，观众并不多，难度并不高，但是他们一个个都十分认真，他们用自己最纯真可爱的笑容，最优美的舞姿来感染台下的每一位观众，这些孩子都是由家长陪着来演出的，家长们在台下目不转睛地看着孩子们在台上表演，他们为自己的孩子感到自豪。节目结束了，但演员们的任务还远远没有完成，在今后的几天里，他们还会去周边的村子和庙会上去"走穴"。

（二）年俗文化会演承载着村民的文化自信

经过几天的考察，我们的调查小组亲身体味了中国特有的年俗文化，他们最多的感触还是中国乡村和城市之间巨大的反差。在中国的乡村城市化浪潮中，大量农村青壮年劳动力转移到城市，乡村社会居民迅速地老化、妇化和幼化，传统年俗文化的传承后继乏人。乡村生活方式与城市生活方式的这种反差源自于乡村生产方式与城市生产方式的根本不同。在乡村城市化的进程中，那些以乡村生活为载体的传统年俗文化受到强烈冲击，甚至有的已经销声匿迹了。

传统年俗文化会演主要是村民自娱自乐的一种方式，它表达着村民对生活的热爱，诠释着他们的梦想。我们的调查组发现，黄沙村春节传统年俗文化会演活动并不算非常成功，很多问题也是显而易见的。比如，由于缺少充足的经费支持，年俗文化会演活动显得有些简陋，道具和服装都已磨损；表演者年龄偏大，缺少年轻人的参与便少了很多的朝气；虽然有一些新创的节目，但总体上看，水平不高，吸引力不大。从一个传统村落年俗文化会演活动中，我们可以透视中国乡村社会深刻的变迁。因为煤炭资源的枯竭，曾经涌入的大量外地人口离开了，本地的村民也离村进城去寻找新的发展机会，而这里便成了他们的老家。只是到春节的时候，他们才回到这里，回到曾经生养他们的这片土地，这里有他们的父老乡亲，这里是他们的根。村民的传统文化会演同样表达了人们的一种情结，欢快的锣鼓和舞蹈其实传递着这样的一个声音：我们是炎黄子孙，我们是中国人，我们有一颗中国心。参加此次调研的张鹏源同学认为："传统年俗文化会演是村民们对个人文化需求的一种集中表达，一种心中对自己、对家庭、对家乡那种无法用言语表达的属于庄稼人深沉的爱的集中表达。"他说:"我从不敢说自己不是一个农民,不论是前些年市民吃香的时候,还是现在相对平等的时候,我都真正记得生养我的黄土地。这里的山,这里的水,这里的土地,这里的人,无不对我的成长有着或多或少的影响,我爱我的家乡。如果问我参加调研活动最大的收获是什么,那就是我找回了可能丢失了的或者一直埋藏在内心里的那份乡土情怀。"

纸上得来终觉浅,绝知此事要躬行。如果只是道听途说,年俗文化中可能会有更多的"俗",而当真正"躬行"的时候,便会发现传统年俗文化中的"雅"。那些普普通通的村民,他们以自己的方式传承着中华传统文化,表达着浓厚的文化自信。

第三节　"匠人心"——传统文化在身边主题调研

"匠人精神"是激活我们生命价值的原动力。"匠人精神"是指对工作执着、对所做的事情和生产的产品精雕细琢、精益求精的精神。"匠人精神"表现为"专注、敬业、务实、创新、坚持、责任等等",是指"严谨、专注、注重细节、持之以恒的精神"。[①]"匠人"是技艺精湛的人,匠人的内心有着一种追求极致、精益求精的精神。匠人精神不是舶来品,《庄子》中就记载了一个"庖丁解牛"的故事,北宋欧阳修还写过一个《卖油翁》的故事。它们所揭示的工匠技能都是通过长期反复苦练而达到熟能生巧的境界。不仅匠人的技艺能够让大学生折服,而且匠人的精神更能够激励大学生成长成才。以匠人之魂,锻造大学生的内心,能让大学生真正强大起来。说到底,实现立德树人的目标,需要从"匠人精神"中汲取营养和力量。2017年暑期,我们组织历史学院学生开展了"匠人心——传统文化在身边"主题调研活动。学生们利用假期时间,寻访身边的匠人,感悟匠人的精湛技艺和精神风范。我们从中精选了杨柳青年画艺人的寻访调研、蔚县剪纸艺人的寻访调研、平泉厨师的寻访调研、巨鹿织锦匠人的寻访调研等。这些匠人,

---

① 王振华:《匠人精神 激活生命价值的原动力》,北京时代华文书局2017年版,第3—4页。

有的仍然守护着自己的一份事业，有的已经成了远近闻名的企业家。由工匠精神发展成了企业家精神，这些精神对于培育大学生社会主义核心价值观都是非常宝贵的。正如习近平总书记在党的十九大报告中强调的，要"激发和保护企业家精神""弘扬劳模精神和工匠精神""深入挖掘中华优秀传统文化蕴含的思想观念、人文精神、道德规范……让中华文化展现出永久魅力和时代风采"。

一、天津市杨柳青年画艺术及传人的寻访调研

天津位于燕山之南，渤海之滨。明朝因古运河建城，民国又广受西方文化影响，因而，它是一个中西合璧、古今相融的多元化城市。2017 年 2 月 5日至 7 日，历史学院"匠人心"主题文化实践活动之探访直沽调研小组来到了天津杨柳青。正逢春节，若论传统文化习俗，杨柳青年画独树一帜，魅力无穷。杨柳青年画自明朝始，历经多朝而愈发生机勃勃。调研小组的同学们带着对于杨柳青的崇敬，带着对年画艺术的好奇，踏上了寻访年画艺术及其传人的征程。

（一）走进杨柳青木版年画博物院

杨柳青镇位于城区以西，南运河畔，民俗文化十分浓厚。一种特定的民间艺术形式与地方文化特色是密切相关的，杨柳青镇至今仍保留着许多传统的民间艺术和文化项目，如杨柳青年画创作源泉之一的杨柳青年画故事，除此之外还有杨柳青佛道乐、香塔老会、法鼓会、民间花会等，杨柳青木版彩绘年画的文化基因就深深植根于这里的文化土壤。一到杨柳青镇，调研小组的同学便被这里浓浓的"年味儿"所吸引。在杨柳青广场对面的春节展牌上随处可见"年画"的影子，行走在小镇的街头，许多店铺体现了浓厚的杨柳青年画元素。所谓"年画"，实际上离不开一个"年"字，春节期间正好与张贴年画的时间相契合，年画的存在烘托了洋溢在小镇中无处不在的节日氛围。

天津市杨柳青　　　　　　调研小组的五位同学

调研小组的同学首先来到石家大院杨柳青博物馆。从文物保护标识牌上可见，石家大院是小镇上为数不多经住了时间洪流冲刷仍坚强不倒的古迹。垂花雕房、曲径回廊、五脊六兽、戏室厅堂，既凝固了传统的技艺，又散发着现世的魅力。大院里有池塘假山，树榭花园，别有洞天。下午，调研小组的同学参观了杨柳青木版年画博物馆，它位于天津市河西区佟楼三合里111号。静静伫立在深巷里的博物馆宛如历史中幕后的老人，看遍时间流逝依然保持着自我。寂寥的院落，沧桑的影壁，一种深厚的底蕴感染着每一个调研队员。馆分两楼共八厅，包括历史传流展厅、戏曲故事展厅、古板珍藏展厅、仕女娃娃展厅、世俗生活展厅、戴齐画坊展厅、保护发展展厅和中国年画集锦展厅。馆内陈列着许多优秀杨柳青年画作品，展示了杨柳青年画的制作过程，历代年画陈展琳琅满目，使人应接不暇。

流连于缤纷画卷，不仅能看出世事民风的改变，而且能体会到多变的彩绘背后，是中国人追求幸福和进步的积极心态。倘若评选能描绘百年中国社会民间生活史之物，杨柳青年画必在榜上。无论是鲜极繁复的线条、广取海纳的题材，还是绮丽诡怪的想象，都一笔一画蕴含着最质朴的幸福向往。

（二）寻访杨柳青年画的第六代传人

实践活动的第二天，调研小组有幸约到了杨柳青年画的第六代传人霍庆顺师傅。机会难得，调研小组的同学起了个大早，于清晨7点半乘公交车再次前往杨柳青镇。在玉成号画庄，霍庆顺师傅给大家讲述了年画的故事和历史。杨柳青年画始于明朝崇祯年间，兴盛于清朝，衰落于民国。杨柳青年画是京杭大运河的产物，京杭运河使得南方优质的宣纸和水彩传到了北方，给年画创作提供了材料。年画极盛时期，达到了"家家会点染，户户善丹青"的盛况，且与江苏的桃花坞拥有"南桃北柳"的美誉。

中国大运河　　　　　　　　　玉成号画庄

　　杨柳青年画共有"设计""雕刻""印刷""彩绘""装裱"五道工序即"勾刻印绘裱"。由于制作工艺复杂，技术难以把握，一般一位年画师傅只负责一道工序，即术业有专攻，每道工序都会融入年画师傅的价值追求和创新技艺，达到层层递进、臻至完美。当然，作为年画，一勾一抹自然少不了"年"的主题。霍庆顺师傅说："杨柳青年画的设计，要体现期盼、祥和、吉祥和喜庆的主题，艺术创作绝不能偏离主题。"他以广为流传的《连年有余》来解释："两朵莲花，是为连连，连年而不是年年，是因为连年具有连续性，不中断；娃娃怀中抱鱼，即有余。鲤鱼头、鲫鱼身、金鱼尾，融汇不同种类的鱼中最为美好吉祥的地方作为年画中的鱼，表达了对于新年的殷切期望；用娃娃作为人物，更是有早生贵子的美好祝愿。画面干净精美，寓意美好和谐，历经时间洗礼却更受大众欢迎。这样的年画才是精品！"

印制年画的刻板　　　　　　　用刻板印制的年画

　　杨柳青年画的雕刻，不是呆板地复制，而是灵动地创新。十几种大小不同的刀具，数百种复杂的刀法。设计不足之处，雕出细节；勾勒欠妥之方，刻出神采。上承设计，下启印刷。雕刻是杨柳青年画制作中十分重要的一道工序。若前两道工序已圆满完成，便进行第三项工序——印刷。印刷看似十分容易，其实不然。要求墨要刷满刷匀，线条清晰，色度明显。印刷最基本的是墨线板，除此之外还有多颜色的印刷，也就是套印。据霍庆顺师傅讲："凡是精品一般不经过套印，印上墨线之后直接进入彩绘。作品是人的创造，过多套印就会变得像海报一样，没有魂儿了。我们现在外面看到的作品，最多两套，不能再多了。"他专门拿出自己雕刻的墨板让大家看，墨板并不是很大，那么，像门神那样的大尺寸年画又是怎么制作出来的呢？霍师傅解释道："我们除了刚介绍的步骤，还有接板，为什么不刻一块大的板子呢？一是没有那么大的板子，二是大面积的板子容易造成所印的木板墨迹深浅不一，刷到后面，前面的墨反而干了。"

杨柳青年画的色彩是明亮鲜活的，主体色彩包括红、绿、蓝三种。红则鲜红透亮，绿则翠绿浓郁，蓝则晶莹闪烁。彩绘的灵魂是一个字"艳"，但却"艳而不同"，恰到好处。上色很是讲究步骤，拿画娃娃脸来说，有上脸、染脸、勾脸、烘脸、罩脸五个步骤。彩绘讲究虚实结合，以实为主，彰显人民生活。杨柳青年画的装裱，采用了中国画的装裱方法，步骤有托画、镶边、覆背和装杆等。

五道工序承上启下又相辅相成，共同构成了如此精美的一帧。霍庆顺师傅说："传统的艺术必须要严格遵守传统的工艺，虽然说速度慢，但是，每个环节都需要画师们一丝不苟地创作，这样才能做出地道的年画。如果用机器批量生产，那么便没有什么艺术价值了。"老手艺人的这种"工匠精神"让学生们肃然起敬。

霍庆顺在现场演示　　　　调研同学与霍庆顺合影留念

杨柳青年画分为五类，即娃娃类、市井类、民俗类、民间故事类和神仙类。种类繁多，风情各异。图案虽有差异，但本质重在教化，传达一种正确的价值观，发挥社会教化的功能。年画是历史的定格，人们在观赏年画的过程中，可以引发对中华民族历史文化的沉思。年画的主题更多是直接取材于中国传统的历史文化，如孟母三迁、二十四孝等。年画用一种艺术的方式向人们灌输着做人做事的道理。民国时期，由于石印冲击和战乱影响，曾经辉煌的杨柳青年画开始走向衰落。到新中国成立初年，就只剩下"玉成号画庄"一家了。现如今，在政府重视和支持下，杨柳青年画重新焕发出了新的生机。2006 年，杨柳青年画艺术列入第一批国家非物质文化遗产名录。我们期盼，杨柳青木版年画恒久远、永流传。

二、张家口市蔚县剪纸艺人的寻访调研

一把剪刀，几张纸，几把刻刀，就可以画出万千天地，刻出人情百态。剪纸在各地都有存在，既有相同之处，又各具特色。在全国众多的剪纸之中，河北省蔚县剪纸自成一派，独树一帜，是剪纸艺术中的一朵奇葩。蔚县剪纸源自于清代，历史悠久，至今已经有 150 多年。蔚县剪纸以窗花最为见长，其构图饱满、造型生动、玲珑剔透、五彩缤纷，风格欢快、明朗、清新等。2017 年寒假，在历史学院组织的"匠人心"主题文化实践活动中，调研小组的同学来到了张家口蔚县，在这里寻访剪纸艺术和剪纸艺人。

（一）中国剪纸艺术之乡——蔚县

2006 年 5 月，蔚县剪纸被列入第一批国家级非物质文化遗产名录民间美术类，这一项目代表性传承人是周兆明，其父周赐是剪纸大师，他自幼随父学艺，画样设计、刀工、染色等基本功扎实，被联合国教科文组织授予"一级民间工艺美术家"称号。[1] 据史书记载，蔚县剪纸始于清朝道光年间，蔚县人一般称之为"窗花"。早期盛行供花鞋、荷包、枕头上刺绣用的"花样"。[2] 后来，蔚县剪纸融入了武强年画和杨柳青年画的艺术风格，并且用刀刻取代剪刀，艺术风格日趋复杂和精细，逐步形成了自身的特色。蔚县剪纸的艺术特色，"突出表现在以'阴刻'为主'和'色彩点染'上"[3]。如今蔚县剪纸已逐步发展成为具有收藏价值的民间艺术精品、国家级馈赠礼品。蔚县也被命名为"中国剪纸艺术之乡""中国剪纸艺术研究基地"。

蔚县剪纸制作工序包括"画、订、浸、刻、染、包"。"画"就是图案设计和创作，然后依据图案画出样子；"订"就是把画好的样子订在宣纸上，依照样子用剪刀剪成小块；"浸"就是放进水里浸透，然后在阳光下晒干；"刻"就是依照图案进行刻制；"染"就是着色的过程；"包"就是进行最后的包装。[4]

蔚县剪纸具有自身独特的风格，在国内外享有盛誉。蔚县剪纸具有六大

① 冯骥才：《中国非物质文化遗产百科全书》传承人卷，中国文联出版社 2015 年版，第 430 页。
② 袁凤东：《燕赵悲歌 燕赵文化特色与形态》，现代出版社 2015 年版，第 88—89 页。
③ 舒艳、门玥然：《燕赵沃野河北 1》，中国旅游出版社 2015 年版，第 130 页。
④ 《趣味导游知识》编辑部：《趣味导游特产知识》，旅游教育出版社 2014 年版，第 65 页。

特点：一是构图讲究均衡对称，令人感觉丰满匀称。二是以阴刻为主，阳刻为辅。其独特之处在于"以刻代剪，阴主阳辅"。也就是说，蔚县的剪纸经历的一个由"剪"到"刻"的过程，它使得剪纸艺术更加精细化。阴刻见色彩，阳刻见刀功，其特色便是色彩浓艳、刀工精细；"阴主阳辅"是说剪纸以阴刻为主、阳刻为辅，且"三分工七分染"。三是染色技法多样，包括点染、涂染、晕染、套染、渲染等，其特色是富有乡土气息且和谐大方。蔚县剪纸以薄宣纸为原料，以小巧锐利的雕刀精雕细琢，最为独特之处是点染而形成明快、绚丽的色彩。四是人物造型着意刻画，巧妙传神，人物和动植物造型皆生动优美。五是采用象征民间吉祥喜庆的连年有余、岁岁平安等，带给人们美满祝福，祈祷百姓吉祥如意。六是注重主体呈现，以实用上不遮光的穿透明亮，给人以活灵活现的立体感。[①]

（二）寻访蔚县剪纸匠人郑明师傅

调研小组的同学来到了蔚县县城，寻访这里的一位剪纸匠人——郑明师傅。郑明师傅是蔚县白乐镇人，从事剪纸事业已经有40多年了。从以前的谋生方式到现在的乐在其中，郑明师傅早已和剪纸融为一体。郑明师傅说："我的爷爷就是剪纸人，我的父亲也是，所以我也当起了剪纸匠，做一个剪纸匠，我很开心。"郑明师傅一家三代和剪纸有着不解之缘。一刀一刀的剪纸，表达了剪纸匠人对生活的热爱。郑明师傅向调研小组的同学介绍了蔚县剪纸的工具、剪纸的特色等。他说："蔚县的剪纸不是剪，而是拿刀刻。"蔚县剪纸源于明代，制作工艺在全国众多剪纸中独树一帜，这种剪纸不是"剪"，而是"刻"，是以薄薄的宣纸为原料，用小巧锐利的雕刀刻制，再点染明快绚丽的色彩而成，因而非常有看头。

蔚县剪纸匠人郑明　　　　剪纸匠人的工具

---

① 袁凤东：《燕赵悲歌 燕赵文化特色与形态》，第90—91页。

郑明师傅还展示了他的剪纸工具——刻刀，这在剪纸中是不可或缺的。刻刀即刻制剪纸的工具。蔚县剪纸的刻刀，由足刀（修脚刀）而起，故将这种刀刻的窗花称为"足窗花"。"也有艺人用银匠的雕刀、做纸扎用的刻刀、大茬针、剪刀等作为刀具，后多用钢材作原料打制刻刀……刻刀大体分为三类：大刀、小刀、半圆弧刀（俗称"扭子"）。大刀刻长而直的线条；小刀旋曲线、花纹；扭子很特殊，是刀刃向内侧卷成小圆筒的刀，专门用来刻画样上的小圆点。每一种刻刀又分为大小不同的几种规格，一个好的刀工一般要备有几十把刻刀。"①

郑明师傅一边雕刻一边给讲解。任外面噪声喧闹，郑明师傅丝毫不受影响，一丝不苟、从容淡定，陶醉于艺术的殿堂。经过他一笔一笔地勾抹、一刀一刀地刻画，不一会儿，一沓漂亮的剪纸就诞生了。郑明师傅笑着说："我干的时间长了，以前是用旧报纸，废纸什么的练习，练得多了就行了。"同学们看到，郑明师傅的双手不仅有着厚厚的老茧，而且有着清晰可见的伤疤。这些也许是一个剪纸匠人的职业标识吧。剪纸很美，也很精致，但它的背后却隐含着剪纸匠人的辛苦付出和无悔坚持。

郑明师傅在"剪"纸　　郑明师傅的剪纸作品

一张张平凡的纸在剪纸匠人的手中神奇一般地变成了有生命的图画。郑明师傅曾经有过多次其他的工作选择，但是，他却无悔地坚持做剪纸。他说："我想把父辈的剪纸工艺传承下去，我也很开心做剪纸。我很享受剪纸的过程，没有其他的干扰，能够达到一种忘我的境界。"应该说，剪纸已经成为郑明师傅生命的一部分，他不为名、不为利，而是执守着一名剪纸匠人对于生活、文化和艺术的热爱。

---

① 田永翔、冉凡：《壶流河畔的点彩窗花文化》，科学出版社 2009 年版，第 59 页。

三、承德市平泉县"改刀肉"厨师的寻访调研

塞北古城承德市平泉县，有一种传统风味小吃——改刀肉。据史料记载，改刀肉"是清宫御厨刘德才创制的一款御用佳肴，距今已有 160 多年历史。它制作精细，风味独特，在河北省广为流传。咸菜肉丝、笋丝混然一色，入口绵软，味道鲜美，幽香四溢，可冬存百日，夏贮一旬，回锅后味美如初。"① 在平泉县有个饭馆位于八沟街，那里有个有名的饭店——"五奎园"，也就是现在的"五魁园"。2015 年寒假，历史学院"匠人心"主题文化实践调研小组来到了平泉县，来到了"五魁园"，寻访"改刀肉"的传人。

（一）从"五奎园"到"五魁园"的演变

过去，关内河北、山西、山东的商人，路经平泉县之时，必到这里吃"改刀肉"，另外还会买上一些带给家里的亲朋好友。这道菜之所以有名，是因为清朝道光皇帝吃过。道光年间，外有西方入侵，内有连年天灾，民不聊生，然而，道光皇帝却是肉山酒海，奢侈无度。他有七个厨师伺候，天天变换花样，可是，稍有个不合口味，厨师就要大祸临头。当时的主厨叫刘德才。为了讨皇帝的欢心，想出了一个菜谱，也就是用猪肉芡以水笋炒。经过反复试验，多次在刀工上改进，最后起名为"改刀肉"，拿给道光皇帝一吃，十分合口味，不断称赞"佳肴也"。后来，主厨师刘德才老了，皇帝便把他辞退了，赶出了皇宫。刘德才光棍一个，没牵没挂，为了讨生活，他辗转来到了平泉县八沟街。"八沟是沟通口里口外的商业重镇，关里人到这儿做买卖的很多，当时有'拉不完的哈达，填不满的八沟'的说法。"② 刘德才在这里定居下来，开了一个小饭馆，生意兴隆，声名远播。两三年后，为了不使自己的手艺失传，连续收了五个徒弟，把"改刀肉"技艺传给了他们。76 岁那年，刘德才师傅病重，临终叮嘱五个徒弟："余死，尔等切如初，勿散。"刘德才去世后，五个徒弟遵照师傅的遗嘱，同心协力经营饭馆。一日，四徒弟王振玉提议要给饭馆起个名号。大师兄则说："咱们五个是一师之徒，起字号也应按这个来起，就叫'五奎园'吧！"其他四个徒弟表示同意。于是便请来举人

---

① 叶连海、郝涉秀：《地方特色菜肴 400 种》，金盾出版社 2004 年版，第 41 页。
② 罗杨总：《中国民间故事丛书》河北承德平泉卷，知识产权出版社 2014 年版，第 156 页。

任继风隶书"五奎园"金字牌匾。此后，师兄弟五人，各收门徒，代代相传，至今已传八代，名声不衰，字号至今未倒。20世纪60年代，清末代皇帝的弟弟溥杰路经平泉，在这里品尝了"改刀肉"，甚是称赞，并题写了店名"五魁园"，从此，"五奎园"改称"五魁园"。

（二）把厨师技艺当作事业来追求

在平泉，每年过年人们除了要吃豆包、红肉、丸子等，最重要的一道菜就是"改刀肉"，每次去饭店必点的一道菜也是"改刀肉"，足可见"改刀肉"在平泉百姓日常生活中的重要地位。为了更加感性地了解"改刀肉"的发展历程和制作过程，历史学院调研小组的同学特意来到了平泉县百年老店"五魁园"，在那里试图寻找"改刀肉"的师傅。经问询店员，说他们这里有一位研究制作"改刀肉"的刘师傅，店里的其他师傅虽然也会做改刀肉，但是都没有刘师傅做得正宗、精巧。可是，事不凑巧，当时正值刘师傅休假，没有在饭店。调研队员仔细向店员打听了刘师傅家的地址，专程来到刘师傅的家中。刘师傅一家人听了调研队员来的目的，表现得非常热情，并且决定亲自制作一道"改刀肉"让大家品尝。

百年老店——改刀肉　　　　现场观赏改刀肉的制作

调查队员对"改刀肉"的制作充满了好奇，刘师傅为了满足大家的心愿，决定亲自下厨房，当场制作一盘"改刀肉"。不看不知道，一看吓一跳。制作"改刀肉"的过程真的是太烦琐了！不过看着越来越接近成功，大家心里充满了期待与激动。"改刀肉"终于出锅了，一下子，香味扑鼻而来，吃上一口看喷喷的"改刀肉"，那感觉，令人回味无穷！刘师傅介绍，"改刀肉"中不仅蕴含着美味，更蕴含着平泉的悠久历史与改刀师傅付出的心血。每一位师傅最满足的时候，就是看着自己做的"改刀肉"被客人称赞。刘师傅谆谆教导大家，现代社会飞速发展，很多人掌握一门技术都是为了谋生，但是，作为当代大学生，不要为了谋生而单纯掌握一门技术，要把它当作自己的事业，而不是工作。任何时候都不能忘本，掌握一门技术的同时，还要了解它的历史，只有充分了解了它的历史，才能更好地将它传承下去，将它发扬光大。调研队员张婷说："听了刘师傅的教诲，我开始反思自己的专业，历史是一个冷门专业，学习历史决不仅仅是谋生手段，而是为了能够让更多的中国人记住我们的历史，记住我们的根本。作为当代大学生，应当发扬匠人匠心精神，爱专业，爱生活，爱人民，爱祖国！"

四、邢台市巨鹿县"汉织锦"匠人的寻访调研

邢台市巨鹿县是千年古郡，有着悠久的历史文化，以华美细腻著称于世的"汉织锦"就是突出代表。巨鹿县的织锦技艺可以追溯到汉代，至今已有两千年左右。现如今，邢台市巨鹿县大麓古纺艺有限公司依托本地织锦文化的深厚底蕴，对千年流传的汉织锦技艺进行挖掘、提升，形成了"七夕乞巧"喜庆家居系列、"大麓宝贝"婴童家居系列、"鹊仙"吉祥系列等品牌。2017年寒假，在历史学院组织的"匠人心"主题文化实践活动中，调研小组的同学寻访调研了"七夕乞巧"喜庆家居系列的"汉织绵"艺人邱敬双。

（一）千年流传的"汉织锦"技艺

古代有一个成语叫作"锦上添花"，赞美那些好上加好的事物。"锦是丝绸中最为鲜艳多彩、绚丽华美的精品。汉锦是汉代织物中最高水平的代表。"[1]汉织锦是我文明古国一朵璀璨的奇葩。据晋代葛洪的《西京杂记》记载：西汉的太尉霍光夫妇，有一次把二十五匹散花绫送给一个叫淳于衍的人。绫子出于巨鹿郡陈宝光家。[2]因为看到陈宝光妻子的手艺精绝，太尉霍光便把陈宝光夫妇请到了长安太尉府。陈宝光夫妇用的织机有120个镊，好几个梭子。用它织一匹布得60天，价值万钱，是当时最昂贵、最精美的丝织品了。"叁伍以变，错综其数，通其变而成天纹"，如"游鱼衔耳""匪劳匪疲"，真是"汉绵梭梭功艰深，心计精巧胜天孙（织女）！"[3]这种散花绫代表西汉王朝最奢华、最精美的丝织品走上了丝绸之路。

实际上，"绫"和"锦"是不同的。"绫"类属于斜纹底暗花类织物，它的纹理细净骨似冰凌。《释名·释采帛》曰："绫，凌也，其文望之如冰凌之

---

①　张山江：《邢台历史文化考（征求意见稿）》，2008年，第344页。

②　万国鼎等：《古代经济专题史话》，中华书局1983年版，第98页。

③　张山江：《邢台历史文化考（征求意见稿）》，第345页。

理也。"据《说文解字》云："东齐谓布帛之细者曰绫。"晋代葛洪《西京杂记》记载的散花绫便是"绫"的一种。织绫技艺始于汉代，经唐宋时代的创新发展，绫类织物已经比较普及。北宋寇準生活奢侈，席间常令歌女弹唱，赏之以绫。他的一个侍妾蒨桃作《呈寇公》诗一首，慨叹织女生活艰辛："一曲清歌一束绫，美人犹自意嫌轻。不知织女萤窗下，几度抛梭织得成！""锦"类属于用彩色经、纬丝织出各种图案的织物。据《说文解字》讲："锦，襄邑织文。"《六书故》曰："织采为文曰锦，织素为文曰绮。"锦之始不晚于周代，春秋战国时期，陈留、襄邑是织绵的中心。王充《论衡·程材篇》记载："襄邑俗织绵，钝妇无不巧。""锦"类织物的特点是色彩丰富、图案精美。江声《尚书集注音疏》记载："织文，是五色相错有文采者，先染数色之丝，形成了丰富、瑰丽的外观。遂被冠以为锦名。"织锦的织饰工艺复杂，费时费工。《释名·释采帛》有云："锦，金也。作之用功重，其价如金，故其制字从帛与金也。"正因为如此，在汉代，优质的襄邑锦要比一般丝织物贵几十倍。锦在服饰中应用极为广泛，"先秦服装以锦缘领、袖，显其重要。以锦制作之衣曰'锦衣'，为王者之服。"① 《西京杂记》中关于织"绫"的记载说明邢台市巨鹿县的手工丝织技艺有着悠久的历史。为了传承古纺文化，带动农民共同致富，邢台市巨鹿县被誉为"现代织女"的邱敬双，以"七夕乞巧"为名注册商标，创办了邢台乞巧民间土布工艺品有限公司，倾力打造中国土织布第一品牌。

（二）巨鹿县的"现代织女"邱敬双

汉织锦就是人们通常所说的手工粗布，是巨鹿一带盛行的手工粗布，因起源于汉代而得名。作为一种传统的手工技艺，汉织锦流传至今已有千年。在巨鹿县有一位农家女，她叫邱敬双，她不仅传承了织锦的古老工艺，而且与时俱进、不断创新，先后开发出100多个花色，并且申报了河北省非物质文化遗产项目。

近些年来，手工织布技艺的生存状况令人担忧，由于手工织布技艺有一定难度，加上现代纺织业的冲击，年轻妇女多不愿再学这门技艺，致使这一传统技艺面临失传的境地。邱敬双是巨鹿县堤村乡人，起初，她对织布并没

---

① 缪良云：《中国衣经》，上海文化出版社2000年版，第238页。

有兴趣。2006 年，她到西安出差时，看到手织布床单陈列在精品柜台上，很受顾客欢迎，她立刻想到家乡的汉织锦，萌生了创办公司带领乡亲们致富的念头。她说："我的姥姥和母亲都会织布，经过向她们请教，我很快就能上手了。"巨鹿的汉织锦工序非常复杂，有轧花、纺线、染线、经线、吊机子、织布等 72 道工序，有 22 种基本色线，可以织出出绚丽多彩的精美图案。邱敬双在总结传统织锦经验的基础上，开始用心探索纺织技术的革新。她认为，汉织锦是一种传统的技艺，我们不仅应当传承而且应当创新，融入现代的科学技术，赋予它新的生命活力。她跑到纺织专业院校和美术学院去请教专家，聘请专家改造织布机、设计新的花型、配置有机活性染料等，坚持走科技兴企之路，取得了明显的成效。如今，她的汉织锦不仅卖到了北京、天津、沈阳等地，而且远销韩国、日本、澳大利亚等地。她的汉织锦参加了北京的农业嘉年华，出现在了深圳文化产业博览会上，她还计划建一个汉织锦园区，恢复手工作坊，让汉代工艺在现代再放光彩。

如今，在邱敬双的带领下，公司不断发展壮大，在平乡、广宗、南宫、南和等地成立了合作社分社。在 2008 年廊坊文化产业博览会上，"七夕乞巧"手织布荣获"优秀新产品奖"。2009 年，邱敬双的合作社被河北省文化厅命名为"河北省文化产业示范基地"，她本人被评为"全省双学双比致富女能手"、邢台市"双学双比"女能手十大标兵。2010 年，"七夕乞巧"系列产品代表邢台文化产业参加了第六届深圳（国际）文化产业博览会。邱敬双注重品牌建设，她把自己的手织布命名为"手织汉锦"。2014 年，"七夕乞巧"被评为河北省著名商标，同时，"巨鹿手织汉锦技艺"被列入"邢台市级非物质文化遗产"。[①]

五、天津市北辰区剪纸匠人的寻访调研

剪纸是我国的民间艺术之一，流传于多个地区。剪纸艺术的源头最早可以追溯到公元 6 世纪以前。说起天津剪纸，它有着自身的特色。与其他城市相比，天津的民间艺术兴旺而持久。如有名的风筝魏、面塑王、泥人张、杨柳青年画等，就剪彩纸艺术而言，更是别具特色。

---

① 谢晓燕等：《当代织女织就幸福路》，《邢台日报》2017 年 2 月 23 日。

（一）不断创新的现代天津剪纸

画家冯骥才曾在《天后宫剪纸》一文中描述天津剪纸盛况："春节时，在市场上年味最浓的要算剪纸摊了，摊儿最多、最大、最鲜火，也最壮观。由于受到大众欢喜，剪纸摊便由此摆到天津城各处城乡的集市上，使得习俗注重过年的天津又多了一道年俗景观！"① 现代天津剪纸有了不少的创新之处，一是增加生肖内容，把新年与生肖结合起来，羊年剪"三羊招财"，狗年剪"爱犬送宝"，鸡年剪"金鸡引财"，马年剪"宝马送宝"。二是借用其他的美术形式表现和丰富自己，如与条幅、扇面、中堂、通景等结合起来。三是走专业化、精细化、高档化的发展路子。从剪纸的用途来看，天津剪纸有"窗花""吊钱儿""喜花""供花"和刺绣的"花样"等。② "窗花"就是贴在窗户上，也就是在农历的二十九，家家户户贴窗花、门笺、春联、门神、福字等。其中的"门笺"在天津叫作"吊钱儿"，取天上掉财富之意。"喜花"就是贴在陪嫁物上的"囍"字。"供花"就是在供桌的供品上，用吉祥的剪纸图案覆盖。而在祝寿的寿面上，用祝福等剪纸图案覆盖，则称为"饭花"。"花样子"就是从剪纸图案取样，做刺绣，用于门帘、窗帘、墙布、枕套等。

（二）剪纸匠人赵德宝：剪纸和书法的完美结合

在历史学院组织的"匠人心"主题文化实践活动中，调研小组来到了天津市北辰区，在这里，访谈了剪纸匠人赵德宝师傅。赵德宝师傅非常热情地接待了调研小组的同学，领着他们欣赏了自己的剪纸作品，给他们讲述了自己的剪纸经历。说起剪纸，赵德宝师傅有着得天独厚的优势。他出身于天津的剪纸世家，是赵氏剪纸的第三代传人。不过，此前他根本没有正式学过剪纸，所以，和别人一样，一切都是从零开始。他在教育战线工作了几十年。正式学习剪纸是1977年，那一年，他27岁。他说："当时成家后，工资较低，生活困难，于是便'挤'上了剪纸之路。"③ 而退休之后，赵德宝师傅更是一门心思扎到了剪纸艺术里，体验和感受着不同纸张的特点，培养手对剪刀和刻刀的感觉。起初只是按图索骥，模仿别人的剪纸作品。他看到，剪纸

---

① 王烨：《中国古代剪纸》，中国商业出版社2015年版，第103页。
② 沈凤霞：《剪纸》，西南师范大学出版社2014年版，第115页。
③ 《剪纸艺人——赵德宝》，2017年2月16日，见http：//www.tjbc.gov.cn/xwzx/system/2017/02/16/012014137.shtml。

作品几十年一个样，不是"招财进宝""四季平安"，就是"合家欢乐""金玉满堂"，图案也没什么变化。于是，他想到，要想让人们喜欢剪纸，就必须与时俱进、不断创新，也就是说，一定要剪出具有时代特点的创新图案来，这样，剪纸艺术才能跟上时代的节奏，与当今的时代相融合。由此，赵德宝师傅开始了自己的创新剪纸艺术之路。

赵德宝师傅把剪纸艺术与弘扬社会主义核心价值观紧密结合起来，精心设计创作了一套社会主义核心价值观教育的剪纸作品。赵德宝师傅不断突破传统，追求创新。大家知道，剪纸和书法是两种艺术形式，能不能把它们结合起来？赵德宝师傅开始了新的尝试。有一次，一个朋友想要一幅剪纸，但是，赵德宝师傅感觉只有剪纸显得有点单薄，他就把剪纸贴在白纸上，然后在空白处写了四个字，视觉效果非常不错，从此他开始苦练书法。他说得也在理："书法和剪纸的水平差太多，怎么放在一幅作品里呢？"由此，他创造性地把剪纸艺术和书法艺术有机地结合起来，一幅幅优美的题有书法的剪纸作品诞生了。

剪纸是赵德宝师傅一生的情结，最早是谋生手段，后来变为兴趣爱好，现在是需要他传承下去的民间艺术。他想到，要让爱好剪纸的人更好地了解这门艺术，要让他们在技法上得到指点，要让剪纸技术为更多的人所喜爱。为了实现这一愿望，赵德宝师傅开始了一项新的工程——义务教授剪纸艺术。在王庄小学、普育学校里，赵德宝老师的剪纸课非常受学生们的欢迎。"只要有人愿意学，我肯定认真教，一定要让这项传统文化艺术传承下去！"赵德宝师傅道出了他的心声。剪纸和书法的完美结合，使他的剪纸不仅保持了更多的艺术性，而且蕴含了更多的教育意义。对于孩子们来说，这种传统文化的教育是潜移默化的。他还在集贤里街和泰来东里社区的支持下，在社区开设剪纸工作室，在那里教授热爱传统手艺的人制作剪纸工艺品。赵德宝师傅说："这只是刚刚开始，我将会一直把热爱的剪纸艺术传承下去。"

第六章 历史文化涵育大学生社会主义核心价值观的实践路径

　　河北省是全国文物大省，拥有众多传统文化遗址和爱国主义教育基地、革命传统教育基地等，其中蕴藏着丰富且宝贵的社会主义核心价值观教育资源，它们既是进行历史文化教育的重要载体，又是弘扬和培育以爱国主义为核心的民族精神教育阵地。结合河北地域历史文化资源的调查与研究，深入推进社会主义核心价值观教育，有助于形成教育教学的地域特色。这种地域历史文化资源，"对教育者来说，其取得相对容易，对受教育来说，能让他们心理上产生亲切感、自豪感"①，有效利用好这些地域历史文化资源，把它们作为社会主义核心价值观教育的源泉，必将能够提高教育的质量，或者说，通过引导大学生亲身参与地域历史文化资源的调查研究，在感同身受的过程中可以增强大学生对博大精深的中华优秀传统文化的认同感。中华优秀传统文化是我们的精神命脉，是我们的"根"和"魂"。地域历史文化资源的调查与研究是一个"培根"和"铸魂"的实践育人过程，对于大学生接受和践行社会主义核心价值观具有重要意义。近年来，河北大学历史学院利用假期时间多次组织调研团队，深入开展了河北地域历史文化的调研活动。对于大学生而言，这些调研实践实现了"受教育、长才干、做贡献"的统一。

第一节　张家口市蔚县暖泉镇北官堡村历史文化资源调研

　　历史上，暖泉古镇的泉水一年四季保持 12 度的常温，冬暖夏凉，故此得

---

　　① 郑珠仙：《国家意识形态安全与大学生社会主义核心价值观教育研究》，人民出版社 2014 年版，第 248 页。

名"暖泉"。暖泉镇位于张家口蔚县县城西 12 公里，历史悠久、文化底蕴深厚，古迹众多，民俗文化独特，是"一个以农耕为主的典型北方古镇"①。暖泉镇始建于尧舜时期，明清发展成"三堡六巷十八庄"格局，军事防御意义重大，且处在茶马古道的重要位置，形成当时蔚县"十大商贸集市"之一。2015 年荣获"中国历史文化名镇"称号。北官堡位于暖泉镇东北部，始建于明代，为明代军屯制度的产物。北官堡依坡而建，居于暖泉镇最高地势，军事要塞地位明显，其修建得到了官方的支持，在暖泉三堡中唯一具有"官堡"性质，与它西南方的西古堡、中小堡互为掎角之势，是古代暖泉三堡联保联防的核心。

一、蔚县暖泉镇北官堡村历史文化资源调研报告

北官堡位于河北省蔚县暖泉镇东北部，始建于明代，为明代军屯制度的产物。北官堡依坡而建，面南朝北，居于暖泉镇最高地势，军事要塞地位明显，其修建得到了官方的支持，在暖泉三堡中唯一具有"官堡"性质，与它西南方的西古堡、中小堡互为掎角角之势，是古代暖泉三堡联保联防的核心。2015 年 7 月 27 日至 30 日，河北大学历史学院地域文化资源专题调研活动开始实施，重点对张家口蔚县暖泉镇北官堡村的历史文化资源开展了系统的调查研究。结果显示，北官堡共有古院落、宗教建筑、军事防御建筑 30 余处，形成了功能齐全、独具北方特色的传统古村落格局。经过认真梳理，北官堡作为千年古村落具有四大特色：一是"四最"，即历史最久、地势最优、地位最高、势力最强；二是"四美"，即军事功能之美、建筑风格之美、民俗艺术之美、文化追求之美；三是"一多"，即庙宇寺院多；四是"一富"，即堡内曾有几大富户盘踞，作为古代茶马古道的重要驿站，是重要的财富汇聚点。

（一）暖泉镇北官堡之最

蔚县古称蔚州，殷商时期为代国，春秋属晋，战国归赵，秦设代郡，北周宣武帝时始置蔚州，是著名的"燕云十六州"之一，1913 年改州为县。蔚县位于河北省西北部，东临京津，南接保定，西倚大同，北枕张家口。历史

---

① 申立冰等：《城镇化进程中农村特色文化遗产保护与传承研究——以蔚县暖泉镇为例》，《科技经济导刊》2016 年第 6 期。

上因其处于茶马古道之上且与张库大道相连，孕育了商业文化的繁荣，同时由于其军事地位重要，为了抵御北方少数民族，普遍建有堡楼堡墙，号称"八百村庄，八百古堡"。

北官堡则是蔚县暖泉镇三堡之一。北官堡之最，一在三堡之巅，地理位置最优。玉皇阁上，占尽地利，俯视全镇，晨钟暮鼓，大堡套小堡，两重防御。二在三堡之主，政治地位最高。"主"形街道，极具文化内涵，凸显地位之重要。三在三堡之源，历史文化最久。卢家小堡为暖泉人居最早之地，该处为暖泉镇的历史文化之根。四在三堡之官，官方势力最强。扼守蔚州咽喉，控制南北古道，有官方参与主导，是"三堡"中唯一的官堡。

第一"最"——三堡之巅。"巅"有顶部、头部、巅峰之意，北官堡位于暖泉镇制高点，地势最高，军事防御意义重大。在堡内最高建筑玉皇阁上可以俯视包括西古堡、中小堡在内的暖泉镇全景。作为三堡之巅有三层含义：一是最早移居此处的卢家按常理选择了此地最高处定居，而地势低处多为水域。二是为防御北方少数民族入侵，在官方支持下最早在此处建立了北官堡，象征着军事政治权力之巅。三是在北官堡堡墙的最高处建有玉皇阁，象征着对整个区域精神文化的控制权，是精神文化之巅。

第二"最"——三堡之主。北官堡内部建筑格局由主要街道构成一个"主"字，寓意深刻。根据我们的分析研究，"主"字有四层含义：一是"主"字有迁居、入住之意，表明北官堡村民祖先为外地移民，据村中老人讲，移民来自于山西，在此定居希望成为此地之"主"。二是"主"字是大堡格局，有取代卢家小堡而成为堡主的含义。大堡最先定居的宗氏占据了"主"字头，并修建了堡墙和堡内唯一的宗家祠堂。"主"字依地势而建，象征封建等级地位之分，自北向南等级地位依次降低。后刘氏迁入，为堡城包砖（俗称堡帽），有盖住宗氏做堡主人之意。三是"主"字有主导、引领之意。"主者，灯中火烛也。"北官堡内部庙宇众多，无论是对北官堡还是对暖泉镇都发挥着精神信仰的"主"导作用，是暖泉镇政治文化的核心。四是"主"字有统领、统帅之意，是三堡之统领。北官堡始建于明代，具有军事防御作用，修建时有官方投资。因此在三堡之名中唯一拥有"官"字，体现了官方背景和势力，在三堡中居核心地位。

北官堡街道构成"主"字　　　　天主教堂（原卢家小堡）

第三"最"——三堡之源。"源"为源头、起源之意。暖泉三堡的人居历史最早要追溯到元代卢姓宗族在北官堡制高点建立的堡寨，当时的暖泉镇被壶流河覆盖，卢家在此地最高处建堡利于防御水患。后宗氏迁入修建大堡，形成堡中堡格局。古有"先有北官堡，再有暖泉镇"之说，表明北官堡尤其是卢家小堡是暖泉镇历史文化之根。卢家小堡堡楼正面题"众妙门"匾额，取自《道德经》"万物奥秘，玄而又玄，众妙之门"含义，堡楼背面题"捧圣阁"匾额。正门写"三清上圣"匾额，内有灵宝天尊、元始天尊、道德天尊、道教三圣的得道成仙壁画。

第四"最"——三堡之官。北官堡是三堡中唯一的一座官堡，其重要的军事战略价值使其备受官府重视，因此，修建时由官方投资，维护管理有官方的介入，在三堡之中唯一具有官方背景和势力。蔚县暖泉镇位于抵御蒙古铁骑的前线，居于壶流河盆地，南北为恒山余脉，两山系在盆地西侧趋向合拢，留下狭窄的山口，号称"京师肘腋，宣大喉襟"[1]，直接关系到京城的安危。暖泉镇恰好坐落在那道狭长的山口上，守护着四方的要道。因而，直接威胁着蔚州的安危，而暖泉镇的安危，则取决于位于其制高点的北官堡。

（二）暖泉镇北官堡之美

桂林有山水之美，苏州有园林之美，上海有都市之美，塞外有草原之美，而张家口蔚县暖泉镇北官堡的美，却别有特色。

北官堡之美，美在军事功能，坚关严堡，板筑堡墙，双重防御，地下暗道，尽显古人智慧。

北官堡之美，美在建筑风格，布局灵活，集中有序，青砖灰瓦，木制格窗，尤其是雕梁画柱最富文化韵味。

---

① 罗德胤：《蔚县城堡村落群考察》，见贾珺主编：《建筑史》第22辑，清华大学出版社2006年版，第164页。

北官堡之美，美在民俗艺术，历史悠久，种类繁多，独具魅力，其中，打树花被誉为"京西社火第一绝"。

北官堡之美，美在文化追求，人杰地灵，文风蔚起，英杰辈出。革命年代，仁人志士，慷慨激昂，献身国家，可歌可泣。

第一是军事功能之美。据史书记载，为了防御蒙古入侵，明朝在边境州县驻军屯田，而当地民众出于自守自卫自保的需要，也筹集资金修建城堡，力求做到"有警则入城堡，无事则耕，且种且守"。对于民间这种自修城堡行为，明朝官府持一种支持和鼓励态度，并且在一些地理位置比较重要的民堡，官府还会出资将其改造为官堡。北官堡便是其中的典型。其作为屯兵驻防之处，建有高大宽厚的板筑堡墙和高大歇山式堡门楼及小堡门、曲折蜿蜒的地道，以及古粮仓等军事附属设施，防御功能齐全，透露出一种坚关严堡的军事气息。其中的大小堡门构成了两重防御体系，地下堡与外界相通，又构成了战时的逃生通道。北官堡与西古堡、中小堡成掎角之势，相互联防、及时支援，体现了古人的智慧。

军事功能之美——堡墙　　　　军事功能之美——堡中堡

北官堡堡墙平面大体呈方形，边长约 220 米（不计瓮城），宽度约为 6 米，能跑一辆马车。堡墙依山势而建，蜿蜒曲折。如今，古堡仅存城楼，边墙残缺，只余断断续续的土垣，在阳光下风化着、崩坍着。据说，在堡墙初建之时，流传着一句俗语："宗家人盖得堡，刘家人盖得帽"。大意是说，北官堡堡墙由是宗姓家族最早修建的，后来刘姓家族发达了，便在堡墙上铺了砖。之后，人们把宗姓的衰落和刘姓的兴盛归因为刘姓人家"盖帽"把宗姓的"气势"给盖掉了。

军事功能之美——大堡门　　　　军事功能之美——小堡门

　　堡中堡是北官堡独有的，虽说是历史形成的，但却构成了两层防御体系。其中，大堡建于明洪武年间，高大歇山式堡门楼展现出浓郁的军事气息。其上有魁星楼，魁星像为：左手握一金条，右手执笔，左脚跷起并托一斗，右脚立于一鳌头之上，取"魁星点斗，独占鳌头"之意。此处魁星楼与别处有差别，为五魁星。可能与明代"五经取士"相对应，在"文革"时遭破坏，现存魁星为村民所"请"。楼门前有暖泉民俗"打树花"遗迹。门楼南面的三个字因铁锈侵蚀不得见，门楼西侧为工匠题名碑迹，东侧为重修碑迹，因铁锈侵蚀仅余数字可见。门楼北侧重修时设"人文蔚起"匾，旧时该匾名一说"天开文涌"，一说"文风蔚起"。

军事功能之美——地下堡门　　　　北官堡——宗孝故居

　　地下古堡始建于明代，入口位于北官堡东北部，五道庙的西南侧，有多个出口，其中一处位于全堡最高处的玉皇阁。为防范北方蒙古铁骑南下，明洪武年初建为三角顶，后改为圆顶，但由于当地没有发生重大战事而一度废弃。抗战时期，地下古堡始发挥作用，作为防范土匪与日伪军而开辟的地下通道。地道修有木板，鬼子从其上经过即撤木板，木板之下有井水，可将鬼子淹死。第一次张家口解放战役后，蔚县警备大队长宗孝因不敌八路军进攻而遁入地下古堡，数日后逃至北山一带活动。抗战胜利后地下古堡失去作用。至20世纪六七十年代，中苏关系破裂，为防范苏联威胁，国家号召开展备战备荒运动。这时古堡被重新利用，村干部带人加固古道，在地下古堡内配置了大量生活生产用品。地道内刻有红色五角星及当年口号。当时流传着顺口溜："挖得深来挖得远，防毒防水防枪眼（儿）"。

　　宗孝故居位于主街东侧，距堡门楼约50米，院门坐东朝西，宗孝是宗家后代，成立了下夜团，在暖泉镇一带进行打劫活动，作为散兵游勇依附于时任镇长张保桢，被授予中尉军衔，抗日战争期间，宗孝投靠日本人，被授予蔚县警备大队队长之职。抗日战争胜利以后任国民政府护路大队长。

　　宗孝拥有大量的钱财枪支，在北官堡一带有一定势力。第一次张家口解放战役时，带领所部至地道藏匿，逃出后在北山一带活动，当年冬季趁夜潜回北官堡，制造了著名的"石板沟惨案"。1948 年宗孝跟随还乡团返回北官堡，并将玉皇阁修为碉堡，负隅顽抗，危害前去谈判的解放军连长，解放军发起攻击，用迫击炮将玉皇阁夷平，宗孝带数名警卫逃至下花园煤矿，被部下揭发，同年被枪决于张家口清水河。

第二是建筑风格之美。北官堡的建筑风格极具地方特色。一是堡城依坡而建，面南背北，前低后高，是古代北方传统建筑形式的集中表现。二是堡中堡的整体格局使得整个村子与众不同，也体现了双层防御的军事意味。三是古民居、古寺庙等古建筑群排列集中有序、布局灵活。四是古建筑选材考究，砖雕木刻精致，文化气氛浓厚。民居建筑均青砖灰瓦，木制格窗，木雕彩绘，青条基石，雕梁画柱，吉兽如安，砖、木、石雕随处可见。虽经多年风雨侵蚀，但其粗壮厚实的木材石料，美丽精细的砖雕木刻，古朴典雅的油饰彩绘，仍显示着当年的繁荣风采。

建筑风格之美——雕梁画柱　　　建筑风格之美——雕梁画柱

北官堡的古朴民居，最富韵味的地方就在于其砖雕与木雕。蝙蝠与"福"同音，振翼的石蝠祈祷全家幸福；鸡与"吉"同音，高昂的雄鸡祝福全家吉祥；丰盈的石蟾期盼着财运亨通；硕大的石桃寓意圆满长寿；石刻棋盘则有书香门第的寄托；婀娜的莲花体现了出淤泥而不染的气节。在刘氏举人府，甚至可以看到龙纹！这些意象相互组合，相互交织，为北官堡的居民编织了一个梦。这些纹饰雕工细腻，虽经过岁月的打磨有些模糊，但其形象依然可以辨识，它们作为民宅的看守，百姓心中的寄托，依然附着在那里，为到此的人送去祝福。

第三是民俗艺术之美。古镇暖泉的民俗艺术历史悠久、种类繁多，北官堡的民俗艺术更是独树一帜，有打树花、民间剪纸、地方戏曲、踩高跷等多个品类。这些民间艺术形式源远流长，至今依然在当地民众日常生活中焕发着生机与活力。打树花已经列入河北省非物质文化遗产名录，号称"京西社火第一绝"。北官堡手艺人作为蔚县剪纸的重要继承者和发扬人，其作品独具魅力和特色。村内各个历史时期戏曲模式的演变，见证了滚滚东去的时代潮流。踩高跷作为重要的民间社火形式，给广大村民带来异彩纷呈的视觉盛宴。如今，随着暖泉镇以及北官堡村文化产业的逐步开发，当地的民俗艺术吸引着四方游客。

打树花是北官堡村一项独具特色的民俗文化活动，已有 500 余年历史，且已经列入了河北省非物质文化遗产名录，堪称中华一绝。其源于北官堡村一户姓薛的铁匠，在一次炼铁过程中偶然将铁水浇在墙上激起飞溅的"水花"，甚是好看，"打树花"由此诞生。随后，经过几代人的不断探索，打树花的样式不断创新，越来越丰富，打树花的工具即"特制木勺"材料不断更新，用时更长，炼铁的工具由单纯的风箱转变为高温风箱。打树花诞生时单纯为了民间娱乐，后来被民众赋予了五谷丰登、风调雨顺之意。原先，打树花是在正月于堡门进行。现如今，打树花第 13 代传人王德为继承这项非物质文化遗产，精心打造打树花品牌，并在村东建设打树花广场。每当表演时，游客如织，场面极为壮观。

民俗艺术之美——打树花　　　　民俗艺术之美——剪纸

北官堡村的戏曲种类以京剧为主，兼具其他剧种。当地在每年的正月初七至初十，唱戏四天，相传玉皇大帝诞辰于正月初九，故而这天有四场戏，而其他三天则每天三场。每逢此时，村里的人们就会穿着新衣服，到处洋溢着欢乐的气氛。

蔚县剪纸源于明代，历史悠久，因其风格独特享誉国内外。这种剪纸经历了一个由"剪"到"刻"的过程，加上点染明快绚丽色彩，构图朴实饱满，造型优美逼真。北官堡村剪纸艺人，作为蔚县剪纸的重要传承者，在蔚县剪纸的发展历程中具有重要地位。剪纸源自于窗花，其表现内容与社会特征紧密相连。"天皮亮"是早年窗子的一种装饰品，由暖泉镇北官堡宗大发（1873 年生）最早发明，他以废弃的云母石为原料，做"天皮亮"，在云母片上做画，很像是现在的窗花。①

其他的民俗艺术之美主要包括婚嫁喜事、高跷等。婚庆内容极为丰富，颇具地方特色，结婚当天，男方要派四人抬红色的喜轿，前面有八个身穿红衣、头戴毡帽的鼓手前去提亲，新娘上轿后，男方要接受秆草之礼（把秆草切碎撒在头上），之后再磕头拜堂。北官堡的高跷以歌传情，以舞传神。各种技艺相互照应，形成了自己的风格。有颤步、颠步、十字步等，有蝴蝶扇、挽扇等扇法，画龙点睛、蜻蜓点水等舞姿。

第四是文化追求之美。北官堡人杰地灵，文风蔚起。当地村民无论耕读立业还是儒商世家，均手不释卷，以文化相尚。因此，自元代卢家小堡建立以来，北官堡出现了许多文化名人和精神模范。

元朝末年，工部尚书王敏在暖泉镇上创办了一所书院，自那时起，北官堡便有许多殷实人家将子弟送入书院，接受文化熏陶。堡内大户多开办私塾，培养人才，传播文化。清代同治年间，刘氏家族出了一位举人，后官至赞皇县教谕。近代以后，北官堡村人民满怀爱国激情，投身到风云激荡的革命洪流中，谱写下可歌可泣的爱国主义篇章。

文化追求之美——王敏书院　　　文化追求之美——举人府

王敏书院又称暖泉书院，始建于元代，是暖泉镇规模最大、历史最悠久的文化教育机构，对于北官堡耕读文化的发展起到了极为重要的作用。其由元末工部尚书王敏创建，是暖泉古老文化的标志，体现了暖泉独特的园林特色、水乡风韵。书院正中五间房为凉亭。亭南下有一八角形古井，俗称"八角井"。凉亭东是一座魁星楼，第一层为砖结构楼身，第二层四周廊环绕，置木楼梯到三层，第三层塑魁星神像一尊，名为"魁星点斗"。书院因其尊书崇育，历来为世人仰慕。

刘氏举人府位于北官堡中街西巷，该院落为同治元年（1862）举人刘徽

---

① 田永翔、冉凡：《壶流河畔的点彩窗花文化》，科学出版社2009年版，第220页。

典的故居，其人后官至直隶省正定府赞皇县教谕。院落为四合院套院，为四进大院，后改为三进院，门楣上有五个户对，显示了主人地位显赫，在正堂之上曾悬挂"廉政可风"的匾额，体现了其为政理念。

文化追求之美——侯家私塾　　　　　暖泉石板沟事件遗址

侯家老院位于北官堡东南角，为三进院落。侯家为北官堡村的一大家族，在村内地位显赫，具有较强的影响力。该家农商结合，兼具读书风尚，具有一定的文化水准。故而他们曾在自家院落开办私塾，招收村内子弟学习。民国以后，蔚县教育局建立，侯氏私塾即停止开办。

张苏是蔚县的第一个共产党员，民国时在北官堡一带活动。1945年，第一次张家口解放，玉皇阁第一次被炸时，张苏跑到北官堡南山上卢家寨县大队待过一阵，随着形势的发展，他又回到北官堡上街三货店，在这里开始发展地下党，坚决与国民党反动派作斗争。

抗日战争爆发后，北官堡村赵巨积极组织民兵队伍，投身抗日救亡运动。他当时在蔚县城中活动，曾烧毁日寇库房，后在一次与日军的激战中，不幸壮烈牺牲。

（三）暖泉镇北官堡之富

北官堡村是一个以农耕为主的典型北方古镇，自古重视农耕，出现了不少农耕致富者。同时，北官堡所在的蔚县地处"茶马古道"的重要位置，农耕文明与游牧文明的交会点上。从此地出发，通往蒙古草原腹地——乌兰巴托（原称"库伦"），甚至延伸至俄罗斯恰克图地区。中原文明和草原文明、东方文明与西方文明通过这条大道进行商贸交流活动，意义重大。其次，北官堡村地方商业繁荣。明正德年间，蔚县设"十大商贸集市"，暖泉为其一，北官堡村集市贸易兴旺，叫买叫卖，人潮涌动，车水马龙，这一方水土孕育了一批商家富户。

宗氏是进入北官堡地区的第一户大家族。其经商有道，一度成为村内首富。宗氏家族的祠堂，整体建筑为三进四合院，正门坐北朝南，东西各三间厢房，经台阶进入二进院，正房面阔五间、东西各有一间耳房，院落东西侧各有三间厢房。祠堂主体建筑以北有后院一座，门房坐东朝西。第一进院在一平面之上，二、三进院在高于第一进的平台之上。整体建筑规模宏大，布局严谨，体现了宗家曾经在北官堡村的至高地位。据堡中宗氏老人讲，一个堡中只能最大的一户建祠堂，其他人家则不能。宗氏祠堂的建立彰显了当时的地位。后虽然刘氏家族发达起来，但刘氏的祠堂却建在了中小堡。

刘家大院位于北街西巷胡同北侧。该院落为二进院落配一东跨院的格局。据刘家后代叙述，其祖先是"皇帝的驸马""当大官的"。北官堡名为"官堡"，说明了它的官方背景。刘喜金家中保存有坟谱一册，绘有刘氏谱系。刘氏为当地的大户，身为地主，车马、田地众多，其曾修建堡楼，以及村内日常修桥铺路等重大建设上均做过巨大的贡献，清乾隆年间，刘氏家族曾出现过一名贞节烈妇，即刘廷瑞之妻，在其亡夫之后守寡多年，受朝廷表彰，于北官堡口曾建木质结构的三孔式牌楼（现已毁），并由朝廷颁发表彰诏书一道。该现象体现了乾隆朝理学风气浓郁，也体现了刘氏家族在北官堡的地位与声望。

北官堡——刘家大院　　　　北官堡——陈家大院

陈家大院位于中街西巷，举人府西侧，原为六进院。民国时期，山西大营人陈国本出身贫寒，以制作皮毛为生。后生产得法，财力逐渐雄厚，逐渐转向从商，至暖泉镇北官堡村做皮毛生意，并娶蔚县妻子，后家道衰落，出卖三间房子，现为两个三进院落结构。分别为陈国本儿媳妇和一董姓人家所居住。其正门西侧院落墙上别有特色，有五只蝙蝠与寿字相结合的图案，寓意福寿双全，五福临门。

辛家大院位于北街东巷东半部，为三进院落。其家人口不多，但较为富裕，以经商为主。20世纪50年代，土改期间，国家政策规定动财产而不动房屋，在当时辛家院落得以保留，但土地财产损失较大。迫于生计辛家只得将老宅变卖一部分，80年代又卖了一部分，现辛家后人少有居住于此。

张家大院位于中街东巷东部，为两进大院，是民国时省议员张老郑所修，整个院子透着一股古朴气息。张老郑为北官堡村人，自幼上过私塾，有一定文化素养，后来经人推荐先后参加过县议会、省议会，在当地有一定的社会地位，张氏后人受其影响乐善好施，受到当地百姓好评。张家大院也保留至今。

北官堡——辛家大院　　　　　北官堡——张家大院

（四）暖泉镇北官堡之多

北官堡庙宇众多，且代表了不同的宗教信仰，道教、佛教、天主教、民间宗教等多种信仰汇集于此。在区区一堡之内，竟有数量如此之多、派别如此之广的宗教庙宇存在，值得我们深思。据推测，其原因有三：一是在于居住此地的各大家族有不同的宗教信仰，他们的偏好直接决定了全堡宗教庙宇的建设和分布。二是在堡内居住的既有富户大族，也有贫苦农民，不同的社会群体对于宗教信仰的需求亦有所不同，北官堡村宗教各派林立的情况反映了这一社会现象。三是在不同历史时期，官方对于宗教支持的派别有所差异，这直接影响了具有官方背景的北官堡在一定时期内主要的宗教信仰。

玉皇阁。玉皇阁位于堡内北侧台基之上，为全镇制高点。建于明中叶。台基西侧台阶直通其上，为坐北朝南三进院落式道观，其南为南天门，东西各有钟鼓楼，北有牌楼，三进院门，两者之间有东西配殿，最北为三间正殿，覆以绿色琉璃瓦，附东西耳房各一间。玉皇阁中有道士，每日早晨上香、晚上敲钟，道士打的是正点钟，只要这名道士不打钟，任何其他的人都是不敢打钟的，玉皇阁钟鼓声响起，全堡其他庙宇才依次响起钟声。由于玉皇大帝的至高性，显得颇为神秘。据说，玉皇阁的西配殿内曾有一口井，井中有咸水。玉皇阁整体在高台之上，远离地面，却有水源尤其是咸水，十分奇特。1945年第一次张家口解放战役时期，驻北官堡的解放军官兵遭到突然袭击，转移时被迫将其烧毁作为联络信号。1948年，第二次张家口解放战役时期，当地还乡团团长宗孝将制高点玉皇阁遗址改造为碉堡，给解放军造成了极大伤亡，解放军被迫以迫击炮将其彻底击毁，现仅存高台和部分瓦片。

庙宇之多——玉皇阁　　　　　庙宇之多——真武庙

真武庙。真武庙位于卢家小堡北墙最高点，始建于元代，屡经重修，坐北朝南，正殿三间，为镇守之意，供奉真武大帝，毁于第一次解放张家口的战役中。真武大帝又称玄天上帝、玄武大帝等，是汉族神话传说中的北方之神，为道教神仙中赫赫有名的玉京尊神，道经中称他为"镇天真武灵应佑圣帝君"，简称"真武帝君"。汉族民间称荡魔天尊、报恩祖师、披发祖师。明朝以后，在全国影响极大，中国近代汉族民间信仰尤为普遍。

三官庙。三官庙位于玉皇阁东南，庙中奉祀民间信仰的三元大帝上元天官、中元地官、下元水官。原有钟鼓楼、正殿等建筑，建于高台之上，现仅存台基。《仪礼》的《觐礼》篇称："祭天燔柴，祭山丘陵升，祭川沉，祭地瘗"。东汉时，张陵创立天师道，就以祭祀天地水三官，上三官手书作为道教徒请祷治病的方法。南北朝时天地水三官神和上中下三元神合二为一。相传，天官赐福，地官赦罪，水官解厄。天地水三官以正月十五日、七月十五日和十月十五日为神诞之日，道教徒都进庙烧香奉祀，以祈福消灾。

庙宇之多——三官庙旧址　　　　庙宇之多——三清殿壁画

三清殿。三清殿位于北官堡大堡套小堡的卢家小堡堡楼之上，面阔三间。其与小堡同样始建于元代。大殿正门悬挂"三清上圣"匾额，内有灵宝天尊、元始天尊、道德天尊，道教三圣的成道得仙壁画，原图在民国时已残缺，1943年对内重修，但期间张家口第一次解放，北官堡被攻克，故而壁画依旧残缺，"文革"时期再度遭到破坏，至今依然未能修复。

马王庙。马王庙位于主街最北端，正对堡门，使北官堡成为蔚州八百堡唯一的"堡门——马王庙"相对格局，为祭祀马王爷之处所。马王爷即马神，一般俗称马王爷，全名叫"水草马明王"，道教的神明，全称"灵官马元帅"，是汉族民间信奉的神仙之一。传说长有三只眼，又称"三眼灵光"。马王庙有三间正殿，"文革"时期被毁。一般来讲，堡楼正对的是五道庙，但北官堡的特色就在于堡楼正对的是马王庙，一来是为了避免与小堡楼正对五道庙相重复；二来是因为此地位于茶马古道的交通枢纽，商旅辐辏，故作为商业重要运输工具的马就显得尤为重要，此地便有了对马的崇拜。

庙宇之多——马王庙　　　　庙宇之多——武道庙

五道庙。有两座，一座位于卢家小堡门以南与北街西巷交口，已坍塌。另一座现存，位于地道入口以南，辛家大院西北，供奉"五道将军"，为东岳大帝的臣属，属冥间十阴神之一。五道庙的壁画有铁链所困虎狼，古时狼虎伤人，画于其上以表震慑。已坍塌的五道庙正对小堡门，寓意在于镇压邪气，以保一方平安。

文昌庙。文昌庙位于中街东巷堡墙之上，建于明洪武年间，坐东朝西，有正殿三间，又名"梓童宫"，为祭祀文昌帝君（又称文昌星）之所。中华人民共和国成立前，与西巷关羽庙遥遥相对，文武双全，寓意为共保古堡康泰安宁。文昌原是天上六星之总称，即文昌宫。一说在北斗魁前，一说在北斗之左。六星各有星名，称上将、次将、贵相、司命、司中、司禄等。在古时，文昌星被认为是主持文运功名的星宿，为汉族民间和道教尊奉的掌管士人功名禄位之神。

药王庙与岳王庙。药王庙位于南街西巷路尽头，与岳飞庙同处一院落，坐北朝南。正殿有三间，左右耳房两间，60年代被毁。此院曾在国民党统治时期做过公所。药王除了作为百姓驱赶病魔的精神信仰，同时也是驻军祈求伤病后得到及时医治的神明。岳飞庙与药王庙处于同一院落，有坐西朝东正殿三间，20世纪60年代被毁。庙中供奉南宋忠臣、一代名将武穆王岳飞，蕴含着当地人民祈求平安之意。

关帝庙。关帝庙位于中街西巷小堡门之上，建于明中叶，为祭祀军神关羽之所，与东侧的文昌庙相对，文武双全，由北侧台阶而上，有正殿三间，配殿三间，正殿牌楼一座，毁于"文革"时期。明代，关公仰崇之风盛行，当地建立关帝庙的原因在于：一是相传，关羽遇害以后，曾多次"显圣护民"，北官堡绅民特建关庙以弘扬圣德。二是北官堡所在的蔚县是农耕文明与游牧文明的交界处，是中原王朝在北方的边关重镇，为鼓舞戍边将士之民族精神而建立关帝庙。

庙宇之多——药王庙岳飞庙　　　　庙宇之多——关帝庙旧址

观音殿。观音殿正对北官堡门楼，在堡墙之外。始建于明代，整体建筑坐南朝北，其主殿为圆通宝殿，面阔三间进深一间，东西两侧各有禅房，同样是面阔三间进深一间，院内东西两侧有配殿，观音殿长久以来香火旺盛，村民每逢观音菩萨诞辰日农历二月十九日，成道日六月十九日，出家日九月十九日，便会到该殿燃香祭拜，祈求村子风调雨顺。观音殿建于堡楼正对处的重要原因，也在于保佑北官堡的平安泰和。原来在正殿的窗台下镶了块石碑，记述了庙宇的历史，可惜"文革"时期被毁掉，改革开放后，观音殿一度废弃，被作为库房使用，现在正在逐步维修当中。

庙宇之多——观音殿　　　　　　庙宇之多——天主教堂

天主教堂。天主教堂位于北官堡的最北端，始建于清朝初年，其建筑格局为传统中式风格，而所奉宗教为西方传入之天主教，其为中西文化之产物，但规模较小。清末义和团运动爆发，堡内居民出于民族大义，捣毁神像，烧毁教堂。之后庚子国变，《辛丑条约》签订，北官堡按条约规定斥资重修教堂，其规模更为宏大，此事见证了近代西方殖民者的入侵和中华民族的屈辱，也反映了西学东渐过程中中西文化的交流与冲突。现如今，天主教堂依然举行各种宗教活动，每逢礼拜日和宗教节日，便会有信徒前来祈祷。

宗氏贞节牌坊。宗氏贞节牌坊位于北街口与主街的交叉口，石基位于街道之上，整体建筑为木质结构的单孔式牌楼。建于乾隆年间，民间流传为宗渊之妻的贞节行为而立。牌匾上书"贞节牌"三字。

侯氏贞节牌坊。侯氏贞节牌坊位于南街东巷，侯家老宅门前，整体建筑为木质结构的单孔式牌楼，建于乾隆年间，被毁于"文革"时期，现仅存东侧石基。

刘氏贞节牌坊。刘氏贞节牌坊位于堡楼的桥之上，据民间流传，其为刘廷瑞之妻的贞节行为而立，建于乾隆年间。乾隆皇帝亲下谕旨，立此牌坊。其高约为六七米。石基位于桥东西两端，整体建筑为木质结构的三孔式牌楼。匾额上能确定的字只剩"刘廷瑞之妻"，"文革"时被毁。

总之，悠悠古堡，诉说着黄土之上的物是人非。曾经的车水马龙、香火繁盛、革命烽火，是北官堡人民的精神财富，也是其今后发展的巨大潜力。将潜力转化为实力，主要方法在于对残损建筑的修复，在于对历史情节的挖掘刻画。同时，需要落实《中华人民共和国文物保护法》的有关规定，提高保护等级，争取保护资金。虽然历代堡民所孕育出来的古堡文化源远流长，非一时一日之功可以参透，但经过本次考察实践活动，我们还是发掘出一些为前人所不知的资料，并加以整理，希望能够对北官堡今后的保护与发展有所帮助。

二、蔚县暖泉镇北官堡村历史文化访谈与口述

暖泉古镇位于河北省蔚县最西端，历史悠久、文化底蕴深厚，文物古迹众多，旅游资源丰富，传统民俗文化独具特色，是一个以农耕为主的典型北方古镇。为发掘、考证、宣传和保护其宝贵的历史文化资源，继承和发扬中华优秀传统文化，让大学生从历史文化资源中汲取营养，提高思想文化素质和道德品质修养，历史学院"暖泉镇北官堡村历史文化发掘"社会实践活动小组围绕民间艺术、民间工艺、风俗习惯、民间文学、民间建筑、名胜古迹、方言土语、名人轶事等方面的内容，以北官堡村村民为主要对象，开展了深入的访谈实践活动。在对北官堡村进行实地考察基础上，悉心倾听老村民对

村史的讲述，从他们的历史记忆中去品味中华传统文化的韵味。

河北大学历史学院调研分队到达暖泉镇　　　访谈曹锦堂老人

（一）曹锦堂老人的历史记忆

被访人：曹锦堂（男，81 岁，北官堡村村民）

访谈人：历史学院学生黄　吉　于宏伟

记录人：历史学院学生王　藤

访谈时间：2015 年 7 月 27 日

访谈地点：北官堡村曹锦堂家

访谈内容：

黄　吉：您的记忆里，咱们北官堡最出名的人物是谁？

曹锦堂：宗孝。还有，我们村出过两个举人，都姓刘，一个叫刘寿山的先辈，还有一个，您还可以去问问长德，他们家出过一个举人。还有一个是蔚县的省议员，叫张老正。

于宏伟：咱们北官堡有哪些有名的建筑？

曹锦堂：上有玉皇阁、下有三官庙，高台上有真武庙，再下来是三清阁、马王庙，十字街西巷是关帝庙，十字街东巷紫童庙，紫童庙朝西，五道庙朝南。还有药王庙、魁星楼。魁星楼是点状元的地方，上面有五个魁星，较有特色。五魁与五经考试科目有关。建于明朝，由几个大家族联合修建。堡楼由张、刘、侯三家联合修建。

黄　吉：您家窗户玻璃上的剪纸是您自己剪的吗？

曹锦堂：不是，这是买的。而且，虽然这叫"剪纸"，但实际上是用刀子刻出来的。大多数是用刀子刻的，少数是剪的，陕西那边的女人用刀剪。

王　藤：咱们北官堡的历史有多久了？

曹锦堂：应该有一千多年了，从山西洪洞县大柳树迁来的人们在这里建起小堡，后来建起大堡，这个村子就是大堡套小堡的结构。早些年前，这个地方气候非常湿润，我小的时候堡里的土地都是湿润的，下过雨后脚踩在土地上软软的有种快要陷下去的感觉。咱们这里以北是长城，古代长城以北是匈奴所在的地方，长城以南，也就是咱们这里，因为湿润，还有暖泉，所以有"赛江南"的美誉。

黄　吉：咱们北官堡村的民俗文化有哪些？

曹锦堂：最有名的是打树花，这是从早些时候的铁匠薛家开始的，铁匠技术一代代往下传承，现在的王德师傅师从父亲和他人，是打树花的传人。铁匠技术不外传。而打树花技术现在有四个传人。打树花现在已被赋予风调雨顺的美好祈愿。

于宏伟：咱们北官堡村的红白喜事有什么讲究没有？

曹锦堂：早些时候新娘出嫁坐红轿，轿子由四个人抬，有八个吹鼓手吹唢呐，吹鼓手上身穿红衣，戴着红高帽。把新娘抬到婆家门口，放下轿子，婆家门口会放有秆草，门前一边一捆，早些人迷信，认为秆草会破灭桃花女。新娘在入家门之前要迈过一个火盆，再朝屋内磕头，就可以进家门了。进家门，关上门，其他人不能跟进。新娘在屋内换头饰等等。中午拜堂（有三拜）。女方在双数日子回门（回娘家）。

黄　吉：聘礼有什么呢？

曹锦堂：女方娘家根据家庭情况会有相应的陪嫁，糖、米、猪肉。男方给女方的聘礼要多于女方给男方的。

黄　吉：白事的相关习俗有什么呢？

曹锦堂：以前的白事中，要求前来祭拜死人的人要"打礼"和"打祭"，时间在中午十一二点或晚上。"打礼"是给死人的家属的慰问物（一般还会收到家属的相应答送），包含礼尚往来的意思。"打祭"是给死人的。实际上，前来祭拜的人打礼，一半归主办方（即主事的父母），另一半（也叫打拜）归死人的配偶。"出殡"要等死人去世后7天、9天或11天，按阴阳选日子，小户人家或用5日就可以下葬了，大户人家可能时间长点。一般是7天，因为人们认为7天一个死人就能知道阳间人为他做的所有事了。

于宏伟：咱们当地人家门上的对联颜色为什么不同呢？

曹锦堂：那是家里有人去世的标志，去世一周年的家里门上贴蓝对联，第二年贴绿对联，第三年贴红对联。

于宏伟：还有其他的习俗吗？

曹锦堂：有登高跷、耍狮子、滑旱船等。

于宏伟：过节时，这里有什么戏剧表演吗？

曹锦堂：过年时，正月初七开始搭台唱戏，唱四天，初七到初十，一天唱四场。总之，一年下来大概要唱 36 场戏。破四旧的时候，规定老戏曲不准唱，所以曾经排过一部戏曲，叫《杜鲁门下台》，后来准唱老戏曲之后，《劈山救母》《智取威虎山》《红灯记》等剧种开始被传唱。

访谈刘宝泉老人

历史学院师生与暖泉镇领导座谈

（二）刘宝泉老人的历史记忆

被访人：刘宝泉（男，80 岁，北官堡村民）

访谈人：黄　吉　于宏伟　黄韶海　陈嘉轩

记录人：王　藤

访谈时间：2015 年 7 月 28—29 日

访谈地点：北官堡村刘宝泉家

访谈内容：

黄韶海：就是这个牌坊后面有一户杨家？

刘宝泉：是。

黄韶海：是不是杨家占用了原来牌坊的地呀？

刘宝泉：不是，这个是原来的院落，是祖上的遗产。

黄韶海：他的院子大不大？

刘宝泉：院子不小。

黄韶海：这个古民居还在吗，这个杨家？

刘宝泉：在。

黄韶海：那么，这户人家主要从事什么行业呀？

刘宝泉：他们也经商也务农，农商结合。

黄韶海：他们做小生意还是大生意啊？

刘宝泉：一般一般。

黄韶海：他们做的是本地为主还是主要是对外的生意啊？

刘宝泉：本地。

黄韶海：本地，就是以咱们这个堡为主？

刘宝泉：以咱们这个镇子。

黄韶海：以暖泉镇为主？

刘宝泉：嗯嗯，就是暖泉镇。

黄韶海：他们这个家族比较兴旺是在什么时期啊？

刘宝泉：兴旺时期是在清朝中期到民国初期这个阶段。

黄韶海：他们家有没有当官入仕途的？

刘宝泉：嗯，没有。

黄韶海：那他们家在这个堡子的地位也算比较高了吧？

刘宝泉：地位也不低，也就是比较富裕吧。

黄韶海：就是说，他们家的这个院子是比较大吧，是几进院落？

刘宝泉：两进，也是有前后跨院的。咱们这个堡上大部分是四合院，四合院前后两个跨院。从旁侧出进，是平时。家里办大事，如结婚，老人去世的时候从正门进出，这是咱们这儿的风俗。

黄　吉：咱们堡里的五道庙的落建有什么寓意吗？

刘宝泉：一般就是镇守，保佑平安，它的庙门正对小巷。那个关帝庙，正对大街。

陈嘉轩：旧时的辛家大院在咱们堡子里的具体位置是哪儿呢？它的院落具体情况怎样？辛家家境的具体情况是什么样子的？

刘宝泉：辛家在路北有三个大院，中间有条巷。从西边开始，辛家、宗家，然后就是刘家，我们家。我们家的孩子们在那里。这三家原来都是比较富裕的，在土改时我们都被划成地主的，我家也是地主。你看，这个辛家大院，有三进门。这个宗家大院，现在成为一个大院了，原来是两进院。我们这个院原来是两进的，前后院，都是进院，不是跨院。我们这个房子是我的曾祖父在清朝末年民国初年盖的新房。这三个院落现在都在。宗、刘家两家住的还是原主，辛家的宅子卖了，不姓辛了。那个村委会管门的人就姓辛，他叫辛喜善。他们家在 20 世纪 50 年代卖了一部分房子，80 年代全给卖了，咱们暖泉镇，原先八大镇，在土改时期动地主浮财，动土地，不动房屋。土改有规定，庙宇祠堂要归公，这个刘家祠堂就充公了。

于宏伟：那下面这一片是怎么回事？

刘宝泉：北边是坐北朝南，这一片是坐南朝北的。有两户，中间有隔墙，没挨在一块儿。东边是温家，西边是刘家。中间这个院现在是共同院落，有姓刘姓田的。这个姓温的他们是一般农民，这个姓刘的家是农户，有大车，有农用车，这个应该算是中农，和我们的刘是一个老祖先，但不是近亲。这个公用院落是刘家、田家的，现在这个院子拆了，是个空院落。

于宏伟：这个辛家是不是也是这里的一个大户人家？

刘宝泉：他家人丁不旺，财产比较多。

黄　吉：那他家是不是经商的？

刘宝泉：是，他家以经商为主。

黄　吉：那您家是做什么的？

刘宝泉：我们家在我曾祖父时经商，后来我祖父和我父亲去世都较早，所以并没有太大发展。

于宏伟：宗家的起源是怎么样的？宗家有个叫宗孝的，是怎么个情况？

刘宝泉：宗孝是宗家的后代，现在堡子里宗姓人还有很多。宗孝在日本鬼子侵略蔚县时当过自卫团团长，在国民党统治时归暖泉镇政府管，共产党接管时，他已经跑了。后来被镇压枪毙了。他死的时候是40多岁不到50岁。

黄韶海：他原本是不是地痞流氓？

刘宝泉：他早些时候是黑社会，就是这种地痞流氓，因在这一地区有威信、手腕强硬，后来被收编，专管这里的治安。

黄韶海：张保桢和张苏两个姓张的人有什么关系吗？宗孝与这两个人有瓜葛吗？

刘宝泉：张苏不是咱们暖泉人，是蔚县人，上过学，是大学生，在北京师范大学读过书，那时候念大学是极少的。现在一般比较好一点的才念六年小学，一般的小伙念一二年就接着回家种地，就不供了。

黄韶海：这就辍学了？

于宏伟：别说那时候北师大了，就现在你要是上北师大也很难的。

黄　吉：对，现在北师大也很难考的。

刘宝泉：少，噢噢噢。这个张苏曾经在蔚县任过教育局局长，在旧中国时期，大概是三几年吧。

黄　吉：教育局局长！

刘宝泉：哎。

黄韶海：是哪个级别的教育局局长？

刘宝泉：蔚县县一级的。

黄韶海：县教育局局长。

刘宝泉：后来他任教育局局长的时候人家就已经是共产党了，做共产党的功臣了，是中共地下党。

黄韶海：他当时是不是国民党啊？

刘宝泉：他不是国民党，他确实就是共产党。

黄　吉：隐瞒着共产党的身份，做地下工作。

刘宝泉：哎，隐藏着身份回来，蔚县人请他回来，这个得经过后人研究了，请他回来任教育局长。他回来以后，国民党对他不满意，那时候他就被排挤。

黄　吉：就排挤他。

刘宝泉：他的学生想害他，人家就离开蔚县，从那时离开蔚县之后，张苏就再也没有回蔚县。

于宏伟：他看不惯国民党，在工作时候就被他们排挤，所以，就离开了蔚县了。

刘宝泉：哎哎哎，后来就没回来了。后来就六几年，七几年，再后来他七几年回过蔚县，那就是回来看看老家呀。

于宏伟：他就是那个做到最高人民检察院副检察长的？

刘宝泉：啊，他就是最高人民检察院副检察长。

黄韶海：那这个叫张保桢的呢？

刘宝泉：张保桢在宣化中学毕业，他在旧中国时期当过校长，他特别爱惜人才，愿意招纳人才，他当校长时就体现了这一点。就是旧中国时期，大概是1938年，他投靠了日本人，就是跟着日本人在这个镇上办事，那时候就可以说是离开这儿的学校了。

于宏伟：离开学校了？

刘宝泉：他就在镇上，在这个暖泉镇政府机关。

于宏伟：政府机关。

刘宝泉：哎。

黄　吉：伪军政府？

黄韶海：那这个日本人时候还是任命他当校长？

刘宝泉：在此之前是校长。

黄韶海：就是日本人把他提拔起来任校长吗？

刘宝泉：哎，这个日本人投降以后，国民党又来了，哎，他就又投靠了国民党了。

于宏伟：投靠国民党了。

刘宝泉：他是个国民党员。

黄韶海：国民党员，他一直是国民党员？

刘宝泉：哎，一直是国民党员。

于宏伟：张保桢一直是国民党员。

刘宝泉：哎，第二次……他1947年又在蔚县中学任职。

于宏伟：蔚县初中？

刘宝泉：当校长，等到1948年，他被捕了，就是因为他原来的那个情况。

于宏伟：也就是说是因为投靠过日本人。

刘宝泉：他又是国民党，又跟着日本人干过事，所以，他就被逮捕了，逮捕了以后被送到了那时候的察哈尔省。

黄　吉：哦，察哈尔。

刘宝泉：蔚县原是察哈尔省的一个县，察哈尔省的省主席是张苏，哎，张苏就他，他任这个察哈尔省的省主席。

于宏伟：察哈尔的省主席，解放后当了最高人民检察院副检察长？

刘宝泉：那是后来，后来当的中央那个最高人民检察院副检察长。

于宏伟：这人官挺不小啊？

黄　吉：从蔚县教育局局长干起。

刘宝泉：因为这个张苏啊，他不是蔚县人，张苏这个省主席把张保桢给逮捕了，带到张家口监狱，在20世纪50年代把他（枪毙了）处死了。

黄韶海：张保桢确实挺有故事的，我听有人说，张保桢当过镇长，有没有这回事啊？

　　刘宝泉：当过镇长……后来他当过镇长。

　　黄韶海：哦，当过镇长。

　　刘宝泉：国民党占领的时候他就是中学的校长。

　　黄韶海：就是抗日战争后期他当过镇长，当时宗孝是团长。

　　刘宝泉：哎哎哎。

　　黄韶海：他们两个控制着这个暖泉镇？

　　刘宝泉：哎哎哎，也可以说他们俩一个文的一个武的。

　　黄　吉：啊，一文一武。

　　黄韶海：管着整个暖泉镇啊……就是说，您刚才说日本人在时，他做的镇长是吧？就是张保桢。

　　刘宝泉：开始不是他，他任镇长也就是在国民党时候，后来日本侵略。

　　于宏伟：那爷爷您再跟我们说一下这个刘家大院举人的故事吧。

　　刘宝泉：那个举人……

　　于宏伟：不是说出过两个举人吗？刘姓有两个举人？

　　刘宝泉：不是，就一个举人。

　　于宏伟：就一个举人。

　　刘宝泉：嗯。

　　黄　吉：那咱们村里边除了刘家出过举人，还有谁家出过呢？

　　刘宝泉：其他的张家有个进士，刘家那个举人啊，张家那个院啊，就是有个匾，给进士挂了个匾。

　　黄　吉：哦，给进士挂的匾，那现在还在吗？

　　刘宝泉：现在匾也不在了，就有个……

　　黄　吉：张家还出过进士，是张保桢家吗？

　　于宏伟：不是，就是张家大院。

　　黄韶海：他们家比较有地位吧？就刚刚看的张家大院那地方。

　　刘宝泉：那个张家不是这个张家。

　　黄韶海：张家的是什么时候的进士啊？

　　刘宝泉：哎呀这个我记不清这个年份了，我就记得那个刘家的举人是同治年间的。

于宏伟：那这个进士比这个早吗？

刘宝泉：嗯，比这个早，那也可以说是清朝的。咱们这个匾哦，这个匾哦没见过明确的，那个张家那个匾（写的是）"云路初登"。

黄韶海：那这个就是他做官做到什么样一个位置？

刘宝泉：那就不知道了，时间太远了，我就记得那个匾。等给举人挂的，就是刘家的那个举人，他的那个匾也不在了。现在他的后人是刘长德。

于宏伟：那个匾写的是什么字啊？

刘宝泉：廉政可风。

黄　吉：廉政可风。

刘宝泉：哎，清廉的廉，他那个廉那时候就这样写的。

黄　吉：哦，您给我们写的这个就是原来那个牌匾上的字，原样的，都是从右往左写的。

刘宝泉：这个我记得最清楚，他那个匾说的他在赞皇县干过事。

黄韶海：赞皇县丞。

刘宝泉：他在那个县，那个县衙里边工作。

黄韶海：我还想问一下，就是那个我听说有这么个事，当时第一次张家口解放的时候，说当时张保桢和宗孝两个人从地道里逃跑，逃到了一个煤矿去，有这种事吗？

刘宝泉：不是。

黄韶海：不是啊，这个比较离奇了。

刘宝泉：这个啊，这个宗孝，在张家口第一次解放，1945年，他跑了，就咱们说的那个宗孝，他带了一部分人从昨天说的那个天主教堂后面逃跑，他本来就挖了一个洞口，他就在堡墙上，挖不开，他领了一部分人，就走了。他们到北京什么地躲着去了。

黄　吉：躲到了北京。

刘宝泉：第一次解放只持续了不到一年。

黄韶海：然后是不是又回来了？

刘宝泉：1945年解放，1945年冬天就撤退了，国民党又来了，他就走了；第二次解放，1948年，第二次解放时，这个宗孝已经不是自卫团了，被国民党正规部队给改编了，他不在咱们暖泉了，也不在这个北官堡了。

于宏伟：他去哪了？

刘宝泉：他在蔚县县城，他是从县城突围出去的。

于宏伟：又突围出去了？

刘宝泉：哎，在县城突围了以后，他就跟你说的一样，逃到了下花园煤矿。

黄　吉：后来他怎么被捉住了？

刘宝泉：他去了煤矿以后，他原来那个护卫兵，哎，原来跟着他的那个护卫兵。

黄韶海：把他卖了。

刘宝泉：把他给出卖了，供出来了。

陈嘉轩：咱们堡的堡楼是怎么建起来的？

刘宝泉：堡楼宗家打了个底，即地基，侯家打了个堡墙，刘家"盖了个帽"，即加盖了堡楼的顶。

黄韶海：地下古堡的灯花是怎么来的？

刘宝泉：是后来人带进去的，是装饰的。

陈嘉轩：咱们这里有一棵很老的狮子树，名字是怎么得来的？

刘宝泉：就是因为它的树皮很粗糙崎岖，长得像狮子的鬃毛，所以叫狮子树。

黄韶海：观音庙正对堡门有什么意思呢？

刘宝泉：保平安的意思，与堡楼楼门格局是一体的，观音庙的门和墙是明朝时建的，匾是后来弄的。

陈嘉轩：咱们堡楼上魁星庙是什么时期的？匾额上的字有什么寓意吗？

刘宝泉：建堡楼时就有魁星楼了，堡楼匾额先是书写"文风蔚起"，后改为"人文蔚起"，寓意是人才辈出、文化兴盛。

黄韶海：修建五道庙是为了什么呢？

刘宝泉：是为阎王爷的手下（类似于现在的公安局）盖的庙。对着堡楼而建，与观音庙有同样的作用。另外，文昌庙和关帝庙一文一武，文武结合。

陈嘉轩：这大概是那个堡门？

刘宝泉：这个是堡门，这个是已经出了堡了，这儿是个牌楼，迎着堡门，牌楼上写着圣旨。

黄韶海：堡里的牌坊是为谁而立的啊？

刘宝泉：为乾隆年间的刘廷瑞之妻立的，这里的牌坊大都是乾隆年间建立的。在玉皇庙对面的东巷还有个坐北朝南的牌坊。牌坊附近是住户。

陈嘉轩：众妙门有什么寓意吗？

刘宝泉：众妙门有万物奥妙的意思，出自《道德经》里的"玄而又玄，众妙之门"。

黄韶海：小堡和大堡都是一个北墙吗？

刘宝泉：对，一个北墙，后来的大堡与之前建的小堡接通了。

访谈刘明德老人　　　　历史学院学生在北官堡调研

（三）刘明德老人的历史记忆

被访谈人：刘明德（男，73 岁，北官堡村原村长）

访谈人：李永超　赵雯昊　王　藤

记录人：袁书敏

访谈时间：2015 年 7 月 29 日

访谈地点：北官堡村刘明德家

访谈内容：

赵雯昊：关于堡墙有什么相关的故事吗？

刘明德：刘家修的堡墙，宗家铺砖并派人巡逻，以前城墙宽可以走一辆"丁"字车，有一个叫沈成的人写的堡墙上的字，之前也有字但不知道是什么，倒了之后重新写的"人文蔚起"。修城墙的时候不管大小老少一人要抬两百块砖，办好事群众就支持，修堡墙的时候我也去过，每天晚上搬砖，白天干活，每搬一晚上砖，堡墙就建起不少。有个叫赵旋的毕业后考上航空大学当了航空队长，后来低空飞行时牺牲了。

李永超：咱们刚才说的地道，您能说说吗？

刘明德：抗战时把堡门一关，全堡的人就躲到地道里，所以地道对堡子有十分大的贡献，地道里面有刻字，进深后二十米就觉得矮，就不敢往里进了，我当上村委会主任后修过地道，现在地道只有一个口，以前不是，以前有个口在碾子那里，碾子下面有井可以进入地道，一直走有口可以下到第二层，第二层有口井可以上去，第二层已经塌得进不去了，地道过去是三角的。有最早的老地道，那边那个是新的，新的那个是咱们后来自己修的，现在新的老的都保存下来了。堡门那里与地道没连着，堡门在下面，跟地道没连着，地道都是可以进去的，老地道是抗战时期重修的，新的是后来修的，咱们自己人修的是一进门的一小段，再往里没有修，现在地道没有全通的了，里面都塌了，玉皇阁就是门口那块，现在成土塔了。

王　藤：村子里有大家族吗？

刘明德：大家族就是刘家，刘家大院。刘家过去有皇帝御赐的圣旨，"文革"时期被抄家，把圣旨拿走烧了，刘常德的女婿温庆云当过蔚县一中的校长，刘家解放前是做生意的，刘家大院是四合院套院，玉皇阁前面有个三官庙，紧挨着。三官庙过去钻洞就到了玉皇阁，三官庙与玉皇阁建筑群相连，现在的雕塑都已损坏，基本看不到，过去在三官庙门口有石狮子，小时候有传说，都不敢骑石狮子，怕睡不着觉，现在有的拆除了有的损毁了。村里的庙很多，西古堡比北官堡建堡迟，西古堡的街道窄而北官堡的街道可以过车，北官堡没有戏台，只有现搭的，在十字街与堡壕搭台唱戏，在十字街把土挖掉把杆子栽上，土下面埋得是荞麦片，荞麦片软冬季不冻，案子可以随便拆装，在荞麦片上盖着石头。村里的壁画画的是老子，村里人也不知道是什么故事，在北面有天主教堂与真武庙，大堡门上的魁星楼是与堡一齐建成的，是堡里有学问的人建的，魁星就是紫微星，在东巷里有梓潼庙，学生去拜梓潼神，给梓潼磕头上香，读书人信奉此神便考试不糊涂不晕场一下子就考中，咱们这里能开发的文化很少，姓刘的家里出举人，世代居住在刘家大院，是刘家人建的。

赵雯昊：可以给讲讲暖泉镇以前是什么样子的吗？是从打树花开始说还是从北官堡开始说？

刘明德：北官堡先有了小堡，而后往下发展有了现在的堡。北官堡在暖泉镇是第一个堡，暖泉原来有个张保桢，北京师范毕业后当过镇长，请了宣化一中一个暖泉人为秘书，这个人还有西古堡一个商务会长，成立了国民党的一个伪政府，张保桢为国民党，张苏为共产党。张保桢成立了一个下夜团，为了打击土匪成立的，当时暖泉有个地痞流氓筹集物资，1943 年这个地痞流氓投靠了日本，投靠日本是看日本有枪有炮，被日本人封为团长。张苏原来在西合营教书，是蔚县最早的共产党，张苏发展共产党，张保桢发展国民党，政权在伪政府手里，张苏当时是地下党。

赵雯昊：那地道呢？

刘明德：明朝挖的地道是三角形的，现在是圆筒形的，玉皇阁上面有口井，从井里可以下到地道里，玉皇阁的井一直往下还有很多井，玉皇阁是八路军在旁边的菜地里的迫击炮炸掉的，里面有张保桢手下的宗孝的军队。玉皇阁里面住了一个道士，早上上香，晚上敲钟，道士打的是整点的钟，这道士不打钟，别的任何人是不敢打钟的。建玉皇阁时修了一口井，不修井就没有水，原来有井，修堡墙时把井切断了，我小时候还有水，还在那里玩水，后来就没水了。

赵雯昊：能不能再说说咱们这的堡墙？

刘明德：原来修堡墙的时候在堡墙上铺的是砖，上面很宽敞，我小时候还上去过。堡墙的修建历来以刘家人为基础，过去堡墙上可以过车，过的车是古代的轿子车套个马，两米宽，堡墙有堡门楼那么高，和堡门楼的地墙那么高，以前马车在墙上转着圈走，现在塌了就走不了了，后来风吹雨淋的，墙就倒了。

第二节　雄安新区历史文化资源系列调研报告

雄安新区的设立将谱写又一个"春天的故事"。设立雄安新区是千年大计、国家大事，它的横空出世是以习近平同志为核心的党中央作出的重大历史性战略抉择。习近平总书记强调，在建设雄安新区过程中要坚持保护好优秀传统文化，延续历史文脉。雄安新区有大量历史文化遗存，历史文脉久远清晰，与中华文明的形成发展紧密关联。2000 多年前的燕南长城、南阳遗址等文化遗址，记录着当时燕南赵北的风土人情；1000 多年前的边关地道和塘泺系统是我们历史上最为独特的一道风景线，记录着宋辽之间的兵锋战火。近百年来，以敌后抗日雁翎队为代表的红色精神，以雄县古乐、鹰爪翻子拳，安新县圈头村音乐会，容城县高腔戏为代表的民俗文化，以苇编苇画、纸花为代表的白洋淀民间艺术等等，表征着雄安新区历史文化的悠久流长。这些富有民族性、地域性的传统文化，积淀着中华民族的文化基因，塑造了雄安历史文化气质。传承与弘扬传统文化是雄安新区建设的历史担当。为引领大学生把握雄安新区建设的历史机遇，为雄安新区文化发展出力尽责，2017 年暑期，河北大学历史学院申请了"雄安新区历史文化调查研究"重点社会实践团队，7 月 5 日至 7 日，由 4 名教师 8 名学生组成的调研团队赴雄安新区开展了社会调研活动。另一"白洋淀"调研小分队的 4 名学生还对雁翎队等红色文化进行了专题调研。重点团队主要调研了白洋淀的水运历史与现状，东淀头的苇编、大淀头的老调，雄县古战道、鹰爪翻子拳，安新县的圈头音乐会、杨丙军苇画等，以雄安新区历史文化、民俗艺术变迁与传承为切入，梳理历史发展脉络，弘扬传统文化理念，以期为雄安新区延续历史文脉提供新思路、新方案。

一、白洋淀的水运历史与现状

（一）雄安新区的"水文化"到"历史文化"

白洋淀是河北省最大的湖泊，而雄安新区作为 2017 年设立的国家级新区，是千年大计、国家大事，2017 年 2 月 23 日，习近平总书记到安新县视察提到，作为雄安新区的肺，白洋淀的环境治理，以及对白洋淀水资源的利用将成为重点，开发白洋淀水系，将可能成为真正的发力点。雄安新区的设立加快了当地现代化进程。传统文化作为历史文明绵延至今的沉淀和见证，其不可复制性和不可比拟性越来越得到社会各界的强烈关注和重视。但随着生产、生活方式的变化，传统文化的传承与保护工作面临着商业侵蚀、传统异化、资金短缺、人才匮乏等一系列难题，其保护与传承成为一项与时间赛跑、与市场接轨的工程，需要长期共同的努力。

其实，之所以在雄安设立新区，一方面，是因为它处于京津保腹地，有利于疏解北京非首都功能；另一方面，就是因为那里有一个白洋淀，有着丰富的水资源。而水源是一个城市的生命。正是基于这样的考虑，我们在设计暑期社会实践活动时便自然而然地想到了雄安新区"水文化"这一主题。当时大家都很兴奋，认为一下子抓住了重点，而且这一主题的调研活动也得到了学校的支持并列入了重点团队。我们知道，"水是生命之源、生产之要、生态之基、生活之需""水文化的实质是人在涉水活动中产生的人与水的关系，以及人水关系影响下人与人之间的关系"。① 大家在讨论中列举了能够想得到的白洋淀水文化问题，如苇编苇画艺术、放河灯等，再就是与白洋淀有关的文学作品，在我国现代文学中有影响深远的"荷花淀派"。孙犁写于 1945 年的名篇《荷花淀》更是广为流传。再有孔厥、袁静描述的英雄儿女事迹，徐光耀塑造的"小兵张嘎"形象，激励着一代又一代的青少年。

（二）白洋淀的水运历史

三国时期，由于军需运输需要，曹魏便开挖了平虏等渠，它经白洋淀北抵至泉州，贯通河北平原中部，它的航运价值在此时正式被利用起来。隋唐时期，白洋淀及周边驻军达万人，军需物资需要凭借内河航道运至。冀中地区独具水乡特色的土贡产品也多经河淀航道转走路陆运达京都。北宋以来，这片地区成为北宋与辽的交界地带，白洋淀区域的航运功能成就了北方边境线的防御体系平台，统治者利用淀区地势低洼、储水停积的特点，筑起一道横贯今保定、沧州、天津的"水上长城"。金元至明代，白洋淀区域航运功能受到极大削弱，明嘉靖十一年（1532 年），工部郎中徐元祉下令修建引水工程，使白洋淀汇聚九河之流，河道疏浚，水量增加，为航运复兴准备了条件。

到了清代，多位皇帝前后几十次驻跸白洋淀，全面加强了这一区域的治理与管理，与直隶地方水利营田、航运交通、漕运、荒政等统筹规划。"由保定出发，中经白洋淀区，下经大清河、海河以达天津的航道交通地位更为突出。清代京师数百万军民旗人皆仰于江南漕米，白洋淀'河运以济漕'的情况突出"②。河北沿海地区产出的大量海盐，经由白洋淀区域，在这里的码头中转，换乘小船，送往支流腹地。河北是棉花的重要产地，这些棉花通过津保内河这条航线经天津运往国内外各地。

民国时期，1913 年直隶省行政公署同大沽造船所达成《筹集官款办理直隶全省内河行轮事务》的协议，并成立了直隶全省内河行轮总筹办处。协议规定率先开办津保航线（天津至保定大清河航线）。1914 年总筹办处撤销，

---

① 靳怀堾：《中华水文化通论》，中国水利水电出版社 2015 年版，第 5 页。
② 彭艳芬：《白洋淀区域航运功能的历史考察》，《保定学院学报》2012 年第 2 期。

直隶全省内河行轮董事局正式成立，下设津保内河行轮事务所，并制定大纲规定行轮董事局为官家营业。1935 年 6 月 6 日，省府由天津迁到保定。1937年 3 月 24 日，航运局对机构进行改组，津保线增设站点和船只。7 月，抗日战争爆发，各航线停航。30 日侵华日军占领天津，9 月 24 日保定沦陷，内河航运被日军强行接管。1940 年 5 月 4 日，日本华北交通株式会社对水运部进行改组，保定成立航运营业所。11 月 1 日，华北交通株式会社负责水上运输的水运部改为水运局，并决定将大清河航线延伸到保定。1945 年抗日战争胜利后，国民党军队占据城市，津保航道处于分辖状态。1948 年 5 月，华北财办卫运河管理委员会成立，各办事处率先开展了航道调查与船舶登记等项工作。

20 世纪 50 年代，大清河津保航线畅行无阻，白洋淀帆樯云集。全流域航线四通八达，连接着津、冀、鲁、豫三省一市，东达沿海。"大清河干流与白洋淀和府河统称津保航线，是大清河上的最佳航线。在保定、安新、雄县等都有专业运输船队，经常参加运输的木船有 1500 多艘，载重重量达 2 万吨。保定码头月吞吐量一般有 3000—6000 吨，年进出口物资多时可达 22 万吨"[1]。20 世纪 60 年代，在洪水抢险过程中，水运发挥了极其重要的作用，保护了人民群众的生命财产安全。从 1965 年以后，航运部门尽管采取各种措施，仍改变不了航运衰退的趋势。到 1970 年，河北省内河货运量锐减到了 10 万吨，客运量减少到 4.5 万人次。1980 年以后，河北省大河运输全部停产。

实践团队到达大淀头村　　　　　　实践团队在大淀头码头采访船运情况

（三）白洋淀的水运现状

1985 年，由于连年干旱，下游少量雨水均被水库及沿河两岸浇地用水拦截，内河航运完全停止。已经 80 多岁的老船工朱爷爷告诉我们，他们一家几

---

① 海河志编纂委员会：《海河志》第 3 卷，中国水利水电出版社 1999 年版。

代在这里生活，过去靠打鱼、水上运输货物为生，在他年轻的时候经常几个人一起划着槽子船到天津，这种船船体瘦长，有利于减少运行阻力，具有载量大、吃水浅、行驶快、适合府河航道弯曲的特点，船只载着货物顺流而下，不用水手划桨，撑好舵船就自动进入下游独流河一直到海河天津卫，从天津返航时还需要人力撑篙、纤夫沿河岸拉纤行驶。但是从20世纪六七十年代的那次大旱之后，连续十多年左右淀里水位很低，有些地方甚至能够行驶汽车，所以从那以后就没有再做过水上运输了。

现在的白洋淀水源主要来自府河的工业水和半条拒马河，这是无论如何也救不了白洋淀的，如果不是黄河的供给，一潭没有生命的死水枯竭干涸是必然的。我们在调研期间可以发现，淀内的年轻人不多，街道中、码头上看到的大多是老年人，调研组成员在大淀头村码头采访了多位老船工、老渔民。通过采访他们，我们知道，这里的年轻人大多都选择了结伴外出打工，村子里多剩下一些老人和儿童。但是，近些年白洋淀地区的区位优势为这里带来大量投资和政策扶持。保定市政府近年来对白洋淀周边工业污水排放、地下水抽取和污染问题的不断解决，对淀区内水产养殖的清理，建设污水处理厂对水质进行净化等生态环境问题的全面治理，带来白洋淀生态环境的改观，现在的白洋淀已经是国家5A级景区，又逐渐恢复了"北国江南"的景象，每天都有很多从北京、天津、保定及其他地区的游客慕名而来。有很多当地的村民开始从事旅游产业，或在码头渡口当水手摆船，或在自家开农家乐。雄安新区的设立更是为这片区域带来更大的发展机遇。雄安新区的规划建设中明确提出，"要打造优美生态环境，构建蓝绿交织、清新明亮、水城共融的生态城市"。这一定位明确了雄安新区的发展方向。

二、国家非物质文化遗产——"冀中笙管乐"

（一）雄县古乐

春秋战国时代，雄县是燕南赵北之地，是燕赵文化的中心地带。雄县古乐可以追溯到宋元时期，至明清达到兴盛。考察其音乐特征，与宫廷音乐渊源极深，属于民间鼓吹乐之北乐支系。"它通常在迎春纳福、节庆娱乐时演

奏。雄县现在有亚古城、开口、赵岗、杜庄四家音乐会"[①]。它们往往与宗教
信仰和祭祀活动有关，时常在周边地区义务演出。自清末至民国，频发的战
乱使民间古乐演出几经中断。中华人民共和国成立后，雄县古乐有过短暂的
繁荣时期。目前，雄县古乐为第一批省级非物质文化遗产项目。雄县古乐是
典型的北乐派系民间鼓吹乐，既可以坐棚吹奏，也可以在行进中演奏，所演
奏曲目均为古曲。文场套曲有《孔子探颜回》《普坛咒》等；开堂曲有反调
《小花园》《大走马》等；散曲有《挑袍》《讨军令》等。雄县古乐的曲目历
经数百年世事沧桑，有着极高的历史文化价值，是研究民族古典音乐的宝贵
资料。[②] 雄县古乐是燕赵文化的重要组成部分，对传承和弘扬中华传统文化意
义重大。雄县古乐属于第一批国家非物质文化遗产"冀中笙管乐"（序号：
90，编号：Ⅱ-59，类别：传统音乐）的扩展名录。

（二）安新县圈头村"音乐会"

1. 圈头村"音乐会"简介

安新县圈头乡位于素有"华北之肾""北国江南"之称的国家5A级景区
白洋淀东南，是安新县唯一的一个纯水区乡镇。据张氏家谱记载，明永乐十
三年，由山西省小忻州迁居直隶省任丘县西北富定屯（后改为圈头村）的陈、
夏、张三姓先后在此落户。圈头村从行政区划上经历了多次变迁。抗日战争
时期属于白洋县，解放后划归安新县属保定地区。圈头村"音乐会"的源头
可以追溯到明末清初，其乐谱、乐曲保留了明清甚至更古的曲目。"音乐会"
在村中代代相传，无偿为本村村民的丧礼、祭祀活动提供服务。"音乐会"每
年三次固定演出，一是熏香演出，二是灯节演出，三是祭奠药王演出。"音乐
会"信奉的先人是药王"扁鹊"及中国历代十大名医，始终保持着祭祀药王
的传统。抗日战争时期，"音乐会"被迫终止，其演奏乐器由夏恭和（夏满军
的爷爷）和其父冒着生命危险掩藏起来，这些乐器才幸免于难。20世纪50年
代，夏恭和、梁树高成为"音乐会"管事人，推动了"音乐会"的恢复和发
展。圈头村"音乐会"使用的乐谱、乐曲是我国迄今保存最完整的古代乐谱、
乐曲的一部分。趁着老艺人都健在，张国振、夏振国把古音乐视为"国之瑰

---

① 冯骥才：《中国非物质文化遗产百科全书》代表性项目卷上，中国文联出版社2015年版。
② 马维彬：《河北省非物质文化遗产图典》第1辑，河北美术出版社2007年版。

宝、世之珍奇",怀着一种责任感、危机感,2001 年,他们共同出资,抢救性地录制了全套曲目。① 2007 年 6 月,圈头村"音乐会"入选第二批河北省非物质文化遗产名录,2008 年 6 月,圈头村"音乐会"又入选第二批国家级非物质文化遗产名录。

2. 在圈头村"音乐会"的调研

2017 年 7 月 6 日,河北大学历史学院"雄安新区历史文化调查研究"重点社会实践团队 12 名师生来到了圈头村,正好赶上夏满军老师从北京回来给孩子们上课,师生耐心地旁听了夏满军老师的上课,那种言传身教的认真劲儿让大家感动。夏满军老师本来在北京做生意,他一有时间就回来教孩子们,现在是假期时间,只有这时候才能把孩子集中起来,因此,他克服困难,在这一段时间尽可能多地回来给孩子们上课,而平时则更多地通过网络指导孩子们。这种非功利性的义务传授,使参加调研的每一个师生都非常的震撼。授完课后,同学们还专门访谈了夏满军老师、张国振老人和部分学员,并与他们合影留念。

历史学院师生采访夏满军教师　　　历史学院师生与圈头村培训班学员合影

3. 访谈圈头音乐会的传人——夏满军

访谈人: 李慧敏

记录人: 段俊锦

访谈地点: 圈头村

访谈时间: 2017 年 7 月 6 日

访谈内容:

李慧敏:听你们这个曲子感觉有一种佛教的韵味,是和佛教有什么关

---

① 项伯、张国振主编:《白洋淀上的一颗民间音乐明珠 圈头村"音乐会"》,中央音乐学院出版社 2013 年版,第 1—3 页。

系吗？

夏满军：我们的曲子跟念经的感觉差不多，都是有那种能够使人静心的能力。

李慧敏：普通的西方音乐有 7 个音，咱们这个一共有几个音？

夏满军：也是 7 个音，但包括变调之类的，实际上是 6 个音，因为有一个凡音不太常用，可以与西方音乐互相转化。

李慧敏：你们这种音乐有没有相关的书籍？如果只有书籍能学会吗？

夏满军：有，网上有一些相关的书籍，可以搜一下。如果只有书是学不会的，需要口传心授才能学会，因为简谱只要不断翻背下来就行，但是音调得念出韵味，饱含感情才行。按照工尺谱翻译成简谱再演奏出来的音乐和直接演奏的不一样。需要变现的东西永远学不出来，那种饱满感只能通过师傅徒弟当面教学才能表达。比如我，学 40 首曲子用了三年，真正演奏这些曲子的能力直到师傅去世的那一天还没有学完。

李慧敏：咱们演奏所用乐器的独特之处体现在哪？

夏满军：咱们用的管子、笙都是比较古老的乐器，在其他乐队里很少用，因为不好练，而且管子有很长时间的记载了，唐朝壁画中就有很多拿着管子的侍女造型。我们用的笛子是昆曲中常用的，偏重于中低音，为降 E 调，是一种比较亮的音色，听起来比较舒服。

李慧敏：咱们这个培训班招收学员的年龄范围是多少？

夏满军：小的八九岁，大的 16 岁。还有一些破格录取的，重在传承。

圈头村的孩子们在学习古乐　　　　夏满军老师在教授圈头村的孩子们

4. 访谈圈头音乐会培训班创始人——张国振

访谈人：贾　峥

记录人：杨　丹

访谈地点：圈头村

访谈时间：2017 年 7 月 6 日

访谈内容：

贾　峥：您觉得咱们这个培训班孩子的爸妈愿意让孩子过来学习的原因是什么？

张国振：我们这里不仅是教授孩子乐器，还会督促孩子完成作业，教给他们一些做人的道理。在这里需要讲道德、讲规矩、讲文明。

贾　峥：咱们这招学员的标准是什么？

张国振：首先需要道德品质好，然后需要守规矩，最后家长需要支持，好好学习完成作业才能学习我们这个，还教文明礼貌。

贾　峥：咱们这个地方经常有人过来采访吗？

张国振：前几天纽约时报北京分社的人过来进行了采访，河北电视台也过来过，采访很多。

贾　峥：咱们这个地区的特色就是音乐会，那音乐会的时候会请咱们班里这些孩子过去表演吗？

张国振：会请，还会去外地演出。多数是办白事的时候请我们过去，因为这个曲子本身就是用来祭祀先神的，本身是为丧葬服务的。

贾　峥：咱们这个培训基地是谁提供给孩子们的？

张国振：场地是租的，钱是国家给的，2006 年我进行了申请，2013 年给拨了 50 万元进行抢救传承，我们这里每天负责孩子们两顿饭，就是用国家的资金支付的。

贾　峥：您每天为什么陪孩子们一起上课，甘愿奉献自己吗？

张国振：因为传承，传承是我们现在最重要的事情。文化部、国务院的方针就是：保护为主、抢救第一、合理利用、传承发展。

5. 访谈圈头音乐会培训班学员——田泽锦

访谈人：段俊锦

记录人：杨　丹

访谈地点：圈头村

访谈时间：2017 年 7 月 6 日

访谈内容：

段俊锦：你用的乐器叫什么名字，学了多长时间了？

田泽锦：云锣，从今年 3 月份开始学的，因为肺活量比较小，所以敲云锣。

段俊锦：可以给我们简单介绍一下云锣的构成吗？

田泽锦：可以画一下简单的构图。云锣包括凡、工、尺、六、五、一、尖尺、上、尖上，敲击不同的东西会发出不同的声音。

段俊锦：家里有没有其他人从事音乐方面的工作？

田泽锦：姥爷学过，会敲大钹。

段俊锦：每年你们这个培训班会学习多长时间？

田泽锦：只有寒暑假进行学习，老师有时候会进行网上授课。

段俊锦：你认为现在自己学这些东西有什么意义，不管是对你自己还是对别人？

田泽锦：有意义，这是我自己的一个爱好和兴趣，在将来或者我长大之后至少可以说是传承了这项技艺。

段俊锦：你觉得你的师傅夏老师是个什么样的人？

田泽锦：夏老师挺严厉的，但是人也特别好，对我们无偿教学，为的就是他的师傅曾经告诉过他不要让这门技艺失传。

（三）安新县大淀头"老调"

1. 保定的"老调"简介

"老调"是保定特有的地方戏曲声腔剧种。保定地区有这样的民谣："做饭离不开灶，看戏看老调。"不难看出，保定地区的百姓对"老调"是非常喜爱的。早期"老调"有生、净两行，但分行不分腔，同唱老生调，即"老调"。保定的"老调"可以追溯到元、明两朝，流行于燕南赵北的"河西调"，之后是袍带戏。19 世纪 80 年代，老艺人韩大仓等开创了"老调"的先声；20 世纪初，被称为"老调宗师"的周福才更是把"老调"推向一个新阶段；在其发展中，吸收了高腔、河北梆子和说唱艺术的精华，20 世纪 30 年代，职业班社入城演出，达到繁荣。中华人民共和国成立后，保定老调剧团多次进京演出，邓小平将其赞誉为："保定有宝，老调不老。"老调有自己独特的唱腔，它是表现人物思想感情和塑造人物形象的重要艺术手段。"老调"的唱腔是在乡音土调基础上发展而来，男声高亢健朗，女声刚劲清婉。早期"老调"艺人的表演方式为半农半艺，农忙务农，农闲学艺演唱。

历史学院师生到达大淀头村

历史学院师生在大淀头开展调研

2017 年 7 月 5 日，河北大学历史学院的"雄安新区历史文化调查研究"重点社会实践团队 12 名师生来到了大淀头，对在淀头码头上的船工开展了访谈活动，本来想更多地了解历史上的水运码头情况，但看到的水运已经和历史上的水运完全不同。历史上的水运发挥着货物运输的功能，而今天的大淀头码头已经完全变成了旅游码头。有客人时，他们便拉着客人们到淀里转一圈，没生意时，他们便聚在一起推牌九、打扑克。在采访中，听说村里有会唱老调的，于是便激起了同学们的兴趣。同学们的本意是来雄安寻找历史文化遗迹的，所以，一听说有"老调"，就像是发现了宝物一样。然而，一深入调研，情况却并不乐观。老调虽是国家级非物质文化遗产，在大淀头村的传承情况却不容乐观。随着社会的不断发展，"老调"这种纯娱乐性活动已经逐渐淡出人们的视野。老一辈人被生活所迫难以付出精力进行教学，年轻人日益增长的物质需要使其忽视了对传统民俗文化的学习，"老调"在大淀头已经处于一种青黄不接的状态。参加调研的学生认为，传承和弘扬"老调"艺术，应该从政府和群众两方面做起。政府应对"老调"历史进行梳理整合，调拨资金进行抢救性传承，使人民群众真正树立传承意识；群众应该不断进行理念的更新，了解传承"老调"等传统民俗文化的重要性，增强保护意识，这样才能真正让"老调不老"。调研组的杨丹同学在实践日志中写道："2017 年 7 月 5 日上午，由十二名成员组成的安新县水文化民俗调研组来到了京南水乡第一村——大淀头村。在大淀头村朱仁子村长的热情带领下，我们先后采访了多名村民，其中尤以对张小扣爷爷的采访令我们收获颇丰。据张爷爷的回忆和叙述，老调已有二百多年的历史。此外我们还了解到当地老调出现的经过、发展历程、人员结构以及对未来的展望和一些其他相关内容。在采访中，张爷爷表示大淀头村除老调外还有老丝弦，可惜已经失传了。对此我们感到深深的惋惜。随后我们又前往当地的村史馆，参观中了解到大淀头村白洋淀诗歌群落的代表人物及其相关内容。大淀头村一行收获很多。"

2. 访谈大淀头老调艺人——张小扣

访谈人：杨　丹

记录人：段俊锦

访谈地点：大淀头

访谈时间：2017 年 7 月 5 日

访谈内容：

杨　丹：刚才问了咱们村村长说是有一个老调？

张小扣：有，有棒子、大鼓、老调，老调梆子，老调梆子是原来就有。

杨　丹：现在还有吗？

张小扣：有会唱的，现在也有。

杨　丹：基本上都是年岁比较大的人才会唱吧，年轻人会的不多吧。

张小扣：老调梆子就是我们村原来就有，保定老调梆子当时也有我们村的去，后来听说是解放以后就没了，我们村的人不去了。

杨　丹：那咱们村除了这个老调梆子，平常还有什么娱乐活动吗？

张小扣：大鼓。

杨　丹：咱们村还有大鼓是吗，那咱们这个大鼓是什么时候才有的？

张小扣：就是有事的时候用呗，白事儿用得多，红事儿用得少。

杨　丹：村里边是不是正月十五、过年时候扭秧歌也用？

张小扣：对。

杨　丹：咱村还有会补网织网的吗，多吗？

张小扣：织网的不多，补网的有不少，都会。

杨　丹：都会啊，那就是从小就学过这个呗，就是看家里大人做自己也会了。

张小扣：咱们这里以捕鱼为生嘛，渔网这块都会弄。

杨　丹：那也就是说像我这么大岁数的，20 多岁的也有会的。

张小扣：也有，不过年轻的少。

杨　丹：那这个可以说也是一门手艺，老调可能是年轻人会的不多，没有传承下来，这个织网补网一直传着呢。您能再给我们具体介绍一下老调吗？

张小扣：老调就是什么都没有，刚开始就这么一面锣，后来慢慢发展什么都有了。

　　杨　丹：现在唱老调的时候已经不多了吧。

　　张小扣：现在这村唱的不多了，年轻的都挣钱去了，年老的都没有了。

　　杨　丹：那唱这个老调的要求高吗？

　　张小扣：还是有点要求，河北梆子是竖嗓子，老调是横嗓子，嗓音不一样。我们村这个老调、老丝弦，过去有老丝弦，老丝弦也是唱。

　　杨　丹：这个都是咱们民间自发组织的吗？

　　张小扣：民间的，就是一个娱乐活动，大家没事时候唱唱。

　　杨　丹：那有没有什么特定的场合要演这个。

　　张小扣：有，有表演，有庙会。

　　杨　丹：咱们庙会都有什么活动啊？

　　张小扣：过去就是唱戏，现在经济社会都是做买卖，也有唱戏的。

　　杨　丹：现在唱戏都唱什么？

　　张小扣：有老调、梆子，也有评戏。

　　杨　丹：因为我们来此之前从网上搜索，说老调是咱们这的一大特色。

　　张小扣：保定有老调团，根就在咱们这个村。咱们村的老调在保定是数一数二的。

　　杨　丹：老调是怎么兴起的呢？

　　张小扣：根据昆腔演变过来的。就是有唱的到了咱们这儿，传过来的。太具体的说不好，原来有一个姓周的叫周富才，他是唱老调。

　　杨　丹：刚才您说老调有二百年的历史了是吗，时间是真不短了。那您觉得为什么现在年轻人不愿意学了？

　　张小扣：现在经济社会都是挣钱嘛，这个不来钱，义务的行为，就是取乐子。最兴旺的是"文革"时候，后来就少了。

　　杨　丹：我看咱们这发展也挺不错的，有没有可能把这个老调再抓起来。现在政府也是搞了这个雄安新区，应该会支持一下。

　　张小扣：对，国家要是给支持一下就方便多了，这个得有资金支撑，先得能生活才能弄这个，才能后继有人，会这个的现在都80多岁了，现在的人白教都没人学，这就是衰败的原因嘛。

　　杨　丹：现在是经济越来越发展，而老调，以及好多传统的东西都面临着传承危机。

张小扣：政府找过几次，老丝弦的，但是断种了，找不到传人了。

三、白洋淀苇编苇画艺术的调研

（一）安新的苇编现状

1. 白洋淀的苇编史

水乡妇女生产方式有编席、织篓、打苇箔等。白洋淀的苇编手工艺，早在北宋《太平寰宇记》中就已经有所记载：淀中有蒲柳多葭苇。白洋淀的芦苇素以皮白质佳而闻名，相传有"铁杆庄稼，寸苇寸金"的说法。芦苇可以用于造纸、织席、编篓、打箔、打帘，也可以用来制作工艺品。白洋淀苇编织品有着悠久的历史，1981年发掘的容城上坡遗址中就已经发现苇席的痕迹，距今已有3000多年的历史。东汉末年，刘备曾以"贩履织席为业"，唐、宋时期，白洋淀苇席成为贡品。《保定郡志·食货志》载：唐朝时贡"苇席三千领"。《安州志》载："除织席一条生路、别无活计。"明清时代，苇席在白洋淀已有相当发展。民国时期，苇席的种类、规格、式样都有了进一步发展。1996年至1999年间，白洋淀的苇编出现了一个兴盛时期。苇编生产工艺流程繁多，经分类、切割、压平、雕刻、编制等数十种工序加工而成，每道工序要求严格，难以为现代技术手段所替代。此外，苇编工具繁多，让常人难以想象。"截苇刀""三棱、四棱串子""木制圆筒""秸子"等用处各不相同。在常人的印象中，白洋淀苇编工艺只是苇席，其实它的种类很多，有苇箔、鱼篓、苇锅盖等。

在大淀头村张奶奶家学习编席　　　　　在东淀头村田家茶馆参观

2. 东淀头村的苇编

苇编也是安新县东淀头村的一种民俗技艺。位于白洋淀里的东淀头村，其苇编民俗具备白洋淀苇编的一般特点。2017 年 7 月 5 日，河北大学历史学院赴雄安新区的社会实践团队第一站就来到了大淀头村。虽然早就听说白洋淀苇编苇席制作很是有名，但是，从大淀头村看到的情形却不尽如人意。村里就有几户人家编苇席，因为纯粹是手工制作，耗时耗力但却卖不上价去，编一张席要一两天的时间，却只能卖几十块钱。所以，村里只是一些留守的老人挣点零花钱才干这个，年轻力壮的都去外面打工了。在通往东淀头村村委会的路上，有一个"田家茶馆"，由好几间不同格局的青砖房组成，院子中间有一棵茂盛的大枣树，房间里摆放着老式家具，院子里有廊亭和两套石桌石凳，靠外的两个房间工人还在修窗户。这些房子已经有上百年的历史，已经变成了村子里的"文物"了。在建设美丽乡村过程中，把这些古民居保护起来，彰显了它的历史感。

（二）杨丙军的苇画艺术

1. 杨丙军的苇画艺术简介

安新县芦苇画是白洋淀特色的民间艺术，也是雄安新区文化传承与保持的重点。白洋淀素有"一淀水、一淀银、一寸芦苇，一寸金"之誉。芦苇画经选料、分类、切割、压平、雕刻、编制、烙烫等多种复杂的工序制作而成。2009 年，安新芦苇画被列为河北省非物质文化遗产项目。杨丙军是芦苇画的创始人，也是这一国家非物质文化遗产的传承人，河北省政协委员，国务院对外文化交流艺术家。

早在 1985 年前后，杨丙军结合白洋淀芦苇皮白质优的特点，开始尝试制作芦苇画，他以独特的艺术魅力赋予了芦苇新的生命。随着市场的扩大，杨丙军把芦苇画创作与现代的经销策略结合起来，改变家族式管理和作坊式生产方式，引入现代科技和设备，尤其是芦苇画选材制作过程实现了机械化流水作业。在他的努力下，建成了安新县政府重点扶持企业。他的作品是白洋淀艺苑奇葩与自然风光的融合，被誉为白洋淀之魂。杨丙军的芦苇画主要以白洋淀神话传说、红色经典、山水花鸟为题材，具有浓厚的水乡特色，并且与中国书画艺术一脉相承，是中国传统技艺与现代装饰艺术相结合的结晶。同时，杨丙军的芦苇画有着自然天成的美感，色泽淡雅朴素，造型优美，形象逼真。近年来，作为东方文化的象征性符号，他的芦苇画艺术多次参与海内外文化交流，在各项展览中屡获殊荣，受到各国政府及友好人士的高度赞誉。

2017 年 7 月 7 日，我们来到安新县杨丙军芦苇画馆，当时杨老师并没有在画馆，我们在画馆参观了已经完成了芦苇画作品，画中的人物形象生动逼真，每一件作品都堪称是精品。正当我们参观的时候，杨丙军老师回到了画馆，但是跟随而来的是中央电视台的采访记者，据杨老师说，中央电视台记者要对他作一个专访。但他一听说是河北大学历史学院的师生，还是热情地接待了我们。杨老师大概用了一刻钟的时间，给我们简单介绍了他的画馆和作品，并且接受了同学们的提问。参加调研的李慧敏同学在实践日志中写道："今天，我们调研组慕名来到了安新县杨丙军老师的芦苇画馆，大家对馆内的作品进行了近距离的观赏。在和杨丙军老师的交流中，我们了解到了杨老师创造芦苇画的过程及对芦苇画的坚守，其间杨老师也着重谈到了现阶段对芦苇画传承的问题。对于杨老师而言，他从事芦苇画艺术主要不是在念生意经，而是以高度的文化自信在从事中华优秀传统文化的传承与弘扬。他的画具有浓郁的白洋淀地域特色，而且注重传递中华传统文化理念，能够让人们在欣赏美中受到启发和教育。因此，大家在参观中不仅观赏了精美的芦苇画，学习了芦苇画知识，而且还受到了精神洗礼。"

历史学院学生采访芦苇画艺人杨丙军　　　白洋淀画魂——用苇画传承红色精神

2. 访谈非物质文化遗产苇编技艺传承人——杨丙军

访谈人：杨　丹

记录人：李慧敏

访谈地点：安新县芦雁苇编工艺品店

访谈时间：2017 年 7 月 7 日

访谈内容：

杨　丹：请问杨老师是什么时候开始做芦苇画的？

杨丙军：从 22 岁正式办了现在这个厂子，22 岁之前在中央美院学习，学成归来之后回到家乡把艺术和苇编的技艺结合起来了。

杨　丹：您创作的主题多以什么为主？

杨丙军：主要以白洋淀的神话传说、红色题材（雁翎队、小兵张嘎之类）、白洋淀的民俗文化（水上人家、池塘月色之类）。

杨　丹：苇画作品的制作工序具体是什么样的？

杨丙军：选料、去皮、去节、割开、浸泡、压平、雕刻、编制、拼装共十几道工序。

杨　丹：现在的作品基本上都是工人的流水线进行的吗？

杨丙军：以前是为了生存，将芦苇画作为白洋淀的旅游产品来做，之后逐渐扩展到全国各地，现在已经扩展到了国外，再以后就是进行独立创作，引领整个行业向前推进，不能故步自封，停滞在原来的状态，不断地探索和传承是我们现在最需要做的。

杨　丹：您现在除了白洋淀风情类的作品还做别的主题吗？

杨丙军：现在制作题材广泛，可以针对客户的需求进行定做。

杨　丹：现在从事芦苇画的都是一些什么年龄段的人？

杨丙军：现在在我的工厂和作坊工作的有 80 岁的，不过现在感受到一个很难的问题就是年轻人很多不愿意去学习，因为搞这个东西首先是要耐得住寂寞，而且好多人都愿意去挣多一点的钱，传承一件事情太不容易了。

杨　丹：您除了办工厂以外还有没有进行一些其他的传承活动？

杨丙军：我们会搞一些培训，在博斯腾湖、沙湖等与白洋淀相类似的地方，在全国有淡水芦苇的地方，针对当地的需求进行培训和讲解，也是进行传播。

杨　丹：您对今后芦苇画的发展有没有一些规划、期待之类的？

杨丙军：现在雄安新区成立了，我们需要政府给予更多的支持，要有政策方面的倾斜，要有平台进行作品展示。

杨　丹：关于传承问题，您有没有想过通过什么措施能让年轻人乐于去学习呢？

杨丙军：首先要在年轻人中找到对这些有兴趣的人，当然还要靠经济，让兴趣和经济同时发挥作用。

3. 采访安新县芦雁苇编工艺品店李经理

访谈人：段俊锦

记录人：贾　峥

访谈地点：安新县芦雁苇编工艺品店

访谈时间：2017 年 7 月 7 日

访谈内容：

段俊锦：请问苇编作品的定价通过什么来进行规定？

李经理：根据做工、工艺复杂程度进行区分。

段俊锦：苇编作品成型过程是否很麻烦？

李经理：一幅苇编作品，芦苇就是原材料，然后经过十几道工序，包括用烙烫进行深浅不同的烫色，增加作品的观赏性，进行防腐措施增加作品的可保持性。

段俊锦：咱们这里苇编作品的主题大概都是什么样的？

李经理：主要以白洋淀风情为主，也包括一些红色记忆之类的内容，同时可以由顾客进行定做。

四、宋辽边关地道和鹰爪翻子拳的调研

（一）宋辽边关地道

宋辽边关地道遗址是宋辽军事防御工程遗址，位于河北省雄县、霸州、文安、永清、固安境内，2013 年列入全国重点文物保护单位。2017 年 7 月 6 日，河北大学历史学院的社会实践重点团队一行 12 人来到了雄县宋辽边关地道遗址进行参观考察。临行前就听说这里有一个宋代的边关地道很有名。因而专门请河北大学宋史研究中心的两位老师参加了我们的团队，一位是贾文龙副教授，一位是宋史中心副主任李金闯。李金闯副主任还专门找到了雄县文物所的郑金茹女士，她为我们详细介绍了宋辽边关地道的情况，并带我们参观了地道。据郑所长介绍，宋辽边关地道是 1964 年当地打井时发现的。当时共发现两部分地道，一部分是在雄县双堂乡祁岗村，称为"祁岗地道"；另一部分是在雄县小步村乡邢村附近，称为"邢村大台地道"。1993 年，雄县宋辽边关地道成为河北省文物保护单位。据考古学家研判，宋辽边关地道地下可以通到霸州，但目前并没有开通。

历史学院师生到达雄县古战道遗址　　　　　郑金茹女士为大家讲解边关地道

宋辽边关地道设计非常巧妙合理，可以有效传递顶部压力，保持了地道的坚固持久。地道有拱形券门以及水井式出入口，有甬道和洞室，防御性强。北宋名将杨延昭驻守边关 16 年，凭借地下战道与辽军周旋。"古地道结构复杂、功能完备，作战时所用引马洞、藏兵洞、议事厅、迷魂洞等一应俱全，洞内高低宽窄不一，有翻板、放灯处、存物处和出气孔等，关键部分使用青砖砌成拱顶、四壁和地面，至今仍然保存完好"①。

宋史中心李金闯副主任讲解古战道历史　　　　历史学院师生参观宋辽地下边关地道

如此庞大的地下防御工事的发现，填补了史书记载的空白，被誉为"历史奇观，地下长城"。"根据地道的结构、走向、出土的器物，初步认定此地道在军事上有三个用途：一、藏、运兵；二、迅速传递情报；三、用声学原理监测敌情。古地道曾出土有酱釉缸、弹丸、铁镞等。其中的酱釉缸，据有关声学研究所的专家论证，此缸有两个功能：一、盛水；二、监测敌情。将缸覆置，耳朵紧贴缸底，可以听到远方千军万马奔腾而来的声音"②。参加调研活动的杨丹同学说："参观完边关地道，我们深深地为古人的智慧而感叹，为这一'地下长城、历史奇观'所震撼。从地下边关战道出来后，天空下起了大雨，在我们躲在亭子下避雨之际，随行而来的河北大学宋史研究中心副

①　张慧芝：《文明史迹 中国古代的历史遗迹》，希望出版社 2012 年版。
②　张立柱：《河北省文物保护单位通览》，科学出版社 2003 年版，第 286 页。

主任李金闯老师从更加专业的角度向我们讲解分析了宋辽边关地道建设的政治、经济、地理和人文等因素，使我们对边关地道有了更加详细的认识。"

（二）鹰爪翻子拳

1. 国家级非物质文化遗产——鹰爪翻子拳

鹰爪翻子拳是一个历史悠久的中国武术拳种，其渊源可以追溯到明代的"八闪翻"。雄县孤庄头村人刘成有是刘仕俊族孙，得刘仕俊的"岳氏散手"。鹰爪翻子拳以"八闪翻"为基础，融入了"岳氏散手"和鹰爪功的擒拿手法，发展成为以"鹰爪"手形为基本特征的翻子拳。雄县鹰爪翻子拳尊奉岳飞为鼻祖，由雄县人士陈子正（1878—1933）发扬光大。陈子正，名纪平，雄县李林庄人，擅鹰爪拳，被世人誉为"鹰爪王"。民国年间曾在上海表演"鹰爪罗汉拳"，并在精武体育会教授鹰爪拳。陈子正在翻子拳中融入了岳氏散手、鹰爪擒拿法等，成为鹰爪翻子拳的一代宗师。作为我国近代著名的爱国武术家、教育家、拳术技击家，陈子正也是最早把武术课融入学校武术教育的先驱。之后，鹰爪翻子拳流传于我国港澳台及美国、日本、新加坡、加拿大、希腊等地区和国家，在异乡开花结果。

2. 寻访陈子正先生故居

历史学院师生在陈子正故居调查　　　　历史学院师生与鹰爪翻子拳传人合影

2017年7月6日，我们完成了雄县边关地道的调查后，又和当地的百姓打听附近有什么历史文化遗迹。于是，便知道了有一个2006年入选国家非物质文化遗产目录的"鹰爪翻子拳"。既然是国家级非物质文化遗产，那就非得看看不行了。大家顾不上调研的疲劳，冒着大雨开始前往陈子正故居。由于怕吃了闭门羹，团委书记石宇赶紧从网上查找联系电话。接电话的是鹰爪翻子拳的传人陈增岱先生。虽然我们来得有些唐突，但陈增岱先生也为我们能够冒着大雨前来而感动，听说我们来自河北大学，非常热情地接待了我们。

据陈增岱先生说，陈子正其实就是电影《霍元甲》上陈真的原型。这样一说，更有了一种崇敬感。对于我们 50 多岁的人来说，《霍元甲》是改革开放后我们看的一部较早且影响深刻的爱国主义影视作品。如果说霍元甲塑造的是一位"高大上"的爱国武术家形象，而陈真却个性鲜明、武功高强。

陈子正故居始建于 1905 年，至今已有 112 年的历史。陈子正故居现存一四合院，外跨西北两院，占地约 860 多平方米，位于雄县昝岗镇李林庄村西南。一进门，映入眼帘的是一棵枸杞树，此树为陈子正生前所种，至今已经百余年，仍枝叶繁茂，果实累累，一如先生所创的鹰爪翻子拳，历久弥新，长盛不衰。现如今陈子正故居由其鹰手拳法第四代传人陈增岱先生看守管理。陈增岱先生告诉我们，随着时间的推移，加之该故居疏于修缮，故居早已不复当年四十八间之景，而如今破败的景象依然能使人们回忆当年陈先生在此生活、习武的场景。故居的每一个角落都有陈子正先生曾留下的脚步，都曾挥洒着陈子正先生习武时所流下的汗水。不仅如此，据陈增岱先生讲述，陈子正先生当年奔走全国各地以及东南亚地区，为振精武精神，雪东亚病夫之耻呕心沥血，广泛地传播了鹰爪翻子拳，宣扬了中国武术精神。陈子正先生在拳术造诣的鼎盛时期，被邀远赴黑龙江、上海、汉口、广东、香港及新加坡等地教拳，他广收门徒，教授拳技。由于他鹰爪功精湛而被誉为"鹰爪王"。陈子正主要传人有孙成之、鲍希勇、李佩弦、陈国庆、陈国英、陈国俊、由述孔、刘凤池、王寅卿等。陈子正教人有方且绝不隐秘，因此能得其真传者甚多，这些人也秉承陈子正的风骨，在推动鹰爪翻子拳的传播发展过程中贡献良多。

3. 鹰爪翻子拳的武术精神传承问题

据陈子正第四代传人陈增岱先生所述，现如今鹰爪翻子拳得到国家以及社会各界的重视，在民间已然开设了众多武术课堂，教授并传承鹰爪翻子拳，促进其发展。但在调查整理鹰爪翻子拳现状时发现，鹰爪翻子拳由于传人众多，在传承过程中，各自为营，独立发展。因此，鹰爪翻子拳在传承中其名称、拳谱动作等产生了差异，不利于拳术的理论研究和发展传播。为适应现如今的社会状况，本以实用技击而著称的鹰爪翻子拳在传承上变成了以套路为主。此外，鹰爪翻子拳在器械上的对抗已不多见，发展至今也面临着窘况。传统武术不仅是一种技能，更是一种文化，一种武术精神。当代我们应该继续借鉴精武体育会的武术传播经验和模式，弘扬以爱国主义为核心的民族精神。陈增岱先生表示，关于鹰爪翻子拳的相关著作和陈子正先生有关的影视作品也正在积极筹划当中，这样做的目的是为了使更多的人了解、关注和习练这一不可多得的优秀传统拳种。而雄安新区的建设，提出了保持和延续历史文脉的重大课题，也为保持和弘扬鹰爪翻子拳的武术精神提供了契机。

五、白洋淀小分队的红色调研

为响应河北大学暑期社会实践的号召，河北大学历史学院白洋淀小分队一行 4 人（2016 级历史学专业 2 班刘研、郭梦迪、赵薇、史江南）来到白洋淀拜访参观，亲身感受白洋淀的红色文化，深入探究其现今发展状况，宣扬其爱国主义精神，为雄安新区的建设发展尽绵薄之力。白洋淀不仅有鬼斧神工的自然美景，还有鞠躬尽瘁、英勇就义的革命精神。诗人马俊宜曾以"水到白洋阔连天，暮云浮笔画峰峦"的优美诗句描写白洋淀盛景。历史学院白洋淀小分队聚焦白洋淀，开始了为期两天的社会实践。

（一）白洋淀的基本情况、问题原因和对策建议

1. 白洋淀的基本情况

白洋淀位于河北省保定市安新县境内，地处京、津、石腹地，北距京津各 150 公里左右，南距石家庄 175 公里，西南距保定 45 公里。白洋淀总面积 366 平方公里。古有"北地西湖"之称，今有"华北明珠"之誉，是帝王巡幸之所，"荷花淀派"诞生之地，雁翎神兵扬威之处，"小兵张嘎"造就之域。白洋淀水域辽阔，烟波浩渺，势连天际。3700 条沟壕，12 万亩芦苇将白洋淀分割成形状各异的 143 个湖泊，气候宜人，风景绝美。春光降临，芦芽竞出，满淀碧翠；每至盛夏，蒲绿荷红，岸柳如烟；时逢金秋，芦荡飞雪，稻粟飘香；隆冬时节，坚冰似玉，坦荡无痕。位于正淀中心的"白洋淀文化苑"，投资 7800 多万元修建，占地 80 万平方米。文化苑内主要有："雁翎队纪念馆、康熙水围行宫、敕赐沛恩寺、世界名荷园、荷花淀、祈福钱屏、'神牛'、嘎子村八大景观，涵盖了红色、绿色、皇宫、佛教、荷花、民俗、渔

家、饮食等"①，集爱国主义教育、生态美景观赏、水乡风情体验等多功能于一体。"雁翎队纪念馆"内陈列着抗战时期日军屠杀手无寸铁村民的真实照片，以及水上抗战用的木船、望远镜、风衣，时间把照片侵蚀得泛黄，而照片里村民的血却总是鲜红的。这一系列历史遗留下来的第一手资料，吸引着全国各地的游客前来拜访参观，接受爱国主义教育，将爱国精神的火炬一代一代传递下去。

北地西湖、华北明珠——白洋淀　　　　白洋淀文化苑

为积极响应国家设立雄安新区的政策，白洋淀根据自身优势，依托自然风光和抗战传奇，大力发展旅游业，"雁翎队纪念馆"的设立，"嘎子村"的建设与重修，使白洋淀迎来了腾飞的季节。除此之外，白洋淀还加大农村环境整治力度以及对村民素质教育的投资，为新农村建设开辟了一条复兴之路。同样，工业建设也是白洋淀的着力点，形成了以旅游业为主导的综合性产业发展策略。

2. 存在的问题及原因

通过调查访谈白洋淀当地的老人，收集有关白洋淀研究的资料，调研小组的同学反思和整理了白洋淀建设开发中的三个问题：一是生态环境的保护问题。白洋淀的湖水已不再是清澈见底，湖面上漂着塑料袋、水瓶等垃圾，鱼也几乎被赶尽杀绝，剩下用竹竿撑起来的破旧渔网，在太阳底下散发着恶臭味。重要旅游生态河道正面临大规模破坏，部分村民开土船私挖河道，破坏了白洋淀的河道和生态的平衡，生物多样性遭到严重破坏，湖面上很少能够见到成群戏水的野鸭。在城市化和现代化的进程中，白洋淀面临着供水不足问题、水污染问题，忍受着过度开发利用之痛。二是大规模开发旅游业问

①《白洋淀文化苑基本情况》，2007 年 2 月 10 日，见 http：//www. crt. com. cn/news2007/news/yldjqjs/2007 – 2/10/02107220. html。

题。白洋淀相关旅游景点的基础设施建设有待完善，垃圾桶等基础设施不够完善，公共娱乐设施较少；道路有待整修，道路崎岖不平现象的存在减少了游客参观数量，公交车班次较少；红色文化、抗战历史的宣传程度、建设程度不够，旅游建设的重点不够突出，景区的开发缺少文化内涵，策划缺乏特色，不能给游客集中的强烈心理冲击，因而很难使游客获得深刻的心理体验；生态环境缺乏整治，文化苑内还存在杂草丛生的现象。三是以红色文化为主题的旅游开发问题。白洋淀是抗战圣地，然而多数游客却只奔白洋淀的美景而来，这说明红色文化的开发力度以及投资不够，相关设施不够完善，当地村民红色文化知识有待提高。

3. 推动白洋淀整体发展的对策建议

针对调研中发现的问题，调研小组进行了认真分析研究，并且查阅了有关文献资料和政策规定，在此基础上提出了三个方面的对策建议：一是生态环境的保护与改善措施。要加大对工厂的整改力度，完善工厂排污设施，对于违规工厂，勒令其进行搬迁或拆除。白洋淀湖泊上游地区的工厂废水及城市生活污水不经处理被大量排放，导致白洋淀水体富营养化，因此，上游工厂废水的成功处理是改善白洋淀水质的治本之策，这也就是所谓的"为有源头活水来"。坚持可持续发展战略，加大白洋淀还清治污力度。切勿以牺牲环境为代价发展经济，要控制污染源，加大对村庄生活垃圾的治理，建立健全规章制度和惩戒机制，设立专门的漂浮物打捞船，加大保护环境的宣传力度，惩处游客以及村民破坏环境的行为，控制柴油机船的使用，提倡使用人力摇桨船。增加生物多样性，保持湖泊生态系统动态平衡。在湖泊中喂养鱼苗，进行合理捕捞，减少对湖泊生态环境的人工干预。二是旅游业的开发与管理措施。完善相关基础设施建设，扩大绿地面积，加大酒店、餐饮业的管理力度；对白洋淀水域功能区进行划分，将养殖区和旅游区分开管理；完善公共娱乐设施建设。实施综合开发战略，突出白洋淀特色，重点发展水乡文化和红色文化，提升白洋淀居民的文化素质，注重展现白洋淀地区淳朴的民俗风情；加强从业人员的培训，提高服务形象和质量；推进爱国主义教育，利用好白洋淀深厚的文化底蕴和优良的革命传统，让游客在欣赏自然风光的同时受到社会主义核心价值观教育。抓住雄安新区的建设机遇，推动白洋淀旅游业的内涵式发展。全方位、多渠道加大宣传力度，提高白洋淀的知名度和美誉度。在河北电视台、中央电视台进行宣传片的播放，在各大报刊刊登有关白洋淀的自然风光和风土民俗，打造特色文化品牌活动吸引顾客。三是实现产业综合发展的对策建议。实行以旅游业为主导，农业、工业次之的发展策略，结合自身优势，加大绿化面积和水中湿地建设，为白洋淀地区确定正确的发展道路。延长产业链，发展环境友好型工业企业。依托白洋淀旅游业，促进相关服务业发展，尤其注重高新技术产业的发展、智库的发展等。

白洋淀小分队调研雁翎队纪念馆　　　　　　雁翎精神代代相传

（二）白洋淀小分队的实践日志

1. 纪念抗战，永远怀念那些革命先烈（2016 级历史 2 班刘研、郭梦迪）

白洋淀被誉为"华北明珠"，这里碧水蓝天，安静又祥和。但是，在抗战年代这里并不如此美丽，如此平静。我们团队选择白洋淀而不是其他更具名气的抗战纪念地是因为白洋淀距离我们更近，实践的可行性更强，实践过程中意外的问题更少，实践成功率更大。另外我们觉得这些纪念地不应该有重要与否之分。在穷凶极恶的日本人面前它们都是一样的尸横遍野，怨声载道，都一样地承载了众多不幸和悲痛。而且对于我们这些刚刚大一的学生来说，去了解抗战中人民的生活，了解非专业民兵的抗战更具感染力。

提起抗日战争，我们会想起台儿庄、平型关、常德等战役胜利地或者南京、上海这种具有重要意义且遇难人数惊人的城市。当然，从军事角度来讲，这些重大战役场地更具纪念意义；从情感上来说，那些大城市的失守更能让我们感到耻辱和危机。以前我们也是这样的，从来没有主动想要去了解那些所谓不重要的地区。感谢这次实践让我们感受到这些小地方抗战的艰难，让我们想要去了解更多这样的小地方。

抗日年代，在广大农村，在职业军人尚未到达的地方，在一些人认为不甚重要可以丢弃之地的抗战更为艰难，更需要勇气。这些地方没有物资支持，没有兵力支援，但是这里的人民依然坚持抗战。而我们现在看那些关于抗战的电影、书籍，不管描写得多么残酷，心中都会存在一丝侥幸，我们知道在1945年会胜利，我们一定会把日本鬼子赶出去。但是，当时的人们不知道，他们不知道战争会不会胜利，不知道什么时候战争会胜利，不知道自己能否还能等到战争胜利。他们每天都面临着抢劫、杀戮。身边熟悉的人每天都在死亡，不知道什么时候就会轮到自己。因为不是战略要地所以不会有部队进驻，不会有士兵守护。这些小地方的人们所承受的心理压力比战场上的刀剑之伤更让人胆战心惊。纪念抗战，我们不能忘了这些地方。白洋淀就是这样一个有着红色抗战记忆的地方。

2. 追随先人足迹，培养革命精神（2016级历史2班赵薇、史江南）

为响应河北大学历史学院暑期社会实践的号召和履行学习红色文化、培养爱国精神的使命，我们的社会实践小分队来到了被誉为"华北明珠"的白洋淀。

诗人马俊宜曾经这样描写白洋淀的盛景："水到白洋阔连天，暮云浮笔画峰峦。"白洋淀是华北地区耀眼的明珠，这里芦苇丛生，荷花美丽，莲藕丰饶，鱼肥禽美，一派天然泽国的景象，犹如人间仙境。白洋淀不仅有鬼斧神工的自然美景，还有着鞠躬尽瘁、英勇就义的革命精神。这里有家喻户晓的小英雄嘎子以及英勇的抗日武装队伍——雁翎队。

我们首先来到的是"白洋淀文化苑"，参观了当地有名的雁翎队纪念馆。这里记录着日军的侵华暴行，一张张抗战时期的照片犹如一具又一具血淋淋的尸体倒在我们面前。我们从当地解说员那里了解了关于雁翎队的故事。1939年秋，为了击退日军，保卫家园，中共安新县三区区委书记徐建等人号召组织抗日武装，这支抗日武装便是"雁翎队"。雁翎队组建后，在芦苇荡加紧军事训练，队员们个个都是水上驾船和游泳的能手，在茫茫水城与敌人展开机智灵活的战斗。当地还流传着关于雁翎队的民谣："雁翎队是神兵，来无影去无踪，千顷苇荡摆战场，抬杆专打鬼子兵。"

从照片中我们也感受到了白洋淀人们团结一致、共同抗日的决心。白洋淀人民把受伤的八路军抬往后方医院进行治疗，妇女给八路军缝制衣服，给雁翎队队员喂饭，儿童进行军事训练，支援抗战，更有"女童怒杀鬼子兵"的故事在当地传扬。长期的共同作战加深了军民鱼水情，为取得抗战胜利奠定了基础。在拜访纪念馆之余，我们也采访了当地的村民，一位张叔叔为我们描述了当年抗战的情景："日军特别残忍，从七七事变开始，不断进攻华北平原，《小兵张嘎》这部电影就是真人真事，日本人杀死了很多端村村民，房屋也烧了很多，白洋淀八个村子的老百姓们联合起来，靠这种团结的力量把日本人赶了出去。白洋淀的英雄事迹是三天三夜也说不完的，希望你们当代大学生记录史实，不要忘记历史。"随后，我们还采访了同样是来参观雁翎队纪念馆的大学生。有一位同学这样说道："我们没有生活在战火纷飞的时代，对于红色文化也只能是通过参观和书本上的学习或者是听老一辈人的介绍才懂得，所以我们能做的就是通过参观学习吸取雁翎精神，不断传承和弘扬红色文化。"

前事不忘，后事之师。回顾历史，我们因有雁翎队这样优秀的抗日队伍而骄傲。为了保家卫国，抗日前辈抛头颅洒热血，以血肉之躯捍卫民族尊严，英勇的白洋淀人民在中华民族抗日战争史上写下了光辉的一页。

明代诗人鹿善继在白洋淀赏莲时，写下了有名的诗句："白洋五日看回花，馥馥莲芳入梦来。"白洋淀的荷花为华北之最，令世人青睐。"荷花大观园"更是重点投资打造的胜景。同学们的社会实践只有短短的一天，但却有着"白天看荷，兴犹未尽，荷香入梦，方兴未艾"的感悟。白洋淀这个抗战圣地，不会被人们遗忘，随着建设雄安新区建设的推进，这个古老的湖泊也迎来了它发展的春天，我们衷心希望白洋淀这个饱经沧桑的宝地能同新时代一起腾飞！

结语：涵育社会主义核心价值观的当代使命

中华传统文化源远流长、博大精深，是涵育社会主义核心价值观的根脉和源泉。揭开中华传统文化生成之谜，彰显中华传统文化的现代性，对于中国文化和世界文化的未来走向，对于培育和践行社会主义核心价值观，都将有着不可估量的价值。弘扬中华传统文化，离不开在寻根探源的道路上艰难求索。中华优秀传统文化是涵育社会主义核心价值观的沃土，只要我们勤于在这块沃土上耕耘，就能够让社会主义核心价值观枝繁叶茂、开花结果。社会主义核心价值观既继承了中华优秀传统文化又体现了时代精神，是传统与现代融通发展的理论结晶。社会主义核心价值观指引着中华文化的前进方向。"独特的文化传统，独特的历史命运，独特的基本国情，注定了我们必然要走适合自己特点的文化发展道路"①。弘扬中华优秀传统文化，实现古为今用的自我超越，必须立足新时代中国特色社会主义先进文化的现代重构。新时代社会主义核心价值观建设，既是重大理论课题又是重大实践课题。对于更加重视"改变世界"的马克思主义者而言，践行涵育社会主义核心价值观的当代使命，必须要有一种舍我其谁的责任担当，围绕着立德树人，培养和造就新时代中国特色社会主义的合格建设者和可靠接班人。

一、涵育社会主义核心价值观必须坚持新时代中国特色社会主义文化重构

新时代中国特色社会主义思想是马克思主义中国化最新理论成果。新时代坚持和发展中国特色社会主义的基本方略总共有十四条，其中之一便是"坚持社会主义核心价值体系"。新时代中国特色社会主义思想强调，要突出政治建设在党的建设中的重要地位。这就意味着，我们不能简单地把社会主义核心价值观建设问题仅仅理解为思想建设、文化建设的问题，而必须从文

---

① 王瑶：《论全球化背景下当代中国文艺的有效传播》，《中国文艺评论》2015 年第 1 期。

化自信和政治意识形态建设的高度，立足全面深化改革开放的伟大实践，积极推进社会主义核心价值观的培育与践行。

涵育社会主义核心价值观要以新时代中国特色社会主义思想为指导，着力于新时代中国特色社会主义先进文化的现代重建。作为马克思主义中国化的理论成果，社会主义核心价值观建设必须以中华优秀传统文化与马克思主义的深度融合为基础。中华优秀传统文化与马克思主义的互动与交融是新时代中国特色社会主义先进文化现代重构的必由之路，是巩固社会主义核心价值观文化基础和理论基础的必然选择。中华优秀传统文化具有重要的价值贡献，它与马克思主义的价值维度非常契合。如"天下为公"的"大同"思想与社会主义道路的一致性，传统的"求变理念、中庸之道"思想与和谐文化建设的一致性。近代以来，几乎所有的西方思想都搬到了中国，进化论、天赋人权、无政府主义、实用主义等等，但都是昙花一现。只有马克思主义在中华大地生根开花结果。其中一个重要的原因就是马克思主义实现了与中华优秀传统文化的深度融合，它所结出的马克思主义中国化的成果奠定了新时代中国特色社会主义先进文化现代重建和中华民族伟大复兴的理论基础。

中华优秀传统文化与马克思主义是推动新时代中国特色社会主义先进文化现代重建的"两个车轮"或"两只翅膀"，是涵育社会主义核心价值观的文化根脉和理论根基。我们今天谈文化自信，是对中国特色社会主义先进文化的自信，它有"两大支点"，一个是中华优秀传统文化，一个是马克思主义理论。也就是说，"文化自信"不能简单理解为是对中华优秀传统文化的自信，它还包括对近代以来形成的革命文化、红色文化和今天的中国特色社会主义先进文化的自信。文化自信是理论自信、制度自信和道路自信的基石。马克思主义是当今世界最先进的科学，它不仅是欧洲传统文化的积淀，也是东方各民族传统文化的归宿。在马克思主义中国化进程中的文化重构，必须坚持中华传统文化与马克思主义的互动与交融。这种互动与交融是社会主义核心价值观建设的源泉。为此，我们应当从中华优秀传统文化与马克思主义互动与交融的角度，探讨新时代中国特色社会主义先进文化的一脉相承和与时俱进，把握社会主义核心价值观的历史生成逻辑和实践发展逻辑。

二、涵育社会主义核心价值观必须立足当代改革开放伟大实践

社会主义核心价值观不是抽象的教条，而是指导高校社会主义意识形态

建设的理论指南，它在思考现实的思想问题中萌发，在解决现实的思想问题中发展，体现了高校思想政治教育工作的问题意识和担当精神。涵育大学生社会主义核心价值观必须立足当代改革开放伟大实践。大学生的人生观、价值观问题往往具有很强的现实针对性，社会生活实践是大学生人生观、价值观的直接来源。涵育社会主义核心价值观需要我们从理论与实践、历史与逻辑、国内与国外等多重视域，系统回答大学生应当坚持怎样的价值理想和价值观念等根本问题。在全面深化改革开放的时代背景下，新情况新问题层出不穷，有些是老问题，但大量是新出现的问题。这些新旧问题，构成了中华优秀传统文化与马克思主义互动和交融的现代际遇。为此，习近平总书记提出了中华优秀传统文化"双创"的重大课题。从国家层面来说，中华优秀传统文化的"双创"要与提升国家文化软实力相结合，与夯实全民族的文化自信相结合，与社会主义意识形态建设相结合；从高校层面来说，中华优秀传统文化的"双创"要与高校校园文化建设相结合，与高校中华优秀传统文化教育教学相结合，与地域性的传统文化传播和文化产业相结合。中华优秀传统文化的当代出场必须立足于马克思主义立场、观点和方法，实现中华传统文化与中国特色社会主义伟大实践的统一。中华优秀传统文化与马克思主义的互动互补互融，既是中华传统文化的当代出场方式也是马克思主义中国化的现实路径。

立足当代改革开放的伟大实践，实现新时代中华优秀传统文化的"双创"，是涵育社会主义核心价值观的必然选择。推动新时代中华优秀传统文化的"双创"，既要立足于民族本土又要着眼于人类视野。从民族本土来看，经过长期的不懈努力，中国特色社会主义进入了新时代，这是从时间空间视角对我国社会发展历史方位的重新厘定。新时代我国社会主要矛盾发生了变化。新时代有着它的时代特征和时代课题。这是我们对中华优秀传统文化"双创"的立足点，是我们重构中国特色社会主义先进文化的着力点。回顾人类发展史，任何一个新时代的来临，必然呼唤并孕育一种新文化。而"新文化的诞生，从来都是一个在植根实践、推陈出新、交流互鉴中生生不息、蓬勃发展、反哺实践的历史过程。因此，新文化建设必然要遵循不忘本来、吸收外来、面向未来的原则和规律，有效回应实践和时代提出的命题。同时，新时代的文化建设又是在世界多极化、经济全球化、社会信息化、文化多样化深入发展、全球治理体系和国际秩序变革加速推进、各国相互联系和依存日益加深的条件下进行的，是在中国开放的大门越开越大、积极参与全球治理体系改革和建设、同各国人民一道推动人类命运共同体建设条件下进行的。因此，中华优秀传统文化在新时代的'双创'应具有一种人类视野，需要也应该纳入构建人类命运共同体的战略框架"①。

"双创"是习近平总书记为文化战线理论工作者提出的重大任务，对此，社会各界尤其是哲学社会科学工作者进行了多角度研讨和探索。从"双创"的动因看，是现实需要与主体使命的共同指向。从现实需要看，大到民族复兴和中国特色社会主义事业发展，小到个人健康成长与和谐人际关系构建，都有传统文化因素参与其中，都与中华优秀传统文化有着千丝万缕的联系。从主体使命看，处于执政地位的中国共产党率领广大人民群众，主动扛起传承弘扬中华传统文化的大旗，这是合乎历史必然性的正确选择。从"双创"的要义看，其实质内涵与原则遵循亟待厘清。从实质内涵看，以现实需求为尺度，以服务现实为旨归，以求解现实问题为指引，通过对中华优秀传统文化的"双创"，达到从中汲取智慧、力量的目的。从原则遵循看，我们应当尊重传统文化，礼敬民族历史，辨识精华糟粕，转化再造发展，抵制极端思潮，服务强国梦想。从"双创"的关键看，付诸行动与实践探索最为根本。"双创"本身是一种实践要求和实际行为，唯有通过付诸行动和实践探索，才能把中华优秀传统文化中丰富的政治智慧、充沛的价值理念、完备的人际规范、厚重的文化资源、深厚的民族精神、包容的和谐思维等发扬光大。

三、涵育社会主义核心价值观必须植根中华优秀传统文化沃土

20世纪20年代兴起的"整理国故"运动，30年代的"社会史论战"，再至新中国成立后唯物史观在学术研究领域指导地位的确立。20世纪80年代再次大规模地引进西方哲学社会科学思潮，90年代以来兴起的"国学热"和"传统文化热"等等。对中华优秀传统文化的探讨和反思多源于"西学"的挑战，反映了中国传统学术向近代化和现代化嬗变的轨迹。21世纪以降，国

①　胡一峰：《新时代中华文化创新发展的本土命题和人类视野》，《中国文化报》2017年11月3日。

学与中华优秀传统文化成为各高校通识教育和专业研究的热点，相当数量的
官方与民间教育机构致力于将"国学"设置为与文学、史学、哲学等并列的
一级学科，并授予"国学"学位，学界与公众亦对此展开了一系列深度讨论。
至今，官方、学界与公众对国学和传统文化之于当代中国社会发展的重要功
用与现实意义，已经有了较大程度的共识，但是具体到研究、传播、继承和
发展层面，却仍存在着相当大的分歧。

　　用中华优秀传统文化涵育大学生社会主义核心价值观的实践路径问题研
究，是新时代担当起中华优秀传统文化"双创"使命的题中应有之意。作为
高校思想政治教育工作者，我们深感责任在肩，使命在前。涵育社会主义核
心价值观必须"从中华优秀传统文化中汲取营养，充分发挥中华优秀传统文
化怡情养志、涵育文明的重要作用"①。习近平总书记强调，培育和弘扬社会
主义核心价值观要立足中华优秀传统文化。社会主义核心价值观是社会主义
核心价值体系的高度凝练和集中表达，它根植于中华传统文化的深厚土壤。
中华优秀传统文化是社会主义核心价值观的根本，丢掉根本，就等于割断了
自己的精神命脉。中华优秀传统文化让中华儿女血脉相连、心脉相通、文脉
相续。越是希冀枝繁叶茂，就越需要从根部汲取力量。中华民族伟大复兴和
雄立世界需要从历史文化的深处寻求精神理论资源、汲取道德智慧力量。针
对现代化进程中的信仰危机、价值错乱、道德沦陷、环境恶化等问题，我们
应当从文化哲学的高度提出根本解决之道，即恢复中华民族刚健中正、厚德
至诚的文化精神，把我国建设成为兼具发达物质水平和高度道德水准的文明
国家。在以欧美为中心的资本主义制度迷失前路，西方基督教文明和自由民
主无法拯救人类社会发展困境的当下，中华优秀传统文化建构起来的社会体
系和价值观念，以及中国模式、中国道路的成功实践，将提供新的中国方案
和中国经验。正如司马云杰所言："当今世界之衰微，将会随着中国文化的复
兴与精神觉醒，走出生杀掠夺的工业文明所造成的悖论"②。中国方案和中国
经验提供的是人类文明共同发展的大道。社会主义核心价值观的伟大实践终

---

① 杨晓英：《立足中华优秀传统文化　弘扬社会主义核心价值观》，《西安日报》2014 年 8 月
13 日。

② 杨倩如：《著史效司马论玄越子云——读〈中国精神通史〉第一卷有感》，《文化学刊》2016
年第 6 期。

将有力回应"中国威胁论"和"中国崩溃论"的挑战。

四、涵育社会主义核心价值观必须抓住抓好高校大学生群体

立德树人是社会主义高校的根本任务。高校"双一流"建设过程中，必须牢牢把握中国特色社会主义大学的办学方向，要扎根中国、融通中外，立足时代、面向未来，一以贯之地把社会主义核心价值观建设作为高校育人工作重中之重。习近平总书记指出，当代大学生"朝气蓬勃、好学上进、视野宽广、开放自信，是可爱、可信、可为的一代。对当代高校学生，党和人民充分信任、寄予厚望"①。高校是锻造优秀青年的大熔炉。坚持德育为先、立德树人体现了社会主义高校的本质特征，因此，必须要把社会主义核心价值观培育贯穿高校育人的全过程、全方位，用社会主义核心价值观引领知识教育、专业发展，加强中华优秀传统文化教育，引导大学生做社会主义核心价值观的坚定信仰者、积极传播者和模范践行者。

青年是标志时代最灵敏的晴雨表，新时代要求青年有新的责任和担当。当代大学生是中国特色社会主义事业的建设者和接班人，是社会主义现代化建设极为重要的人才资源。涵育大学生社会主义核心价值观，实现内化于心、外化于行，事关中华民族伟大复兴的实现。青年的价值取向决定未来整个社会的价值取向。因此，涵育社会主义核心价值观必须抓住抓好高校大学生群体。大学是人生价值观形成的关键时期，这一时期社会主义核心价值观涵育十分重要。高校社会主义核心价值观建设，事关"培养什么人，怎样培养人"的问题，解决好这一问题就必须坚持立德树人的目标。2014 年，习近平总书记在北京大学师生座谈会上指出，社会主义核心价值观是中华民族最持久最深层的精神追求。当代大学生应当自觉遵循社会主义核心价值观的要求，勤学、修德、明辨、笃实，不仅自己要身体力行社会主义核心价值观，而且应当把社会主义核心价值观传播、推广到全社会。

时代的责任赋予青年，时代的光荣也属于青年。当代大学生应当争做新时代的奋进者、开拓者、奉献者。习近平总书记强调，每个时代都有它的时

---

① 《习近平首次点评"95 后"大学生》，2017 年 1 月 4 日，见 https：//news. qq. com/a/20170104/038458. htm。

代精神和价值追求，核心价值观总是与一个民族、一个国家的历史文化相契合，总是与一个民族、一个国家需要解决的时代问题相适应。涵育社会主义核心价值观，既要从中华优秀传统文化中汲取营养，又要从社会主义现代化伟大实践中汲取力量，否则就不会有生命力和影响力。涵育社会主义核心价值观要坚持由易到难、由近及远，要实现内化于心、外化于行。涵育社会主义核心价值观要下得苦功夫、求得真学问，把道德修养和道德实践统一起来，于脚踏实地处用力，从知行合一上用功。

参考文献

著作类

《习近平谈治国理政》第 1 卷，外文出版社 2014 年版。

《习近平谈治国理政》第 2 卷，外文出版社 2017 年版。

《中国共产党第十八次全国代表大会文件汇编》，人民出版社 2012 年版。

居云飞：《兴国之魂：社会主义核心价值观与中华传统文化》，中国社会科学出版社 2016 年版。

房广顺：《社会主义核心价值观与中华优秀传统文化》，人民出版社 2016 年版。

郑珠仙：《国家意识形态安全与大学生社会主义核心价值观教育研究》，人民出版社 2014 年版。

贺文佳、李绍先：《中华优秀传统文化与社会主义核心价值观简明读本》，四川大学出版社 2015 年版。

王庆五：《社会主义核心价值观研究丛书·平等篇》，江苏人民出版社 2015 年版。

任者春、郭玉锋：《齐鲁文化与社会主义核心价值体系研究》，山东人民出版社 2014 年版。

林晓峰等：《大学生思想政治教育理论与实践》，中国文史出版社 2015 年版。

刘云生：《心根课堂 让教育随学生心灵起》，西南师范大学出版社 2012 年版。

张奠宙、于波：《数学教育的中国道路》，上海教育出版社 2013 年版。

于淑秀等：《大学通识教育研究》，九州出版社 2014 年版。

葛金平：《中国古典诗歌与人格修养研究》，湘潭大学出版社 2012 年版。

王富仁：《中国现代文化指掌图》，人民文学出版社 2004 年版。

邹昌林：《中国礼文化》，社会科学文献出版社 2000 年版。

蔡尚思：《中国礼教思想史》，上海古籍出版社 2006 年版。

柳诒徵：《中国文化史》，上海古籍出版社 2001 年版。

司马云杰:《中国精神通史》,华夏出版社 2016 年版。

王琦珍:《礼与传统文化》,江西高校出版社 1995 年版。

张自慧:《礼文化的价值与反思》,学林出版社 2008 年版。

马淑霞:《辉煌的中国系列·中国礼仪文化》,外文出版社 2013 年版。

马育良:《汉初三儒研究》,黄山书社 1996 年版。

李学勤:《十三经注疏·礼记正义》,北京大学出版社 1999 年版。

徐国明:《儒家文化的现代应用》,中央编译出版社 2014 年版。

刘加临:《论语中的智慧名言故事》（学生版）,二十一世纪出版社 2015 年版。

魏承思:《国学讲演录》,上海人民出版社 2015 年版。

柳肃:《礼的精神——礼乐文化与中国政治》,吉林教育出版社 1990 年版。

史世海:《品读历史 感悟礼义》,北京工业大学出版社 2016 年版。

白兆麟:《国学与中华传统文化》,安徽人民出版社 2014 年版。

易海峰、赵东明:《诠释学与儒家思想》,东方出版社 2015 年版。

金春峰:《先秦思想史论》,东方出版社 2015 年版。

张凌翔:《诗经全鉴》,中国纺织出版社 2015 年版。

刘建龙:《古文类鉴》,中国文史出版社 2015 年版。

柯可:《国是策论》,世界图书广东出版公司 2015 年版。

中共中央党史料研究室科研管理部:《全国重要革命遗址通览》第 1 册,中共党史出版社 2013 年版。

赵世训:《红色旅游记吟 共和国从这里走来》,旅游教育出版社 2011 年版。

栗永、段文:《石家庄名村名镇》,中国对外翻译出版公司 2000 年版。

《指尖上的探索》编委会:《建筑的守望》,作家出版社 2016 年版。

谢安良:《行走大运河》,宁波出版社 2015 年版。

孙剑华:《内丘县文物志》,北京燕山出版社 1999 年版。

河北省政协文史资料委员会:《河北文史集粹·风物卷》,河北人民出版社 1992 年版。

甘振波:《河北历史地名集》,中国文史出版社 2013 年版。

祁冰:《那些妙趣横生的神奇汉字》,中国纺织出版社 2016 年版。

周锡山:《曹雪芹 从忆念到永恒》,济南出版社 2014 年版。

冯其庸:《沧桑集》,青岛出版社 2014 年版。

冯其庸：《敝帚集·冯其庸论红楼梦》，北京时代华文书局 2015 年版。

齐浩然：《有趣的知识 令人震惊的文明奇观》，金盾出版社 2015 年版。

孙文政、王永成主编：《金长城研究论集》，吉林文史出版社 2008 年版。

徐凤：《甘肃非物质文化遗产概论》，甘肃人民出版社 2014 年版。

范建华：《中华节庆辞典》，云南美术出版社 2012 年版。

史建平、李宪亮：《中国年俗文化概观》，朝华出版社 2014 年版。

李大伟：《震撼世界的中国民间智慧》，中国文联出版社 2015 年版。

中共佛山市南海区委宣传部等：《南海龙狮南海衣冠南海古村·南海龙狮篇》，中山大学出版社 2011 年版。

王岩：《青少年应该知道的龙舞和狮舞》，泰山出版社 2012 年版。

叶大兵等：《中国风俗辞典》，上海辞书出版社 1990 年版。

邵万：《中国面点文化》，东南大学出版社 2014 年版。

庞杰等：《食品文化概论》，中国农业大学出版社 2014 年版。

李楠：《中国古代版画》，中国商业出版社 2015 年版。

王振华：《匠人精神 激活生命价值的原动力》，北京时代华文书局 2017 年版。

冯骥才：《中国非物质文化遗产百科全书·传承人卷》，中国文联出版社 2015 年版。

袁凤东：《燕赵悲歌 燕赵文化特色与形态》，现代出版社 2015 年版。

田永翔、冉凡：《壶流河畔的点彩窗花文化》，科学出版社 2009 年版。

罗杨：《中国民间故事丛书·河北承德平泉卷》，知识产权出版社 2014 年版。

缪良云：《中国衣经》，上海文化出版社 2000 年版。

王烨编：《中国古代剪纸》，中国商业出版社 2015 年版。

沈凤霞：《剪纸》，西南师范大学出版社 2014 年版。

靳怀堾：《中华水文化通论》，中国水利水电出版社 2015 年版。

海河志编纂委员会：《海河志》第 3 卷，中国水利水电出版社 1999 年版。

马维彬：《河北省非物质文化遗产图典》第 1 辑，河北美术出版社 2007 年版。

项伯、张国振：《白洋淀上的一颗民间音乐明珠 圈头村"音乐会"》，中央音乐学院出版社 2013 年版。

任建树等：《陈独秀著作选》第 1 卷，上海人民出版社 1993 年版。

中国李大钊研究会：《李大钊全集》第 3 卷，人民出版社 2006 年版。

秦永洲：《中国社会风俗史》，武汉大学出版社 2015 年版。

周振甫：《中国文章学史》，江苏教育出版社 2006 年版。

李世宇：《中国法律思想史》，中国民主法制出版社 2006 年版。

冯友兰：《中国哲学史新编》，人民出版社 1998 年版。

陈元晖：《中国教育史遗稿》，北京师范大学出版社 2001 年版。

傅璇琮：《华北稀见方志文献》，中华书局出版社 1985 年版。

张国钧：《中国古代俭奢故事》，中国法制出版社 2015 年版。

周锡保：《中国古代服饰史》，中国戏剧出版社 1984 年版。

吕思勉：《吕思勉讲历史》，中国工人出版社 2015 年版。

李贝林：《中国奇异档案记录》，现代出版社 2013 年版。

顾颉刚：《古史辨》第 1 册，上海古籍出版社 1982 年版。

孙宝山：《中国近现代哲学思潮及思想》，中国财富出版社 2014 年版。

刘肃：《大唐新语》，中华书局 1984 年版。

刘餗：《隋唐嘉话》，中华书局 1979 年版。

曹雪芹、高鹗：《红楼梦》，人民文学出版社 2005 年版。

朱寰主编：《世界中古史》，吉林文史出版社 1981 年版。

茅海建：《天朝的崩溃：鸦片战争再研究》，生活·读书·新知三联书店 1995 年版。

梁吉生：《张伯苓年谱长编》（上中下），人民教育出版社 2001 年版。

梁启超：《梁启超全集》第 1—2 册，北京出版社 1999 年版。

（唐）魏徵等：《群书治要选注》精编典藏版，张超译注，重庆出版社 2016 年版。

（北宋）司马光：《柏杨白话版资治通鉴》匈奴崛起，柏杨译，万卷出版公司 2013 年版。

（北宋）司马光：《资治通鉴》，云南出版社 2011 年版。

（宋）欧阳修、宋祁：《新唐书》，中华书局 1975 年版。

（宋）程颢、程颐：《二程集》第 1—4 卷，中华书局 1981 年版。

（后晋）刘昫：《旧唐书》，中华书局 1975 年版。

（清）朱彬：《礼记训纂》，中华书局 2007 年版。

（清）顾炎武：《亭林文集》卷 3 至卷 4，商务印书馆 1936 年版。

（清）郭嵩焘：《郭嵩焘诗文集》，杨坚点校，岳麓书社 1984 年版。

（清）曾国藩：《曾国藩家书》，中国长安出版社 2015 年版。

［美］杜赞奇：《权力、文化与国家：1900—1942 年的华北农村》，王福明译，江苏人民出版社 2003 年版。

［美］明恩溥：《中国乡村生活》，午晴、唐军译，时事出版社 1998 年版。

［美］斯塔夫里阿诺斯：《全球通史：1500 年以前的世界》，吴象婴、梁赤民译，上海社会科学院出版社 1988 年版。

［美］亨利·戴维·梭罗：《种子的信仰》，江山译，东方出版社 2014 年版。

［英］爱德华·吉本：《罗马帝国衰亡史》第 4 卷，席代岳译，吉林出版集团有限责任公司 2011 年版。

［拜占庭］普罗科匹厄斯：《战争史》第 1 卷，王以铸、崔妙因译，商务印书馆 2011 年版。

［印度］苏奇塔·高士：《中印关系中的西藏》，张永超译，西藏人民出版社 1987 年版。

期刊类

习近平：《决胜全面建成小康社会 夺取新时代中国特色社会主义伟大胜利——在中国共产党第十九次全国代表大会上的报告》，《党建研究》2017 年第 11 期。

习近平：《在庆祝"五一"国际劳动节暨表彰全国劳动模范和先进工作者大会上的讲话》，《中国工运》2015 年第 5 期。

中办国办印发《关于进一步加强和改进新形势下高校宣传思想工作的意见》，《中国高等教育》2015 年第 Z1 期。

杜芳、陈金龙：《中华优秀传统文化与社会主义核心价值观的涵养》，《中国高等教育》2014 年第 23 期。

强卫：《激活红色基因 焕发生机活力——学习贯彻习近平总书记重要讲话精神》，《求是》2014 年第 18 期。

戴木才、黄士安：《论富强民主文明和谐》，《马克思主义研究》2010 年第 5 期。

房广顺、隗金成：《社会主义核心价值观与中华传统文化的契合性》，《马克思主义研究》2015 年第 10 期。

谌林：《两种自由的定义——社会主义核心价值观的自由和自由主义的自由的根本区别》，《哲学研究》2015 年第 4 期。

陈延斌、公正观:《社会主义核心价值观体系建设的着力点》,《马克思主义与现实》2013 年第 3 期。

李丽丽:《论社会主义核心价值观之敬业》,《中国特色社会主义研究》2015 年第 5 期。

陈泽环、马天元:《社会主义核心价值观与中华优秀传统文化》,《毛泽东邓小平理论研究》2017 年第 7 期。

李慧敏:《中华优秀传统文化:社会主义核心价值观培育的基本立足点》,《毛泽东思想研究》2016 年第 5 期。

杨坤道:《国学经典的教育价值与阐释尺度》,《高等教育研究》2013 年第 3 期。

郗海霞:《改革开放三十年我国高校人才培养目标的变迁》,《中国高教研究》2009 年第 3 期。

崔宜明:《社会主义核心价值观与中华传统文化的再认识》,《道德与文明》2014 年第 5 期。

王泽应:《论承继中华优秀传统文化与践行社会主义核心价值观》,《伦理学研究》2015 年第 1 期。

宋乃庆等:《中华优秀传统文化与社会主义核心价值观的培育和践行》,《思想理论教育导刊》2015 年第 4 期。

顾萍、袁久红:《以中华优秀传统文化涵养社会主义核心价值观的前提与路径思考》,《思想理论教育导刊》2015 年第 10 期。

田永静、颜吾佴:《以红色精神教育坚定大学生的理想信念》,《思想理论教育导刊》2016 年第 2 期。

孟宪生:《社会主义核心价值观中和谐的内涵及建设》,《思想理论教育导刊》2015 年第 7 期。

王瑞、王丽文:《以"滴灌式"模式推进社会主义核心价值观教育》,《思想理论教育导刊》2014 年第 9 期。

段妍:《社会主义核心价值观中"公正"真谛及其实现路径》,《思想理论教育导刊》2016 年第 4 期。

杨业华等:《社会主义核心价值观之敬业探析》,《思想理论教育导刊》2015 年第 10 期。

贾英健:《论作为社会主义核心价值观的平等》,《北京师范大学学报(社会科学版）》2015 年第 3 期。

王熙等：《从国学之"国"看国学教育的当代价值》，《北京师范大学学报（社会科学版）》2014 年第 4 期。

肖贵清：《中华优秀传统文化与社会主义核心价值观的内在联系》，《南京师大学报（社会科学版）》2015 年第 6 期。

于亭：《当代中国高等"国学"教育建设之省思》，《华南师范大学学报（社会科学版）》2012 年第 3 期。

关健英：《旧邦新命与文化传统——兼论中国传统文化创造性转化与创新性发展》，《苏州大学学报（哲学社会科学版）》2015 年第 6 期。

仲伟通：《中华优秀传统文化与社会主义核心价值观的内在契合》，《中国石油大学学报（社会科学版）》2016 年第 3 期。

王清玲、程美东：《论社会主义核心价值观与中华优秀传统文化的内在关系》，《学校党建与思想教育》2016 年第 11 期。

张秋山、金天星：《基于文化传播范式的"滴灌式"思想教育研究》，《前沿》2011 年第 18 期。

韩震：《论作为社会主义核心价值观的和谐》，《高校理论战线》2012 年第 4 期。

王磊：《敬业价值观的马克思主义理论意蕴与当代弘扬》，《学术论坛》2016 年第 2 期。

郑流云：《试论社会主义核心价值观中的平等理念》，《学术论坛》2016 年第 10 期。

黎友：《中华优秀传统文化是涵养社会主义核心价值观的源泉》，《学术论坛》2014 年第 11 期。

李楠、王磊：《深入解读社会主义核心价值观——友善价值观的传统价值和现代意涵》，《学术论坛》2015 年第 2 期。

陶悦：《社会主义核心价值观之诚信的传统文化根源》，《学术交流》2015 年第 12 期。

段妍：《社会主义核心价值观中的自由真谛及其实现路径》，《理论探讨》2016 年第 2 期。

金民卿：《诚信在社会主义核心价值观建构中的意义》，《前线》2014 年第 11 期。

郑建：《论文明——社会主义核心价值观系列谈三》，《前线》2015 年第 9 期。

肖林：《论公正——社会主义核心价值观系列谈七》，《前线》2016 年第 1 期。

中共中央办公厅印发《关于培育和践行社会主义核心价值观的意见》，《党建》2014 年第 1 期。

王志贤：《博物馆文化是串接传统文化与现代文化的时空隧道》，《中国博物馆》2016 年第 4 期。

王文建：《儒家礼乐文化与社会主义核心价值体系建构》，《社会科学家》2013 年第 5 期。

王子今：《国学与"立人"教育》，《社会科学》2008 年第 7 期。

白兆麟：《试论国学的三个层面》，《学术界》2017 年第 3 期。

贺昌盛：《"国学"的知识论取向——兼与杨春时先生商榷》，《东南学术》2010 年第 2 期。

沈壮海：《爱国、敬业、诚信、友善：公民的价值准则》，《湖北社会科学》2014 年第 10 期。

王学典：《近 20 年间中国大陆史学的几种主要趋势》，《山东社会科学》2002 年第 1 期。

方光华：《国学与文化自觉》，《浙江社会科学》2012 年第 12 期。

田海舰：《以"滴灌模式"培育核心价值体系》，《思想政治工作研究》2010 年第 10 期。

马金祥：《中华优秀传统文化与社会主义核心价值观内在逻辑管窥》，《思想教育研究》2016 年第 7 期。

王凌宇等：《中华优秀传统文化涵养大学生社会主义核心价值观的路径研究》，《思想教育研究》2017 年第 4 期。

李春山、何京泽：《中华优秀传统文化涵育社会主义核心价值观的时代意蕴与对策探析》，《思想教育研究》2015 年第 7 期。

李春山、何京泽：《中华优秀传统文化涵养社会主义核心价值观的现实困境与多维路径研究》，《思想教育研究》2016 年第 1 期。

田永静、颜吾佴：《以红色精神教育坚定大学生的理想信念》，《思想政治教育研究》2016 年第 2 期。

韩兵：《社会主义核心价值观内容解读之民主》，《思想政治教育研究》2014 年第 5 期。

刘芳：《中华优秀传统文化：社会主义核心价值观的精神滋养》，《思想理论教育》2015 年第 1 期。

徐卫东：《论国学教育与社会主义核心价值观教育》，《教育评论》2015 年第 3 期。

李建华：《文化传承：当代中国高等教育的功能创新》，《现代大学教育》2012 年第 6 期。

李荣启：《弘扬中华传统文化与建设社会主义核心价值观》，《中国文化研究》2014 年秋之卷。

梅荣政：《对社会主义民主核心价值观的两点探求》，《南京政治学院学报》2015 年第 1 期。

曾长秋：《礼教：中国传统德育的重要内容和有效载体》，《中国德育》2011 年第 2 期。

朱仁宝：《中华优秀传统文化对培育和践行社会主义核心价值观的启迪》，《中国德育》2015 年第 1 期。

张鹏宇：《弘扬中华优秀传统文化 培育社会主义核心价值观》，《人民论坛》2016 年第 5 期。

樊浩：《应对"全球化"的价值理念及其道德教育难题》，《教育研究》2002 年第 5 期。

焦连志、黄一玲：《以中华优秀传统文化涵养大学生社会主义核心价值观》，《教育探索》2015 年第 11 期。

杨绍琼：《中华优秀传统文化涵养大学生核心价值观的现实路径》，《教育探索》2016 年第 7 期。

张加明：《高校国学教育的路径探讨》，《高教探索》2012 年第 3 期。

杨晓蕾：《中华优秀传统文化浸润下的大学生社会主义核心价值观教育》，《教育教学论坛》2016 年第 35 期。

魏强：《以传统文化推动大学生社会主义核心价值观教育的探究》，《高教论坛》2015 年第 5 期。

胡凤飞、陈燕秋：《传统文化法治思想与社会主义核心价值观法治的关联探析》，《黑龙江高教研究》2015 年第 10 期。

韩云忠、王丕琢：《礼乐文化精神与社会主义核心价值观》，《理论月刊》2013 年第 8 期。

孙书文：《从"四个讲清楚"看对待中华传统文化的基本原则》，《理论学习》2017 年第 2 期。

田海舰：《富强民主文明和谐何以成为国家层面的价值目标》，《齐鲁学刊》2015 年第 4 期。

陈征微等：《试论中华优秀传统文化与大学生社会主义核心价值观教育》，《北京教育》2014 年第 12 期。

安薇、杨一楠：《以校园传统文化建设促进社会主义核心价值观培育和践行的实践探索》，《北京教育》2016 年第 4 期。

黄遵斌：《论红色精神与大学生精神成人》，《江西师范大学学报（哲学社会科学版）》2012 年第 6 期。

韩振峰：《文明：社会主义核心价值观的文化价值目标》，《社会主义核心价值观研究》2016 年第 4 期。

方铭：《富强：以中华传统文化为基础》，《群言》2015 年第 1 期。

方铭：《文明：以中国传统文化为基础》，《群言》2015 年第 3 期。

方铭：《法治：以中国传统文化为基础》，《群言》2015 年第 8 期。

方铭：《爱国：以中华传统文化为基础》，《群言》2015 年第 9 期。

尹江燕：《社会主义核心价值观之平等》，《当代中国价值观研究》2016 年第 5 期。

项迎芳：《国学视域中社会主义核心价值观的"位置与阵地"》，《社会科学论坛》2016 年第 2 期。

报纸类

习近平：《在纪念孔子诞辰 2565 周年国际学术研讨会暨国际儒学联合会第五届会员大会开幕会上的讲话》，《人民日报》2014 年 9 月 25 日。

习近平：《建设社会主义文化强国 着力提高国家文化软实力》，《人民日报》2014 年 1 月 1 日。

习近平：《把培育和弘扬社会主义核心价值观作为凝魂聚气强基固本的基础工程》，《人民日报》2014 年 2 月 26 日。

习近平：《青年要自觉践行社会主义核心价值观——在北京大学师生座谈会上的讲话》，《人民日报》2014 年 5 月 5 日。

习近平：《在纪念全民族抗战爆发七十七周年仪式上的讲话》，《人民日报》

2014 年 7 月 8 日。

习近平：《致第二十二届国际历史科学大会的贺信》，《人民日报》2015 年 8 月 24 日。

习近平：《在文艺工作座谈会上的讲话》，《人民日报》2015 年 10 月 15 日。

刘维涛：《从传统文化中汲取前进力量》，《人民日报》2014 年 12 月 3 日。

张全景：《从红色文化中汲取精神动力》，《人民日报》2015 年 11 月 13 日。

刘文沛：《重视历史教育 提高民族素质》，《光明日报》2002 年 8 月 6 日。

陈来：《中华传统文化与核心价值观》，《光明日报》2014 年 8 月 11 日。

文丰安：《从中华优秀传统文化中汲取培育核心价值观的营养》，《光明日报》2014 年 11 月 16 日。

周若鹏：《借鉴中华优秀传统文化与培育核心价值观》，《光明日报》2014 年 11 月 5 日。

毕玉才、刘勇：《辽宁铁岭：推进红学发展 提升文化品位》，《光明日报》2015 年 2 月 25 日。

杜高奇：《年俗文化的"根脉"与"新芽"》，《光明日报》2013 年 2 月 6 日。

黄海：《以中华优秀传统文化涵养社会主义核心价值观》，《光明日报》2015 年 10 月 21 日。

梁枢：《推动国学创造性转化 创新性发展——学习贯彻关于实施〈中华优秀传统文化传承发展工程的意见〉座谈会摘要》，《光明日报》2017 年 3 月 4 日。

许翔等：《井陉古道比罗古道早一百多年》，《光明日报》2000 年 8 月 17 日。

李明新：《传统文化教育就是中国根的教育》，《中国教育报》2017 年 4 月 5 日。

陈来：《从"贞元之际"到"旧邦新命"：写在冯友兰先生全集出版之际》，《中华读书报》2002 年 8 月 21 日。

桂杰：《国学如何融入青少年的现代生活》，《中国青年报》2015 年 11 月 30 日。

李昌平：《把传统文化创造性转化与创新性发展融入培育和践行社会主义核心价值观全过程》，《中国民族报》2017 年 8 月 11 日。

汤一介：《寻找中国文化的原点》，《辽宁日报》2001 年 4 月 24 日。

王景明：《河大探索"滴灌式"思想政治教育》，《河北日报》2010 年 2 月 23 日。

后 记

本书是 2017 年河北省人文社科重大课题"中华优秀传统文化涵育大学生社会主义核心价值观的实践路径研究"（ZD201724）的结项成果，也是 2017 年河北省社会发展重点课题"习近平治国理政中的空间正义思想研究"（201702010101）、2017 年河北省社会发展研究课题"习近平的传统文化观研究"（201703010101）、2016 年河北省高等教育教学改革与实践课题"史学致用人才互动培养模式研究"（2016-08）、2016 年河北大学思想政治工作研究重大课题"基于师生互动模式的高校核心价值观教育影响力研究"（Z001）和 2017 年河北大学学生处课题"中国历史涵育大学生核心价值观的路径研究"（2017xgkt11）的成果之一。本书获得了河北大学历史学强势特色学科学术出版基金资助出版。

中华优秀传统文化是中华民族最为宝贵的精神财富，是对大学生进行社会主义核心价值观教育的丰厚精神资源，是夯实大学生文化自信的理论武器。中华优秀传统文化博大精深、源远流长。涉身中华优秀传统文化领域开展相关研究，对于我们而言如同将自身投入到大海之中，因此，没有到中流击水的游泳本领，写作的过程总是有许多的忐忑不安。毛泽东曾说，面对中华传统文化，我们必须甘当小学生。对此，我们是深以为然。不过，我们有着一种甘于吃苦、甘坐冷板凳的严谨治学精神，甘愿做苦心人与有心人的统一体，这种精神支撑着我们不懈的努力。经过一年多的努力，终于完成了这部书稿。

掩卷长思，深感在中华优秀传统文化领域的研究，我们不过是浅尝辄止。回首往昔，大约十几年前，自己曾经涉及过中华优秀传统文化的研究。一是 2001 年，参加编写了由余言主编的《中国商典》（中国民族摄影艺术出版社，2001 年），自己当时执笔写了其中的《商道：孔儒论典》，约 12 万字；二是 2003 年，自己写作硕士论文的时候，选择的是与中华传统文化相关选题，即《孔子的经济伦理思想研究》，我的导师段景莲副教授给予了悉心的指导，虽然已经有好多年没有见过导师了，但内心的那份尊敬始终存在着。当时学科组商聚德教授、李振纲教授、宫敬才教授、卢子震教授等都给予的很多指导与帮助，令我终生难以忘怀。三是2006年，河北大学出版社约稿写一部《中华传统美德故事》，约12万字，当时由我和林顺利教授共同完成的，但由于种种原因，这部书一直没有出版。以上虽然不足为道，但却奠定了我涉足中华优秀传统文化研究的基础和信心。

写了一页后记之后，本想止笔，但恰好微信群里的朋友发了一个帖子，题目是《世间十恩，恩恩须铭记！》。其文中讲，人活一世，受恩无数，总结起来有十种恩情，须铭记终生，没齿难忘。一是天地呵护之恩；二是父母养育之恩；三是良师培养之恩；四是贵人提携之恩；五是智者指点之恩；六是危难救急之恩；七是绿叶烘托之恩；八是夫妻体贴之恩；九是兄弟手足之恩；十是知己相知之恩。于是，想到必须在此处深深地表达自己的感恩之心。

首先，我要感谢历史学院和我搭班子的诸位领导。我担任中层正职后，先是和姜锡东教授配合。他为人坦诚，工作经验丰富，最初本想选一个有历史背景或者学术积淀厚的人，学校却把我派来了。经过我们的坦诚交流，彼此形成了高度的认同。他非常信任我，给我压了很多的担子。我也本着"士为知己者死"的心态努力工作。在姜锡东院长的带领下，学院有了长足的发展。同时，姜锡东教授学问做得非常好，给了我很多的帮助和启发，他是我心中十分敬重的长者。之后，又与肖红松院长、范铁权副院长和衣长春副院长一起搭班子。我们配合得非常默契。这使我能有更多的时间和精力从事理论研究工作。他们三位比我年轻许多，但都已经晋升为博士生导师了，这一直鞭策着我不断努力，并向他们学习。我相信"见贤思齐""见不贤而自省"的道理，他们都是我身边的贤者。

其次，我要感谢历史学院、马克思主义学院的老师和同学们。张家唐教授、张殿清教授、郑清坡教授、魏国栋副教授、耿超副教授、洪猛副教授、杨倩如副教授等，经常与我沟通和交流，使我总有一种"谈笑有鸿儒"的感觉。特别感谢杨倩如副教授，她为我们完成"国学经典涵育大学生社会主义核心价值观的实践路径"一章提供了数万字的素材。感谢马克思主义学院黄云明教授、柴素芳教授、田海舰教授、张露红书记、孙玉芹教授对我们的关心与帮助！还有就是我们一届又一届的研究生，当他们围在我的身边问这问那的时候，我感受到了师者的荣耀！是你们给了我前行的动力！以至于我把自己的微信名改成了"近在眼前"。我在时刻提醒自己，要珍惜和爱护自己身边的人，尤其是我的同事和学生！

再次，我要感谢我的合作者赵英杰同学，在这部著作的写作中，她做了大量的工作。从参与实践活动到参与理论研究，从资料的查阅到报告的撰写，在学习与研究方面，她从不吝惜时间和精力的投入。书稿完成后，她从整体上修改和校对过两遍。她是我见过最听话也最勤奋的学生。有一次她对我说："我现在就像打了鸡血一样，有着特别足的学习劲头。"她言行一致，说到做到。暑假和寒假都没有休息，为本书投入了大量的心血。这本书凝结着我们的共同劳动！

最后，我要感谢我的家人！10月份，我的老母亲做白内障手术，我只是抽时间去医院看了两次，并且亲自熬了小米粥，当母亲在喝自己熬的小米粥时，既欣慰又愧疚。母亲说："你要是忙就忙你的，别过来了，我这儿没事。"母亲即便身在医院还仍然为我考虑。我的母亲是伟大的，她虽然话不多，但却给了我生活的信念。她那句"不争馒头争口气"的格言，多少年来一直激励着我前行。我的哥哥、嫂子供养我上完了大学，而我却一直以来没有更多地孝敬他们，他们给了我如父如母般的爱。我的妻子更是默默地操持着一家人的生活，是家中里里外外的依靠。没有她这一坚强的后盾，我便难以完成自己的写作任务。谨以此书献给我所有的亲朋！

吾生有涯而学无涯！此书只是我研究中华优秀传统文化的开始，中华优秀传统文化的"双创"任务已经落在了我们这一代人肩上。用中华优秀传统文化涵育社会主义核心价值观仍然需要我们不懈努力！

李维意

2018 年 4 月 6 日于河北大学主楼

责任编辑：邵永忠

封面设计：胡欣欣

责任校对：吕　飞

图书在版编目（CIP）数据

中华优秀传统文化涵育大学生社会主义核心价值观实践路径研究／李维意，
　赵英杰著 . —北京：人民出版社，2018. 7（2022.1 重印）

ISBN 978 - 7 - 01 - 019680 - 0

Ⅰ. ①中… Ⅱ. ①李… ②赵… Ⅲ. ①大学生—思想政治教育—教学研究—中国
　Ⅳ. ①G641

中国版本图书馆 CIP 数据核字（2018）第 189248 号

中华优秀传统文化涵育大学生社会主义核心价值观实践路径研究

ZHONGHUA YOUXIU CHUANTONG WENHUA HANYU DAXUESHENG

SHEHUIZHUYI HEXIN JIAZHIGUAN SHIJIAN LUJING YANJIU

李维意　赵英杰　著

人 民 出 版 社 出版发行

（100706　北京市东城区隆福寺街 99 号）

北京兴星伟业印刷有限公司印刷　新华书店经销

2018 年 7 月第 1 版　　2022 年 1 月第 2 次印刷

开本：710 毫米×1000 毫米 1/16　印张：30

字数：480 千字

ISBN 978 - 7 - 01 - 019680 - 0　定价：88.00 元

邮购地址　100706　北京市东城区隆福寺街 99 号

人民东方图书销售中心　电话（010）65250042　65289539